메이커 교육
Maker Education
4차 산업혁명 시대에 다시 만난 구성주의

메이커 교육
Maker Education
4차 산업혁명 시대에 다시 만난 구성주의

강인애
윤혜진
황중원

Maker

메이커 교육
Maker Education
4차 산업혁명 시대에 다시 만난 구성주의

메이커 정신은 메이커 활동에 참여한 학생들이 흥미와
재미를 느끼면서 학습활동에 몰입하고,
전 학습과정을 통해 자기주도성을 함양하며,
다른 사람들과의 사회적 관계성을
높이는 것을 의미한다.

내하출판사

목차

메이커 교육
Maker Education

:: 서론

서문

　최근 각종 매체를 통해 '4차 산업혁명 시대'라는 새로운 시대의 등장에 따라 그에 맞는 역량을 갖춘 인재를 키우기 위한 새로운 교육이 필요하다는 것이 강조되고 있다. 이것은 이전부터도 되풀이되어 왔던 현상으로서, 90년대에는 정보화 시대, 지식정보시대라는 용어와 함께 새로운 교육패러다임의 필요성이 강조되었던 때와 비슷한 양상을 보인다. 결국 80년대 후반부터 시작하여 2017년 현재에 이르기까지 새로운 교육패러다임, 새로운 교육환경에 대한 사회적 요구는 일관성 있게 지속적으로 이어져왔다.

　이를 구체적으로 보면, 90년대 정보화시대에는 문제해결력을 지닌 자기주도적이고 창의적인 인재 육성을 위한 새로운 교육패러다임의 필요성이 강력히 대두되었으며, 그 대책의 중심에 '구성주의(Constructivism), 그리고 그것의 실천적 모형으로서 '문제기반학습(Problem-Based Learning)', 혹은 '프로젝트 학습(Project Learning)'[1] 등과 같은 학습자중심모형들이 있었

---

1) '문제기반학습'으로서의 PBL과 '프로젝트 기반 학습'으로서의 PBL은 학습자중심학습이라는 점에서 볼 때, 추구하는 바가 동일하기 때문에, 여러 학회에서는 두 접근간의 차이점보다는 공통점에 초점을 두어, PBL이라는 약자로 쓸 때, 이 두 가지 접근을 모두 포함하여 사용하기도 한다. 여기서도 PBL이라고 할 때, 이 두 가지를 다 포함하

다. 이어서 2000년대 초반에는 '융합인재교육(STEAM 교육)', '융복합교육'과 같은 이름으로 새로운 교육적 방안이 등장하였다. 그러나 여기서 주목할 사항은 이러한 다양한 접근의 이론적 배경은 결국 구성주의로 귀결되고 있으며, 구체적 실천전략으로는 '프로젝트 학습'이라는 방식으로 모아진다는 점이다.

이제 4차 산업혁명시대에 이르러 또 다시 새로운 교육패러다임에 대한 요구가 제기되는데, 이에 대한 방안의 하나가 바로 '메이커 운동(Maker Movement)'과 같이 시작된 '메이커 교육(Maker Education)'2)이라고 할 수 있다(Davis, 2014; Gerstein, 2017; Halverson & Sheridan, 2014).

그러나 메이커 교육 역시 이미 90년대부터 시작되어 왔던 구성주의적 교육패러다임의 범주 안에서 접근하게 된다. 이는 메이커 교육의 핵심 역시, '메이커로서의 학습자 중심 학습'이자 '프로젝트학습'(Gerstein, 2017; Martinez & Stager 2014; van der Poel et al., 2016)이기 때문이다. '학습자 중심 학습' 그리고 '프로젝트 학습'은 90년대부터 시작해 현재에 이르기까지 구성주의(Constructivism)의 영향 아래 우리에게 비교적 익숙한 교육적 특징이다. 그런데 이제 4차 산업혁명시대에 탄생한 '메이커 교육' 역시 이러한 동일한 특징을 지니고 있기 때문에, 어찌 보면 메이커 교육은 이전과 다른 완전히 새로운 교육적 접근이라고는 할 수 없다. 다만 메이커 교육은 그것을 탄생시킨 배경이 '메이커 운동'의 특징이 반영되어 있다는 사실을 상기해볼 때, 메이커 교육과 그간 우리에게 익숙했던 '학습자 중심 학습'

는 의미로서 사용하고 있다. 따라서 이 책에서는 Barrows를 중심으로 논의하는 '문제기반학습'으로서의 PBL뿐만 아니라, 프로젝트 학습으로서의 PBL, 나아가 그 외 다양한 '학습자 중심 학습모형' 모두 포함하는 대표적 용어로서 PBL을 사용하였다.

2) 메이커 교육(Maker education)이라고도 하고 메이커 페다고지(pedagogy)(Bulluck, 2015)라고도 하며, 메이커 중심 학습(Maker-Centered Learning)(Clapp et al., 2017)이라고도 한다. 여기서는 메이커 교육이라는 용어를 선택, 사용하였다.

과의 차이점이 조금은 보이기 시작한다.

　실지로 메이커 교육을 실시하거나 그에 대한 논의를 할 때면, 항상 뒤따르는 질문이 있다. 첫째, 과거에 이뤄졌던 '노작활동'과의 차이점이 무엇인가 하는 것이다. 이전에도 학생들이 수업시간에 일종의 '메이킹' 활동은 많이 이뤄졌기 때문이다. 예를 들어, 초등과학 수업에서도 수업의 마지막 부분에는 '핸즈언(hands-on) 활동'이라고 해서, 일종의 메이킹 활동이 이루어지고 있다. 이와 마찬가지로 두 번째로 받게 되는 질문은 'STEAM 교육'과의 차이는 무엇인가 하는 점이다. STEAM 교육도 대부분 프로젝트 기반 활동으로 진행되며, 결과물로서 유형의 생산물(product)을 만들어내기 때문일 것이다.

　이러한 질문에 대한 답변은 다음에 제시할 메이커 교육의 특징을 통해 설명될 수 있을 것이다. 우선 첫 번째로, 메이커 운동은 매우 자유로운 환경, 곧, 학교교과 과정과는 별개로 비형식교육 환경에서, 개별 메이커들이 자신들의 요구나 관심거리 혹은 그의 주변 사회의 이슈나 문제에 대한 관심으로부터 시작하여 전적으로 자기주도적으로 메이킹 활동이 이루어진다. 바로 이런 이유로 인해 메이커 교육은 '자기주도적 학습활동'이라는 특징을 지니게 된다. 그러나 이때 자기주도적 학습은 PBL에서 강조한 자기주도적 학습보다 자율성의 범위가 훨씬 확장되어 있다는 점에 주목해야 한다. PBL은 교과과정에 있는 단원들을 재구성한 상황에서 이루어지기 때문에 주제나 기대되는 결과물은 비교적 예측 가능한 범위에 있다. 반면에 메이커 교육은 활동을 위한 주제는 주어지지만, 메이커 활동을 위한 제공되는 '다양한 재료나 도구, 테크놀로지'를 활용하여 자신의 관심과 요구에 따라 자유롭게 메이커 활동을 펼쳐나가게 된다. 따라서 학생들의 메이커 활동의 결과물은 비록 큰 주제 하에 들어가 있지만, 전적으로 개개인 학생들의 생각, 요구, 관심이 반영되어 예측불가의 결과물을 만들어내는 메이커 활동으로 전개된다.

뿐만 아니라, 자기주도적 창작 활동으로서의 메이커 활동의 평가 역시 기존의 평가에서 강조하던 결과물의 완성도에 두기 보다는 활동 과정에 보인 학생들의 태도, 생각, 활동에 초점(Thomas, 2014)을 두기 때문에, 학습 전 과정은 그야말로 철저히 '자기주도적 학습' 환경으로 펼쳐진다.

두 번째 메이커 교육의 특징은 학생들의 메이커 활동이 전적으로 자율적, 자기주도적으로 펼쳐지도록 허용하는 환경인만큼, 메이커 활동에 필요한 재료, 도구, 테크놀로지도 매우 다양하게 풍성하게 제공된다[3]. 이때의 다양한 재료, 도구, 테크놀로지는 상황에 따라 달라지기 때문에, 어떤 것이어야 한다고 명확히 규명하기 어렵지만, 그래도 여러 메이커 활동에서 공통적으로 제시하는 대표적인 도구는 3D 프린터일 것이다(Mcguin, 2016). 물론 이것이 없어도 되지만 메이커 운동, 메이커 교육의 중심에는 대부분 3D 프린터가 언급되고 있다. 이것을 통해 이전에는 개인적으로 할 수 없었던 여러 활동이나 제품 만들기에 쉽고 저렴하게 개인적으로 다가갈 수 있게 되었기 때문이며, 이로 인해, 메이커 교육의 특징은 '기술의 민주화'(Britton, 2014)라고 하기도 한다.

그렇다면 메이커 활동에 필요한 다양한 재료나 도구는 보통 일반 교실에서 일시적으로 제공하거나 활용하기에는 비좁거나 불편할 수 있다. 따라서 메이커 교육을 하면, '메이커스페이스(Makerspace)'[4]라는 메이커 활동을 위한 공간이 대부분 전제되고 있다. 결국 메이커 교육의 두 번째 특징은 다양한 재료, 도구 및 테크놀로지의 활용, 나아가 이들을 보관하여 학생들이 메이커 활동을 자유롭게 전개할 수 있는 메이커스페이스를 전제하고 있다는 점이다.

---

3) 'The Making of a Makerspace'(http://www.makerspaceforeducation.com/) 사이트를 참조
4) 메이커스페이스는 다양한 용어로도 사용되고 있는데 대표적인 것이 Fab Lab, TechShop(Cavalcanti, 2013) 등이 있다.

세 번째 메이커 교육의 특징은 메이커로서의 학습자간에 이루어지는 협력적 활동에서 찾아볼 수 있다. PBL 혹은 학습자 중심 학습환경에서 협력적 활동이라는 요소는 당연한 것으로 받아들여지고 있다. 그러나 이때의 협력적 활동은 주어진 문제나 과제를 해결하기 위한 팀원으로서 학습자들 간의 긴밀한 상호작용이라고 한다면, 메이커 교육에서의 협력적 활동은 좀더 다양한 모습을 지닌다. 먼저 각자의 메이커 활동으로서의 결과물을 만들어가는 과정 중에 매우 자발적으로 다른 사람들에게 '리소스(resource)'로서의 활동을 하고자 하는 모습이 이루어진다. 이를 메이커 교육에서는 '리소스로서의 활동(resourcefulness)'(Martin, 2015)이라고 하는데, 보통 교강사가 하던 일이 같은 동료 학습자간에서도 흔히 일어나는 모습을 확인할 수 있다.

나아가 메이커 교육에 참여하는 학생들 간의 협력적 활동은 결과물(생산물)에 대한 모든 것을 서로 공유, 개방한다는 점이다(Martin, 2015; Schön, Ebner, & Kumar, 2014). 같은 공간 안의 메이커 간의 공유 개방을 넘어서, 보통 온라인 커뮤니티를 활용하여, 그들의 결과물과 그것을 만들기까지의 전 과정을 여러 형태(동영상, 사진, 글 등)로 '기록(documentation)'(Johnson & Halverson, 2015)한 것을 올려놓는다. 또한 오프라인 상에서 이뤄지는 개방과 공유는 '메이커 페어(Maker fair)'라는 형태로 이루어진다. 이처럼 온·오프라인을 포함하여 그들의 결과물, 그 과정 등을 개방, 공유한다는 점은 메이커 교육에서 관찰되는 협력적 활동의 두드러진 특성이라 하겠다.

네 번째로 메이커 활동의 특징은 메이커 활동의 목표에서 찾을 수 있다. 단순히 자신의 관심과 요구를 만족시키기 위한 목적에 그치지 않고, 나아가 사회적 참여를 전제로 하고 있기 때문이다(Martin, 2015). 메이커 활동은 자신이 속한 사회나 자신의 관심, 이슈, 문제에 대한 탐구로부터 시작한다는 점에서 PBL과 마찬가지로 '맥락적 학습' 활동으로서 진행된다고 할 수 있다. 그러나 메이커 활동은 그 결과물이 과연 자신이 처음에 생각했던 사회적 혹은 개인적 문제나 이슈를 해결했는 지를 보고자 하기 때문에, 실지로 '사회적 참여'와 '실천'까지를 염두에 둔다. 단순히 교실이나 어떤 공간에서 자신들만을 위해 '만들기' 활동을 하고 그치는 것을 넘어서, '사회적/개인적 이슈나 문제'에 대한 문제해결로 시작하여 그것의 결과로서 실질적인 사회적 참여와 실천, 그로 인한 사회적 변화(Lindtner, 2014; Martin, 2015)까지도 기대하게 한다.

다섯 번째 메이커 교육의 특징은 네 번째 메이커 교육의 특징과 연결지어 생각할 수 있다. 곧, 메이커 활동의 결과물은 처음에 시작한 사회적/개인적 문제나 이슈의 해결책이 되는 것이기 때문에 실제 상황 안에서 적용하거나 혹은 적용에 따른 변화까지도 기대한다. 그렇다면 메이커 교육은 짧은 시간에 이루어지거나 혹은 한 번의 과정을 통해서 이루어지는 활동으로는 이와 같은 사회적 적용의 단계까지 진행되기 어려울 것이다. 다시 말해 메이커 교육은 한차례로 진행되는 메이커 활동으로 그치지 않고 그 결과물이 과연 기대한 목적을 이루고 있는 지를 확인하기 위해 '개선(improvement)'의 단계(Hsu, Baldwin, & Ching, 2017; Martin, 2015)가 반드시 추가되어야 한다. 이것은 같은 공간 안에 있는 다른 메이커들의 피드백을 통해서도 진행되거나, 아니면 자신의 결과물을 온라인 사이트에 올려서 여러 외부 사람들의 피드백을 반영하여 '개선'이 이루어지기도 한다. 어떤 형태이든 간에 이러한 '개선'의 단계를 거쳐서 처음의 것을 수정. 보완하는 '순환적' 메이커 활동(Brahms & Crowley, 2016; Martinez & Stager, 2013)로 인해 메이커 교육은 단시간 내, 일회성 활동으로 이루어지기 어렵다고 하겠다.

여섯 번째 메이커 교육의 특징은 메이커 교육의 목표에서 찾을 수 있다. 곧, 메이커 교육의 목표는 어떤 것을 만들어낸다는데 있는 것이 아니라, 메이커 교육환경을 접함으로서 학생들이 소위 '메이커 정신(Maker Mindsets)'

(Thomas, 2014.)을 경험할 수 있도록 한다는데 있다. 메이커 정신은 앞서 언급한 메이커 활동의 특징을 통해 예측할 수 있듯이, 메이커 활동에 참여한 학생들이 흥미와 재미를 느끼면서 학습활동에 몰입하고, 전 학습과정을 통해 자기주도성을 함양하며, 다른 사람들과의 사회적 관계성을 높이는 것을 의미한다. 이것은 이미 PBL에서도 경험할 수 있는 점이기도 하다.

그러나 메이커 교육을 통해 경험하게 되는 메이커 정신으로 주목할 점은 '실패를 두려워하지 않는 마음'(Matin, 2015; Thomas, 2014)에 있다. 이것은 보통 '도전정신'(Van Holm, 2015), 혹은 끈질기게 문제를 해결해보려는 지속성(persistence), '생산적 실패(productive failure)'(Matin, 2015) 라는 말로도 표현되는데, 이전의 학습자 중심 학습환경에서는 거의 언급되지 않았던 점이기도 하다. 따라서 실패하더라도 다시 한 번 하고자 하는 마음을 갖도록 격려하고, 그 환경을 만들어 위해서라도 메이킹 과정의 전 단계가 일차적으로 그칠 것이 아니라 순환적 과정 속에서 '개선(Improvement)'의 기회가 주어져야 할 것이다.

마지막으로 메이커 교육의 특징은 그것의 이론적 배경에서 찾아볼 수 있다. 보통은 메이커 교육의 여러 특성이 Piaget의 전통에 따른 '구성주의(constructivism)'로도 충분히 설명이 가능하다(Ackerman, 2001). 하지만, 메이커 교육은 머릿속에 있는 우리의 사고나 생각을 실지로 보이는(visible) 유형의 생산물로 만든다는 점에 주목할 때, Papert의 '구성주의(constructionism)'(Papert, 1991)와도 조우하게 된다(Ackermann, 2001; Halverson, & Sheridan, 2014).

Papert의 구성주의는 그가 Piaget의 제자였다는 점만 상기해도 Piaget 전통의 구성주의(constructivism)를 기반으로 한다는 점은 분명하다. 그러나 Piaget의 구성주의가 인지 주체로서의 개인의 지식구성에 의한 머릿속 인지 틀의 변화를 강조한 반면에, Papert의 구성주의는 개인의 지식구성은 사물(artifacts)5)과의 상호작용을 통해 이루어진다(Papert, 1991)고 하면서, '도구'나 '미디어' 등의 사용을 강조하고 있다. 더불어 Papert는 Vygotsky의 사회적 구성주의에서 강조한 '상황적 학습', '맥락적 학습'을 강조한다. 따라서 두 구성주의는 단지 V와 N과의 차이일 뿐이라 할 수 있다 (Ackerman, 2001). 그렇다면 앞서도 언급했듯이, 메이커 교육의 이론적 배경은 Piaget의 인식론적 구성주의(constructivism)와 Papert의 구성주의 (constructionism), 이 두 가지를 모두 포함하는 것이라 하겠다.

이상으로 메이커 교육의 특징을 정리하다보면, 메이커 교육은 한마디로 '극대화된 구성주의'라고 할 수 있다. 구성주의를 통해 강조하던 자율적, 자기주도적 학습자의 활동, 사람 혹은 사물과의 적극적 상호작용 활동, 그리고 맥락적, 상황적 학습활동, 모두를 포함하고 있기 때문이다.

물론 메이커 교육은 메이커 운동으로부터 비롯된 것인 만큼, 그것을 학교 교육과정안으로 갖고 와서 실천하기에는 어려움이 뒤따를 수 있다. 첫째는 PBL 수업에서도 전제되었던 교과과정 재구성이 필요할 것이다. 메이커 교육을 통한 메이커 정신의 함양을 고려해볼 때, 단 몇 차시만의 활동으로 메이커 정신을 경험하게 한다는 것은 무리가 될 수도 있기 때문이다. 둘째, 메이커 교육은 메이커스페이스가 있을 때 그 효과가 제대로 발휘될 수 있다. 그러나 현재 모든 학교에서 메이커스페이스라는 새로운 공간을 마련하는 것은 메이커 교육 실시를 막는 요인이 될 수 있다. 셋째, 메이커 교육은 이전의 공작활동, 노작활동과 달리 3D 프린터를 활용하거나, 아두이노(Aduino), 메이키메이키(MakeyMakey)와 같은 SW, 혹은 엔트리(Entry), 스크래치(Scratch)와 같은 앱을 활용하는 활동이 대부분이다. 이로 인해 이런 것을 새로 배워야 하는 것은 교사들에게 부담으로 다가갈 수 있다.

---

5) Papert는 사물(artifact)과의 상호작용이라는 그 예로서 구체적으로 컴퓨터를 언급 하고 있다(Papert, 1980; 1991).

그러나 위에서 언급한 세 가지 문제점에 대한 방안은 교사가 자신이 처한 상황에서 유연하게 대처함으로써 해결할 수 있을 것이다. 예를 들어, 메이커스페이스 대신 메이커 박스(Maker Box)를 마련해서 교실 한 구석에 두면서 활용할 수 있는 방안을 생각해볼 수 있다(강인애, 김명기, 2017). 또는 언급한 SW나 앱을 구입하거나 활용하기 어려울 경우에는 그것을 사용하지 않고서도 메이커 교육을 실시할 수 있는 수많은 예를 온라인 사이트를 통해 확인할 수 있다.

실지로 본 책에 실린 논문의 저자들 중 교사들의 경우도, 마찬가지로 위의 문제들과 마주하게 되었으나 나름의 방식으로 대안적 방안을 찾아가면서 메이커 교육을 개발, 적용한 결과를 보여주고 있다[6].

이 책은 2016년 2학기 대학원 수업에서 대학원생들과 함께 '메이커 교육' 수업을 시작한 뒤, 관련 프로젝트 몇 개를 진행한 결과로서 얻은 결산이다. 이 과정을 통해 본인 역시 구성주의에서와 마찬가지로 메이커 교육에서도 강조하는 교강사의 역할, 곧, '동료 학습자'로서의 역할을 경험할 수 있었다. 메이커 교육에 필요한 새로운 앱이나 SW를 다룰 때는 이 분야 전문가인 대학원생에게서 배우기도 하고, 메이커 교육과 관련된 글을 읽을 때는 대학원생들과 같이 서로 생각들을 나누고, 토론하고, 고민했으며, 그러는 순간에도 서로 배운 바를 직접 실제 교실 수업상황에 적용해보고, 그 결과를 서로 나누는 과정을 통해, 진정한 의미에서 '동료 학습자'로서의 역할을 경험할 수 있었다. 또한 실지로 본인 역시 메이커 활동에 참여하여, 구체적인 결과물을 만드는 동안, 실로 오랜 만에 학습자의 입장에서 학습활동에 깊은 '몰입'과 '흥미'를 느낄 수도 있었다. 메이커 교육 수업은 대학원수업에 걸맞지 않게 많은 웃음소리를 들을 수 있었으며, 서로의 생각을 나누는 건

---

6) 본 책에서 '학교에서의 메이커 교육 사례' 부분에 실린 4개의 초등, 고등, 대학 사례를 참조.

설적인 혼돈의 시간이 함께 하는 역동적인 시간이었다. 따라서 이 책에 실린 모든 내용은 그냥 논문을 읽고 정리하는 '머리'만의 작업이 아니라 '몸'과 '마음'이 모두 투입되어 나온 생생한 경험과 성찰의 결과라고 할 수 있다.

그러나 다행히도 메이커 교육을 공부하는 과정이 그리 큰 어려움으로는 느껴지지 않았다. 그것은 아마도 우리가 이미 구성주의, PBL을 통해 메이커 교육을 이해하기 위한 필요한 기본적 이론과 실천에 대한 준비태세를 갖추고 있었기 때문이 아니었나 싶다. 결과적으로 이런 탐구와 고민의 시간을 거쳐 도달한 결론은 '메이커 교육은 4차 산업혁명시대라는 현 사회적 요구와 특징이 반영되어 새롭게 업그레이드된 모습의 구성주의'라는 확인이었다.

이 책은 크게 세 파트로 나누어져 있다. 첫 번째 파트는 메이커 교육을 이해하는데 필요한 이론적인 내용을 담고 있다. 1장은 메이커 운동으로부터 시작하여 메이커 활동, 메이커 교육으로 이어지면서 메이커 교육의 특징을 소개하고 있다. 2장은 메이커 교육을 STEAM 교육의 한 버전으로 봐야 할지, 아니면 그것과 구분되어 접근해야 할지는 논의하고 있다. 3장은 메이커 교육을 실시한 다음에 뒤따르는 평가는 과연 어떤 모습이어야 할지를 논의하고 있다. 새로운 교육 패러다임을 추구하는 것인 만큼 기존의 평가틀이나 목적과는 분명 차별점이 있어야 할 것이라는 전제로 그 대안을 제시하고 있다. 4장은 현재 국내외 메이커 교육의 사례 및 그 현황을 분석한 내용으로서 매우 유익한 리소스로 활용할 수 있을 것이다.

두 번째 파트는 학교현장에서 이루어졌던 실제 메이커 교육사례들을 담고 있다. 메이커 교육이라는 대학원 수업을 들었던 교사들이 자신들의 교실현장에서 메이커 교육프로그램을 개발, 적용하여 메이커 교육이 과연 교육현장에서는 어떻게 실천될 수 있으며, 학생들의 반응은 어떠한지를 사례를 통해 제시하고 있다. 5장은 대부분 교사들이 고민하고 궁금해 하는 내용, 곧, 메이커 교육을 교과과정 안에서 어떻게 도입, 적용할 수 있을지를 실제 적용 사례를 통해 제시하고 있다. 6장도 마찬가지로 초등사례로서 교과과정 내 메이커 교육 도입을 위한 방안을 실제 사례를 통해 제시하고 있는데, 특히 학생들의 반응을 분석한 결과, 메이커 교육은 구성주의 학습환경을 더욱 명확히 실천할 수 있는 교육환경이라는 결론을 제시하고 있다. 7장의 경우는 고등학교 사례로서, 메이커스페이스라는 메이커 활동 공간을 만들어가는 과정을 메이커 활동으로 삼고, 실지로 아무것도 없는 교실을 학생들과 교사의 협력적 작업을 통해, 번듯한 메이커스페이스로 만들어가는 과정을 제시하고 있다. 이는 분명 메이커 교육을 실시하고 싶어도, 메이커스페이스가 없어 고민하는 교사들에게 작은 시사점을 제공할 것이다. 7장은 대학사례인데, 메이커 교육에서 강조하는 '실패를 두려워하지 않고 지속적으로 도전하고자 하는 태도와 정신,' 곧, '기업가정신(entrepreneurship)'(Van Holm, 2015)에 착안하여, 대학의 '창업교육'이라는 과목을 통해 메이커 교육을 실시한 사례이다. 이 사례를 통해 강조하고자 하는바는 스타트업과 같은 현 사회적 이슈나 기업가 정신과 같은 현 사회적 요구를 수용, 지원할 수 있는 방안은 메이커 교육이라는 점이다. 이에 좀더 많은 대학에서 메이커 교육을 더욱 적극적으로 도입해야 할 필요성이 있다.

마지막 세 번째 파트는 학교가 아닌 비형식교육기관에서 이루어지고 있는 사례를 제시하고 있다. 아마도 가장 대표적인 비형식교육기관은 박물관. 미술관, 또는 도서관일 것이다. 실지로 국외의 경우, 많은 박물관·미술관에서 메이커스페이스를 만들어서 학생들의 메이커 활동을 적극 수용, 지원하고 있다. 반면에 현 시점에서 우리나라의 경우는 삼청동에 있는 현대미술관 서울관에서 '무한상상실 아트팹랩 Art Fab Lab'이란 이름으로 실시하고 있는 메이커 교육이 아마 가장 대표적인 예가 될 것이다.

이러한 현 상황에서 9장은 국내외 박물관에서 이루어지고 있는 메이커 교육의 현황을 전반적으로 분석한 내용을 담고 있다. 10장은 우리나라에 있는 한 사립 박물관에서 이루어진 메이커 교육의 사례를 제시하고 있다. 그러나 이 프로그램은 박물관의 특성상 주로 일회성 프로그램 운영이 대부분인 제약적 조건 안에서 이루어졌기 때문에, 메이커 교육의 특성을 마음껏 지원한 프로그램이라고는 할 수 없다. 그러나 최소한 박물관이 메이커 교육을 실시하기에 매우 적절한 조건과 환경을 지니고 있음을 다시금 확인시켜 준다는 점에서 그 의미를 찾을 수 있다. 11장은 도서관에서 이루어진 메이커 교육 프로그램의 사례이다. 도서관은 원하는 사람은 누구든지 올 수 있는 공간이라는 특성에 따라, 본 메이커 교육 프로그램의 참여 대상은 초등학생에서부터 고등학생을 모두 포함하고 있다. 이러한 상황은 일반적으로 메이커스페이스에서 이루어지는 메이커 활동의 모습과 오히려 유사한 것으로서, 실지로 본 사례에서는 초등학생과 고등학생이 서로 협력하여 메이커 활동을 이루어가고, 그 결과로서 메이커 교육에서 강조하는 공유, 나눔, 개방이라는 협력적 관계를 경험할 수 있었음을 보여주고 있다.

이 책은 메이커 교육을 처음으로 접하면서, 가르치는 자와 배우는 자라는 구분 없이 모두가 학습자가 되어 때로는 즐겁게, 때로는 많은 고민과 질문을 하면서 만들어진 결과물이다. 이에 이 책의 내용에 대한 진정성은 자신하지만, 그에 걸맞게 과연 학문적 깊이까지 덧붙여졌는지에 대해서는 선뜻 나서기가 주저된다. 그럼에도 불구하고, 이 책은 메이커 교육에 대한 입문서로서는 적절한 내용이 아닌가 싶다. 메이커 교육을 단지 'DIY' 혹은 '디지털 DIY'으로만 접근하지 않고, 말 그대로 '메이커 교육'으로 접근하여, 그 이론적 배경으로서 구성주의를 전제하였으며, 메이커 활동의 목표로서는 결과물 그 자체보다는 그 활동을 통해 학습자들이 얻게 되는 '메이커 정신'에 집중하였다. 결국 이러한 과정을 통해 '메이커 교육은 4차 산업혁명시대에 다시 만난 구성주의'라는 최종 결론에 도달할 수 있었다.

마지막으로 메이커 교육을 시도할 수 있게 하시고, 그것을 책으로 완성할 수 있게 처음부터 끝까지 인도해 주신 하나님께 감사를 드린다.

참고문헌

◆Ackermann, E.(2001). Piaget's constructivism, Papert's constructionism: What's the difference. *Future of learning group publication 5*(3), 438-449.

◆Brahms, L, & Crowley, K. (2016). Making sense of making: Defining learning practices in MAKE magazine. In K. Peppler, E. Halverson, & Y. Kafai (Eds.), *Makeology: Makers as learners*(v. 2)(pp.13-28). New York, NY: Routledge.

◆Britton, L. (2014). *Democratized tools of production: New technologies spurring the maker movement.* Retrieved Oct, 2, 2016 from http://tascha. uw.edu/2014/08/democratized-tools-of-production-new-technologies-spurring-the-maker-movement/

◆Bulluck, S. (2015). *What is maker pedagogy? Some early thoughts⋯.* Retrieved Nov. 10, 2016 from http://makerpedagogy.org/en/what-is-maker-pedagogy-some-early-thoughts/.

◆Cavalcanti, G., (2013). Is it a Hackerspace, Makerspace, TechShop, or FabLab? Retrieved Oct. 2, 2016 from http://makezine.com/2013/05/22 /the-difference-between-hackerspaces-makerspaces-techshops-and-fabl abs/.

◆Clapp, E., Ross, J. Ryan, J., & Tishman, S., (2017). *Maker-Centered Learning: Empowering young people to shape their worlds.* San Franscisco, CA: Jossey-Bass

◆Davis, V. (2014). *How the Maker Movement is moving into classrooms.* Retrieved Aug. 20, 2017 from https://www.edutopia.org/blog/maker-movement-moving-into-classrooms-vicki-davis.

◆Gerstein, J. (2017). *The educator as a maker educator.* Retrieved May, 20, 2017 from http://www.amazon.com/Educator-as-Maker-ebook/dp/B016Z5NZ6O/ref=asap_bc?ie=UTF8.

◆Halverson, E, R, & Sheridan, K. (2014). The Maker Movement in education. *Harvard Educational Review, 84*(4). 495-504.

◆Hsu, YC, Baldwin, S., & Ching, YH., (2017). Learning through making and maker Education. *TechTrend*, 1-6. Retrieved Sep. 1 2017 from https://doi.org/10.1007/s11528-017-0172-6

◆Johnson, B. & Halverson, E. (2015), *Learning in the Making: Leveraging technologies for impact*. Retrieved Oct. 2, 2016 from https://pdfs.semanticscholar.org/519b/5eaac708e2e799a642084d60c51cf0a81841.pdf.

◆Lindtner, S., (2014). Hackerspaces and the Internet of Things in China: How makers are reinventing industrial production, innovation, and the self. *China Information, 28*, 145-167.

◆Martin, L, (2015) The promise of the Maker Movement for education. *Journal of Pre-College Engineering Education Research, 5*(1), 30-39.

◆Martinez, S. & Stager, G. (2013). *Invent to learn: Making, tinkering, and engineering in the class*. Torrance, CA: Constructing Modern Knowledge Press.

◆Mcguin, V. (2016). 3D printers : the ultimate 'Makerspace' partner, *School News*, Nov. 22, Retrieved Nov. 22, 2016 from http://www.school-news.com.au/teaching-resources/3d-printers-the-ultimate-maker-space-partner/

◆Papert, S. (1991): Situating constructionism. *In constructionism*(pp. 1-11). Harel, I. and Papert, S. (eds). Norwood, New Jersey, Ablex Publishing Corporation:1-11.

◆Schön, S., Ebner, M., & S Kumar (2014), *The Maker Movement: Implications of new digital gadgets, fabrication tools and spaces for creative learning and teaching*. Retrieved Oct. 2, 2016 from https://www.openeducationeuropa.eu/sites/default/files/asset/Learning%20in%20cyber-physical%20worlds_In-depth_39_2_0.pdf.

◆Thomas, A. (2014). *Making makers: Kids, tools, and the future of innovation.*

Sebastopol, CA: Maker Media, Inc.,

◆van der Poel, J., Douma, I., Scheltenaar, K., & Bekker, T. (2016). *Maker education: Theory and practice in the netherlands.* Retrieved Nov. 20, 2016 from http://waag.org/sites/waag/files/public/media/publicaties/pme-theory -anW-practice.pdf.

◆Van Homl, E. (2015). Makerspaces and contributions to entrepreneurship, *Procedia − Social and Behavioral Sciences 195,* 24−31.

1부

메이커 교육의 이해

메이커 교육(Maker Education)의 이론적 배경*

강은성, 윤혜진

Ⅰ. 서론

4차 산업혁명과 혁신사회의 도래로 인공지능을 이용한 자동차, 사물 인터넷, 빅 데이터 등 다양한 분야에서 새로운 기술들이 소개되고, 디지털과 결합한 제조업은 개인의 권한을 극대화시키고 있다. 4차 산업혁명의 핵심인 인공지능 및 디지털 기술의 발전은 산업 구조의 패러다임을 바꾸며 생산과 소비의 혁신을 이루고 이를 융합하고 있다. 누구나 DIY 상품을 생산하여 소셜 기반의 온라인 플랫폼이나 오프라인 마켓을 통해 판매가 가능하게 하는 프로슈머의 출현도 일으키고 있다(Buechley, 2013; Walker, 2012). 이러한 디지털 기술은 지금의 경제를 이끌어나가는 가장 중요한 동력으로, 모든 일의 형태를 바꾸어 나가고 생산성과 성장의 핵심 동력이 될 것 (Brynjolfsson, 2013)이라고 말한다. 이는 과거의 자급자족과는 완전히 다

---

*본 논문은 강은성의 박사학위 논문(강은성, 2017)을 수정, 보완하였음.

른 메이커 활동으로, 집단 지능을 활용하여 개인의 창조성을 부각하여 개인화하는 새로운 시대의 현상이다(Martin, 2015).

이렇듯 과학과 기술 발전에 따라 미래 사회로의 급속한 이동이 이루어지고 있고, 이에 따라 미래 인재가 될 지금의 학생들이 갖추어야 할 역량과 태도, 기술 등이 빠르게 변화하고 있다(교육부 2015; 한국과학창의재단, 2015). 미래 사회의 복잡한 다양성은 하나의 지식으로는 해결할 수 없는 융합적 창의성을 요구하는 사회가 되고 있고, 단순 지식보다는 개념을 기반으로 하는 창조와 문화를 중시하는 방향으로 급격히 이동하기 때문이다(교육부, 2016).

이러한 4차 산업혁명 시대를 이끌 인재는 새로운 가치를 창출하는 창조적 능력과 첨단 기술을 응용할 줄 아는 능력을 갖추고 미래 기술 변화를 읽는 통찰력을 가지고 최적의 틈새를 찾아 혁신을 만들어간다(이재호 등, 2016; 한국과학창의재단, 2016a; 홍성민 등, 2016). 따라서 삶과 연계된 융·복합적 주제를 자기주도적으로 해결하기 위해 디지털 도구 및 재료를 활용하여 제작을 하고 이를 공유하고, 다시 개선하는 활동을 반복하며 창의적인 결과물을 도출해 내는 메이커 교육이 대두되고 있다(한국과학창의재단, 2016a; Blikstein, 2013; Martinez & Stager, 2013; Papert, 2000).

이에 본 논문에서는 미래 사회의 요구에 대비하고, 패러다임의 변화를 읽어내는 새로운 교육방식인 메이커 교육(Maker Education)의 이론적 배경 및 특징을 설명하고, 선행연구를 통해 도출된 메이커 교육의 교육적 효과를 분석하여 메이커 교육에 대한 이해를 돕고자 한다.

II. 메이커 운동과 메이커 교육(Maker Education)

1. 메이커(Maker)와 메이커 운동

미래 기술과 4차 산업혁명은 인간에게 무엇인가를 재미있게 배우고, 몰입하여 생각하게 하고, 디지털 도구를 활용하여 창의적이고 의미 있는 결과물을 만드는 메이커 활동에 참여하도록 안내하고 있다(Dougherty, 2012; Kalil, 2013). 이러한 시대변화와 요구를 반영하여 세계 각국은 새로운 혁신가이자 창조력을 바탕으로 미래 일자리를 창출해 나가는 메이커(Maker)를 양성하고 메이커 문화를 확산하기 위한 메이커 운동(Maker Movement)을 적극적으로 전개하고 있다.

메이커(Maker)는 무언가를 직접 만드는 사람을 뜻하며, 메이커 운동은 사람들이 새로운 기술과 디지털 기기를 이용하여 단순한 소비자가 아닌, 자신이 필요로 하는 것을 열정적으로 만들어 내는 것을 뜻한다(Dougherty, 2012; Martinez & Stager, 2013; Papert & Harel, 1991; Papert, 2000). 또한 이것은 일상적 삶에서 창의적인 생산품을 생산하는데 참여하고 그들의 제작품과 아이디어, 만드는 과정을 물리적 또는 디지털 포럼을 통해 다른 사람들과 공유하는 사람들의 수가 지속적으로 늘어나고 있는 현상을 뜻한다(Anderson, 2012; Sheridan et al., 2013; Papert 2000).

메이커 활동은 기존에 일반인들이 쉽게 사용하기 어려웠던 전문적인 수준의 다양한 도구들에 대한 접근이 쉬워지고, 오픈소스로 인하여 복잡한 알고리즘이나 체계들을 누구나 보고 탐구할 수 있는 기술의 민주화로 인하여 더욱 활발해지고 있다(Blikstein, 2013; Halverson & Sheridan, 2014). 이러한 디지털 도구의 사용은 개인으로 하여금 실제적인 상황 하에서 문제 해결을 위한 생산자, 창조자, 발명가 등이 되어 자발적이고 자기주도적으로 메이커 활동에 적극적으로 참여하도록 이끈다(Dougherty, 2013).

새로운 변화를 초래할 수 있는 창의성, 스스로 행동하는 자발성과 동료와의 협업, 정보의 공유는 메이커 활동의 주요 특징으로, 이러한 활동은 개인들이 일상에서 창의적 만들기를 실천하면서 이에 관한 경험과 지식을 공유하려는 경향에서 출발한다(Anderson, 2012; Blikstein, 2016; Dougherty, 2013; Peppler et al., 2016). 이처럼 누구나 쉽게 새로운 물건을 창작함으로써 일상 속 가치 창조를 추구하는 아이디어와 융합적 가치를 실현하기 위한 사회·문화적 기반의 의미를 가지는 것이 메이커 운동이다(Dougherty, 2013; Lang, 2013; Martinez & Stager, 2013). 이러한 움직임은 개개인이 창작에 참여할 뿐만 아니라 창작의 지식경험을 공유하여 타인의 혁신을 촉진하는 혁신의 확산기제로 작용되고 있다(Quinn & Bell, 2013).

2. 메이커 교육(Maker Education)의 등장

앞서 살펴보았듯 미래 혁신 사회로의 전환과 대비는 교육 패러다임의 변화로 이어지고 있으며, 혁신적 ICT 활용 능력, 융·복합적 사고력, 창의성, 자기주도성, 문제해결능력, 나눔·공유·개방정신 및 기업가정신을 갖춘 미래 인재를 양성하는 방향으로 나아가고 있다(문찬, 2016; 이승철, 전용주, 김태영, 2017; 홍성민 등, 2016; Dougherty, 2013; Honey & Kanter, 2013; Lang, 2013; Martinez & Stager, 2013; Somerson & Hermano, 2013; Wilkinson & Petrich, 2014). 이에 다양한 디지털 도구 및 재료를 활용하여 창의적인 메이커 정신을 가지고 자신이 원하는 제품을 직접 설계하고 제작해 나가는 메이커 활동이 하나의 교육 패러다임과 교육방식으로 그 가치를 인정받고 있다(교육부, 2015; 차일석, 2017; 한국과학창의재단, 2016b; Blikstein, 2013; Davee et al., 2015; Martin, 2015; Martinez & Stager, 2013; Papert, 2000).

곧, 메이커 활동의 교육적 가치를 강조하여, 하나의 교육방식으로서 '메이커 교육(Maker Education)'이 등장한다. 이를 통해 상상력을 창작품으로 전환할 수 있는 기술 역량과 창조성을 길러주고, 자신이 꿈꾼 것을 직접 만들어 손에 쥐는 경험을 하며 아이디어를 공유하고 이를 현실화하는 방법을 배우는 전 과정을 통해 창의적인 인재, 차세대 창업가 및 창의적 기업가로 성장할 수 있는 기회를 제공하고자 하는 것이다(Papert, 1980; Papert, 2000; Peppler, 2010; Peppler & Bender, 2013).

이에 메이커 교육은 개인적 차원에서 발명가, 창조자로서의 창의성과 자기주도성을 길러주며, 사회적 차원으로는 실천이 강조되는 가운데 커뮤니티를 통한 네트워크 구성과 소통, 이를 통한 협력적 문제해결능력, 학습과정 및 결과의 자발적 공유, 개방을 통해 그 가치를 실현하고자 한다(황중원, 강인애, 최홍순, 2016; Blikstein, 2013; Kafai et al., 2014; Peppler& Bender, 2013).

III. 메이커 교육과 구성주의(Constructionism)

메이커 운동은 처음부터 교육 또는 학습에 초점을 맞추어 전개된 것은 아니다(Papert, 2000). 그러나 매해 거듭되는 메이커 페어(Maker Fair)와 박물관, 미술관, 도서관 등 지역 사회에서의 메이커 프로그램 운영을 통해 만들기에 대한 교육적 가치를 재발견하게 되면서 메이커 운동의 가치가 기존 교육 이론과도 부합되는 부분이 많다는 것을 인정받게 되었다(Papert, 2000; Katterfeldt, 2015; Kafai, 2006).

메이커 교육은 아이들이 스스로 원하는 것을 만들어 가는 과정을 통해 배워나가는 교육으로서 구성주의와 관련이 깊다(박주용, 2016; Ackermann,

1996; Papert & Harel, 1991). 메이커 교육은 한 번에 끝나는 것이 아닌 반복의 과정을 거치면서 학생 스스로 지식을 자신만의 방법으로 체계화하고 동시에 창의적으로 구체적인 결과를 만들어내도록 하는 교육이다(Papert, 2000; Katterfeldt, 2015). 반복을 통해 경험을 쌓는 과정에서 학생들은 자신이 온전히 그 활동에 몰입하여 만들기 과정을 즐기는 것을 알게 된다 (Blikstein, 2016).

메이커 교육은 Piaget의 인식론적 구성주의를 기반으로 하는 구성주의 교육철학과 Seymour Papert의 구성주의 교육 접근법을 기반으로 한다(송기봉, 김상균, 2015; Papert, 1991, Katterfeldt, 2015). 구성주의는 인식론을 기반으로 하는 학습이론으로서, 지식은 개별적으로 존재하는 의미들이 조직적으로 구성된 결과라고 보는 학습이론이다. 즉, 구성주의에서 지식은 객관적이고 독립적인 실체라는 사실을 부정하고 우리가 살아가며 경험하는 세계 속에서 이루어지는 경험의 개인적인 재해석이라고 설명한다(강인애, 1997; 강인애, 1998; 김현우, 2012; 주현재, 2011; 황선하, 2012). 메이커 교육이 반복의 과정을 거치며, 자신의 경험과 방법으로 스스로 지식을 체득하고 결과물을 도출한다는 점이 구성주의의 지식 구성 방법과 유사함을 알 수 있다(강인애, 2003; Kolb, 2014; Savery 1995).

컴퓨터를 아는 사람들이 적었던 시절, Papert는 아이들을 위한 컴퓨터 활용 방법을 모색했다. 아이들이 단지 컴퓨터를 사용하는 것이 아니라, 컴퓨터와 프로그래밍 언어를 이용해 무엇인가를 만들 수 있도록 하고자 하였다. 이러한 Papert의 행적은 그를 메이커 교육에 중대한 영향을 끼친 사람으로 만들었다. Papert는 구성주의 교육 접근법을 통해 John Dewey가 주장한 '만들면서 배우는(learning by doing)' 것, 즉 학습자가 직접 무엇인가를 수행하는 활동을 통한 학습을 강조(Ackerman, 2001; Papert, 1991)하면서, 학습은 체험적 학습과정이 포함되어야 하며 직접 경험을 촉진함으로써 의미 있는 생산물이나 사회 물품을 결과물로 산출할 때 가장 효과적이라는 내용을 추가(Papert, 2000)하여 현대 메이커 교육의 이론적 토대가 된 인물이다(Blikstein, 2013).

Papert의 이론은 그의 스승인 Piaget의 영향을 받았음에 틀림없다. 그러나 Piaget는 '이해하는 것이 곧 창조다'라는 책을 통해 능동적인 학습을 통한 자발적 탐구 활동의 중요성을 역설했으며, 모든 새로운 진실들은 학습자에 의해 학습되어야 하고, 재발견되어야 하며, 최소한 재해석되어야 한다(송기봉, 김상균, 2015)는 인지적 구성주의를 주장하였다. 반면에 Papert의 경우, 사회, 문화 속에서 맥락적으로 상호작용을 통해 지식이 학습되는 사회적 구성주의 이론을 바탕으로 사회적 관계 속에서 어떻게 지식이 형성되고 학습이 이루어지는지(Papert, 1991; Papert, 2000)를 잘 설명해 주고 있다. Papert의 구성주의는 학습의 기술이나 '학습을 위한 학습', '학습에서의 만들기'의 중요성에 좀 더 초점을 두고 이러한 활동을 통해 학습이 어떻게 촉진되는지 제시해 준다. 따라서 Papert의 구성주의는 Piaget의 구성주의보다 좀 더 실제 활동에 한 걸음 다가서 있다. 비록 학습은 학습자의 머리 안에서 이루어지지만, 학습자가 그들의 머릿속에 존재하는 생각, 아이디어, 지식 등을 개인적으로 의미 있는 활동에 투영하여 몰입할 때 학습이 가장 효과적으로 이루어질 수 있다(Ackerman, 2001; Katterfeldt, 2015). Papert는 학습자들이 자신이 만든 물품을 매개로하여 소통하는 법과 이러한 공유 가능한 지식에 대한 소통을 통해 자기주도 학습을 유도하는 방법, 그리고 궁극적으로 새로운 지식을 촉진하는 법에 관심을 가졌다(Papert, 2000). 이에 메이커 교육은 Piaget의 인지적 구성주의와 Papert의 사회적 구성주의의 이론이 합쳐진 개념이라 볼 수 있다.

이러한 관점에서 미래 혁신 사회의 요구에 가장 적합한 메이커 교육과 실제 활동에 초점을 둔 구성주의(constructionism) 교육 패러다임을 통해 선행연구자들의 주장을 근거로 다음 〈표 1〉과 같이 공통된 학습 원리를 정리할 수 있다.

〈표 1〉 메이커 교육과 구성주의의 학습원리와의 관련성

메이커 교육(Maker Education)	구성주의(constructionism)
학습자 중심	학습자 중심의 교육 환경
체험적 학습 과정, 경험 중시	학습자 경험 중시
융합적 주제 제시	구체적이고 복합적인 상황 제시
의미 있는 결과물 산출	구체적인 결과물 산출
자기주도적	학습자의 인지적 도전을 유도
새로운 지식 축적	능동적인 지식 구성
공유와 소통	상호작용
지속적 인내, 반복적 교육	반성적 사고

　구성주의에서 제공하는 지식은 현실적이고 구체적인 상황을 배경으로 실제적인 상황을 제시하여 인지적인 도전을 유도하고, 과제 역시 현실에 기반한 것으로 실제 사회에서 대면하게 될 성격과 특성을 지닌 것을 다루게 된다(강인애, 1997). 메이커 교육에서 제공하는 지식 또한 현실에 기반한 융·복합적 주제를 제시하여 자기주도적으로 새로운 지식을 축적하며 의미 있는 결과물을 산출하도록 한다. 구성주의에서 학습자는 주어진 학습 환경에서 상호작용을 통해 이해하고 지식을 구성해 나갈 수 있게 되며, 학습과정에서는 '왜'라는 질문을 제기하면서 개발적인 분위기에서 비판적인 사고와 지적인 개발을 할 수 있게 된다(Kolodner, 2003). 메이커 교육에서 학습자는 친구와의 협력을 통해 지속적인 인내를 가지고 제작(making), 공유(sharing) 및 개선(improving) 활동을 반복적으로 수행하는 학습 과정을 통해 지식을 축적하게 된다. 이러한 과정에서 학습자와 학습자 간의 상호작

용을 통하여 공동체를 형성할 수 있게 되며, 이 속에서 자발적인 참여 그리고 그 과정에서 상호 간의 이해와 공유·개방, 성찰의 과정을 통해 자율적이며 자기주도적으로 구체적인 결과물(purposeful production)을 도출하는 지적 탐구습관이 개발되어진다(Blikstein, 2016).

구성주의의 능동적인 학습 상황에서 지식은 학습자에 의하여 직접적으로 경험되고, 구성되며, 학습자는 능동적으로 구성한 지식에 기초하여 행동하면서 지식을 시험, 수정한다(Thompson & Jorgensen, 1989). 이런 측면에서 교수자는 학습자들이 스스로 학습하고 탐구하려는 태도를 더욱 촉진시킬 수 있는 환경을 조성하기 위해 끊임없이 연구해야 한다(김현우, 2012). 결국 구성주의에서 지식은 외부적인 강화와 자극을 통해 교수자로부터 학습자에게 전달되는 것이 아니라, 인식의 주체인 학습자의 내면세계에서 능동적으로 구성된다. 이런 의미에서 구성주의 교육을 학습자 중심, 과정 중심의 교육이라 부르기도 한다(강인애, 1997; McCombs & Whisler, 1997; Norman & Spohrer, 1996).

이에 메이커 교육과 구성주의 학습이론의 연관성 높은 몇 가지 특성을 정리하면 다음과 같다. 우선, 지식이 개인의 이전 경험을 바탕으로 현장 맥락 속에서 구성되기 때문에 지식을 맥락과 별개로 실제 상황과 분리시키는 것은 불가능하며, 두 번째, 이로 인해 지식은 대단히 진정성(authentic)을 갖게 되며, 세 번째, 자신의 학습을 되짚어 보며 새로운 지식을 수용하는 특성상 성찰(reflection, introspection)과 반복적 학습이 중요하고, 네 번째, 자신의 경험을 바탕으로 하기 때문에 자기주도적이고, 다섯 번째, 자신에게 의미 있고(meaningful), 구체적인(purposeful) 결과물을 도출하게 되며, 여섯 번째, 상위 수준 또는 새로운 문제해결을 위해 타 학습자와 지식과 학습을 함께하는 협력학습이 이루어지게 되고, 마지막으로 교사는 지식전달자보다는 지식안내자나 학습촉진자(facilitator)의 역할을 수행하며, 학습자들이 메이커 교육을 통해 실제적인 삶에 대해 조사하거나, 질문하거나, 호기심을 가지거나, 참여하는가를 살펴보아야 한다(강인애, 2003; 황선하, 2012; Duffy & Jonassen, 1992; Blikstein, 2016).

Ⅳ. 메이커 교육의 특징 및 교육적 효과

1. 메이커 교육의 특징

전 세계의 교실들이 스튜디오, 워크숍 장소, 메이커스페이스로 바뀌고 있다. 학교의 교육과정도 변하고, 학습을 실행하는 학습 공간도 바뀌고 있으며, 학생들의 사고방식도 변하고 있다. 메이커 교육은 이러한 교육 패러다임의 변화를 이끌고 있는 주요한 요인이 되고 있다.

메이커 운동의 확산을 돕고 있는 'Make' 잡지 발행인 Dougherty(2012)는 메이커 교육은 단지 만드는 활동에 한정되지 않고, 소프트웨어 교육, STEAM 교육(Science, Technology, Engineering, Art, Mathmatics 분야를 중점으로 교육하는 것)이 함께 어우러져 왜 그렇게 만들어져야 하는지, 어떤 기술을 적용해야 하는지 등이 폭넓게 적용되어야 한다고 주장한다. 메이커 교육은 다양한 분야의 교육이 함께 이루어지고 그 과정에서 함께 발전한다는 것이다(Dougherty, 2012; Kimbell & Stables, 2007).

미국을 시작으로 전 세계에서 이토록 메이커 교육에 힘을 쏟는 이유는 21세기에는 수동적으로 전달하는 지식으로는 국가 경쟁력을 유지할 인재를 양성할 수 없기 때문이다(교육부, 2015; 한국과학창의재단, 2016b). 많은 일자리들이 자동화나 인공지능에 의해 대체되고 있으며 시간이 지날수록 이런 경향은 가속화될 것이기 때문이다(홍성민 등, 2016). 이를 극복할 수 있는 방안이 메이커 운동으로 많은 분야에서 생산 자동화, 무인화가 이루어지고 있지만 무엇을 만들 것인가를 생각하고 아이디어를 이끌어내는 것은 인간만이 할 수 있는 행동이기 때문이다(안정호, 임지영, 2015).

그런데 아두이노, 3D프린터 등의 기술 덕분에 누구나 메이커가 될 수 있는 시대가 도래했고, 이러한 디지털 기술을 활용하는 메이커 교육은 융·복합적 주제를 가지고 자기주도적으로 문제해결 방법을 찾아가며 이를 체계화하고 창의적 결과물을 도출하게 하는 특징을 가지고 있다(Papert, 1980; Papert 2000; Puentedura, 2014).

메이커 교육은 실제적 문제를 해결할 수 있는 다양한 만들기 활동으로 구성되며(Martin, 2015; Martinez & Stager, 2013), 학생들은 메이커로서 다양한 디지털 도구와 재료를 활용한 메이킹(making) 활동을 통해 마치 놀이를 하는 것과 같이 몰입하고 참여하는 즐거움을 얻는다. 또한 교실 내에서의 협력을 넘어 교실 밖 세상과의 공유와 개방의 경험을 얻는다(Blikstein, 2016; Dougherty, 2013; Honey & Kanter, 2013; Royte, 2013).

메이커 교육은 프로젝트 기반학습(Project Based Learning), 혹은 문제 기반학습(Problem Based Learning)이나 탐구학습(Inquiry Based Learning) 등의 형태로 실제적인 문제를 다루면서 필요한 지식과 기술을 습득하고 문제 해결을 위한 아이디어를 가시적인 결과물로 제작하게 되는 학습자 주도의 학습 환경을 제공하고 있다(Martinez & Stager, 2013). 특히 프로젝트 기반학습은 학습자가 학습의 주체로서 동료 학습자와 협력적으로 실제적 과제를 탐구하면서 결과물을 만들어내고, 교수자는 학습의 조력자로서의 역할을 하는 점이 메이커 교육이 추구하는 학습 환경과 유사한 부분(Thompson, 2014)이 많아 메이커 교육에서는 프로젝트 기반으로 학습이 이루어지는 경우가 많다(Kafai, 2013; Papert, 1993).

이를 토대로 메이커 교육은 학생들의 흥미를 이끌어 내는 창의적 활동과정 중심으로 학생들이 직접 학습 주제를 정하고, 정보를 검색하고, 문제 해결 방법을 디자인하고(이지혜, 윤종영, 2017; Blikstein, 2016), 제작하여 결과물을 완성하고 발표·공유(차일석, 2017; Davee et al., 2015)하는 식의 프로젝트 수업이 진행된다. 즉, 교육을 통해 창의적 문제 해결, 재미충족, 자기주도적 학습, 상호 협동과 정보의 공유·개방이 이루어지는 메이커 활동이 이루어지는 것이다.

따라서 앞서 살펴본 메이커 교육의 특징들을 정리하면 [그림 1]과 같다.

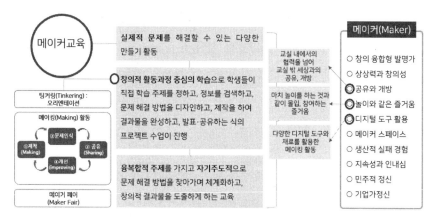

[그림 1] 메이커 교육의 특징

메이커 교육은 만들기를 반복함으로써 학생 스스로 문제 해결 방법을 찾아가는 창의적 활동과정 중심의 학습으로 이루어진다(Worsley & Blikstein, 2014). 이 창의적 활동 과정은 첫째, 팅커링(Tinkering) 활동, 둘째, 메이킹(Making) 활동, 마지막으로 메이커 페어(Maker Fair) 활동으로 단계적으로 이루어진다(황중원, 강인애, 김홍순, 2016; Blikstein, 2016; Dougherty, 2013).

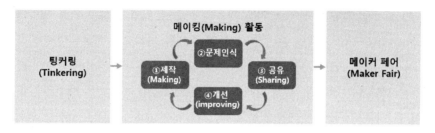

[그림 2] 메이커 교육의 창의적 활동 과정

　　메이커 교육에서의 창의적 활동 과정을 구체적으로 살펴보면, 첫 번째는 팅커링(Tinkering) 활동으로부터 시작된다(Blikstein, 2016; Dougherty, 2013; Honey & Kanter, 2013). 팅커링 활동은 '마치 놀이를 하듯이' 다양한 재료와 도구를 가지고 자유로운 분위기에서 무언가를 만들거나 꾸미거나 개조하는 활동을 의미한다(Blikstein, 2016). 우선, 도구나 재료를 탐색하고, 다음으로, 자유롭게 만들기를 하고, 이를 또 다시 분해하고, 다시 조립하고, 다시 꾸며보고, 생각을 표현하는 활동이 순환적으로 이루어진다(Peppler et al., 2016).

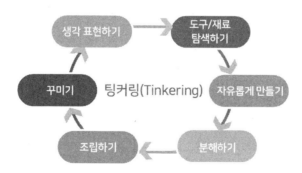

[그림 3] 팅커링(Tinkering) 활동 과정

이 팅거링 활동은 전체 창의적 활동의 학습 분위기 조성을 위한 워밍업 (warming-up) 단계로 준비된 자료 및 주제를 가지고 놀아보는 활동이다 (Dougherty, 2013; Honey & Kanter, 2013). 두 번째는 수행할 프로젝트를 제시하는 것이다. 실제 삶과 연관된 프로젝트를 제시받은 학생들은 직접 융·복합적 학습 주제를 정하고, 정보를 검색하며, 자기주도적으로 문제 해결 방법을 디자인하며 이를 체계화하는 과정을 거친다(Papert 2008; Puentedura, 2014). 세 번째는, 문제 해결을 위한 제작, 문제인식, 공유, 개선의 순환과정을 거쳐 결과물을 완성하는 메이킹(making) 활동이다. 마지막으로 구체적인 결과물을 발표하고 공유하는 메이커 페어(Maker Fair) 활동 과정으로 각자가 만든 것을 서로 보여주고, 직접 무언가를 만드는 와중에 배운 것들을 공유하며, 서로의 프로젝트를 체험해볼 수 있는 자리이다 (Peppler et al., 2016b).

이러한 메이커 교육의 특징은 〈표 2〉와 같이 개인적, 사회적 그리고 환경적 차원으로 분석된다(황중원, 강인애, 2016; Blikstein, 2013). 개인적 차원에서 메이커는 발명자, 창조자로서 장인정신을 가진 학습자로, 실패의 경험을 통해 지속적 인내가 요구된다. 사회적 차원에서 메이커 교육은 민주적 정신, 사회적 실천을 강조하며, 온라인 커뮤니티를 통한 네트워크의 구성과 공유를 중시한다(Blikstein, 2013; Peppler et al., 2016a). 또한 학습 과정 및 결과의 자발적인 공유가 이루어지며, 인적자원, 자료 및 재료 등의 풍부한 자원이 공유·지원·개방된다(Peppler et al., 2016). 환경적 차원에서 메이커 교육은 메이커스페이스를 필요로 하며, 온라인 커뮤니티를 통해 정보를 공유·개방한다. 이렇게 메이커 교육은 일회적이지 않고, 순환적이며 반복적으로 교육이 진행된다(Blikstein, 2013; Papert 2000; Peppler et al., 2016).

〈표 2〉 개인적, 사회적, 환경적 차원에서의 메이커 교육의 특징

메이커 교육의 특징	
개인적 차원	• 발명자, 창조자로서의 학습자(장인정신) • 실패 경험을 통한 지속적 인내
사회적 차원	• 민주적 정신 • 사회적 실천 강조 • 온라인 커뮤니티를 통한 네트워크 구성과 공유 • 학습 과정 및 결과의 자발적 공유 • 풍부한 리소스(인적자원, 자료 및 재료 등)의 공유, 지원, 개방
환경적 차원	• 메이커 스페이스 • 온라인 커뮤니티 • 일회적이지 않은 순환적, 반복적 교육

따라서 메이커 교육은 개인들이 아이디어 선정부터 필요 지식을 습득하고, 직접 물건을 제작하는 전 과정을 자발적 의사에 따라 선택하고 결정한다는 측면에서 자기주도학습 및 경험학습의 교육 현장으로 이해 가능하다(홍성민 등, 2016; Blikstein, 2013; Dougherty, 2013; Martinez & Stager, 2013; Peppler et al., 2016).

2. 메이커 교육의 교육적 효과

디지털 기술 및 다양한 도구를 활용하는 메이커 교육은 실제 삶과 연관된 융·복합적 주제에 대해 자발적이며 자기주도적으로 참여하여 문제 해결 방법을 찾아가고 이를 체계화하며 동료들과 협력하여 창의적 결과물을 도출하고, 그 과정에서 얻는 지식과 정보를 온·오프라인에 공유하는 특징을 가지고 있다(Blikstein, 2013; Dougherty, 2013; Papert, 1980; Papert 2000; Peppler et al., 2016; Puentedura, 2014).

이러한 특징을 바탕으로 메이커 교육의 효과를 도출하기 위한 다양한 연

구가 Parachute Factory, 피츠버그 공립학교, 피츠버그 어린이 박물관, Portland의 King 중학교, 캘리포니아의 Athenian School in Danville 등의 메이커스페이스, 학교 및 다양한 기관 등에서 진행되었다. 이러한 연구 결과에서는 메이커 교육의 효과를 개인적, 사회적 차원으로 구분하여 설명하고 있다.

먼저 개인적 차원에서의 메이커 교육의 효과를 살펴보면, 학습자는 자기 주도적 학습(self-directed learning), 문제 해결력(problem solve) 증진, 반복(iterate)학습을 통한 개선, 위험 감수(take risk)와 실패를 기회로 여기는(see failure as opportunity) 기업가적 마인드 함양, 자신감 향상, 삶에 대한 긍정적인 변화, 디지털 도구를 다루는 방법, 재료에 대한 이해(potentiality of materials-resourcefulness), 탐구 정신(inquiry), 관찰력(observation), 비판적 사고력(critical thinking), 아이디어 도출(idea generation), 창의성(creativity) 및 인격 형성(developing character) 등의 교육 효과를 얻게 됨을 알 수 있다. 다음으로 사회적 차원에서는 협력 학습, 온오프라인에서의 소통과 결과물 및 자원의 공유, 문화적 역량(cultural competency), 민주화(democratization) 정신, 사회적 실천 등이 강화되는 교육적 효과를 얻는 것을 확인할 수 있다(Blikstein, 2016; Papert, 2000; Peppler et al., 2016; Peppler et al., 2016b; Somerson & Hermano, 2013). 이를 통해 궁극적으로 학습자는 그들의 열정을 발견하고, 무언가를 성취하기 위한 능력을 개발하며, 자신감을 가지고, 디지털 도구 및 자원을 발굴하고 활용하는 순환적 과정을 거치며 혁신적 잠재력과 창의성을 갖춘 발명가 및 창조자로 성장할 수 있다(Peppler et al., 2016).

〈표 3〉 개인적, 사회적 차원에서의 메이커 교육의 효과

구 분	메이커 교육의 효과
개인적 차원	• 자기주도적 학습(self-directed learning) • 문제 해결력(problem solve) 증진 • 반복(iterate)학습을 통한 개선 • 위험 감수(take risk) • 실패를 기회로 여기기(see failure as opportunity) • 기업가정신(Entrepreneurship) 함양 • 자신감 향상 • 삶에 대한 긍정적인 변화 • 디지털 도구를 다루는 방법 • 재료에 대한 이해 (potentiality of materials-resourcefulness) • 탐구 정신(inquiry) • 관찰력(observation) • 비판적 사고력(critical thinking) • 아이디어 도출(idea generation) • 창의성(creativity) • 인격 형성(developing character)
사회적 차원	• 협력 학습 • 온라인 커뮤니티 및 오프라인에서의 결과물, 자원 공유 • 문화적 역량(cultural competency) • 민주화(democratization) 정신 • 사회적 실천

3. 메이커 교육의 모형

메이커 교육이 하나의 교수학습방법으로, 특히 학교 같은 공교육 현장에서 실천되고자 할 때, 메이커 활동의 특성을 반영하고 교육적 가치를 극대화할 수 있는 교수 모형이 필요하다. 앞서 메이커 교육이 창의적 활동 과정

들로 이루어진다고 언급했듯이, 그와 관련된 모델들의 특성을 먼저 살펴보고자 한다.

프로그래머나 엔지니어들이 많이 활용하는 반복적 개발 모델(Iterative Development Model)은 1950년대부터 실제로 여러 프로젝트에 적용되어 성공적인 결과물 생산을 이루어 온 모델이다(Larman & Basil, 2003). 머릿속의 아이디어를 실현시키기 위한 계획을 세우고 실행해보는 단계들의 반복적 순환 과정을 보여주고 있는데, 이는 각 단계의 결과들을 반영하고 빠르게 개선함으로 더 나은 해결방안을 모색하여 정교한 결과물을 얻을 수 있게 한다. 이 순환적 과정을 통해서 학습자들은 프로토타입을 개선하기 위하여 필요한 공학적 개념이나 재료, 도구에 대한 이해정도가 향상될 수 있는데(Martinez & Stager, 2013), 메이커 교육 모형도 이러한 반복·순환 과정이 이루어지게 함으로 학습자의 자기주도적 탐구가 가능할 수 있어야 함을 시사한다.

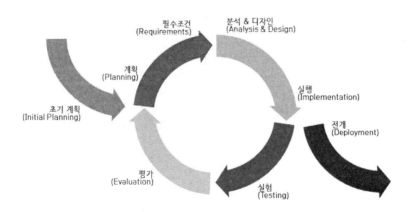

[그림 4] 반복 개발 모델

출처: Larman & Basil, 2003; Martinez & Stager, 2013을 재구성

순환적이고 반복적인 단계는 유치원생들이 놀이를 통하여 학습을 경험하는 과정을 반영한 사이클인 Resnick(2007)의 'Creative Kindergarten Learning Spiral'에서도 살펴볼 수 있다. 이 모형은 상상하기(imagine), 창조하기(create), 놀기(play), 공유하기(share), 성찰하기(reflect)의 5개 요소로 이루어져 있는데, 유치원생들이 자연스럽게 새로운 아이디어를 시도하고 발전시키는 과정이 지속적으로 이루어지는 것을 드러내고 있다(Martinez & Stager, 2013).

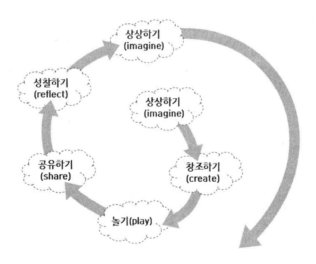

[그림 5] Creative Kindergarten Learning Spiral

출처: Resnick, 2007

실제 삶의 복잡한 문제 상황을 해결하기 위한 혁신적 사고를 가능하게 하는 디자인사고(Design Thinking)는 사용자에 초점을 두며 사용자의 니즈를 해결할 수 있는 인공의 결과물을 만들어내기 위한 5단계의 과정을 제시하고 있다[1]. 공감하기(empathize), 정의하기(define), 생각하기(ideate),

제작하기(prototype), 실험하기(test)의 단계도 새로운 아이디어의 고안이나 최적의 결과를 제시하기 위하여 순환적으로 반복된다(Mcgalliard, 2016; Resnick, 2007). 학습자에게 자신의 프로젝트를 주도할 수 있는 권한을 주고, 디자인과 공학적 사고가 동시에 이루어지는 융복합적 사고를 가능하게 하는 이 과정은 메이커 활동의 특성과 일맥상통하는 부분이 있어 실제 메이커 활동을 위한 단계로도 활용되고 있다(Flores, 2016).

　Brahms과 Crowley(2016)는 메이크 잡지(Make:)의 아티클을 분석하여 취미로 이루어지는 메이커 활동 속에서 학습적 실천 요소들을 살펴보는 연구를 진행하였는데, 그 결과로 탐색 및 질문(explore & question), 팅커, 실험, 반복(tinker, test, & iterate), 리소스 탐색(seek out resources), 해킹과 재창조(hack & repurpose), 결합하기와 복잡하게 하기(combine & complexify), 맞춤제작하기(customize), 공유(share)의 7가지 요소를 발견하였다. 메이크 잡지에 소개 되는 각각의 메이커 활동은 2, 3개 이상의 요소를 포함하고 있으며, 메이커들의 지속적인 메이킹 활동이 어떤 과정을 통하여 이루어지는지 보여준다. 이 요소들을 반복적 개발 모델과 Resnick의 단계 및 디자인 사고 단계와 비교해보았을 때, 완벽하게 일치하지는 않지만 [그림 5] 같이 연결 지을 수 있다.

　창의적 활동 모델들의 단계를 간단하게 정리하면 아이디어를 위한 탐색, 아이디어 실행 및 테스트, 그 과정 속에서 이루어지는 피드백, 공유, 그리고 그것을 반영한 결과물 개선을 위한 새로운 아이디어 탐색의 과정으로 이루어지며 이 과정들은 반복적으로 이루어지는 것을 확인할 수 있다. 즉, 메이커 교육 모형이 결과물 제작을 위한 개인의 탐구학습과 동료 학습자, 혹은

---

1) 디자인 사고의 단계는 여러 기관에 따라 조금씩 다르지만 Stanford d'school에서 제안하는 5단계를 기반으로 하였다.
　(웹사이트 http://dschool-old.stanford.edu/dgift/ 참고)

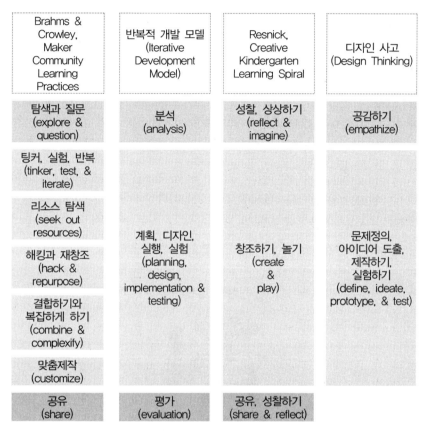

[그림 6] 창의 활동 과정 및 메이커 활동의 비교

다른 이들과의 의견교환이 이루어지는 사회적 활동의 과정들을 포함하고, 지속적인 메이커 활동을 위하여 순환적인 구조로 이루어져야 함을 제시할 수 있다.

이에, Martinez와 Stager(2013)는 학습자의 능동적 활동을 뒷받침해줄 수 있는 교수모형의 필요성을 제시하면서 말하기(talking)보다 실행하기(doing)를 극대화시켜 체험적 활동을 강조하는 TMI(Thinking-Making-Improving) 모형을 제안하였다([그림 7] 참조[2]). 생각하기(Thinking)의 단계는 문제를 정의하고 문제 해결의 방안에 대하여 브레인스토밍을 하고 프로젝트 진행의 계획을 수립하게 된다. 만들기(Making)는 프로젝트에서 가장 긴 기간을 차지하는 단계로 팅커링, 만들기, 실험하기 등 목표한 결과물 제작을 위한 다양한 체험적 활동과 사회적 상호작용이 이루어지게 된다. 개선하기(Improving)는 만들기 단계에서 제작한 결과물의 문제점을 발견하고 해결하기 위한 탐구과정이 진행된다. 이 모형은 매우 간단하지만 분명하게 메이커 활동의 과정을 담아내며 Brahms & Crowley(2016)가 분석한 메이커 활동의 학습적 요소들의 실천도 가능하다. 하지만, 메이커 운동에서 강조되는 공유, 개방의 활동의 강조(Dougherty, 2012)와 프로젝트의 대부분 활동이 포함된 Making 단계의 세분화가 필요하다.

[그림 7] TMI 모형

출처: Martinez & Stager, 2013

---

2) TMI 모형 로봇 그림은 inventtolearn.com에서 무료로 다운받아 사용할 수 있는 자료를 활용하였다.(웹사이트 http://inventtolearn.com/chapter-3/ 참고)

uTEC 메이커 모델은 개인 학습자가 어떤 시스템 안에서 수동적으로 도구와 재료들을 경험하면서 점차 능동적이고 전문가의 창의적 수준으로 발전해나가는 것을 사용하기, 팅커링, 실험하기, 창작하기(Using, Tinkering, Experimenting, Creating)의 4단계로 표현하고 있다(Loertscher, Preddy, & Derry, 2013). Using 단계에서는 다른 이들의 결과물이나 샘플 등을 살펴보거나 게임 혹은 간단한 활동을 하면서 가볍게 메이커 활동을 경험하고 메이커 활동에 친숙해질 수 있도록 한다. 다시 말해, 메이커 활동을 처음 접하게 될 초보자나 관심이 적은 이들에게 메이커 활동이 무엇인지 직접적으로 경험하며 이해할 수 있는 기회를 제공하는 것이다. 메이커 활동에 친숙해진 참여자는 Tinkering 단계에서 비로소 개인의 목적에 따라 간단하게 기존 제품을 활용하여 재창조하거나 필요한 정보, 원리, 지식에 대한 탐구 활동을 하게 된다. Experimenting의 단계에서는 다른 사람의 창조물 대신 자신이 원하는 새로운 것 만들기를 시도하게 된다. 이 과정에서 학습자는 실패를 할 수도 있지만, 계속 도전하고 시도하는 가운데 성공을 경험하면서 메이커 정신의 함양이 이루어진다(Dougherty, 2012; Tesconi, 2014). 최종 단계인 Creating 단계에서 개인은 메이커 활동의 전문가로서 면모를 보이며 창의적이고 혁신적인 활동의 실천뿐만 아니라 더 나아가 실제로 시장에서 실행하고 적용해보는 기업가적 활동도 가능하게 된다(강인애, 김양수, 윤혜진, 2017; Loertscher et al., 2013).

이렇게 uTEC 모델은 메이커의 발전 단계와 각 단계에서 이루어지는 활동으로 구성되어있는데, 상당수가 메이커 초보자일 공교육 현장에서 학습자들에게 어떻게 메이커 활동을 소개하고 그 과정을 이해시킬 것인가 하는 고민을 해결하는 방안을 제시하고 있다. 특히, Tinkering 단계는 수동적인 상태에서 벗어나 다양한 재료와 도구들의 사용법을 익히면서 간단하게 자신의 메이커 활동을 할 수 있게 해주며, 그 과정 속에서 개인은 자신만의 것을

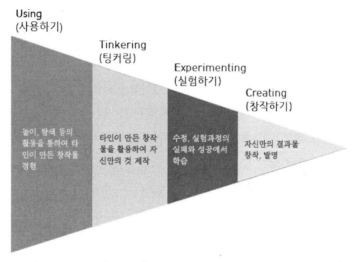

[그림 8] uTEC 메이커 모델
출처: Loertscher, Preddy, & Derry, 2013의 내용 수정

만들기 위한 아이디어를 얻을 수 있게 되는데, 이는 학습자의 자기주도적 활동을 시작할 수 있는 기회를 제공하며, 후에 진행될 메이커 활동의 몰입을 위한 중요한 단계라고 볼 수 있다. 하지만, 이 모형에서도 TMI와 마찬가지로 공유와 개방의 정신이 분명하게 드러나지 않아, 개인이 전문 메이커로 발전해가는 과정 속에 이루어지는 사회적 스캐폴딩의 영향이 간과되고 있다.

메이커 운동에서 개인 메이커들의 다양한 결과물들은 메이커 페어에서 개방되고, 메이커스페이스 같은 오프라인 환경이나 온라인 환경에서 서로의 프로젝트에 대한 다양한 의견과 정보들을 주고받는 활동이 이루어진다(Dougherty, 2012; Peppler & Bender, 2013; Peppler et al., 2016a). 특히, 3D 프린터의 모델링, 스크래치, 아두이노, 메이키메이키 등의 오픈소스 기반의 다양한 창작활동이 이루어지는 도구들의 사용으로 인하여 공유와 개방의 정신은 더욱 분명하게 드러난다. 하지만, TMI와 uTEC 모델에서는 메이커 교육의 교수학습모형으로서 이러한 메이커 활동의 특성을 반영하지 못하고 있음을 볼 수 있다.

이러한 맥락에서 TMSI(황중원 외, 2016)모형은 TMI와 uTEC의 아쉬운 부분을 보완하여 Tinkering-Making-Sharing-Improving의 4단계를 제시하고 있는데, 각 내용을 살펴보면 다음과 같다.

Tinkering 단계에서 학습자는 다양한 도구 및 재료와 기존 제품을 만져보면서 메이커 활동에 대한 흥미를 불러일으키게 된다(Loertscher, Preddy, & Derry, 2013). 특히 기존의 제품들을 마구잡이로 해체해보고 다시 재조립하거나 다른 것과 연결하여 재창조를 해보는 무목적적인 활동을 통해 본격적인 메이킹 활동에 대한 아이디어를 얻을 수 있으므로 학습자 스스로 충분히 탐색하고 친숙해질 수 있는 시간이 필요하다(Martinez & Stager, 2014; Resnick, & Rosenbaum, 2013)

Making 단계는 학습자가 스스로 목표한 결과물 제작을 위한 본격적인 만들기가 이루어지는데, 제작 활동 중 학습자는 다양한 문제 상황, 특히 결과물 제작이 계획대로 되지 않거나, 예상대로 작동되지 않는 실패의 경험을 할 수 있게 된다(Blikstein, 2013; Martin, 2015). 학습자가 이런 실패의 경험을 극복하고 해결을 위하여 계속 노력할 수 있도록 격려하는 분위기의 조성이 필요하다. 또한, 이러한 모든 과정은 사진, 동영상, 포트폴리오 등 다양한 방식으로 기록(documentation)되어야 하는데, 이는 또 다른 프로젝트에 대한 아이디어를 얻거나, 다른 학습자와 자신의 프로젝트를 공유할 수 있는 도구가 되므로 중요한 부분이다(Tesconi, 2014).

Sharing 단계는 메이커 운동에서 매우 강조하고 있는 공유 및 개방의 정신을 반영한 단계로(황중원 외, 2016), 학습자의 결과물뿐만 아니라 결과물 제작 과정을 다른 이들에게 보여주게 된다. 이것은 메이커페어의 형태로 오프라인에서 이루어지기도 하지만 온라인상에서 비슷한 관심을 가지고 있는 이들과도 공유가 이루어질 수 있다. 이 단계의 활동은 단순히 보여주는 것

에서 끝나는 것이 아니라 다른 이들의 피드백과 의견을 통하여 자신의 활동
을 성찰하고 더 나은 결과물을 위해 고민할 수 있다는 것에 중요한 의미가
있다(강인애, 김명기, 2017).

마지막인 Improving 단계는 다른 이들의 피드백과 제작과정에 대한 스스
로의 성찰을 바탕으로 도출된 새로운 아이디어를 적용하여 결과물의 질을
높이는 활동을 하게 된다(Martin, 2015). 이 단계는 다른 창의 활동 과정과
마찬가지로 반복적으로 이루어지는 과정 속에서 초보 수준의 메이커였던 학
습자는 발전된 수준에 도달할 수 있게 되며, 다양한 메이커 활동을 경험할
수 있게 된다.

〈표 4〉 메이커 커뮤니티 학습적 실천 요소와 TMSI 모형 단계 비교

Maker Community Learning practices	TMSI
• 탐색과 질문(explore & question) • 리소스 탐색(seek out resources) • 해킹과 재창조(hack & repurpose)	• 팅커링(Tinkering)
• 팅커, 실험, 반복(tinker, test, & iterate) • 결합하기와 복잡하게 하기(combine & complexify)	• 만들기(Making)
	• 공유하기(Sharing)
• 맞춤제작하기(customize)	
• 공유하기(share)	• 개선하기(Improving)

TMSI 모형은 메이커 교육의 개인적, 사회적 교육적 가치와 메이커 정신,
그리고 Brahms & Crowley의 메이커 커뮤니티의 학습적 실천 요소들을 고
루 반영하고 있다. 또한, 구성주의 교수학습이론에서 주장하는 학습자 주도
의 학습 환경, 실제적이고 맥락적인 문제 상황의 제시, 자기반성 및 성찰,
협업의 특성 또한 드러나고 있으므로 메이커 교육의 교수학습모형으로 의미
가 있다고 할 수 있다.

VI. 결론

개인의 권한이 극대화된 미래 혁신 사회로의 전환과 대비를 위해 교육은 변화를 요구받고 있으며, 새로운 가치를 창출하는 창조적 능력과 첨단 기술을 응용할 줄 아는 인재를 필요로 하고 있다. 이에 다양한 디지털 도구 및 재료를 활용하여 창의적인 메이커 정신을 가지고 자신이 원하는 제품을 직접 설계하고 제작해 나가는 메이커 활동이 미래 세대를 위한 하나의 교육방식으로 그 가치를 인정받고 있다. 이는 창의성과 자기주도적 학습 활동의 특징을 지닌 학습자 중심의 메이커 교육이 확장되어야 할 필요성을 시사한다.

미래 혁신 사회의 요구에 가장 적합한 메이커 교육은 스스로 원하는 것을 만드는 과정을 통해 배워나가는 교육으로서 실제 활동에 초점을 둔 구성주의(constructionism)와 관련이 깊다. 또한 모험적인 메이커의 성향은 실제 삶에서 문제를 바라보며 실패를 반복하는 과정 속에서 아이디어를 개선하며 해결책과 기회를 찾게 된다.

이처럼 메이커 교육이 지니고 있는 교육적 효과와 가치가 제시되고 (Blikstein, 2013; Davee et al., 2015; Dougherty, 2013; Honey & Kanter, 2013; Martin, 2015; Martinez & Stager, 2013), 메이커 교육이 새로운 교육 방법이자 패러다임으로 인식되며(황중원 등, 2016; Lang, 2013; Somerson & Hermano, 2013; Wilkinson & Petrich, 2014), 교육 영역에서 창의성과 문제해결력을 길러주는 메이커 교육이 받아들여져야 함을 강조하고(교육부, 2015; 한국과학창의재단, 2016b) 있음에도 불구하고, 교육 현장에서는 메이커 교육에 대한 이해 부족과 자원 수급의 어려움으로 교육 시도에 어려움을 겪고 있다. 다만, 국내에서의 메이커 교육이 시작 단계임을 감안할 때 메이커 교육에 대한 국민적 인식을 확장시키면서, 새로운 교육방법으로서 다양한 교과 영역과 융합하여 메이커 교육이 활용될 수 있는 방안을 고안할 필요가 있다.

메이커 교육은 메이커 활동을 기반으로 창의적 혁신 마인드 함양을 위한 STEAM(Science, Technology, Engineer, Art, Math) 교육, 창의적이며 혁신적인 문제해결 능력을 길러주는 디자인 씽킹(Design Thinking) 교육, 컴퓨터적 사고를 통해 문제를 해결하는 소프트웨어(Software) 교육, 창의적 진로직업탐색 체험활동 그리고 기업가정신을 배양하며 창의적인 아이디어를 현실화하는 창업교육 등의 요소와 융합하여 새로운 메이커 교육 프로그램으로 개발되어 교육 현장에 확산될 수 있을 것이다.

참고문헌

◆강은성. (2017). **메이커 교육 아웃리치 프로그램을 통한 교육적 효과: 자유학기 활동 사례를 중심으로.** 박사학위논문, 경희대학교.

◆강인애. (1997). **왜 구성주의인가?** 서울: 문음사

◆강인애. (1998). 문제중심학습 또 하나의 구성주의적 교수-학습모형. **초등교육연구논총, 12,** 153-179.

◆강인애. (2003). **우리시대의 구성주의.** 서울: 문음사.

◆강인애, 이현민. (2016). 융복합수업모형으로서의 PBL. **한국콘텐츠학회, 15(11),** 635-657.

◆강인애, 윤혜진. (2017). 메이커 교육의 평가를 위한 평가틀 및 요소 탐색. **한국교육공학회** 춘계학술대회. 1-21.

◆교육부. (2015b). **'변화를 만드는 능력'을 키우는 교육.** http://happyedu.moe.go.kr /happy/bbs/happyArticlListImg.do에서 2017년 5월 21일에 인출.

◆김현우. (2012). PBL 수업에서 나타난 **학습 성과와 학습 정서의 유형 및 단계별 특징.** 박사학위논문, 경희대학교.

◆문찬. (2016). 창의적 개발자 양성을 위한 공학디자인 융합교육 실천연구. **한국문화산**

업학회, 16(3), 23-31.

◆박주용. (2016). 미래를 준비하는 교육 공간으로서의 메이커 스페이스. 메이커 교육실천, 그 시작과 여정. **메이커 교육 코리아 2016 포럼.**

◆정은경. (2015). 디자인 씽킹(Design Thinking) 프로세스를 활용한 프로젝트 기획. **정보디자인학연구, 25,** 247-256.

◆서응교, 전은화, 정효정. (2016). 대학생 창의역량 개발을 위한 디자인씽킹 기반 강좌 개발. **학습자중심교과교육학회, 16(4),** 693-718.

◆송기봉, 김상균. (2015). **메이커 혁명, 교육을 통합하다.** 서울: 홍릉과학출판사.

◆안정호, 임지영. (2015). 공학설계에서 인지적 팀 다양성, 공학설계 자기효능감 및 팀 창의성의 관계. **한국공학교육학회, 18(6),** 11-17.

◆이승철, 전용주, 김태영. (2017). 메이커 운동의 해외사례 분석을 통한 국내 메이커 교육 도입 방향 제안. **한국컴퓨터교육학회, 21(1),** 41-43.

◆이재호, 진석언, 신현경. (2016). ICT기반 창의인재상 정립에 관한 연구. **한국인터넷 정보학회, 17(5),** 141-150.

◆이지혜, 윤종영. (2017). 공감각학습개발과 융합형 인재개발의 관계성에 관한 연구. **한국디자인문화학회, 23(1),** 491-500.

◆조벽. (2013). 미래창조형 인재를 위한 교육. **대한기계학회, 6(1),** 18-27.

◆주현재. (2011). **고등교육에서의 학습자중심 교육이론에 기반한 PBL 모형 개발.** 박사학위논문, 경희대학교.

◆차일석. (2017). 교실 속 메이커운동과 적정기술! 그 출발은 기술교육으로부터. **한밭 대학교 적정기술연구소, 9(1),** 1-10.

◆한국과학창의재단. (2015). **학생 성장을 위한 평가시스템 개선 및 평가모델 개발연구.** 서울: 한국과학창의재단.

◆한국과학창의재단. (2016a). **메이커 운동 활성화 방안 연구.** 서울: 한국과학창의재단.

◆한국과학창의재단. (2016b). **창의융합형 과학영재 양성을 위한 SW 교육방안 연구.** 서울: 한국과학창의재단.

◆홍성민, 이윤준, 손경현, 정미나, 김진하, 유민화. (2016). **미래산업·신산업 분야 인재 기반 조성을 위한 인적자원 양성 및 취·창업 지원방안 연구.** 세종: 과학기술정책연구원.

◆황선하. (2012). **SNS를 활용한 체험교육 모형개발.** 박사학위논문, 경희대학교.

◆황중원, 강인애. (2016). STEAM 교육의 진화, 메이커(Maker) 교육. **한국교육정보미 디어학회 추계학술대회.**

◆황중원, 강인애, 김홍순. (2016). 메이커 페다고지(Maker Pedagogy)로서 TMSI 모형의 가능성 탐색: 고등학교 사례를 중심으로. **한국교육공학회 추계학술대회논문집,** 1, 1-10.

◆Ackermann, E. (1996). Perspective-taking and object construction: Two keys to learning. In J. Kafai, & M. Resnick (Eds.), *Constructionism in Practice: Designing, Thinking, and learning in a Digital World* (pp. 25-37). Mahwah, NJ: Lawrence Erlbaum, Publishers.

◆Anderson, C. (2012). *Makers: The new industrial revolution.* New York: Crown Business Press.

◆Benson, J. K., & Dresdow, S. (2015). Design for Thinking: Engagement in an innovation project. *Decision Sciences Journal of Innovative Education,* 15(3), 377-410.

◆Blikstein, P. (2013). Digital fabrication and "making" in education: The democratization of invention. In J. W. Herrmann, & C. Buching (Eds.), *FabLabs: Of machines, makers, and inventors* (pp. 203-223). Bielefeld, Germany: Transcript.

◆Blikstein, P., Martinez, S. L. & Pang, H. A. (2016). *Meaningful making: Projects and inspirations for fab labs and makerspaces.* Torrence, CA: Constructing Modern Knowledge Press.

◆Brynjolfsson, E. and Paul M. (2013). Complementarity in organizations. In R. Gibbons, & J. Roberts (Ed.), *The Handbook for Organization Economics (pp. 11-55).* Princeton: Princeton UP.

◆Buechley, L. (2013). *FabLearn conference closing address.* Retrieved April, 16, 2017, from http://edstream.stanford.edu/Video/Play/883b61dd951d4d3f90abeec65eead2911d.

◆Davee, S.,a Regalla, L., & Chang, S. (2015). Makerspaces; Highlights of select literature. Retrieved April, 25, 2017, from http://makered.org/wp-content/uploads/2015/08/Makerspace-Lit-Review-5B.pdf.

◆Dougherty, D. (2012). The maker movement. *Innovation: Technology, Governance, Globalization,* 7(3), 11-14.

◆Dougherty, D. (2013). The Maker Mindset. In M. Honey & D. E. Kanter

(Eds.), *Design, make, play: Growing the next generation of STEM innovators* (pp.7-11). New York, NY: Routledge.

◆Duffy, T. M., & Jonassen, D. H. (1992). Constructivism: New implications for instructional technology. In T. M. Duffy & D. H. Jonassen (Eds.), *Constructivism and the technology of instruction: A conversation* (pp.1-16). Hillsdale, NJ: Lawrence Erlbaum Associates.

◆Flores, M. M (2014). Teaching Multiplication with Regrouping to Students with Learning Disabilities. *Learning Disabilities Research and Practice, 29*(4). 171-183.

◆Halverson, E. R., & Sheridan, K. (2014). Arts education in the learning sciences. In R. K. Sawyer (Eds.), *The Cambridge handbook of the learning sciences* (pp. 626-648). Cambridge: Cambridge University Press.

◆Honey, M. & Kanter, D. E. (2013). *Design, make, play: Growing the next generation of STEM innovators.* New York, NY: Routledge.

◆Hummels, C., & Frens, J. (2008). Designing for the unknown : a design process for the future generation of highly interactive systems and products. *Proceedings of the 10th International Conference on Engineering and Product Design Education,* 204-209.

◆Kafai, Y. B., Peppler, K. A., & Chapman, R. N. (2009). *The Computer clubhouse: constructionism and creativity in youth communities.* New York: Teachers College Press.

◆Kafai, Y. B., Filelds, D. A., & Searle, K. A. (2014). Electronic textiles as disruptive designs: Supporting and challenging maker activities in schools. *Harvard Educational Review, 84*(4), 532-556.

◆Katterfeldt, E. S. (2015). Designing digital fabrication learning environments for Bildung: Implications from ten years of physical computing workshops. *International Journal of Child-Computer Interaction. 5,* 3-10.

◆Kolb, D. A. (2014). *Experiential learning: Experience as the source of learning and development.* New Jersey: Prentice-Hall, Inc.

◆Kolodner, J. L. (2003). Problem-based learning meets case-based reasoning in the middle-school science classroom: Putting learning by design (tm) into practice. *The Journal of the Learning Sciences, 12*(3). 495-547.

◆Kimbell, R. & Stables, K. (2007). *Researching design learning: Issues and findings from two decades of research and development.* Dordrecht: Springer.

◆Lang, D. (2013). *Zero to maker: Learn (just enough) to make (just about) anything.* Sebastapool, CA: Maker Media.

◆Loertscher, D. V., Preddy, L., & Derry, B. (2013). Makerspaces in the school library learning commons and the uTEC Maker Model. *Teacher Librarian, 41*(2), 48-51.

◆McCombs, B., & Whisler, J. (1997). *The learner-centered classroom and school.* San Francisco, CA: Jossey-Bass.

◆McGalliard, M. (2016). From a movie to a movement-Caine's Arcade and the Imagination Foundation. In K. Peppler, E. R. Halverson, & Y. B. Kafai (Eds.), *Makeology: Makers as Learners (Vol. 2)* (pp. 112-124). New York, NY: Routledge.

◆Martin, L. (2015). The promise of the Maker Movement for education. *Journal of Pre-College Engineering Education Research (J-PEER), 5*(1), 4.

◆Martinez, S. L., & Stager, G. S. (2013). *Invent to learn: Making, tinkering, and engineering in the classroom.* Torrence, CA: Constructing Modern Knowledge Press.

◆Norman, D.A., and Spohrer, J.C., (1996). Learner-centered education. *Communications of the ACM, 39*(4), 24-27.

◆Papert, S. (1980). *Mindstorms: Children, computers and powerful ideas.* New York, NY: Basic Books.

◆Papert, S., & Harel, I. (1991). Preface. In I. Harel, & S. Papert (Eds.), *Constructionism: Research reports and essays, 1985-1990* (p. 1). Norwood, NJ: Ablex Publishing Corporation.

◆Papert, S. (1993). *The children's machine: Rethinking school in the age of the computer.* New York, NY: Basic Books.

◆Papert, S. (2000). What's the big idea: Towards a pedagogy of idea power. *IBM Systems Journal, 39*(3), 720-729.

◆Parker, N. & James, S. (2015). Investigating flavour characteristics of British ale yeasts: techniques, resources and opportunities for innovation. *Yeast, 32*(1), 281-287.

◆Peppler, K. (2010). Media arts: Arts education for the digital age. *Teachers College Record, 112*(8), 2118-2153.

◆Peppler, K. & Bender, S. (2013). Maker movement spreads innovation one project at a time. *Phi Delta Kappan, 95*(3), 22-27.

◆Peppler, K., Halverson, R. E. & Yasmin, B. K. (2016). *Makeology: Makerspaces as Leaning Environment (Volume 1)*. New York, NY: Routledge.

◆Puentedura, R. R. (2014). *Frameworks for educational technology: SAMR and the edTech quintet*. Retrieved April, 21, 2017, from http://www. hippasus.com/rrpweblog/archives/2014/04/08/FrameworksForEducationalT echnology_SMARAndTheEdTechQuintet.pdf.

◆Quinn, H. & Bell, P. (2013). How designing, making, and playing relate to the learning goals of K-2 science education. In M. Honey, & D. E. Kanter (Eds.), *Design, make, play: Growing the next generation of STEM innovators* (pp. 17-33). New York: Routledge.

◆Resnick, M. (2007, June). All I really need to know (about creative thinking) I learned (by studying how children learn) in kindergarten. *Proceedings of the 6th ACM SIGCHI conference on Creativity &cognition* (pp. 1-6). ACM.

◆Resnick, M., & Rosenbaum, E. (2013). Designing for tinkerability. In M. Honey & D. E. Kanter (Eds.), *Design, make, play: Growing the next generation of STEM innovators (pp. 163-181)*. New York, NY: Routledge.

◆Royte, E. (2013). *What lies ahead for 3-D printing?* Retrieved April, 16, 2017, from http://www.smithsonianmag.com/science-nature/What-Lies-Ahead-for-3-DPrinting-204136931.html.

◆Savery, J. R. (1995). *Problem based learning: An instructional model and its constructivist framework*. Bloomington: The Center for Research on Learning and Technology.

◆Scheltenaar K.J., van der Poel J.E.C., & Bekker M.M. (2015) Design-Based Learning in Classrooms Using Playful Digital Toolkits. In K. Chorianopoulos, M.

Divitini J. H. Baalsrud, L. Jaccheri, & R. Malaka(Eds.) *Entertainment Computing - ICEC 2015. Lecture Notes in Computer Science*, vol 9353. Springer, Cham

◆Sheridan, K., Clark, K., & Williams, A. (2013). Designing games, designing roles: A study of youth agency in an urban informal education program. *Urban Education, 48*(3), 734-758.

◆Somerson, R. & Hermano, M. L. (2013). *The art of critical making: Rhode Island School of Design on creative practice.* Hoboken, NJ: John Wiley and Sons, Inc.

◆Tesconi, S. (2016). Documenting a project using a "Failures Box". In P. Blikstein, S. L. Martinez, & H. A. Pang (Eds.), *Meaningful Making (p. 36).* Torrence, CA: Constructing Modern Knowledge Press.

◆Thompson, J. G. & Jorgensen, S. (1989). How interactive is instructional technology? Alternative models for looking at interactions between learners and media. *Educational Technology, 29*(2), 24-26.

◆Walker, R. (2012). Meet your maker. *Fast Company,* (162), 90.

◆Wilkinson, K. & Petrich, M. (2014). *The art of tinkering: Meet 150+ makers working at the intersection of art, science, & technology.* San Francisco, CA: Weld Owen Inc.

STEAM 교육의 진화, 메이커(Maker) 교육*

강인애, 황중원

Ⅰ. 서론

최첨단의 IT 과학기술의 발달은 4차 산업혁명의 문을 열었다. 전 세계는 새로운 시대를 맞을 준비를 하고 있으며 그 변화의 중심에 있는 메이커 운동(Maker Movement)을 주목하고 있다. 이러한 메이커 운동이 주목받는 것은 인공지능, 로봇과 같이 최첨단의 IT 기술들을 통해 새로운 과학시대가 열릴 것이라는 기대 때문만은 아니다. 과거에는 전문적인 엔지니어들의 전유물이었던 IT 기술이 이제는 관심을 가지고 있는 대중들이 직접 제작할 수 있는 길이 열렸으며, 이는 과거의 생산자/소비자의 구분을 넘어 소비자가 직접 자신에게 필요한 것을 생산하는 프로슈머(Prosumer)의 시대, 즉 4차 산업혁명을 이야기하고 있기 때문이다(Dickel, Ferdinand & Petschow, 2016, European commission, 2013). 다시 말해 메이커 운동은 다가오는 미래 사회의 모습을 엿볼 수 있는 단서를 제공하고 있으며 이를 통해 미래

---

*본 논문은 2016년 교육정보미디어학회 추계학술대회에서 발표한 논문(강인애, 황중원, 2017)을 수정, 보완하였음

사회를 살아가야 하는 우리들에게 어떠한 역량이 요구되는지 살펴볼 수 있다.

메이커 운동을 통해 변화되는 현대 시대의 사회·문화적 움직임은 교육 분야에도 많은 영향을 미쳐 메이커 교육, 메이커 페다고지라는 이름으로 다양한 논의들이 이루어지고 있다(강인애, 김명기, 2017; 강인애, 김양수, 윤혜진, 2017; 이현민, 2017; 황중원, 강인애, 김홍순, 2016; Peppler, Halverson & Kafai, 2016). 메이커 교육에 대한 이러한 논의들은 주로 메이커 운동에 대한 분석을 기반으로 하여 미래 사회에서 요구하는 역량을 도출하는 것을 시작으로 하며, 이를 구체화하기 위한 실제적인 교육적인 방안들에 대한 논의이다(강인애, 김명기, 2017; 강인애, 이지은, 2017; 강인애, 김홍순, 2017; 강인애, 윤혜진, 2017 이지선, 2015; 함진호, 이승윤, 김형준, 2015; Cohen, Jones & Calandra, 2016; Dougherty, 2012). 한 가지 흥미로운 사실은 이러한 메이커 교육과 관련하여 다양한 오해와 편견이 존재한다는 것인데, 이는 메이커 교육이 기존의 노작교육이나 발명교육에 비해 큰 차이가 없으며 시대적인 흐름에 따라 새로운 명칭으로 재평가된 것이라는 견해이다. 그러나 이는 짧은 시간동안에 이루어지는 만들기 중심의 학습을 단편적으로 이해한 것이라고 볼 수 있으며 이러한 메이커 교육의 사례들이 메이커 운동의 정신을 올바로 반영하고 있는지에 대해서는 좀더 깊은 논의가 필요하다고 볼 수 있다.

메이커 교육과 관련된 주요한 이슈 중 한 가지 주목할 만한 것으로 메이커 교육의 패러다임을 실제 학교 환경에 어떠한 방법으로 적용할 수 있는지에 대한 문제이다. 이는 메이커 운동이 연령이나 성별에 어떠한 제한을 두고 있지 않으며 개인이나 일부 소규모의 공동체를 중심으로 이루어지고 그 주제와 내용도 과학이나 기술을 넘어 사회 문화, 경제에 이르기까지 매우 폭넓게 나타나기 때문이다. 이렇게 자유롭고 방대한 내용을 다루는 메이커 교육을 일반적인 학교 시스템을 통해 구체화시키기가 쉽지 않으며, 실제로 이와 관련된 많은 논의가 계속되고 있다. 그 가운데 가장 대표적인 논의가 과학 기술을 기반으로 하여 다양한 분야를 통합, 융합하여 실제적인 교육을 지향하고 있는 융합인재교육(STEAM)과 메이커 교육을 연계하고자 하는 논의이다(Maslyk, 2016).

융합인재교육, 곧 STEAM(Science, Technology, Engineering, Art, and Mathematics) 교육은 과학기술을 중심으로 한 융합적, 창의적 인재 양성을 목적으로 하는 교육으로(교육과학기술부, 2010; 박현주 외, 2014; 백윤수 외, 2012), 메이커 교육이 다양한 디지털 테크놀로지를 활용하여 창의적인 결과물(제품)을 만드는 활동이 이루어진다는 점에서 유사하다고 볼 수 있다. 실제로 메이커 교육에 대한 많은 논의들이 STEAM 교육 안에서 이루어지고 있으며, 주로 학교 교육 환경 안에서의 메이커 교육이 기존의 STEAM 수업을 통해 이루어지고 있는 여러 사례들을 확인할 수 있다(Bevan et al., 2015; Maslyk, 2016).

그러나 메이커 교육은 기존의 STEAM 교육에서 상대적으로 간과되고 있는 민주적 정신, 자발적인 공유와 개방, 메이커스페이스, 실패를 넘어선 지속적 인내, 사회 정의를 위한 실천적 참여 등을 언급한다는 점에서 기존의 STEAM 교육이 가지는 틀로 분석하기에 어려움을 가진다. 이에 따라 STEAM 교육과 메이커 교육에 대한 분석이 다른 어느 때보다도 이론적, 실천적 측면에서 더욱 체계적이고 심도 있게 논의될 필요가 있다.

이러한 맥락에서, 본 연구에서는 STEAM 교육과 메이커 교육이 가지는 특징을 메이커 교육과 비교하여 STEAM 교육의 확장 또는 진화된 형태로의 메이커 교육에 대한 논의를 펼쳐보고자 한다. 다시 말해, STEAM 교육과 메이커 교육에 관련된 다양한 사례 및 논의에 대한 분석을 통해, 이들 간의 유사점과 차이점을 제시하고 21세기 디지털시대에 STEAM 교육의 진화된 모습으로서 메이커 교육에 대하여 논의하고자 한다.

II. STEAM 교육의 확장으로서 메이커 교육

1. STEAM 교육

STEAM 교육은 현대와 미래 사회에 영향력을 발휘할 수 있는 과학기술 인재 육성을 위하여 과학, 기술, 공학, 예술, 수학 영역의 학습 내용을 재구조화하여 과목간의 연계를 강화하는 교육과정(강인애, 2011; 교육과학기술부, 2010; 박현주 외, 2014; 백윤수 외, 2012; 서보경, 맹희주, 2016; 한혜숙 외, 2016)을 의미한다. 이러한 STEAM 교육을 통하여, 학습자들은 다양한 과학 기술에 흥미와 관심을 가질 수 있게 되며 과학 기술과 우리의 실생활이 밀접하게 연관되어 있다는 실제적인 경험을 가지게 된다. 이러한 경험을 바탕으로, 궁극적으로, 융합적이고 창의적인 사고력을 지닌 인재를 육성한다는 교육적 목표를 지니고 있다(조향숙, 2012).

〈표 1〉 STEAM 교육의 특징

목적	• 과학기술 인재 육성
내용	• 과학교과 중심의 통합적 접근 • 실생활과 관련된 과제 / 주제 • 예술적 창작 / 표현 활동
환경	• 소그룹 중심의 협력이 가능한 환경 • 실험 / 관찰 / 탐구 / 조작 / 체험활동 • 디지털 테크놀로지 활용
방법	• 프로젝트 학습 • 협력적 학습

출처: (강인애, 2011)을 재구성

이러한 STEAM 교육과 관련된 여러 연구 및 사례를 분석한 결과로 STEAM 교육이 가지는 특징을 다음 〈표 1〉과 같이 정리할 수 있다.

〈표 1〉을 통해 살펴볼 수 있듯이, STEAM 교육은 과학기술 인재 육성을 목적으로 하고 있으며 과학중심의 통합적 교과활동으로서 실생활에서 과학 관련 최신 이슈나 주제를 다른 교과와 연계한 수업으로 진행된다. 또한 대부분의 학습 결과물은 예술적 활동을 기반으로 한 표현 및 창작을 통해 이루어지는 체험 위주의 활동을 강조하고 있으며, 대부분이 소그룹 중심의 프로젝트 학습 형태로 전개되고 있다. 따라서 STEAM 교육을 위한 교육 환경은 토론 및 그룹별 수업을 펼치기에 편리한 의자, 책상의 배열이 필요하고 그 안에서 학생들의 활발한 이동이 허용되며 디지털 테크놀로지를 비롯하여 다양한 실험실습 도구를 활용한 실험, 관찰, 탐구, 조작과 같은 여러 형태의 체험활동이 가능한 교육환경을 전제하고 있다.

2. STEAM 교육의 확장으로서 메이커 교육

메이커 교육은 메이커로서의 학습자가 다양한 디지털 테크놀로지를 활용하여 결과물(제품)을 만들어내고, 이를 다른 사람과 공유하고 소통하는 활동이 이루어지는 교육을 말한다(Blikstein, 2013; Bowler, 2014; Cohen, Jones & Calandra, 2016; Halverson & Sheridan, 2014; Loertscher, Leslie & Bill, 2013; Martin, 2015). 다시 말해 학습자가 개인의 필요와 요구에 따라 필요한 결과물(제품) 주도적으로 만들기 위하여 학습에 적극적이고 자발적으로 참여하고 학습의 과정과 결과를 오프라인/온라인 커뮤니티에 공유하고 개방하며 이를 위하여 다른 학습자들과 유기적으로 소통하는 활동이 이루어지는 형태를 가진다.

이러한 메이커 교육은 메이커 운동이 가지는 메이커 정신[1]에 기반하고 있다(Lang, 2013; Wilkinson & Petrich, 2014). 최근에 메이커 운동이라

---

1) 메이커 정신(Maker Mindset, Maker Spirit)은 메이커 운동이 추구하는 가치, 즉 메이커 활동을 통해 함양할 수 있는 역량을 통칭하는 용어로, 메이커 운동과 관련된 여러 연구에서 광범위하게 언급된다(Lang, 2013; Wilkinson & Petrich, 2014).

는 이름으로 무언가를 만들고 제작하고 이를 공유하는 활동이 사회·문화적으로 급격히 확산되는 것은 메이커 활동이 가지는 민주적인 정신과 깊이 연관되어 있다(Blikstein, 2013; Walter-Herrmann & Büching, 2014). 다시 말해 과거에는 공학 전문가들의 도구로 활용되었던 마이크로 회로 서킷, 3D 프린터, 레이저 커터 등과 같은 디지털 도구들이 현대에는 일반인들이 활용할 수 있을 정도로 간소화되고 비교적 저렴하게 구입할 수 있게 변화되었다(Eddy & Hogan, 2014). 또한 전문적인 소프트웨어 및 프로그램도 인터넷을 통해 개방하고 공유하는 문화가 확장됨에 따라 과거 공학 전문가들에게만 주어졌던 제작 환경에 일반인들에게 열리게 되었다. 이러한 관점에서 모든 사람이 디지털 도구를 활용할 수 있게 되는 기술의 민주화가 이루어졌으며 이는 "누구든지 세상을 바꿀 수 있다"(Hatch, 2014, p.10)는 민주적 정신을 기반으로 한 메이커 운동이 이루어지게 되었다. 이러한 민주적 정신은, STEAM 교육에서는 상대적으로 간과되고 있는 것으로, 메이커 교육이 가지는 특징으로 볼 수 있다.

 STEAM 교육과 마찬가지로, 메이커 교육도 과학적 지식과 기술에 기반한 융합적 접근을 이야기한다(Kafai, Fields & Searle, 2014; Moorefield-Lang, 2014). 물론 학자들에 따라 메이커 교육 활동이 3D 프린터와 같은 디지털 도구를 활용하는 것을 전제로 하고 있거나(Andereson, 2012; Bilkstein, 2013; Halverson, 2013) 혹은 그렇지 않기도 하지만(Bowler, 2014; Hatch, 2014), 일반적으로 메이커 활동은 다양한 도구와 재료들을 활용해야 하고 온라인 커뮤니티 및 소프트웨어를 활용을 강조한다는 점에서 과학 기술적 도구의 활용을 전제로 한다고 볼 수 있다. 이러한 관점에서 메이커 교육은 학습자가 개인의 필요와 요구에 따라 창의적인 결과물(제품)을 만들 수 있는 학습 환경이 갖추어져야 한다는 것을 강조한다(Loertscher, Leslie & Bill, 2013; Moorefield-Lang, 2014; Peppler, Halverson &

Kafai, 2016). 이는 대표적으로 '메이커스페이스(Makerspace)'라는 환경을 말하며, 메이커스페이스는 3D 프린터, 레이저 절단기, 공작 도구 등 다양한 자원 및 도구들을 자유롭게 활용할 수 있는 활동 환경을 말한다 (Hatch, 2014). 특히 메이커스페이스의 존재는 STEAM교육에서는 거의 언급되지 않았던 학습 환경이라고 할 수 있다. 메이커스페이스는 활발한 의사소통이 이루어지는 자유로운 공간이며, 이 학습 환경은 메이커 교육이 학교나 기관을 넘어 지역사회에까지 연계될 수 있는 가능성을 열어주는 통로이기도 하다(강은성, 2017; Brahms, 2014; Halverson, 2013).

이 메이커스페이스라는 공간에서 학습자들은 개인의 필요와 요구에 따라 제품을 창작하고 발명하고 창조한다. 따라서 메이커 교육에서는 창의적인 결과물을 제작하는 발명가 또는 창조자로서의 학습자를 강조한다(Blikstein, 2013; Walter-Herrmann & Büching, 2014). 바로 이러한 창조자 및 발명가로서의 학습자에 대한 강조는 STEAM 교육에서는 상대적으로 간과되고 있다. 물론 STEAM 교육 역시 기본적으로 학습자들이 융복합적 성격의 과제들을 프로젝트 형식으로 진행하는 자기주도적 학습 환경을 강조한다. 그러나 메이커 교육에서는 여기에 덧붙여 다양한 디지털 도구들과 재료들을 다룰 수 있는 메이커스페이스가 존재하며 STEAM 교육의 자기주도적 학습환경을 더욱 확장시켜, 개별 학습자들이 원하는 바를 제작하고 창조하고, 이를 다른 메이커들과 나누고 공유할 수 있는 좀 더 자유롭고, 자율적이며, 협력적인 학습 환경을 강조한다는 점에서 구분된다(강인애, 김명기, 2017; 강인애, 김양수, 윤혜진, 2017; 현혜정, 2015; Kafai, Fields & Searle, 2014, Maslyk, 2016).

나아가 메이커 교육에서 이러한 전문적인 창작 활동이 가능하게 된 원동력은 메이커 운동에서 강조하고 있는 공유와 개방의 정신에서 비롯되었다고 말할 수 있다. 물론 STEAM 교육에서도 프로젝트 형태의 과제해결 과정은 학생들 간의 협력적, 상호작용적 활동을 전제한다. 그러나 메이커로서의 학습자는 실제적인 결과물(제품)을 창작하기 위하여 상당히 전문적인 지식을 요구하게 된다. 이러한 전문적인 지식들은 메이커스페이스 안에 다른 메이커들과의 상호작용을 통해서도 이루어지지만, 특히 온라인 커뮤니티[2]를 활용한 소통을 통해서 이루어진다(최재규, 2014; Brahms, 2014; Martin, 2015). 이 온라인 커뮤니티는 전문적인 지식을 가진 메이커들이 모여 구성된 온라인 네트워크로서 자신의 기술 및 노하우를 공유하고 자신의 제품을 제작하는 과정과 결과물을 공유하고 개방하는 활동이 이루어지는 공간이다. 이 온라인 커뮤니티를 통하여 학습자는 자신의 활동 과정 및 결과를 공유하고 전문가들로부터 피드백을 받아, 좀 더 전문적인 창작 활동을 이어갈 수 있다(함진호, 이승윤, 김형준, 2015; Loertscher, Leslie & Bill, 2013). 이러한 과정 중에서 자발적이고 적극적인 공유가 이루어지고 개인의 지식과 정보를 개방하는 문화가 나타난다. 다시 말해 메이커 교육은 오프라인(메이커스페이스)과 온라인 커뮤니티라는 환경을 통하여 '기록하기(documentation)'와 '풍부한 전문자원(resourcefulness)'[3](강은성, 2017; Blikstein, Martinez & Pang, 2014; Lang, 2013; Peppler, Halverson & Kafai, 2016; Thomas,

---

2) 온라인 커뮤니티의 예로, 국내 사이트인 메이크위드(makewith.co), 메이커 매거진에서 운영하는 메이커스페이스닷컴(makerspace.com), 한국메이커모임 소셜 네트워크(페이스북) 공개그룹(koreamakers) 등이 있다. 그 외에 3D 프린터와 관련된 다양한 자료가 공개되어 있는 싱기버스(thingiverse.com), DIY와 관련된 다양한 자료를 공개하는 인스트럭터블스(instructables.com) 등의 사이트들은 메이커 활동을 위한 대표적인 온라인 커뮤니티라고 할 수 있다.

3) 기록하기(documentation)는 제작 결과물을 비롯하여 제작 과정에서 겪은 성공 및 실패의 경험, 노하우, 느낀 점 등을 기록하는 활동을 말한다. 이러한 기록물을 바탕으로 개인의 활동 과정 및 결과를 반성하고 성찰하거나 타인과의 소통을 도와주는 매개체의 역할을 가지기도 한다. 풍부한 전문자원(resourcefulness)은 보유하고 있는 물적, 인적, 경험적 자원을 모두 포함한 포괄적인 용어로서 메이커 개인이 가지는 주요한 경쟁력을 말한다. 이 두 가지는 메이커 교육에 말하는 대표적인 특성이라고 할 수 있다.

2014)의 나눔, 공유, 개방이 이루어지는 교육 환경을 중요시한다. 이 또한 기존의 STEAM 교육에서는 간과되고 있는 점이라고 볼 수 있다.

이렇게 전문적이고 실제적인 지식과 정보를 바탕으로 개인의 결과물(제품)을 제작하는 과정에서 메이커로서 학습자들은 많은 실패를 경험하게 된다. 이때의 실패는 "제대로 생각하는 사람은 성공을 통해서 배우는 것 이상으로 실패를 통해서 배운다."(Dewey, 1933, p.114)라는 교육적 의미를 지니기 때문에 생산적 실패(productive failure)라고 할 수 있다(강은성, 2017; Vossoughi, Bevan, 2014;). 메이커 교육에서는 만드는 활동을 통해서 겪는 실패 경험을 통하여 인내심과 지속성(persistence)을 기를 수 있기 때문이다(강인애, 김명기, 2017; 강인애, 김양수, 윤혜진, 2017; Martinez & Stager, 2013; Maslyk, 2016; Thomas, 2014). 이는 메이커 교육에서 나타나는 특징으로서 실제적인 제작 과정에서 두드러지게 발생하는 실패의 경험이 학습자들로 하여금 인내와 끈기를 가질 수 있도록 도와주며 실패의 과정을 극복함으로 학습의 자신감을 가질 수 있도록 도와준다. 한마디로 말해, 메이커 교육을 통해 "장인 정신(Craftsmanship)"(Blikstein, Martinez & Pang, 2014, p.5)을 배우게 된다고 하겠다. 이러한 메이커활동의 특성은 정해진 교과과정 안에서 이루어지는 STEAM 교육에서는 좀처럼 경험하기 힘든 교육적 경험이다.

메이커 활동을 통한 장인정신의 함양은 메이커 활동을 STEAM 교육과 구분시켜주는 또 다른 특성으로 지적할 수 있는 다양한 실패의 경험과 이를 극복하는 경험을 통하여 이루어지는 '순환적인' 학습과정과 연결된다. 다시 말해 무언가를 제작하고 활동을 마치는 것이 아니라 기존의 제작 과정 및 결과에 대한 반성을 바탕으로 하여 새로운 것에 도전하는 순환적인 구조를 가진다. 즉, 메이커 교육은 일회성으로 제작하고 마치는 활동으로 이루어지지 않고 지속적이고 순환적으로 새로운 제작 활동을 반복하는 특징을 가진다(황중원, 강인애, 김홍순, 2016; Blikstein, Martinez & Pang, 2016; Loertscher, Leslie & Bill, 2013; Martinez & Stager, 2013). 이러한 메이커 교육의 순환적인 구조에 대해서, Blikstein은 메이커 교육이 간단한 것을 짧은 시간 안에 만드는 일종의 "열쇠고리만 만드는 문화[4](Blikstein, 2013, p.8)"를 벗어나야 함을 언급하면서, 이러한 일회적인 제작은 학습자들로 하여금 지속적으로 수업에 흥미를 가지는 것을 저해한다고 말한다.

〈표 2〉 확장된 STEAM 교육인 메이커 교육의 특징

개인적 차원	• 자발적, 자기주도적 발명자, 창조자로서의 학습자 • 실패 경험을 통한 지속적 인내와 도전정신(장인정신) 경험
사회적 차원	• 개별적, 사회적 이슈 및 문제의 해결을 통한 사회적 참여 • '기록하기'와 '풍부한 전문자원'의 나눔 활동을 통해 메이커들 간의 학습 전 과정 및 결과의 공유 및 개방
환경적 차원	• 메이커스페이스에서의 메이커 활동(3D프린터, 소프트웨어 등의 다양한 기구, 도구, 재료)의 자유로운 개별적 활용이 가능한 기술의 민주주의적 환경 • 온라인 커뮤니티를 활용한 활발한 공유, 나눔, 개방 • 일회적이지 않은, 순환적, 반복적 학습활동의 허용

이상으로 메이커 교육의 특징을 요약하면 개인적 차원과 사회적 차원, 그리고 환경적 차원으로 나누어 볼 수 있다(〈표 2〉 참조). 그리고 바로 이러한 메이커 교육의 특징을 볼 때 메이커 교육은 한마디로 '확장된 STEAM 교육'이라고 할 수 있다.

〈표 2〉에서 살펴볼 수 있듯이 기존의 STEAM 교육과 비교하여 메이커 교육은 더욱 적극적인 의미에서 자발적이고 자기주도적인 학습을 강조하고 있

---

4) Blikstein은 이를 'Keychain syndrom'이라고 표현한다. 본 연구에서는 이를 '열쇠고리만 만드는 문화'라고 완역하였다(Blikstein, 2013).

으며 이는 학습자에게 주어진 문제 상황을 해결하는 문제해결력을 넘어서 창의적인 능력을 갖춘 발명자 및 창조자로서의 학습자를 이야기한다. 이러한 학습은 문제 해결을 통한 성공경험뿐만 아니라 생산적인 실패 경험을 통해 이루어짐을 중요시 여겨 지속적인 도전과 인내의 정신, 즉 장인정신을 강조한다는 점에서 차이를 가진다.

사회적 차원에서 살펴보았을 때 개인의 문제를 넘어 사회적인 이슈에 관심 및 동기를 가지는 것으로 출발하여 실제적인 사회적 참여가 이루어지고 기록하는 활동 및 풍부한 전문 학습자원을 나누고 공유하고 개방하는 사회적인 활동이 이루어진다는 것을 볼 수 있다.

마지막으로 환경적 차원에서는 새로운 형태의 학습환경으로서의 메이커스페이스를 강조한다는 점에서 주요한 차이를 가진다. 즉, 메이커들이 자유롭고 개별적으로 활용이 가능한 학습 환경이며 다양한 기술과 자원의 개방적인 활용이 가능한 민주주의적 환경으로서의 메이커스페이스는 기존의 STEAM 교육에서 말하는 학습환경과 차이가 있다고 말할 수 있다. 이러한 실제 교육환경뿐만 아니라 메이커들이 서로의 자료와 생각을 공유하는 온라인 커뮤니티를 활용한다는 점, 그리고 일회성으로 끝나는 활동이 아니라 순환적이고 반복적인 학습을 통한 지속적인 발전을 지향한다는 점에서 STEAM 교육에서의 학습 환경과 차이를 가진다.

이러한 메이커 교육의 실천적, 이론적 특징은 STEAM 교육의 확장 혹은 진화된 형태로서 메이커 교육을 이야기한다. 급격하게 변하는 현대 사회에 요구되는 융합적, 창의적 인재는 학습자 개인의 기술과 지식 함양을 넘어 보다 창조적이고 생산적인 지식과 이를 함양하기 위한 실제적인 경험이 요구된다. 본 연구에서 도출한 메이커 교육이 가지는 시사점은 관련 교육 담당자들의 전문성 함양 및 교육적 방법에 대한 인식 확장으로 이어질 수 있을 것이다.

III. 결론

현대 사회가 급격하게 변함에 따라 21세기 학습자들에게 요구되는 역량도 질적으로 변화하고 있다. 다양한 최신 기술들을 자유롭게 활용할 수 있는 과학기술적 역량에 있어서 기술을 활용하는 방법에 대한 지식과 정보를 배우는 것을 넘어 다양한 도구를 활용하여 창의적이고 창조적인 결과물을 디자인하고 제작할 수 있는 능력이 요구되고 있다. 다시 말해 이러한 역량은 공학 전문가와 같이 비단 많은 지식과 정보를 가지고 있는 것을 넘어선다. 오히려 실패 경험을 통한 지속적으로 프로젝트를 수행할 수 있는 인내심, 그리고 온라인 커뮤니티를 통해 수많은 사람들과 의사소통하고 협력할 수 있는 역량이 중요시된다. 이러한 관점에서 메이커 교육이 가지는 시사점은 교육자들로 하여금 새로운 시각을 제공해준다.

그러나 이와 같은 메이커 교육에 대한 논의가 갑자기 등장한 것이라고 할 수 없다. 비록 4차 산업혁명시대의 도래에 따른 이에 적절한 교육방법으로서 메이커 교육이 언급되고 있으나 이는 기존에 융복합적 창의성을 지닌 인재양성을 위해 실천되어 왔던 STEAM 교육이 강조해온 교육환경적 기반을 토대로 하고 있기 때문이다. 다만 현 시대적 특징으로 인해, 메이커 교육은 STEAM 교육의 특징을 좀 더 확장되면서 추가적인 몇 가지 교육적 환경과 특성을 제시하고 있다. 곧, 자발적이고 자기주도적인 공유와 개방의 정신, 메이커스페이스, 지속적인 인내를 기반으로 한 생산적 실패의 권장, 반복적이고 순환적인 학습 활동, 사회적 참여에 대한 강조, 민주적 정신 등의 특성이 언급된다는 점에서 기존의 STEAM 교육이 확장, 발전되어가는 방향의 연장선에서 메이커 교육을 언급할 수 있다.

비록 본 연구는 STEAM 교육의 확장 전 버전으로서 메이커 교육에 초점을 두고 구체적으로 메이커 교육을 위한 교수학습방법을 언급하지 않았다. 그러나 2013년 이후, 미국을 중심으로 매우 다양한 메이커 교육을 위한 실제적인 연구가 이루어지고 있으며 국내에서도 최근 들어 새로운 교육환경이자 방법으로서 메이커 교육 사례가 소개되고 있다. 이러한 연구는 궁극적으로 메이커 교육의 중요성과 전문성에 대한 인식을 확장시켜 메이커 교육을 더욱 발전, 활성화하는 방향으로 이어질 수 있다. 메이커 교육은 21세기가 요구하는 창조적인 인재, 4차 산업혁명시대가 요구하는 협력적 인재를 양성하는 새로운 대안적 교육 방안으로서의 중요성과 가치를 지니고 있음이 분명하다.

참고문헌

◆강은성. (2017). 메이커 교육 아웃리치(outreach) 프로그램을 통한 교육적 효과: 자유학기 활동 사례를 중심으로. 박사학위논문, 경희대학교.

◆강인애. (2011). 학교와 박물관 연계 활성화를 위한 이론적 분석: STEAM 교육과 창의적 체험활동을 중심으로. 박물관교육연구, 8, 1-15.

◆강인애, 김명기. (2017). 메이커 활동(Maker Activity)의 초등학교 수업적용 가능성 및 교육적 가치 탐색. 학습자중심교과교육연구. 17(14), 487-515.

◆강인애, 김양수, 윤혜진. (2017). 메이커 교육을 통한 기업가정신 함양: 대학교 사례 연구, 한국융합학회논문지. 8(7), 253-264.

◆강인애, 김홍순. (2017). 메이커 스페이스(Makerspace) 만들기 활동에서 나타나는 메이커 교육의 효과: 고등학교 수업사례를 중심으로. 교육정보미디어학회 춘계학술대회논문집, 1, 1-10.

◆강인애, 윤혜진. (2017). 메이커 교육의 평가를 위한 평가틀 및 요소 탐색. 한국교육공학회 춘계학술대회논문집, 1, 21.

◆강인애, 이재경, 남미진. (2014). 융합인재교육(STEAM)을 통한 시각적 문해력 효과 연구: 인포그래픽 동영상 만들기를 중심으로. 교육발전연구, 30(1), 89-110.

◆강인애, 이지은. (2017). 초등 과학수업에서의 메이커 교육 수업 사례: 구성주의 학습 환경으로서의 재발견. 교육정보미디어학회 춘계학술대회논문집, 1, 1-10.

◆박현주, 백윤수, 심재호, 손연아, 한혜숙, 변수용, 서영진, 김은진. (2014). **STEAM 프로그램 효과성 제고 및 현장활용도 향상 기본연구.** 한국과학창의재단.

◆백윤수, 박현주, 김영민, 노석구, 이주연, 정진수, 최유현, 한혜숙, 최종현. (2012). **융합인재교육(STEAM) 실행 방향 정립을 위한 기초연구.** 한국과학창의재단 연구보고서 2012-12

◆서보경, 맹희주. (2016). 중등 영재 지도교사들의 융합인재교육(STEAM)과 융합영재교육에 대한 인식. **영재교육연구,** 26(1), 53-76.

◆이지선. (2015). 컴퓨터적 사고를 기반으로 한 컴퓨터 교육에 디자인적 사고 적용에 관한 연구. **한국디자인문화학회지,** 21(1), 455-467.

◆이현민. (2017). 4차 산업혁명 시대의 박물관에서의 메이커 교육. **문화예술교육연구,** 12(2), 83-100.

◆조향숙. (2012). **현장 적용 사례를 통한 융합인재교육(STEAM)의 이해.** 한국과학창의재단 현안보고서.

◆최재규. (2014). 국내외 ICT DIY 현황 및 의미. **정보와통신,** 31(7), 52-58.

◆한혜숙, 주홍연, 이화정, 이재영. (2016). 수학교과 중심의 STEAM 프로그램 적용이 고등학교 여학생들의 수학에 대한 정의적 특성과 창의적 사고 능력에 미치는 영향. **학습자중심교과교육연구,** 16(5), 97-122.

◆함진호, 이승윤, 김형준. (2015). ICT DIY 정책과 메이커생태계 구축을 위한 표준화. **정보와 통신,** 33(1), 5-10.

◆현혜정. (2015). **디자인 · 기술융합의 D.I.O(Do It Ourselves)형 교육프로그램 개발 및 협업중심 모형 연구.** 박사학위논문, 서울과학기술대학교.

◆황중원, 강인애, 김홍순. (2016). 메이커 페다고지(Maker Pedagogy)로서 TMSI 모형의 가능성 탐색: 고등학교 사례를 중심으로. **한국교육공학회 추계학술대회논문집,** 1, 1-10.

◆Andereson, C. (2012). *Makers: The new industrial revolution.* New York, NY: Crown Business Publication.

◆Bevan, B., Gutwill, J. P., Petrich, M. & Wilkinson, K. (2015). Learning through STEM-rich tinkering: Findings from a jointly negotiated research project taken up in practice. *Science Education, 99*(1), 98-120.

◆Blikstein, P. (2013). Digital fabrication and "making" in education: The democratization of invention. In J. W. Herrmann, & C. Buching (Eds.),

FabLabs: Of machines, makers, and inventors (pp. 203–223). Bielefeld, Germany: Transcript.

◆Blikstein, P., Martinez, S. L. & Pang, H. A. (2016). *Meaningful making: Projects and inspirations for fab labs and makerspaces.* Torrence, CA: Constructing Modern Knowledge Press.

◆Bowler, L. (2014). Creativity through "Maker" experiences and design thinking in the education of librarians. *Journal of the American Association of School Librarians. 42*(5), 59–61.

◆Brahms, L. J. (2014). *Making as a learning process: Identifying and supporting family learning in informal settings.* Doctoral dissertation, University of Pittsburgh.

◆Cohen, J., Jones, M. & Calandra, B. (2016). Makification: Towards a framework for leveraging the maker movement in formal education, *Association for the Advancement of Computing in Education, 1,* 129–135.

◆Dewey, J. (1933), *How we think.* Boston: D. C. Heath & Co.

◆Dougherty, D. (2012) The maker movement, *Innovations. 7*(3), 11–14.

◆Eddy, S. L. & Hogan, K. A. (2014). Getting under the hood: How and for whom does increasing course structure work?, *Sciences Education, 13,* 453–468.

◆European commission (2013). *Factories of the future: Multi-annual roadmap for the contractual PPP under horizon 2020.* Retrieved July 31, 2017, from http://ec.europa.eu/research/press/2013/pdf/ppp/fof_factsheet.pdf.

◆Hatch, M. (2014). *The maker movement manifesto.* McGraw-Hill Education.

◆Halverson, E. R. (2013). Digital art making as a representational process. *Journal of the Learning Sciences, 22*(1), 121-162.

◆Halverson, E. R. & Sheridan, K. (2014). The maker movement in education. *Harvard Educational Review, 84*(4), 495-505.

◆Kafai, Y. B., Fields, D. H. & Searle, K. A. (2014). Electronic textiles as disruptive designs: Supporting and challenging maker activities in schools. *Harvard Educational Review, 84*(4), 532-556.

◆Lang, D. (2013). *Zero to maker: Learn to make anything.* Sebastapol, CA:

Maker Media.

◆Loertscher, D. V., Leslie, P. & Bill, D. (2013). Makerspaces in the school library learning commons and the uTEC maker model. *Teacher Librarian, 41*(2), 48-51.

◆Martin, L. (2015). The promise of the maker movement for education. *Journal of Pre-College Engineering Education Research, 5*(1), 30-39.

◆Martinez, S. L. & Stager, G. S. (2013). *Invent to learn: Making, tinkering, and engineering in the classroom.* Torrence, CA: Constructing Modern Knowledge Press.

◆Maslyk, J. (2016). *STEAM makers: Fostering creativity and innovation in the elementary classroom.* Thousand Oaks, CA: Corwin.

◆Moorefield-Lang, H. M. (2014). Makers in the library: Case studies of 3D printers and maker spaces in library settings. *Library Hi Tech, 32*(4), 583-593.

◆Peppler, K., Halverson, E. & Kafai, Y. B. (2016). *Makeology: Makerspaces as learning environments (Vol. 1),* New York, NY: Routledge.

◆Thomas, A. (2014). *Making makers: Kids, tools, and the future of innovation.* Sebastapol, CA: Maker Media.

◆Vossoughi, S. & Bevan, B. (2014). Making and tinkering: A review of the literature. *National Research Council Commitee on Out of School Time STEM,* 1-55.

◆Walter-Herrmann, J. & Büching, C. (2014). *FabLab: Of machines, makers, and inventors.* Bielefeld, Germany: Transcript-Verlag.

◆Wilkinson, K. & Petrich, M. (2014). *The art of tinkering: Meet 150+ makers working at the intersection of art, science, & technology.* San Francisco, CA: Weld Owen Inc.

메이커 교육(Maker Education) 평가틀 (Evaluation Framework) 탐색*

강인애, 윤혜진

I. 서 론

4차 산업혁명 시대라고 불리는 지금 다가오는 미래에 대한 다양한 예측이 제시되고 있는 가운데 공장에서 동일하게 대량 제작되는 상품과 주어지는 일거리를 단순히 소비하는 것이 아닌 사람들의 창의력에 기반을 둔 새로운 일자리 창출 및 창업과 스스로 상품을 제작하는 생산의 역할이 중요해질 것이라고 전망되고 있다(박영숙, 2015). 이러한 흐름은 미국을 중심으로 유럽, 중국 등 전 세계에서 사회 문화적 현상으로 활성화되고 있는 메이커 운동(Maker movement)에서도 드러난다(강인애, 김양수, 윤혜진, 2017; 박영숙, 2015; Blikstein, Martinez & Pang, 2014).

메이커 운동은 기존 DIY(Do-It-Yourself) 문화에 디지털 기술이 접목된

---

*본 논문은 2017년 한국콘텐츠학회논문지(인쇄 중)에 게재된 논문을 수정, 보완하였음

것으로 누구든 손쉽게 전문적 수준의 도구 사용과 오픈소스를 활용할 수 있게 한 '기술의 민주화'가 중요한 특징이다(Hage, Brown & Kulasooriya, 2014; Halverson & Sheridan, 2014). 즉, 발전된 디지털 기술 및 도구는 누구든지 자신의 머릿속에 있는 아이디어를 유형의 결과물로 변환시키는 과정을 용이하게 하였으며(Kafai & Resnick, 2011), 나아가 제작 및 창작 활동에 적극적으로 참여하면서 생산자이자 소비자의 역할을 동시에 할 수 있는 '메이커(Maker)' 양성의 원동력이 되었다(박영숙, 2015; Peppler & Bender, 2014).

　이러한 메이커들을 운집시키고 다양한 제작 활동을 뒷받침 할 수 있는 물리적 환경 형성은 메이커 운동에서 매우 중요하게 강조되는데, 이를 '메이커스페이스(Makerspace)'로 호칭하면서, 재료, 도구 및 기술뿐만 아니라 메이커들의 아이디어 공유, 협업, 나눔을 통하여 다양한 지식에 대한 상호 학습이 이루어지는 환경을 제공한다(강인애 외, 2017). 따라서 메이커스페이스에서는 DIY에서 확장된 'DIT(Do-It-Together)'의 경험이 존재하며, 이를 통해 개인의 흥미, 관심에 기반한 자기주도적이고 협력적인 메이킹 활동 과정을 확인할 수 있다. 그리고 바로 이런 점에 착안하여, 메이커 운동을 단지 문화적 현상으로만 바라보지 않고 학교교육상황과 접목시켜서, 정규 교과과정 안에서 메이킹 활동을 통합하여, 하나의 새로운 교육 패러다임, 곧 '메이커 교육(Maker education)'을 형성, 실천하기 위한 노력을 기울이고 있는 추세이다(Blikstein et al., 2016; Dougherty, 2013; Malpica, 2016; Peppler & Bender, 2014).

　메이커 교육은 흔히 기존의 노작교육과의 차이가 없는 것처럼 여겨지는 경향이 있다. 둘 다 '만들기', '핸즈온(hands-on)' 활동을 강조하기 때문일 것이다. 그러나 기존의 노작교육이 이미 존재하는 것을 따라 만들어보는 활동에 치중한다고 할 때, 메이커 교육은 메이커 운동에서 강조되고 있는 '메이커 정신(maker mindset)'의 함양을 강조한다는 점에서 차이를 볼 수 있다(Dougherty, 2013; Martin, 2015). 다시 말해, 학생이 학습의 주도권을 가지고(Blikstein et al., 2016), 자신의 실제적, 맥락적 상황 속에서 마주하는 사회 혹은 개인적 문제를 해결하기 위하여, 스스로 필요한 지식과 기술을 습득하면서 개인의 목표에 따른 결과물을 창조하는 일련의 활동이 메이커 교육이다. 더불어 이런 과정 중에 필수적으로 뒤따르는 것이 동료 학습자와의 공유, 나눔 등의 협력적 관계이며, 또한 결과물을 만드는 과정 중에 경험하는 실패, 그러나 그것을 배움의 기회로 생각하고 긍정적 및 도전적으로 받아들이면서 지속적으로 완성하고자 하는 태도 등을 일컬어 메이커 정신이자, 메이커 교육의 교육적 효과라고 할 수 있다(Peppler & Bender, 2014; Agency by Design, 2015; Kafai, Fields & Searle, 2014).

결국 메이커 운동에서 시작한 사회. 문화적 현상은 그것이 지닌 교육적 가치와 의미로 인해 메이커 교육으로 귀결되게 된다. 나아가 필연적으로 새로운 교육모형으로서의 메이커 교육을 실천한 뒤에 뒤따르는 평가 방안을 고려하지 않을 수 없게 된다. 특히 메이커 교육의 교육환경이나 메이커 교육이 강조하는 메이커 정신 등은 전통적 교육과 많은 차이가 있기에 평가 또한 메이커 교육만의 특성을 반영하여 새롭게 개발되어야 할 필요가 있는 것이다(Blikstein et al., 2016; Yokana, 2015).

전통적 교육에서는 교사에 의하여 일정한 학습목표가 제공되고, 일정한 학업성취 기준에 의하여 학습자의 학습결과를 평가하는 반면, 메이커 교육은 학습자 스스로 목표를 설정하고, 그것에 도달하기 위해 다양한 재료, 도구, 방법을 활용하면서 학습자 개인의 개별적 이야기를 담고 있는 결과물을 생산한다. 따라서 기존의 학업성취 기준으로 메이커 교육을 평가한다는 것은 메이커 교육이 지향하고 공유하는 가치와 정신을 뒷받침하기에 부적합하다고 볼 수 있다. 따라서 메이커 교육의 특성과 가치를 살릴 수 있는 새로운 평가요소들, 혹은 평가틀이 제시되어야 할 것이다.

하지만 메이커 교육에 대한 연구는 아직 시작 단계이기 때문에, 다양한 교육 사례는 많이 나와 있으나, 그에 따른 평가에 대한 연구는 거의 없다고 하겠다.[1] 이러한 맥락에서 본 연구는 메이커 교육이 추구하는 가치와 정신에 입각한 새로운 평가틀을 탐색, 제시함으로써, 공교육환경은 물론이고 비형식교육기관에서도 메이커 교육이 더욱 명확한 구성요소 안에서 이루어질 수 있기를 기대한다.

II. 메이커 교육과 평가

1. 메이커 교육의 특성

메이커 개인의 관심 혹은 어떤 문제나 이슈를 해결하기 위함에 따라 각기 다른 목적에서 시작되는 메이커 활동은 스스로 필요한 지식 및 기술을 연구하고, 필요에 따라 다른 메이커들과 협력하면서 자신이 상상하는 결과물을 완성하게 된다(Halverson & Sheridan, 2014; Martin, 2015). 이처럼 메이커 운동은 자발성에 기인한 개인의 자기주도적인 활동과 사회적 상호작용을 통한 가시적인 결과물 제작이 중요한 특성으로 이것이 교육 분야에 적용될 때, 학습자가 학습의 주도권을 가지고 실제적 및 맥락적 학습을 가능하게 하는 새로운 교수학습방법이 될 수 있으리라 기대되고 있다(Dougherty, 2013; Peppler & Bender, 2013).

이미 오래 전부터 학습 안에서 만들기 활동의 중요성은 몬테소리, 존 듀

---

1) 메이커 교육 평가만을 위한 연구가 구체적으로 이루어지지 않았지만, 그 필요성을 시사하면서 평가 방식과 평가 루브릭이 제안되고 있다(Flores, 2014; Yokana, 2015).

이, 시모어 페퍼트 같은 몇몇 학자들에 의하여 주장되어 왔는데, 도구와 재료를 가지고 직접 무엇인가를 수행하면서 학습이 이루어짐이 강조되어 왔다(Blikstein, 2013; Dougherty, 2012). 이는 실제 결과물을 제작해야 하는 메이커 활동의 학습 방법으로 가능성을 시사한다고 볼 수 있다. 또한 실제적인 학습 환경 속에서 학습자의 경험과 더불어 동료 학습자와의 협업을 강조하는 구성주의 교수학습이론(강인애, 1997)과 그 맥락을 같이 하고 있는데, 특히 실제 결과물 제작 활동에 초점을 둔 시모어 페퍼트의 구성주의(Constructionism)가 메이커 운동의 특성과 교육과의 관계성을 가장 잘 드러내는 이론이다(Martinez & Stager, 2013).

　페퍼트의 구성주의는 피아제의 인지주의적 구성주의(Constructivism) 이론에 기반을 두고 있는 것으로 학습자가 자신에게 의미 있는 유형의 결과물을 직접 만들고 경험하는 과정을 통해 지식 구성이 이루어짐을 강조하고 있다(Blikstein, 2013; Blikstein et al., 2016; Peppler & Bender, 2014). 다시 말해, 개인의 머릿속에서 존재하던 생각, 아이디어, 지식을 실제에 존재하는 물건에 투영하여 다른 이들과 공유할 수 있는 것으로 변환시키는데, 이 과정 가운데 학습자의 내재적 호기심과 관심이 새로운 지식 구성을 위한 활동으로 이어지는 것이다(Pppler, 2013; Martinez & Stager, 2013). 이렇게 '만들기' 활동에 중점을 두며 학습의 효과를 강조하는 페퍼트의 이론은 메이커 운동이 단순히 문화적 활동을 넘어서 교육적 가치를 가지고 있음을 드러낸다.

　메이커 활동의 특징과 페퍼트의 구성주의 이론을 바탕으로 할 때, 메이커 교육의 특성은 학습자 개인적 차원과 다른 학습자와의 상호작용 가운데 발견되는 사회적 차원으로 구분하여 정의할 수 있다(황중원, 강인애, 김홍순, 2016). 이에 대하여 강인애 외(2017)는 〈표 1〉로 메이커 교육의 교육적 가치 및 특성을 정리하였다.

〈표 1〉 메이커 교육의 교육적 가치 및 특성

구분	내용
개인적 차원	• 자기주도적 학습 • 창의적 문제해결 • 실패를 극복하는 지속적인 도전 • 다양한 IT, 도구, 재료 활용 능력
사회적 차원	• 상호작용 • 공유 • 개방 • 공감

　　메이커 교육에서 중심이 되는 것은 실제적 결과물을 생산해내기 위한 핸즈온 활동이기는 하지만 이 과정 속에서 동료 학습자와의 사회적 스캐폴딩의 형성, 아이디어·과정·기술·지식의 공유 및 개방의 태도, 실패에 굴하지 않고 더 나은 결과물을 위하여 지속적으로 도전하는 긍정적인 태도 등의 메이커 정신을 경험하고 함양하는 것 또한 매우 중요한 부분이다(강인애 외, 2017; 황중원 외, 2016; AbD, 2015; Dougherty, 2013; Kafai et al., 2014). 즉, 메이커 교육은 메이커 정신에 기반한 교육적 가치들을 추구할 수 있어야 하며, 이에 따라 교육적 효과를 평가할 수 있어야 한다.

2. 메이커 교육에서의 평가

　　메이커 정신(maker mindset)에 대하여 각 학자들이 제시하는 내용은 조금씩 상이하지만(Blikstein, Dougherty, 2013; Martin, 2015; Martinez & Pang, 2016; Halverson & Sheridan, 2014; Peppler & Bender, 2014). 공통적으로 만들기 과정 속에서 메이커 활동의 참여자가 갖추어야

하는 태도를 포함하고 있으며, 이 메이커 정신의 함양은 메이커 교육의 목적으로 매우 강조되고 있다(Blikstein et al., 2016; Halverson & Sheridan, 2014; Peppler & Bender, 2014). 메이커 교육은 창의적인 결과물을 위한 만들기 활동에만 중점을 두는 결과 중심의 교육이 아니라, 만들기 활동 가운데 보이는 메이커(maker)로서 학습자들의 자기주도적, 지속적, 도전적 태도 및 동료 메이커들과의 소통, 공유, 나눔의 태도가 중요시되는 과정 중심의 교육이라고 정리할 수 있다(Flores, 2016; Yokana, 2015). 이것은 기존의 교육에서 결과물의 완성도에 초점을 두던 것과 분명히 구분된다.

이렇게 메이커 교육이 기존의 교육과 다른 가치를 추구하고 있기 때문에, 평가 또한 기존의 결과 중심 평가 방식에서 벗어나야 한다. 하지만, 일정한 성취 기준이나 명확한 목표가 없이 개별 학습자들의 자율적 목표와 선택을 존중하는 메이커 교육에서 평가 근거나 평가요소를 제시한다는 것은 사실 어려운 문제가 아닐 수 없다(Blikstein et al., 2016; Flores, 2016; Yokana, 2015).

그러나 메이커 교육에 대한 여러 학자들이 공통적으로 지적하는 바는 메이커 활동에서는 결과의 성공과 실패를 판단하는 것 보다는 실패를 하더라도 그것에 굴복하거나 포기하지 않고, 문제점을 극복하기 위한 새로운 방향을 설정하고, 지속적인 개선 활동을 실행하고자 하는 도전적 태도와 노력이 두드러진다는 것이다(Flores, 2016; Peppler, 2013). 이에 여러 학자들이 제시한 메이커 교육 평가와 관련한 특징을 정리하면 〈표 2〉와 같다.

〈표 2〉 메이커 교육 평가에 관한 선행연구

구분	내용
Flores (2016)	• 평가는 학습의 연장 • 개인의 발전, 성찰적 의미 발견 • 과정 중심 강조 • 결과물을 다양한 게 비판할 수 있는 문해력 증진 • 자기평가/동료평가/전문가 · 멘토 평가 • 리더십, 협업, 논쟁능력, 문제설명능력, 자기인식, 반복적 연습의 가치 중시
Yokana (2015)	• 루브릭 개발 • 메이커 교육 과정의 구분(과정/이해/결과물) • 평가요소(테크닉/콘셉트, 메이커정신, 성찰 및 이해/장인정신, 책임감, 노력)
Peppler (2013)	• interest-driven arts learning 프레임워크 • 기술적(technical) 비판적(critical), 창의적(creative), 윤리적(ethical) 영역 제시 • 디지털 기술 활용 중점
Schwarts & Arena(2013)	• 선택기반평가 • 맥락적 상황 속 지식의 활용 및 적용 능력
Maker Ed (2016)	• 오픈 포트폴리오 • 학습과정 증명

이들 연구들은 공통적으로 맥락적 상황 속에서 이루어지는 메이커 활동, 과정 중심의 평가 등을 강조하면서, 이에 따라 다양한 평가 방식, 평가요소 등을 제시하고 있다(Flores, 2016; Maker ED, 2015; Peppler, 2013; Schwarts & Arena, 2013; Yokana, 2015).

그러나 이들이 제시한 내용만으로서 메이커 교육이 지닌 교육적 가치와 의미를 충분히 파악하기에 다소 제한적이다. 예를 들어, Yokana(2015)는 메이커 교육 평가를 위한 구체적인 '루브릭'을 개발하였으나 다른 학습자와의 협업과 공유가 이루어지는 메이커 교육의 사회적 역할(Kafai et al., 2014; Peppler & Bender, 2014)을 간과하고 있다. 즉, 개인적 의미의 활동을 넘어서 지역사회로의 확장(Blikstein et al., 2016)과 실제 문제 해결을 위한 실천영역(Dougherty, 2013; Honey & Siegel, 2011)에 대한 평가 및 성찰이 부족하다.

반면에 Peppler(2013)의 경우, 학습자들의 내재적 동기(interest- driven)를 강조하고 있는데 이는 메이커 교육의 자기주도적 학습환경을 반영하고 있으며, 기술적 측면 외에 비판적 시각과 윤리적 측면을 다루고 있는 점은 메이커 교육이 사회적·개인적 문제에서부터 시작하고 그것의 해결을 통한 사회적 참여, 사회적 변화를 꾀한다는 점에서 메이커 교육의 평가틀 구성에 많은 시사점을 준다.

그럼에도 불구하고, 메이커 교육 평가와 관련된 선행연구들은 메이커 활동의 특징을 반영하면서, 동시에 폭넓은 메이커 정신을 다 포함하지 못하고 있음을 확인할 수 있었다.

[그림 1] 선행연구의 시사점

[그림 1]에서 볼 수 있듯이, 각 연구자들은 메이커활동의 특징과 메이커정신에 관하여 조금씩 다른 특성과 요소들을 제시하고 있는데, 이는 무엇에 중점을 두느냐에 따라 다른 평가 요인이나 항목으로 드러나게 된다. 예를 들어, Flores(2016)와 Peppler(2013)의 연구를 비교하면, 전자는 결과물의 디

지털 기술 활용이 중시되지 않는 반면, 후자는 디지털 기술 활용에 중점을 두기 때문에, 디지털 기술을 얼마나 사용하느냐에 따라 다른 평가를 줄 수 있게 되는 것이다. 즉, 무엇이 평가되어야 하는 것인지에 대한 일정한 준거가 없기 때문에 메이커 교육의 특징을 폭넓게 함축할 수 있는 평가틀이 필요하다고 하겠다. 이에, 메이커 활동의 특징과 그를 통한 메이커 정신의 경험을 폭넓게 다룰 수 있는 체계적이고 구체적인 평가틀이 제시되어야 한다.

3. 메이커 교육의 평가틀 구성요소: 5 ONs

메이커 교육은 학습자 개인의 흥미, 관심을 활동의 출발점으로 하며, 자신만의 이야기를 담아내는 제작 활동이 이루어지므로 다양한 성취 목표를 가질 수밖에 없다(Honey & Siegel, 2011; Peppler & Bender; Martinez & Stager, 2013). 곧, 메이커 교육에서 학습자는 실제 개인 삶이나 사회에 존재하는 이슈 혹은 문제를 해결하기 위한 아이디어 개발, 타인과의 협력, 소통, 지식과 기술의 공유 등 복합적 사고 활동을 하는 도전가이자, 창조자, 발명가로서 능력을 발휘하게 된다(Kafai et al., 2014).

이를 구체적으로 구분해보면, 메이커 교육은 우선 흔히 핸즈온(hands-on) 활동으로 표현되는 체험적, 경험적, 조작적 활동이 제일 먼저 전제된다(Peppler, 2013). 그러나 이러한 핸즈온 활동은 개인적, 사회적 삶속의 문제나 이슈를 해결하기 위한 동기로 시작되는 것이니 만큼 이를 해결하기 위해서는 다분히 학습자 개인의 의지적인 지식 탐구, 다양한 도구와 재료 사용을 위한 기술적 이해와 같은 인지적 활동(minds-on)이 요구된다(AbD, 2015). 나아가 메이커활동은 구체적인 유형의 생산물을 만들어낸다는 점에서 창의성, 혁신성, 심미성 등과 같은 정서적인 활동(hearts-on)이 항상 존재한다[8]. 더불어 메이커활동은 개인적, 사회적 문제를 인식하는데서 시작하여 그것의 변화를 위한 참여와 실천이 강조되는 실천적 활동(Acts-on)이기도 하다(Domingues & Domingues, 2016).

이를 종합해볼 때, 메이커 교육 활동은 4 ONs, 곧, 체험적 활동인 핸즈온(Hands-on), 인지적 활동인 마인즈온(Minds-on), 공동체간의 공감과 공유, 협력활동으로서 감성적 측면인 하츠온(Hearts-on) 개념, 마지막으로 이 모든 활동의 출발이 개인 및 사회적 문제해결을 위한 활동이라는 측면에서 실천적 측면인 액츠온(Acts-on)을 포함하고 있다. 4 ONs의 요소들에 대한 연구는 이미 다양한 선행연구에서 제시된 바 있다(강인애, 설연경, 2009; 설연경, 이재경, 이성아, 2016; 이현민, 2016; 이현민, 강인애, 2016; Sumil, 2016). 이들 연구에서는 4 ONs를 융복합 교육의 특징(이현민, 2016; 이현민, 강인애, 2016)으로, 혹은 문화예술교육을 기반으로 하는 통합교과적 교육(강인애 외, 2009; 설연경 외, 2016)을 위한 영역으로서 설명하고 있다.

이들 융복합 교육이나 통합교과접근이 지향하는 바는 공통적이다. 곧, 단순하게 다른 과목, 학제 간 연계의 의미를 넘어 개별 학습자가 소유한 지식과 기술을 활용하여 실제 삶 속에 존재하는 문제의 해결안을 추구한다는 점이다. 이때 삶 속에 존재하는 문제라는 것은 특정 사회문화적 맥락성을 전제하는 것으로서 어느 한 영역이나 과목으로 접근할 수 있는 것이 아니므로, 통합교과적 혹은 융합적인 접근을 시도하게 된다(이현민, 2016; Sumil, 2016). 그리고 이러한 특성은 바로 메이커 교육이 사회문화적 맥락 속에서 실제 삶의 문제나 이슈를 중심으로 창의적 사고와 탐구활동을 통해 구체적인 결과물을 만들어낸다는 점과 연결 지을 수 있게 된다.

따라서 메이커 교육의 평가틀은 융복합 교육 모형의 기반이 되는 4 ONs을 활용하기에 충분한 근거를 지니고 있다고 하겠다. 다음 [그림 2]는 4 ONs의 측면을 다루는 융복합 교육을 메이커 교육과 연결시켜본 내용이다.

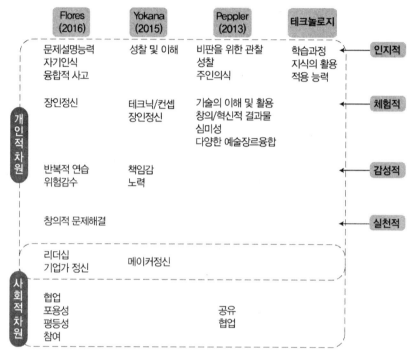

[그림 2] 4 ONs 기반 융복합 교육으로의 메이커 교육

    핸즈온에서는 메이커 교육이 다양한 도구 및 디지털 기술을 사용하여 결과물을 제작하는 것에 중점을 두는데, 초반 도구와 재료들을 탐색하게 되는 팅커링 활동을 통하여 학습자는 자신이 무엇을 원하는지 찾을 수 있게 된다 (AbD, 2015; Whitmer, 2016). 마인즈온에서는 학습자가 복잡한 문제를 해결 및 개선하기 위하여 '왜', '어떻게'라는 질문을 통해 능동적으로 다양한 분야의 필요한 지식과 기술을 탐구하고 제작활동에 있어 창의성을 발현하는 것이 강조되고 있으며(AbD, 2015; Hage et al., 2014), 단순히 아는 지식이 아닌 활용하고 적용할 수 있는 지식으로 이해하는 심화과정이 가능해진다(Flores, 2016; Whitmer, 2016). 하츠온에서는 학습자의 내재적 동기

의 중요성과 더불어 실패를 하였을 때 긍정적인 태도로 계속 도전하면서 (Dougherty, 2013; Holthouse, 2016), 단순한 재미(easy fun)보다는 크고 작은 도전적 과제를 해결하면서 자신감, 만족감, 성취감 등을 느낄 수 있는 재미(serious/hard fun)를 추구하게 되는 것이다(Rusk, 2016; Wilkinson, Anzivino & Petrich, 2016). 액츠온에서는 학습자가 결과물 생산에만 만족하지 않고 실제 삶과 연계된 상황 속에서 문제를 해결하고자 하는 태도와 메이커 운동의 민주화 정신의 함양이 강조되는데(AbD, 2015; Blikstein et al., 2016; Domingues & Domingues, 2016; Whitmer, 2016), 시작은 개인적인 흥미에서 이루어지더라도 학습과정과 성찰을 통하여 개인에서 사회로 시선의 확장을 기대할 수 있는 부분이다.

　그러나 이때 주목해야 할 점은 메이커 교육의 대부분 특성이 4 ONs라는 융복합 교육에서 사용하는 요소를 통해 해석이 가능하지만, 메이커 교육의 중요한 특징이 간과되고 있다는 점이다. 메이커 교육에서는 만들기 활동을 하면서 다른 메이커들과 지속적으로 공유, 개방 및 소통의 활동을 하게 되는데 이는 메이커 운동에서 상당히 강조되고 있는 부분이다(황중원 외, 2016; Blikstein, 2013; Kafai et al., 2014; Peppler & Bender, 2014). 그럼에도 불구하고 4 ONs의 영역에서는 다른 메이커들과의 협력적 관계, 소통 부분을 다루는 영역, 곧 '사회적 영역'이 분명하게 드러나지 않고 있다. 즉, 학습자가 교실 안의 교수자 및 동료 학습자뿐만 아니라 외부의 많은 전문가들과 함께 사회적 스캐폴딩을 형성할 수 있게 되며(Hage et al., 2014; Wilkinson et al., 2016), 다른 이와의 활발한 상호작용 및 관계 형성을 통해 협업의 태도를 소유하게 되는 특성이 4 ONs의 4개 영역에 포함되지 않는 것이다.

　따라서 본 연구에서는 메이커 활동을 진행하는 과정 중에 메이커들 간에 지속적으로 이루어지는 사회적 관계형성, 상호작용 등의 사회적 활동인 소셜온(Social-on)[2]'이 포함되어야 한다고 보고, 이를 추가한 5 ONs, 곧, 개인적 측면의 체험적 활동(Hands-on)과 인지적 활동(Minds-on), 감성적 활동(Hearts-on)과 사회적 측면에서 사회적 활동(Social-on), 실천적 활동(Acts-on)의 영역을 메이커 교육 평가틀의 구성요소로 도출, 활용하고자 한다([그림 3] 참조).

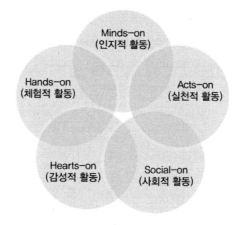

[그림 3] 메이커 교육 평가틀 구성요소: 5 ONs

---

2) 여러 학자들이 메이커 운동 및 메이커 교육과 관련하여 '사회적(social)'과 다양한 단어를 결합하여 사회적 운동(social movement), 사회적 가치(social value), 사회적 기업(social enterprise), 사회적 포용(social inclusion), 사회적 스캐폴딩(social scaffolding) 등 메이커 운동의 사회적 가치를 강조하고 있다(Blikstein, Martinez & Pang, 2016; Dougherty, 2013; Malpica, 2016, Peppler, 2013; Wilkinson, Anzivino & Petrich, 2016). 이에 본 연구에서는 메이커 교육의 사회적 영역을 드러내기 위하여 'social'을 기존의 '-On'과 결합하여 'Social-on'을 제시하고자 한다.

III. 연구방법

　본 연구에서는 메이커 교육의 평가를 위한 평가틀을 탐색하고자 문헌연구를 기반으로 평가틀의 구성요소와 각 요소별로 세부요소들을 작성한 뒤에 이를 전문가 대상의 2회의 델파이 설문을 통하여 내용타당도를 확인하였다.

1. 문헌 연구

　본 연구는 메이커 교육의 평가틀을 구성하기 위한 첫 번째 작업으로서 구성요소를 도출하고자 하였다. 이를 위해 메이커 운동 및 메이커 교육 관련 출판서적, 연구 논문, 블로그 글 등 다양한 자료를 수집하여 메이커 교육의 특성과 가치를 드러내는 키워드와 메이커 정신을 종합하여 최종적으로 5 ONs를 구성요소로 도출하고 이후 각 영역별 세부요소들을 탐색하였다.

　우선 마인즈온은 학습자 스스로 목표를 세우고 필요한 지식의 습득과 창의적인 아이디어의 도출 등의 내용을 인지적 활동으로, 핸즈온은 도구 및 기술사용을 통한 만들기라는 구체적인 체험적 활동으로, 하츠온은 결과물 만들기 과정에 포함되는 창의성, 혁신성, 실용성, 심미성 등과 같은 정서와 관계된 내용으로, 그리고 소셜온은 메이커들 간의 협업, 공유, 참여, 개방 등의 내용을 중심으로, 마지막으로 액츠온은 구체적 유형의 결과물을 통한 사회적 참여와 실천 활동으로 각각 분류하였다(강인애 외, 2009; 설연경 외, 2016; 이현민 외, 2016; Sumli, 2016).

2. 델파이 설문

　문헌연구에 대한 내용분석을 바탕으로 5 ONs를 메이커 교육의 구성요소로 제시하고, 각 요소별 세부항목들을 작성하여 초안을 개발하였다.

　이후 이에 대한 내용 타당도를 검증하기 위한 2회의 델파이조사를 실시하

였다. 델파이조사는 전문가들의 경험적 지식을 바탕으로 다양한 의견을 수
렴할 수 있는 방법(Zoligen & Klassen, 2003)으로, 아직 확정되지 않은 메
이커 교육 평가에 관한 내용을 검증하기에 적합하다고 판단하여 실시하였
다. 연구적 가치를 위하여 2~3회의 델파이면 충분하다는 근거에 의하여(이
성아, 2015), 본 연구에서는 2회의 전문가 델파이를 실시하였는데, 평가틀
과 평가요소 초안에 대하여 1차 델파이를 실시한 후, 델파이 참여 집단의
의견을 수렴한 수정안에 대한 2차 델파이가 이루어졌다.

델파이조사에서 전문가 집단의 선정이 매우 중요한 부분인데, 이에 대하
여 전문가들의 풍부한 경험뿐만 아니라 자질, 적절성 등을 고려해야 하며,
최소한 10인 이상으로 구성되어야 함이 제안되고 있다(이성아, 2015; 이경
수, 김태형, 김태훈, 박상혁, 2016; 이오복, 2014). 이를 위하여 교육학 관
련 석·박사(재학, 수료생 포함)이상의 학력 및 5년 이상의 교육경력을 소
유하였을 뿐만 아니라 프로젝트 학습이나 구성주의와 같이 학습자 중심의
교수학습방법을 실천하고 있는 이들 중에서, 특히 '메이커 교육 프로그램'
개발 경험이 있는 초·중·고 교사(7인) 및 전문예술강사(1인), 대학 교수
및 강사(3인), 교육 관련 기관 종사자(2인)등 총 13인을 메이커 교육 평가틀
을 위한 델파이 전문가로 선정하였다.

델파이 설문은 2017년 6월 30일부터 7월 31일까지 구글 드라이브의 웹
설문을 활용하여 델파이 설문지를 배포하고 그 결과를 수집하였는데, 응답
률은 1차는 100%(13인), 2차는 92%(11인)였다.

5 ONs 기반의 메이커 교육 평가틀 구성요소와 각 요소별 세부 항목들의
적절성에 대하여 5점의 Likert 척도로 평정하고, 개방형 의견란을 제공하여
다양한 의견을 서술할 수 있도록 하였다. 응답결과는 Lawshe(1975)가 제
시한 내용 타당도 비율(Content Validity Ratio, 이하 CVR) 값을 활용하
였다. Lawshe는 델파이 전문가 수에 따라 다른 CVR 최소 허용 값을 제시

하고 있는데, 13인의 경우 최소 허용 값은 0.54, 11인의 경우는 0.59로써 이것을 기준으로 내용 타당도의 정도를 판단할 수 있다(이성아, 2015; Lawshe, 1975).

IV. 연구결과

1. 메이커 교육 평가틀 초안

메이커 교육과 관련한 다양한 문헌들에서 강조하고 있는 메이커 교육의 특성 및 가치, 메이커 정신의 내용을 정리하여, 최종적으로 다섯 구성요소, 곧, 5 ONs로 요약되는 인지적, 체험적, 감성적, 사회적, 실천적 요소를 도출하였다. 그리고 각 요소에 대한 세부항목들을 작성하였다(〈표 3〉 참조).

〈표 3〉 5ONs 기반 메이커 교육 평가틀 구성요소와 세부항목

구성요소	내용	세부항목
Minds-on	학습자는 학습의 주체로서 개인의 경험과 지식을 기반으로 필요한 기술과 지식을 스스로 탐구하면서 혁신적이고 창조적인 활동을 이끌어간다.	• 혁신 및 창의성 • 자기주도성 • 탐구정신 • 인지적 지식의 습득 및 이해
Hands-on	학습자는 여러 가지 도구와 오픈소스 들을 적절하게 사용하면서 개인의 머릿속에 있던 아이디어를 가시적인 결과물을 창조한다.	• 개인만의 체험적 기술습득 및 이해 • 도큐멘테이션 과정 • 완성도 및 심미성 • 기능성 • 적용 및 적절성

Hearts-on	학습자는 개인의 흥미와 열정에 기반한 내재적인 동기를 가지고 실패에 굴하지 않고 지속적으로 도전하는 정신과 긍정적 태도를 함양한다.	• 지속성 • 도전정신(위험감수) • 실패에 대한 자세 (긍정적 태도) • 흥미 및 관심 • 만족감 및 자신감
Social-on	학습자는 사회적 구성원들과 협업 및 공유 활동이 이루어지는 상호작용을 하면서 평등한 학습 추구를 위한 기술의 민주적 가치를 공유한다.	• 사회적 스캐폴딩 • 협업 • 공유, 개방 • 공감
Acts-on	학습자는 개인적 혹은 사회적 실제적 문제 해결 방안을 도출하기 위한 참여적 활동을 통하여 변화의 에이전시의 역할을 한다.	• 윤리적 책임감 실천 • 실제 문제 해결을 위한 노력 • 변화의 에이전시로서의 태도 • 민주적 정신 및 평등성의 실천

2. 전문가 내용타당도 결과분석 및 반영

문헌분석을 통해 규명된 메이커 교육 평가틀 구성요소와 세부항목 초안에 대하여 13인의 전문가 대상으로 2회의 델파이 설문을 실시하여 내용타당도 검사를 실시하였고, 제시된 의견을 바탕으로 그 내용을 수정, 보완하여 최종본을 완성하였다.

1) 메이커 교육 평가틀 구성요소에 대한 타당도 결과

5 ONs 기반의 메이커 교육 평가틀 구성요소의 적절성에 대한 1차 델파이 결과에서 CVR은 최소 허용도 0.54 이상의 값을 보였다.

〈표 4〉 메이커 교육 평가틀 구성요소 내용 타당도 결과(1차 델파이)

5ONs 영역	M	SD	CVR
Minds-on	4.85	.38	1.00
Hands-on	4.85	.55	.85
Hearts-on	4.69	.63	.85
Social-on	4.85	.38	1.00
Acts-on	4.69	.63	.85

5 ONs가 메이커 교육의 특성과 가치를 잘 드러낼 수 있는 평가틀이라는 의견과 더불어 구성요소의 내용이 적절하다는 결과를 볼 수 있었다.

하지만 다른 요소들과의 구분 및 메이커 교육의 특성이 조금 더 명확하게 드러날 수 있는 구체적인 표현과 단어의 선택이 필요하다는 의견과, 사회적 영역에서는 평등한 학습추구를 목적으로 공유가 이루어지는 것이 아니라 자신의 것을 공유하면서 그 가치를 발견하는 것이 더 중요하다는 의견을 반영하여 수정, 보완한 내용과 2차 델파이 결과는 〈표 5〉와 같다.

2차 델파이 결과에서 CVR값은 11인의 최소 허용도 0.59 이상을 보였다. 또한, 신뢰성을 확인하기 위하여 Cronbach's α 값을 분석하였는데 이 평가도구의 Cronbach's α 값은 0.84로 나타났으며, 일반적으로 .60 이상이면 신뢰도에 문제가 없다는 기준에 의하여(이성아, 2015) 이 평가도구의 신뢰성을 확보할 수 있었다. 단, 인지적 항목의 정의에서 '모든'이라는 단어의 의미가 자칫 제약이 될 수 있다는 전문가의 의견을 수렴하여 '모든'을 '대부분'으로 수정하였다.

〈표 5〉 5ONs 기반 메이커 교육 평가틀 구성요소와 세부항목(2차 델파이)

구성요소	내용	M	SD	CVR
Minds-on	학습자는 메이커 활동에 참여하는 메이커로서 결과물 완성을 위하여 필요한 다양한 기술과 지식(재료 및 도구 사용 관련, 이론, 원리)을 익히는데 그 모든 학습과정은 자기주도적, 창의적 활동이 된다.	4.82	.40	1.00
Hands-on	학습자는 메이커 활동에 참여하는 메이커로서 다양한 도구, 재료, IT 기술 등을 활용하여 자신이 계획하는 결과물을 제작하는 체험적 창작활동을 하게 된다.	4.73	.65	.82
Hearts-on	학습자는 메이커 활동에 참여하는 메이커로서 결과물 창작 활동이 개인의 관심과 흥미, 열정에 기반한 것이므로 내재적 동기에 의해 실패에 굴하지 않고 지속적으로 도전하고자 하는 태도를 함양한다.	4.73	.65	.82
Social-on	학습자는 메이커 활동에 참여하는 메이커로서 결과물 창작 활동 과정 및 완성 후에도 동료 메이커들과 기술 및 지식과 관련한 자발적인 나눔, 공유, 소통의 상호작용에 참여함으로써 협업과 소통의 민주적 정신을 경험한다.	4.73	.90	.82
Acts-on	메이커 활동은 개인·사회적 이슈나 문제에 대한 해결방안을 마련하기 위한 맥락적 활동이므로, 결과물이 실제 삶속에서 적용되어 문제의 해결방안으로 작용되었을 때, 메이커 활동의 목적을 이루게 된다.	4.73	.90	.82

2) 메이커 교육 평가틀 각 요소별 세부항목 타당도 결과

각 영역별 평가 세부 요소의 적절성에 관한 결과를 살펴보면 전체적으로 최소 허용 값인 0.54 이상으로 대체적으로 타당하다고 판단되지만(〈표 6〉 참조), 높은 CVR 값을 보이는 항목들에 대해서도 다른 항목과의 유사성에 관한 의견이 제시되었으므로, CVR 값에 관계없이 전문가 집단의 다양한 의견을 수렴하여 수정이 이루어졌다.

〈표 6〉 평가틀 각 요소별 세부 항목 타당도 결과(1차 델파이)

요소	세부항목	M	SD	CVR
Minds-on	혁신 및 창의성	4.31	.85	.54
	자기주도성	4.69	.63	.85
	탐구정신	4.62	.65	.85
	인지적 지식의 습득 및 이해	4.69	.48	1.00
Hands-on	개인만의 체험적 기술습득 및 이해	4.77	.60	.85
	도큐멘테이션 과정	4.00	.91	.54
	완성도 및 심미성	4.08	.76	.54
	기능성	4.31	.63	.85
	적용 및 적절성	4.85	.38	1.00
Hearts-on	지속성	4.54	.66	.85
	도전정신(위험감수)	4.62	.51	1.00
	실패에 대한 자세 (긍정적 태도)	4.77	.44	1.00
	흥미 및 관심	4.85	.38	1.00
	만족감 및 자신감	4.23	1.17	.69
Social-on	사회적 스캐폴딩	4.62	.77	.69
	협업	4.77	.44	1.00
	공유/개방	4.77	.44	1.00
	공감	4.31	1.18	.69
Acts-on	윤리적 책임감의 실천	4.38	.77	.69
	실제 문제 해결을 위한 노력	4.69	.63	.85
	변화의 에이전시로서의 태도	4.46	.78	.69
	민주적 정신 및 평등성의 실천	4.46	.88	.54

우선 인지적 영역의 수정 내용을 살펴보면 다음과 같다. 메이커 교육에서 학습자의 '혁신 및 창의성'이 어느 정도인지 평가되는 것 보다는 학습자가 제작한 결과물이 문제의 해결방안이 되었는지 확인하는 것이 더 중요하다는 의견이 있었지만, 메이커 교육과 관련한 많은 문헌들은 '창의성'에 기반한 활동임을 강조하고, 학습자의 재창조의 과정을 중요시하므로 '창의성'은 세부항목으로 필요하다고 판단하여 수정하였다. 또한, '인지적 지식의 습득 및 이해'는 높은 CVR 값을 보이고 있지만, '탐구정신'과 유사함을 제기하는 의견과 '탐구정신'이 지식의 습득 및 이해 과정을 포함할 수 있다는 의견에 따라 '인지적 지식의 습득 및 이해'의 항목은 삭제하였다. 반면, 메이커 활동이 개인 혹은 사회적 이슈 등 문제해결활동으로 이루어지는 것이라면, 무엇이 문제인지 판단하고 올바른 결정을 할 수 있는 '비판적 사고' 능력이 필요하다는 의견이 제시되어 인지적 영역의 세부항목으로 추가하였다.

체험적 영역에서는 여러 항목의 통합 및 삭제가 이루어졌는데, 먼저 '개인만의 체험적 기술습득 및 이해' 항목은 더 명확하고 간결한 의미를 전달할 수 있도록 '도구 및 재료 활용 능력'으로 수정하여 학습 과정 가운데 이루어지는 핸즈온 활동을 강조하고자 하였다. 메이커 교육이 과정을 강조하는 것이지 결과물의 질에 중점을 두는 것이 아니라는 의견과 '도큐멘테이션 과정'에 집중을 하는 경우 학습 과정의 집중도가 떨어지는 모습을 관찰할 수 있었다는 의견을 반영하여 '완성도 및 심미성'과 '도큐멘테이션 과정' 항목을 삭제하였다. 하지만 결과에 중점을 두지 않더라도 학습자의 탐구활동, 핸즈온 활동, 창의적 활동 등이 복합적으로 학습자의 결과물에 어떻게 반영되었는지 확인할 수 있는 '기능성' 항목에 '적용 및 적절성' 항목이 포함될 수 있다는 의견을 반영하여 '적용 및 적절성'의 의미를 '기능성'에 통합하는 방향으로 수정하고 그 항목은 삭제하였다.

감성적 영역에서는 '흥미 및 관심'은 메이커 활동을 지속하는데 기반이 되기는 하지만 흥미와 관심의 결과로 다른 세부항목이 드러날 수 있으므로 독립적 항목으로 분류하지 않는 것으로 수정하였다. 또한 실패의 극복이 활동의 지속성으로 이어지므로, '지속성'과 '실패에 대한 긍정적 자세' 항목을 '실패에 대한 자세' 항목으로 통합하였다.

사회적 영역에서는 '사회적 스캐폴딩'이라는 단어의 의미가 명확하지 않다는 의견과 개방의 태도가 학습자로 하여금 자신이 가진 지식, 기술을 다른 학습자에게 제공하면서 교수자의 역할을 할 수 있게 된다는 의견을 반영하여, 학습자 스스로 학습의 자원이 될 수 있음을 의미하는 '학습리소스'로 수정하였다. '공감' 항목은 다른 항목에 비해 낮은 CVR 값을 보이고 있지만, 학습자의 사회적 통합, 사회적 상호작용, 사회적 실천 등이 이루어지기 위해서는 내가 아닌 다른 사람을 이해하기 위하여 노력하는 과정이 중요하다고 판단하여 남겨두기로 하였다.

마지막으로 실천적 영역에서는 '민주적 정신 및 평등성의 실천'은 메이커 활동의 가치를 드러내는 중요한 요소이기는 하나 사회적 영역의 내용과 분명하게 구분되지 않고, 일시적인 활동을 바탕으로 평가할 수 있는 부분이 아니므로 삭제하였다. 또한, '실제 문제 해결을 위한 노력' 및 '변화의 에이전시로서의 태도'의 의미가 분명하게 구분되지 않다는 의견에 따라, 두 항목을 통합하여, 사회적 문제를 해결하기 위한 반성적 사고와 실천의 의미를 나타내는 '변화촉진자로서의 성찰'로 수정하였다.

이렇게 수정된 내용을 토대로 2차 델파이를 진행하였고, 그 결과는 다음의 〈표 7〉과 같다.

〈표 7〉 평가틀 각 요소별 세부 항목 타당도 결과(2차 델파이)

요소	세부항목	M	SD	CVR
Minds-on	자기주도성	4.64	.92	.82
	탐구정신	4.64	.92	.82
	비판적 사고	4.36	1.21	.82
	창의성	4.55	.69	.82
Hands-on	도구 및 재료 활용 능력	4.82	.40	1.00
	기능성	4.45	.93	.82
Hearts-on	도전정신(위험감수)	4.55	1.21	.82
	실패에 대한 자세 (지속성)	4.82	.60	.82
	만족감 및 자신감	4.45	1.21	.64
Social-on	학습리소스(개방)	4.73	.65	.82
	협업	4.55	1.21	.82
	공유	4.91	.30	1.00
	공감력	4.36	.92	.82
Acts -on	윤리적 책임감의 실천	4.64	.92	.82
	변화 촉진자(change agent) 로서의 성찰	4.36	1.21	.64

2차 델파이 결과, 모든 항목이 최소 허용값 이상의 CVR 값을 보였다. Cronbach's α 값을 활용하여 신뢰도를 분석한 결과 값은 0.89로 평가도구의 신뢰성 또한 확보할 수 있었다.

이렇게 2차의 델파이를 거쳐 수정된 평가틀의 세부항목은 [그림 4]와 같다. 평가틀의 초안에서 5개 영역에서 총 22개의 세부요소가 제시되었지만 델파이 이후, 항목의 유사성에 의한 통합과 과정 중심의 메이커 교육의 취지와 맞지 않는 항목을 삭제함으로써 최종적으로 15개의 세부항목을 도출할 수 있었다. 2차 델파이 후, 대부분의 세부항목들의 수정은 이루어지지 않았지만, 감성적 영역의 '만족감 및 자신감'은 두 항목이 독립적 항목으로 분류

되어야 하며, 자신감은 도전정신의 기반이 될 수 있으므로 '만족감'으로 최
종 수정이 이루어졌다.

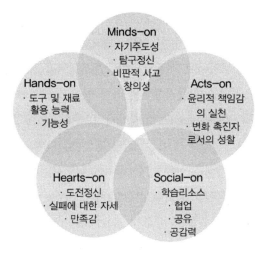

[그림 4] 메이커 교육 평가틀 구성요소별 세부 항목 수정 결과

V. 결론

　본 연구는 메이커 교육의 가치와 특성, 메이커 정신의 내용에 입각하여 이
를 체계적, 포괄적으로 다룰 수 있는 평가틀을 만들고자 하였다. 이를 위해
평가틀을 구성하는 구성요소를 도출하고, 그에 따른 세부항목을 구성하고자
하였다.

　우선 문헌연구들을 기반으로 평가틀의 구성요소는 인지적(Minds-on), 체험
적(Hands-on), 감성적(Hearts-on), 사회적(Social-on), 실천적(Acts-on)
의 5 ONs로 정리하고, 메이커 교육의 평가틀을 위한 구성요소로 제시하였

으며, 이후 각 요소에 대한 세부항목들을 규명하였다.

이렇게 구성된 평가틀 초안에 대한 내용 타당도를 위한 델파이 설문을 실시하였다. 그 결과로 5 ONs는 메이커 교육의 평가틀로서 타당함과 전체적으로 최소 허용값 이상 CVR 값으로 내용의 적절성을 확인할 수 있었다. 하지만 각 영역별 세부요소에 대한 내용은 델파이 이후 전문가들의 다양한 의견을 수렴, 수정·보완하여 최종 15개의 세부항목을 도출하였다.

메이커 교육의 평가틀에서 지향하는 바는 메이커 교육이 과정 중심의 교육이라는 점에서 기존 교육과 분명하게 구분되므로(Blikstein et al., 2016; Peppler & Bender, 2013), 평가 영역 및 세부요소도 결과에 중점을 두는 것이 아닌 과정을 살펴볼 수 있어야 함이다. 즉, 학습자가 개인적혹은 사회적인 실제적이고 맥락적 상황 속에서 마주한 문제를 해결하기 위한 가시적인 결과물을 만드는 과정 속에서 이루어지는 개인의 탐구, 핸즈온, 긍정적 태도 기반의 창조적 활동과 개인이 속한 학습공동체의 동료뿐만 아니라 커뮤니티, 외부 전문가 등 다른 이들과의 상호작용과 실제 삶에서의 적용이 평가되어야 하는 것이다.

이러한 맥락에서 5 ONs를 기반으로 한 메이커 교육의 평가틀은 메이커 교육을 통하여 21세기 학습자들에게 요구되는 역량의 함양을 확인할 수 있다. 현 시대는 기존의 지식을 답습하기만 하는 것이 아닌 새로운 것을 탐색하고 사회가 직면한 다양한 문제에 대한 해결책을 찾을 수 있는 창의적이고 비판적인 사고와 더불어 커뮤니케이션 능력을 요구하고 있는데(강인애 외, 2017; Peppler, 2013; Martinez & Stager, 2013), 이 과정 가운데 인지적, 체험적, 감성적, 사회적, 실천적 영역의 요소들이 복합적으로 드러나게 되므로, 메이커 교육 평가틀은 이러한 역량 함양에 대한 준거와 틀을 제시할 수 있을 것이다.

메이커 교육에서의 평가는 어떤 가치 판단이나 측정을 위한 의미로서 보다는 오히려 메이커 교육의 정신을 반영하여, 학습자나 교수자에게 자신들의 활동과정을 지속적으로 성찰해볼 수 있는 일종의 역량 함양이 가능함을 을 해야 한다. 이런 의미에서 본 연구의 메이커 교육 평가틀 및 평가 요소 개발은 학습자에게 새로운 도전을 위한 동기부여가 되며, 성찰적이고 실제적인 도움이 되는 피드백을 제공할 수 있는 새로운 평가 방법(Flores, 2016; Yokana, 2015)의 토대가 될 것이다. 이를 위하여 본 연구에서 제시하는 평가틀과 평가요소의 활용방안을 위한 후속연구를 실시함으로써 메이커 교육을 실천하는 현장에서 사용할 수 있는 평가 도구의 개발이 이루어져야 할 것이다.

참고문헌

◆강인애. (1997). **왜 구성주의인가?** 서울: 문음사.

◆강인애, 김양수, 윤혜진. (2017). 메이커 교육을 통한 기업가정신 함양: 대학교 사례 연구, **한국융합학회논문지** 8(7), 253-264.

◆강인애, 설연경. (2009). 전시연계 교육프로그램의 개발을 위한 학습이론으로서 '전시 물 기반 학습'에 대한 사례연구. **한국조형교육학회논문지**, 33, 1-38.

◆박영숙. (2015). **메이커의 시대: 유엔미래보고서 미래 일자리**, 서울: 한국경제신문.

◆설연경, 이재경, 이성아. (2016). 3On's 학습원칙에 의거한 프로젝트기반 예술직업탐 구 프로그램 연구: 자유학기제 진로탐구 중심으로. **조형교육학회논문지**, 59, 93-115.

◆이경수, 김태형, 김태훈, 박상혁. (2016). 델파이기법을 이용한 싱크홀 발생 위험요인 도출. **한국콘텐츠학회논문지**, 16(4), 65-75.

◆이성아. (2015). **대학 교육에서의 자기성찰 수업평가도구 개발 및 효과 연구**. 박사학 위논문. 경희대학교.

◆이오복. (2014). 여성결혼이민자 취업향상을 위한 지원 방안에 관한 델파이분석. **한국**

콘텐츠학회논문지, 14(8), 197-206.

◆이현민. (2016). 4ONs 기반 융복합교육 모형 개발 연구. **학습자중심교과교육연구논문지, 16**(12), 411-430.

◆이현민, 강인애. (2016). 시각문화미술교육에 의한 4 ONs 기반 융복합수업 사례 연구. **조형교육학회논문지, 60,** 277-308.

◆황중원, 강인애, 김홍순. (2016). 메이커 페다고지(Maker Pedagogy)로서 TMSI 모형의 가능성 탐색: 고등학교 사례를 중심으로. **한국교육공학회 추계학술대회논문집, 1,** 1-10.

◆Agency by Design. (2015). *Maker-Centered Learning and the Development of Self*, Retrieved Aug. 31, 2017 from http://www.agencybydesign.org/wp-content/uploads/2015/01/Maker-Centered-Learning-and-the-Development-of-Self_AbD_Jan-2015.pdf

◆Blikstein, P. (2013). Digital fabrication and "making" in education: The democratization of invention. In J. W. Herrmann, & C. Buching (Eds.), *FabLabs: Of machines, makers, and inventors* (pp. 203-223). Bielefeld, Germany: Transcript.

◆Blikstein, P., Martinez, S. L. & Pang, H. A. (2016). *Meaningful making: Projects and inspirations for fab labs and makerspaces*. Torrence, CA: Constructing Modern Knowledge Press.

◆Clark, S. G., & Wallace, R. L. (2015). Integration and interdisciplinarity: Concepts, frameworks, and education. *Policy Sci, 48,* 233-255.

◆Dougherty, D. (2012) The maker movement, *Innovations. 7*(3), 11-14.

◆Dougherty, D. (2013). The Maker Mindset. In M. Honey & D. E. Kanter (Eds.), *Design, make, play: Growing the next generation of STEM innovators* (pp.7-11). New York, NY: Routledge.

◆Domingues, G., & Domingues, P. (2016). The young papaneks: In the face of a problem, a project. In P. Blikstein, S. L. Martinez, & H. A. Pang (Eds.), *Meaningful making: Projects and inspirations for fab labs and makerspaces* (pp. 53-56). Torrence, CA: Constructing Modern Knowledge Press.

◆Flores, C. (2016). Alternative assessments and feedback in a "Maker" classroom. In P. Blikstein, S. L. Martinez, & H. A. Pang (Eds.), *Meaningful making: Projects and inspirations for fab labs and makerspaces (pp. 28–33)*. Torrence, CA: Constructing Modern Knowledge Press.

◆Hage., J., Brown, J., & Kulasooriya, D. (2014). *Impact of the Maker Movement*. Sebastapol, CA: Maker Media.

◆Halverson, E. R. & Sheridan, K. (2014). The maker movement in education. *Harvard Educational Review, 84*(4), 495-505.

◆Holthouse, F. (2016, October). Turn on the Maker Mindset in your stem classroom. *Techniques*, 40–44.

◆Honey, M., & Siegel, E. (2011). The maker movement; encouraging the hand–and–mind connection. *Education Week, 30*(19), 25–26.

◆Kafai, Y. B., Filelds, D. A., & Searle, K. A. (2014). Electronic textiles as disruptive designs: Supporting and challenging maker activities in schools. *Harvard Educational Review, 84*(4), 532–556.

◆Kafai, Y. B., & Resnick, M. (2011). *Constructionism in practice: designing, thinking, and learning in a digital world*. New York, NY: Routledge.

◆Lawshe, C. H. (1975). A quantitative approach to content validity. *Personnel Psychology, 28*, 563–575.

◆Maker ED. (2016). Open portfolio project. Retrieved May 03, 2017, from http://makered.org/opp/.

◆Malpica, D. (2014). "Making" in california K–12 education: a briefstate of affaris. In P. Blikstein, S. L. Martinez, & H. A. Pang (Eds.), *Meaningful making: Projects and inspirations for fab labs and makerspaces (pp. 57–58)*. Torrence, CA: Constructing Modern Knowledge Press.

◆Martin, L. (2015). The promise of the Maker Movement for education. *Journal of Pre–College Engineering Education Research (J–PEER), 5*(1), 4.

◆Martinez, S. & Stager, G. (2013). *Invent to learn: Making, tinkering, and engineering in the class*. Torrence, CA: Constructing Modern Knowledge Press.

◆Peppler, K. (2013). *New Opportunities for Interest–Driven Arts Learning in a Digital Age*. Wallace Foundation.

◆Peppler, K., & Bender, S. (2013). Maker movement spreads innovation one project at a time. *Phi Delta Kappan, 95*(3), 22-27.

◆Rusk, N. (2016). Motivation for making. In K. Peppler, E. R. Halverson, & Y. B. Kafai (Eds.), *Makeology: Makers as Learners (Vol. 2)* (pp. 85-108). New York, NY: Routledge.

◆Schwartz, D. L., &Arena, D. (2013). *Measuring what matters most: Choice-based assessments for the digital age.* Cambridge, MA: MIT Press.

◆Sumil, N. (2016). *The Minds-On, Hearts-On, Hands-On learning engagement.* Grin.

◆Whitmer, S. (2016, January). Makerspcaes that set the stage for lifelong learning. *Proceedings of Open, the Annual Conference* (p. 1). National Collegiate Inventors & Innovators Alliance.

◆Wilkinson, K., Anzivino, L., & Petrich, M. (2016). The big idea is their idea. In K. Peppler, E. R. Halverson, & Y. B. Kafai (Eds.), *Makeology: Makers as Learners (Vol. 2)* (pp. 161-180). New York, NY: Routledge.

◆Yokana, L. (2015). Creating an authentic Maker education rubric. Retrieved May 20, 2017 from https://www.edutopia.org/blog/creating-authentic-maker-education-rubric-lisa-yokana.

◆Zoligen, S. J., & Klassen, C. A. (2003). Selection processes in a delphi study about key qualifications in senior secondary vocational education. *Technological forecasting & Social change, 70*(40), 317-240.

국내외 메이커 교육 및 활동 사례 현황 분석

최정아, 윤혜진

Ⅰ. 서 론

4차 산업혁명시대라고 불리는 현대 사회는 새로운 문제들에 직면하고 있으며, 그것을 해결할 수 있는 인재들을 필요로 하고 있다(강인애, 김양수, 윤혜진, 2017; 교육부 2015; 변문경, 조문흠, 2016; 이승철, 전용주, 김태영, 2017; 이지선, 2017). 단순히 답습된 지식을 소비하는 것이 아니라 창의적·혁신적·통합적 사고를 기반으로 새로운 지식창출 및 문제해결능력과 더불어 타인과의 소통, 협업을 할 수 있는 능력을 배양하는 것이 최근 교육계의 화두가 되고 있으며, 이를 위한 교수학습방법에 대한 연구도 활발하게 이루어지고 있는 것이다(강인애, 김양수, 윤혜진, 2017; 교육부, 2016; 이연승, 조경미, 2016; 한동승, 2016). 이렇게 새로운 교육 패러다임을 필요로 하고 있는 이 때, 메이커 교육은 창의적 인재 양성을 위한 교육적 대안으로 제시되고 있다(강인애, 윤혜진, 2017; 교육부, 2015; 메이커 교육코리아, 2016; 차일석, 2017; Blikstein, 2013; Martin, 2015; Martinez & Stager, 2013; Papert, 2000; Peppler, Halverson & Kafai, 2016).

메이커 교육은 메이커 활동의 교육적 가치와 특성을 교육과정에 통합하는 것으로 학습자는 스스로 개인 혹은 사회적 이슈나 문제를 해결하기 위한 가시적 결과물을 제작하는 메이킹 활동을 하게 된다(강인애, 김명기, 2017; 이연승 외, 2016; 황중원, 강인애, 김홍순, 2016; Papert, 2000; Halverson & Sheridan, 2014). 학습자는 재미있게 자신의 활동에 몰입하게 되고 실패를 하더라도 극복하고 지속적인 활동을 이어가는 긍정적인 태도를 가지게 된다. 또한 동료 학습자 혹은 교사 등 다른 이들과 아이디어와 지식, 도구에 대한 기술 등 다양한 정보를 공유하고 상호 협력하는 관계를 형성할 수 있게 된다(강인애, 김양수, 윤혜진, 2017; 강인애, 윤혜진, 2017; Kafai, Fields & Searle, 2014; Peppler & Bender, 2013). 이런 메이커 교육의 교육적 효과는 21세기 학습자에게 요구되는 능력들과 일맥상통하며 새로운 교육 패러다임으로서 메이커 교육의 가능성을 시사하는 것이다.

메이커 교육이 활발하게 이루어지고 있는 미국의 경우 메이커 교육은 공식적 학습 환경뿐만 아니라 비공식적 학습 환경 하에서도 다양하게 이루어지고 있다(이지선, 2017; 이현민, 2017; Blikstein, Martinez & Pang, 2016). 공교육에서는 교육 과정의 일환으로 다양한 교과의 통합을 꾀하기도 하고, 혹은 방과 후 활동으로 조금 더 자유로운 메이킹 활동을 할 수 있게 한다(메이커 교육코리아, 2015; 이연승 외, 2016; Blikstein et al., 2016). 대표적인 비공식적 학습 환경으로는 박물관과 지역사회 연계의 형태가 있는데, 다양한 대상을 위한 다양한 형태의 메이커 교육이 이루어지고 있다(이지선, 2017; Breitkopf, 2011; Blikstein et al., 2016; Scott,

2012).

이렇게 미국을 중심으로 전 세계적으로 메이커 운동뿐만 아니라 메이커 교육에 대한 관심이 지대해지고 있는 가운데 우리나라 역시 적극적으로 메이커 교육을 시행하려는 움직임을 보이고 있다. 2018년까지 100만 명의 메이커 양성 목표와 더불어 2018년부터 초 · 중 · 고등학교 교과에 소프트웨어 교육을 포함하는 계획을 세우고 있다(김진형, 2016; 윤수경, 2016; 이승철 외, 2017; 차일석, 2017). 하지만 많은 메이커 교육 프로그램이나 활동이 프로그래밍, 드론과 같은 IT 중심의 접근을 취하고 있는 양상을 보이는데 이는 국외의 다양한 메이커 교육의 사례와 비교했을 때, 메이커 활동의 의미가 많이 축소되어 있다고 볼 수 있다(이현민, 2017; 메이커 교육코리아, 2015). IT에 국한된 메이커 활동은 오히려 학습자가 자신의 상상을 결과물로 제작하는데 있어 제한이 될 수도 있기에(변문경, 2015), IT뿐만 아니라 전기도구, 나무/금속공예 도구, 바느질 도구 등이 메이커 교육에서 어떻게 활용되고 있는지 다양한 사례들을 살펴보는 것이 필요할 것이다.

이러한 맥락에서 본 연구는 국내외 메이커 교육의 다양한 사례들을 교육환경, 교육대상, 활용도구 등을 중심으로 분석하여 소개하려고 한다. 특히, FabLearn의 Meaningful Making[1]의 마지막 장인 "Project Snapshots"에서 소개하고 있는 사례들을 중심으로 기타 해외 및 국내의 사례를 지역공동체, 박물관, 학교의 세 가지 기관 형태로 분류[2]하여 분석함으로써 우리나라의 메이커 교육의 방향 및 지향점을 결론으로 제시하고자 한다.

---

1) meaningful making은 스탠포드 대학의 FabLearn Fellows가 발간한 책으로 메이커 교육을 진행하는 초·중·고등학교 교사들이 2014-2015년 동안 Fab Lab, 메이커 스페이스, 학교 교실, 도서관, 지역 공동체, 박물관 등에서 메이커 교육을 시행하며 얻은 다양한 아이디어, 평가 전략, 메이커 프로젝트 등을 공유한 책이다.

2) meaningful making의 분류 기준을 따라 3개의 영역(지역 공동체, 박물관, 학교)으로 나누었다.

II. 용어 설명

1. 사례 내 활용 도구 소개

메이커 교육 프로그램에서는 최신 IT 기기뿐만 아니라 전기도구, 나무/금속공예 도구, 소프트웨어, 바느질 도구, 문구류 등 다양한 도구들이 활용되는데, 앞으로 소개될 교육 사례들을 더 잘 이해할 수 있도록 〈표 1〉처럼 친숙하지 않은 도구들을 중심으로 원리와 특성 등을 간단하게 설명하고자 한다.

〈표 1〉 도구 리스트

최신 IT 기기	소프트웨어	전기도구
3D 프린터 레이저 커터 아두이노 메이키메이키 고고보드	스크래치 엔트리 틴커캐드	LED 스티커 전도성 테이프/실

1) 최신 IT 기기

최신 IT기기는 메이커 교육 프로그램에서 자주 활용되는 도구 중 하나이다. 이는 3D 모델링한 출력물을 입체적으로 출력해주는 3D 프린터, 금속과 비금속을 레이저를 활용하여 절단해주는 레이저 커터 그리고 다양한 서킷을 제작할 수 있는 서킷 제작 키트 등을 포함하며 스마트폰, 태블릿과 같은 스마트기기가 있으며 메이키메이키, 아두이노 역시 메이커 교육에 활용되는 최신 IT기기에 포함된다고 할 수 있다.

●3D 프린터(3D Printer)

3D 프린터는 3D로 설계된 모델링 파일을 이용하여 입체적인 시제품을 출력할 수 있는 도구이다. 기존의 프린터는 2D를 기반으로 하였으나 3D 프린터를 활용하면 x축, y축, z축이 이동하며 층을 쌓아 입체적 제품을 출력할 수 있으며(김형준 외, 2016; 이경아, 2015; 이승훈, 장정애, 2017; 안창현, 2014), 메이커 활동에서 가장 대중적으로 활용되고 있다. 3D 프린터 이전에는 시제품을 제작하기 위해 다양한 금형의 제작과 재료들이 필요하였지만 3D 프린터의 등장으로 인해 상대적으로 저렴한 비용 그리고 빠른 시간 내에 시제품을 제작할 수 있게 되었다. 이전의 3D 프린터는 플라스틱 액체를 굳게 하여 제품을 제작하였으나, 기술의 발전으로 현재는 금속, 섬유 등의 다양한 소재를 활용하여 제품을 개발할 수 있게 되었다. 이에 따라 3D 프린터의 활용 분야도 의료, 의류, 건축뿐만 아니라 제조업, 식품업 등의 분야로 확장되고 있다(이승훈 외, 2017; 김선호, 2015).

●레이저커터(Laser Cutter)

레이저커터는 금속, 비금속을 레이저 광선을 활용하여 절단해주는 도구를 말한다. 메이커 활동 시 레이저커터를 활용해서 2D 평면 물체를 자르는 절단 작업과 물체의 표면만 가공하여 양각, 음각으로 모양을 낼 수 있는 마킹 작업이 가능하다. 레이저 커터는 나무, 아크릴, 가죽, 금속 등 다양한 재료를 가공할 수 있으며, 일러스트레이터 소프트웨어 혹은 오토캐드와 같은 툴을 활용하여 도면을 그린 뒤 사용할 수 있다(윤선영, 2015; Mueller, Kruck, & Baudisch, 2013).

레이저커터는 사용하기에 크게 위험하지 않고 사용법을 익히기에 쉬워, 실제 결과물을 제작해야 하는 메이커 활동에서 많이 활용될 수 있는 도구이다.

● 아두이노(Arduino)

아두이노는 마이크로컨트롤러 보드를 기반으로 한 도구로 다양한 센서로 부터 입력 값을 받고 이를 LED, 모터 등의 출력 장치로 출력하는 도구를 말한다(김원웅, 최준섭, 2016; 김형준 외, 2016; 한규정, 2016; Kato, 2010). 예를 들어 아두이노를 조도센서, LED와 연결한 상태에서 스크래치, 엔트리 등의 프로그래밍 소프트웨어로 '조도가 650 이하일 때 LED를 빛나게 한다.'와 같은 프로그래밍을 하였다면, 학습자가 조도센서를 손가락으로 가려 조도가 650 이하로 내려갈 때 출력 값으로 지정된 LED에서 빛이 나게 된다.

아두이노는 활용범위가 매우 넓은데 학습자들은 자신만의 장난감, 로봇, 사운드 장치 등을 제작할 수 있다. 또한, 회로가 오픈소스로 공개되어 있기 때문에 누구나 직접 보드를 만들고 이를 수정하여 활용할 수 있다(김원웅 외, 2016; 심세용, 김진옥, 김진수, 2016; 한규정, 2016; Braumann & Brell-Cokcan, 2012).

● 메이키메이키(Makey Makey)

메이키메이키는 컴퓨터의 입력을 대체할 수 있는 아두이노 보드의 일종으로 폐회로인 보드에 미세한 전류가 흐를 때 입력 장치의 역할을 하는 장치를 말한다(강명희, 장지은, 2016). 바나나 피아노를 예로 들어보면 메이키메이키 보드를 컴퓨터와 연결하고 보드의 (+)를 바나나와 연결하고 (-)를 한 손으로 잡은 상태에서 다른 손으로 바나나를 만지면 인체에 흐르는 미세한 전류가 메이키메이키 보드에 흘러들어가면서 바나나가 입력장치가 되어, 바나나를 손으로 칠 때 컴퓨터에서 피아노 소리가 나게 된다. 즉, 메이키메이키 보드의 각 입력 단자와 입력을 대체할 전도성 물체(바나나, 플레이 도우 등)를 전선으로 연결하고, 사용자가 반대쪽 전선을 들거나 착용한 후 전도성 물체에 접촉하면 전도성 물체가 키보드나 마우스와 같은 입력 장치의 역할을 대신 하게 되는 것이다(Molfino, 2013; Rpger et al,, 2014).

메이키메이키는 복잡한 프로그래밍이나 별도의 소프트웨어가 없어도 누구나 쉽게 사용할 수 있어 메이커 교육에서 학습자들이 재미있게 메이커 활동을 접할 수 있는 도구이다. 바나나피아노 이외에도 머핀 피아노, 자신만의 게임 조이스틱 만들기, DDR 게임 등 다양한 제품들을 만들어 즐길 수 있다 (강명희 외, 2016; Blikstein et al., 2016; Shaw, 2012).[3]

● 고고보드(GoGo Board)

MIT 미디어 랩의 학생들이 개발한 고고보드는 저렴한 비용의 보드를 말한다. 고고보드를 통해 로봇 제작, 자신의 게임 컨트롤러의 개발 등이 가능하며 컴퓨터와 연결하여 주변 환경의 데이터를 측정, 기록할 수 있고 저장 데이터를 분석 및 조작할 수 있어 과학적 조사 및 관찰을 할 수 있게 한다 (윤지현, 전영국, 2015; Sipitakiat, Blikstein & Cavallo, 2002). 고고보드는 오픈 소스가 제공되어 사용자들이 자유롭게 자신의 목적에 맞는 다양한 활동을 진행할 수 있다.

2) 소프트웨어

메이커 교육에서는 누구나 쉽게 사용할 수 있으며, 오픈소스로 공유되어 자신의 목적에 맞게 수정할 수 있는 소프트웨어들이 많이 활용되고 있다. 그 중 대표적인 것으로 쉽게 프로그램 코딩을 가능하게 하는 스크래치와 엔트리, 3D 프린터 출력을 위한 3D 모델링 소프트웨어인 Tinkercad가 있다.

---

3) 메이키메이키 활용 vimeo: https://vimeo.com/60307041

● 스크래치(Scratch)

스크래치는 MIT에서 개발한 교육용 프로그래밍 언어로 명령어를 포함하는 블록들을 끼워맞춤으로써 학습자들이 프로그래밍 언어에 친숙하고 쉽게 접근할 수 있도록 한 소프트웨어이다(김형준 외, 2016; 심세용 외, 2016; 이민영, 전석주, 2017; Rensick et al., 2009).

메이커 교육에서 아두이노, 로봇 키트 등을 스크래치를 활용하여 제어, 작동시키거나 직접 게임 혹은 애니메이션을 제작할 수 있다. 스크래치 커뮤니티(www.scratch.mit.edu)를 통해 전 세계의 다양한 학습자들이 시행한 프로젝트를 보고 이를 활용하여 자신의 프로젝트를 진행할 수 있다.

● 엔트리(Entry)

엔트리는 국내에서 개발한 소프트웨어 교육 플랫폼으로 프로그래밍의 기초를 게임으로 학습할 수 있는 콘텐츠를 제공하며, 블록을 끼워 맞추는 스크래치와 유사한 방식으로 프로그래밍을 할 수 있게 한다. 엔트리 홈페이지(https://playentry.org/#!/)에서 자신의 프로젝트를 모두에게 공유할 수 있으며, 다른 학습자의 공개된 프로젝트를 활용 혹은 참고하여 자신의 프로젝트에 응용할 수 있다(문성윤, 이혁수, 2017; 이민영 외, 2017).

● 틴커캐드(Tinkercad)

틴커캐드는 사용자가 3D 프린팅을 위해 3D 모델링을 할 수 있도록 하는 사이트(https://www.tinkercad.com/)이다. 기본적으로 원기둥, 삼각형, 사각형 등의 기본적 도형들을 활용하여 자신이 출력하고자 하는 3D 시제품을 설계하고 이를 출력할 수 있게 한다. 틴커캐드는 오프라인으로 프로그램을 설치하여 이용할 수는 없으며, 온라인상에서 클라우드 컴퓨팅 방식으로 운영되기 때문에 인터넷이 연결된 곳에서 틴커캐드를 이용하여 3D 모델링

이 가능하다(이경아, 2015; 이국희, 조재경, 2017; Kelly, 2014).

3D 모델링은 시제품을 3D 프린터로 출력하기 위해 필수적인 것이므로 틴커캐드는 메이커 교육에서 자주 활용되는 편이다. 틴커캐드 이외에도 123D 등과 같은 프로그램이 있으나 틴커캐드는 상대적으로 이용법을 학습하기 쉬운 편이어서 다양한 연령대의 학습자들이 이용하기에 좋다고 할 수 있다(이국희, 조재경, 2017).

3) 전기재료

아마추어들에게 전기를 다룬다는 것은 어려울 뿐만 아니라 위험할 수도 있기에 쉽게 접근할 수 있는 분야가 아닐 수 있다. 하지만 전기흐름에 관한 기본적인 지식만 있다면, 아마추어들도 쉽고 안전하게 전기를 활용한 결과물을 제작할 수 있도록 하는 재료들이 있어 메이커 활동에 다양하게 활용된다.

●LED 전구

LED는 다이오드의 특성을 가지고 있는 것으로 전류가 흐를 때 붉은색, 녹색, 주황색, 노란색 등 다양한 색상의 빛을 발한다. 학습자들이 쉽게 사용할 수 있도록 LED 전구뿐만 아니라 수은 건전지, 전선, 저항 등으로 구성되어 있는 LED 키트는 다양한 활용방안으로 초보 수준의 메이커 활동이 이루어지는 교육에서 필수적으로 선택되는 재료 중 하나이다(Epstein, 2015; Hodgson, 2014; Exploratorium, 2015).

LED 스티커는 일반 LED와는 다르게 스티커를 활용하여 쉽게 메이커 초보자들이 활용할 수 있다. 다양한 빛의 LED 스티커가 있으며 일정 속도로 반짝이는 버전도 있다(Good, 2015).

●**전도성 테이프(전도성 실)**

전도성 테이프는 (+)와 (−) 간 전류가 통하게 하는 것으로 전선 대신 전기 재료를 조금 더 쉽게 사용할 수 있게 해준다. 종이 위에 전도성 테이프를 붙이고 LED 키트를 이용하여 반짝이는 그림을 제작하거나, 옷 위의 장신구를 전도성 실을 활용하여 꾸며 LED가 빛나는 장신구를 제작하기도 한다.

이 외에도 메이커 교육 활동에서는 다양한 미디어 및 도구가 활용되는데, 국내외 메이커 교육 사례에서는 각 사례별로 활용한 미디어 및 도구를 표식으로 구분하여 삽입하였다. 이 표식을 통해 다양한 메이커 교육 사례에서 어떠한 미디어와 도구를 활용하여 교육을 시행하였는지 쉽게 볼 수 있으며, 메이커 교육을 위한 도구 사용의 아이디어를 얻을 수 있을 것이다.

2. 메이커 교육 환경 소개

학습자 주도하에 다양한 결과물 제작을 위한 활동이 이루어지는 메이커 교육에서 교육 환경은 학습자의 메이커 활동을 뒷받침해줄 수 있어야 하므로 매우 중요한 부분이라고 할 수 있다. 다시 말해, 메이커 운동의 활성화를 가능하게 한 메이커스페이스의 역할을 할 수 있는 환경 조성이 메이커 교육 실천을 위한 필수 조건인 것이다(김형준 외, 2016; 신현우, 이광석; Abram, 2013). 하지만 메이커스페이스를 구성한다는 것이 쉬운 일이 아니다. 따라서 메이커스페이스가 없어도 메이커 활동을 뒷받침해줄 수 있는 교육 환경에 대한 연구와 대안의 제시가 필요하다. 이러한 맥락에서 본 장에서는 메이커 교육 환경으로 메이커스페이스, 교실, 연계형, 온라인 환경의 4가지를 소개하려고 한다.

메이커 교육 환경

메이커 스페이스

메이커들이 자유롭게 모여 창작, 제작 활동을 하는 공간으로 다양한 장비와 도구 및 재료가 구비되어 있다.

교실

메이커 활동에 필요한 다양한 도구와 재료 등을 교실 내 한 공간에 배치하여 메이커 활동을 할 수 있다.

연계형

교실에서의 활동과 메이커스페이스에서의 활동을 구분하여 각각의 장소에서 메이커 활동을 할 수 있다.

온라인

메이커 활동에 대한 방대한 지식과 자료가 온라인을 통해 제공될 수 있고, 학습자의 자기주도적 탐구활동과 상호작용, 공유 및 개방의 사회적 활동 영역을 넓힐 수 있다.

[그림 1] 메이커 교육 환경

　메이커스페이스는 메이커들이 자유롭게 모여 창작, 제작 활동을 하는 곳으로 개인이 쉽게 소유하거나 접근할 수 없는 다양한 장비와 도구 및 재료 등이 구비되어 있어 메이커 활동이 원활하게 이루어질 수 있도록 뒷받침해 준다(김소영, 정유진, 황연숙, 2016; 메이커 교육코리아, 2016; 장윤금, 2017; 한성호, 2016; Gary, 2014; Michele, 2014; Peppler et al., 2016). 다양한 도구를 마음껏 활용할 수 있다는 장점 외에 메이커스페이스가 가진 가치는 메이커들이 모여 각자가 소유한 지식, 아이디어, 제작 과정, 피드백 등을 나누면서 소통, 공유, 개방의 사회적 참여가 이루어지며 사회적 학습공동체의 형성 등 메이커 활동의 교육적 의미를 발견할 수 있다는 것이다(장윤금, 2017; 메이커 교육코리아, 2016; Britton, 2014; Scott, 2012). 메이커들이 언제든지 방문하여 자신의 결과물에 대한 지속적인 개선활동이나 새로운 창작 활동을 가능하게 하는 메이커스페이스는 메이커 교육을 위한 가장 이상적인 교육 환경일지 모른다.

　그렇기에 학교에서 메이커 교육을 진행하게 될 때, 메이커스페이스의 부재라는 문제가 큰 장애물이 될 수도 있다. 학교 내에서 메이커스페이스 조성을 위한 제도적 실천이 이루어지지 않을 때, 필요한 도구나 재료의 구비가 어려워질 수 있기 때문이다. 이를 위한 대안으로 교사가 메이커 활동에 필요한 다양한 도구와 재료 등을 교실 내 한 공간에 배치하여 학생들이 자유롭게 그 공간 안에서 메이커 활동을 함께 할 수 있도록 유도할 수도 있다(메이커 교육코리아, 2016). 또한, 메이커박스의 형태로 메이커 활동에 필요한 재료와 도구 등을 보관하여 필요시 활용할 수 있다(강인애, 김명기, 2017; Fields & Lee, 2016; Peppler et al., 2016). 하지만 가장 큰 단점은 전문적이거나 부피가 큰 장비의 활용이 어려워 메이커 활동과 그 결과물 제작에 제한이 있을 수 있다는 것이다.

이를 해결할 수 있는 방안은 필요한 장비를 사용할 수 있는 다수의 장소를 오가는 연계형 환경이다. 교실에서 할 수 있는 활동과 메이커스페이스에서 할 수 있는 활동을 구분하여 각각의 장소에서 메이커 활동을 이어갈 수 있도록 하는 경우가 그 예이다(강인애, 김명기, 2017; 미래창조과학부, 2016; 장윤금, 2017; Blikstein et al., 2016). 학습자가 자유롭게 자신의 메이커 활동을 할 수 없다는 제한은 있으나, 교실 안에서 이루어질 수 없는 메이커 활동의 경험을 가능하게 한다는 면에서 하나의 대안이 될 수 있다.

이 모든 메이커 활동의 바탕에는 온라인 환경의 조성이 이루어져야 한다. 온라인에서는 교사 혹은 메이커스페이스 내의 스태프도 제공할 수 없는 방대한 양의 지식과 자료가 존재하며, 물리적 환경에서 만날 수 없는 다양한 분야와 다양한 수준의 전문가들과의 만남이 가능하다(김형준 외, 2016; 메이커 교육코리아, 2016). 학습자 개인의 메이커 활동에 필요한 글, 그림, 영상, 오픈소스 등을 찾아보면서 자기주도적 탐구활동이 가능하고, 상호작용, 공유 및 개방의 사회적 활동의 영역을 넓힐 수 있게 되는 것이다(메이커 교육코리아, 2016).

　　본 장에서는 메이커 교육의 환경으로 4가지를 소개하였지만 더 활발한 메이커 활동을 위한 새로운 형태의 교육 환경 설계는 얼마든지 가능하며, 각 학교, 지역 커뮤니티, 박물관 및 미술관 등 메이커 교육을 실천하려는 단체나 그룹이 처한 환경 속에서 최상의 방안을 찾는 것이 가장 좋을 것이다.

III. 메이커 교육 사례 분석

　　메이커 교육은 형식적 교육이 이루어지는 학교에서 뿐만 아니라 지역의 미술관, 박물관, 도서관, 커뮤니티 센터 등 비형식적 교육을 시행하는 다양한 곳에서 실행되고 있다. 각각의 물리적 환경의 특성에 따라 메이커 교육의 대상, 활동, 콘텐츠 등이 다양해질 수 있는데, 크게 지역공동체, 박물관, 학교에서는 어떤 메이커 교육이 실천되고 있는지 국내외의 다양한 사례 분석을 통해서 살펴보고자 한다.

　　내용에 앞서 표로 제시될 각 사례의 교육 대상, 활용 미디어 및 도구, 메이커 교육 환경의 구별 표식을 안내하자면 다음의 〈표 2〉와 같으며, 앞으로 제시될 표를 이해하는데 도움이 될 것이다.

〈표 2〉 메이커 교육 프로그램의 구별 기준 표식

구분	분류	표식	설명
대상	영유아	ⓘ	8세 미만 영유아 대상
	초등	ⓔ	8세 이상 14세 미만의 초등학생 대상
	중고등	ⓜ	14세 이상 20세 미만의 중고등학생 대상
	대학	ⓗ	20세 이상 대학생 대상의 대학교에서 진행
	성인	ⓐ	20세 이상의 성인 대상
	가족	ⓕ	가족 대상의 프로그램

활용 미디어/ 도구	전기도구1(기초)	B	LED, 구리 테이프, 전도성 실, 전도성 천, 배터리, 배터리 홀더 등
	전기도구2(심화)	A	저항기, 소형 모터, 콘덴서, 실험용 회로판, 와이어, 분압기, 단추, 스위치 등
	나무/금속공예	C	나무, 금속, PVC 파이프, 너트, 볼트, 나사 등
	최신기기	I	3D 프린터, 스마트기기, 레이저커터, 전기회로 서킷, 로봇 등
	소프트웨어	W	스크래치, 엔트리, 아도비 일러스트레이터, 3D 모델링 소프트웨어 등
	바느질도구	N	천, 펠트, 바늘, 똑딱 단추, 단추, 바느질 재료
	문구류	S	테이프, 풀, 가위, 클립, 장식품, 판자, 종이, 재활용 재료 등
	기타	O	위의 구분에 해당하지 않는 기타 활용 미디어 및 도구
메이커 활동 환경	메이커스페이스	m	메이커 활동을 위한 별도의 메이커스페이스에서 활동
	교실	c	학교 내의 교실, 도서관을 메이커 활동의 장소로 활용
	연계형	b	다수의 장소를 오가며 메이커 활동 진행
	온라인	o	오프라인 환경과 온라인 환경에서 메이커 활동 진행

1. 국외사례

1) 지역 공동체

지역 공동체의 기관은 다양한 연령대의 지역 주민들을 대상으로 시민 의식의 함양과 지역 발전을 목적으로 메이커 교육 프로그램을 제공하고, 메이커 활동의 초보자뿐만 아니라 전문가도 포용하며 사회적 가치를 중시한 경험을 제공하기 위해 노력하고 있다(Blikstein et al., 2016). 또한, 대상이 다양한 만큼 다양한 형식으로 메이커 교육이 이루어지는데, 집중적인 메이커 활동 경험을 위한 캠프 혹은 워크숍을 개최하거나 평일 오후, 야간 및 주말을 이용한 짧은 교육이 이루어지기도 한다.

지역 공동체의 메이커 교육 프로그램은 지역 사회에 적응을 위한 기회 제공으로 전입주민, 소외된 주민, 다문화 주민 등을 대상으로 이루어지거나, 가족 간의 화합을 목적으로 가족을 대상으로 하기도 하며, 부모나 교사 대상의 프로그램이 별도로 제공되기도 한다(Blikstein et al., 2016; Taylor, Hurley & Connolly, 2016). 하지만 프로그램 대부분은 학생들을 대상으로 하며, 학교와 다르게 자유로운 메이커 활동의 경험 기회를 제공하여 학생들의 흥미와 자발성에 기인한 적극적인 참여를 이끌어내고자 한다.

도구 활용 면에서는 초보 수준의 메이커들이 참여하는 경우가 많기 때문에 사용이 어렵지 않은 전기도구, 문구류, 최신 IT 기기를 주로 활용한다. 또한, 기관 내의 크고 작은 메이커스페이스를 구성하여 누구나 쉽게 메이커 활동을 접할 수 있도록 하고 있다.

●미국 SETC(South End Technology Center, 이하 SETC)

미국 보스턴에 위치한 'SETC[4]'는 지역 주민들이 지식의 생산자, 정보 공유자가 될 수 있도록 MIT(Massachusetts Institute of Technology), TCC(Tent City Corporation)와 협력하여 컴퓨터와 관련된 테크놀로지 교육을 무료 혹은 저렴한 비용으로 제공하는 기관으로, 학생뿐만 아니라 다양한 대상이 참여할 수 있는 IT 기기 기반의 메이커 활동을 제공하고 있다. 한 예로 '스크래치를 활용한 Flappy Bird 게임 제작' 교육 프로그램을 운영하는데, 이는 스크래치 프로그램을 활용하여 재미있고 쉽게 코딩교육이 이

---

4) 홈페이지: http://www.tech-center-enlightentcity.tv/home.html

루어질 수 있게 하고 학생들이 자신만의 게임을 개발할 수 있게 한다.

또한, 가족 단위의 메이커 교육으로 '빛나는 웨어러블 악세서리 제작' 프로그램이 있는데, 이는 서킷, LED, 전도성 실 등과 같은 누구나 쉽게 메이커 활동을 접할 수 있는 재료를 활용한다. 참가자들은 무엇을 만들 것인지 정하는 것부터 직접 천을 자르고 서킷과 전도성 제품들을 직접 바느질하여 옷핀과 팔찌 등의 액세서리를 제작하게 된다. 이 활동은 메이커 활동에 초보인 학생과 성인 모두에게 적합하며 가족 단위의 워크숍을 진행하기에도 좋은 프로그램이다.

● **태국 DSIL(Darunsikkhalai School for Innovative Learning, 이하 DSIL)**

태국 방콕에 위치한 DSIL 기관은 지역의 부모 대상으로 '부모님들을 위한 메이커의 날'을 진행하여, 집에서 활용할 수 있는 램프를 제작하는 기회를 제공한다. 메이커 활동 후 활동을 되돌아보고 경험을 공유하는 반성적 토론을 하며 강사는 부모들에게 구성주의 학습에 대한 개념을 나누고 'learning by doing'에 대한 토론을 함께 진행함으로써 메이커 활동에서 그치지 않고 교육으로서의 목적을 이룰 수 있게 한다.

또한, 메이커 초보자들과 어린 학생들이 쉽게 메이커 활동을 접할 수 있도록 문구류를 주재료로 활용하는 '박스 만들기' 프로그램도 진행한다. 이는 'MakerCase'[5])에서 제공되는 박스 조각 템플릿을 활용한 조립활동으로 외부의 충격에 최대한 분리되지 않도록 하는 것이 목적이다.

이미 짜인 틀 안에서 참여자 개인의 자발적인 활동은 다소 제한될 수 있지만 무엇인가를 만들어내는 핸즈온 활동의 기회를 제공하고, 그 과정 속에서 도구와 재료를 탐색하는 팅커링 활동이 이루어지며 같이 모인 참여자 간의 상호작용이 이루어진다는 데서 메이커 활동의 의미를 찾을 수 있다.

---

5) 홈페이지: http://www.makercase.com

● 스페인 LABoal(LABoral centro de Arte y CreaciÓn Industrial, 이하 LABoral)

스페인 아스투리아스에서 2007년 3월에 개관한 LABoal[6]은 지식 공유의 목적을 가진 모든 참여자를 대상으로 프로그램을 운영하며, 참여자들은 예술가 혹은 창작 전문가들에게서 도구 그리고 제작 노하우 등을 접할 수 있는 기회를 가지게 된다.

교사들을 대상으로 하는 '배터리 없는 발전기 제작' 프로그램은 배터리 없이 풍력과 수력으로만 에너지를 생산하는 발전기를 개발하고 만들게 되는데, 교사들이 학생들에게 메이커 교육을 실천하기 이전에 메이커 활동을 경험하는 기회를 가지게 되고 그 경험을 바탕으로 자신의 수업에 메이커 활동을 통합하는 아이디어를 얻을 수 있게 된다.

빛이 나오는 물건을 들고 움직일 때 남는 빛의 잔상을 카메라로 촬영하여 작품을 만드는 활동인 'Light Painting'을 활용한 '빛나는 장갑 제작'은 참여자들로 하여금 LED와 천, 바느질과 같은 재료를 활용하여 다양한 난이도로 진행될 수 있어 초보인 어린이들도 부담 없이 활동을 즐길 수 있다.

LABoral은 특수한 지역민을 대상으로 하는 프로그램을 제공하기도 하는데, 지역 내의 소외된 주민들을 대상으로 적응 및 지역 내의 화합을 목적으로 하는 '램프 디자인'과 학교 부적응자를 대상으로 학교 중퇴를 방지하기 위한 '시민의 일상을 돕는 물품 제작'이 그 예이다.

그 외 지역 공동체 기관에서 이루어지는 다양한 메이커 교육 프로그램의 사례를 내용을 다음의 〈표 3〉으로 정리, 분석하였다.

---

6) 홈페이지: http://www.laboralcentrodearte.org/en

〈표 3〉 국외 메이커 사례 분석

국가	기관	프로젝트명	대상	도구	환경	특징
미국	SETC	스크래치를 활용한 Flappy Bird 게임 제작7)	ⓔⓜ	Ⓦ	▣m	• 스크래치 프로그램을 활용하여, 자신만의 Flappy Bird 게임 제작 • 1회, 2시간 동안 진행
		입문자를 위한 스크래치 게임 제작	ⓔⓜ	Ⓦ	▣m	• 1회, 2시간 동안 진행(주로, 캠프에서 활용) • 자신만의 게임을 디자인하는 활동으로 구성됨
		뮤지컬 스크래치	ⓔ	Ⓦ	▣m	• 둥글게 둥글게 게임을 하며 스크래치 프로그램으로 상호작용 하는 캐릭터를 제작 • 음악과 게임 방식의 활용으로 캐릭터 디자인 작업을 즐거운 분위기 속에 함께 제작
		나무를 활용한 휴대폰 홀더 제작	ⓜⓐ	ⒸⓌ	▣m	• Inkscape, LibreDraw를 활용한 디지털 디자인과 제작의 입문 프로젝트 • 나무와 아크릴을 이용하여 핸드폰 홀더 제작
		메이키메이키 전도체 게임	ⓔⓜ ⓐ	ⓌⒷ Ⓢ	▣m	• 메이키메이키를 활용한 전도성 물체 구별 게임 • 전도성 물체를 구분하는 창의적 도구 제작
		스퀴시 서킷을 이용한 활동	ⓔⓜ	ⒾⒷ Ⓢ	▣m	• 전도성이며 절연처리가 된 스퀴시 서킷 도우를 활용하여 다양한 제품 제작 • 벨이 울리는 부저, '나를 구해 줘!' 유사 보드 게임 제작, 스퀴시 서킷 탐구 활동 등

		활동명				내용
		기계가 움직인다!8)	ⓜⓐ	I B / A S	m	• 캠박스를 이용한 물리 프로그래밍 활동 • 움직이는 캠박스 제작 후 아두이노, 모토프로토 실드, 기타 전기도구를 활용하여 자동으로 움직이는 캠박스 제작
		빛나는 종이작품 제작9)	ⓔⓜ ⓐ	I B / S	m	• 종이 위에 전도성 테이프, 전구 등의 연결로 빛나는 카드 및 입체 종이접기 제작
		인형을 활용한 소프트 서킷 제작	ⓔⓜ ⓐ	N B / S	m	• 서킷과 팔, 다리에 스위치가 붙어있는 인형모양 천을 활용해 자신의 인형을 제작하는 활동
		로봇피카소	ⓜⓐ	I W / S	m	• 그림을 그리는 로봇을 제작 및 개선하는 물리적 프로그래밍 활동 • 로봇이 그린 작품들의 전시 갤러리 개설
		도미노 제작10)	ⓔⓜ	I W / S	m	• 레고의 WeDo 키트, 스크래치 프로그램을 활용하여 일종의 도미노 제작 • STEAM 캠프 프로그램으로 3주 간 진행
		빛나는 웨어러블 액세서리 제작	ⓔⓜ ⓐⓕ	I B / N S	m	• 옷핀, 휴대폰 홀더, 팔찌 등 액세서리에 서킷, LED, 전도성 실, 장식 등을 바느질하여 빛나는 액세서리를 제작 • 가족 워크숍으로 아주 좋은 활동
스페인	LABoral	사운드 스토리텔링11)	ⓜⓐ	A S	m	• 피에조 부조, 나무, 앰프 등으로 자신의 사운드 머신을 제작하고 이를 이용해 소리 스토리텔링을 하는 활동 • 1일 워크숍으로 진행

		램프 디자인	ⓜⓐ	I B W S	▉m	• 불투명한 프로젝터 등을 이용한 램프 제작 및 디자인 활동 • 학교 중퇴 예방 특별 프로그램에서 첫 성공을 거둠
		사탕 틀 제작	ⓜⓐ	I W	▉m	• 3D 모델 제작을 통한 사탕 틀 제작 활동 • 주말 프로젝트
		빛나는 장갑 제작	ⓔⓜ ⓐ	N B	▉m	• Light painting 활동을 위한 빛의 자취가 오래 남는 장갑 제작 • 연령과 메이커 활동 경험에 따라 다양한 난이도로 진행
		배터리 없는 발전기 제작	ⓐ	C S	▉m	• 배터리 없이 풍력, 수력 에너지 발전기 개발 • 중학교 교사 대상
		몬테소리 교수 자료 제작	ⓐ	I C S	▉m	• Fab Lab 입문자를 위한 활동 후 자신의 수업에 활용할 몬테소리 유형의 교수 자료 제작 • 초등학교 교사 대상
		대형 스크래블 게임 제작	ⓜⓐ	I C	▉m	• 학교에서 이용할 수 있는 대규모 스크래블 게임의 프로토타입 제작 • 고등학교 중퇴 예방 특별 프로그램, 한 학기 동안 진행
		시민의 일상을 돕는 물품 제작	ⓜⓐ		▉m	• 어른들의 요구 조사 후 일상을 도울 수 있는 물품 제작 • 고등학교 중퇴 예방 특별 프로그램, 소그룹별 활동
태국	DSIL	부모님들을 위한 메이커의 날	ⓐ	I W	▉m	• 집에서 활용할 수 있는 램프 제작 활동 • 활동 후 활동에 대한 반성적 토론과 구성주의 학습에 대한 개념, 'learning by doing'에 대한 토론 진행

		박스 만들기	ⓔ	I S	m	• MakerCase 웹사이트의 박스 조각 템플릿을 제공하고 글루 건 이용 및 조립을 통해 충격에도 최대한 분리되지 않는 박스 제작 • 메이커 활동 초보자를 위한 활동
		팝팝보트 더비12)	ⓔⓜ	S	m	• 캔, 우유곽, 빨대 등 재활용품을 이용하여 팝팝보트의 제작 및 개선 후 팝팝보트 더비 진행 • 메이커 활동 초보자를 위한 활동
		어머니의 날을 위한 빛나는 팝업카드 제작	ⓔ	B N	m	• 어머니의 날을 위한 팝업카드를 배터리, 스위치, LED 등 기본 서킷을 활용하여 제작 • 총 3차시로 개별 팝업 카드 제작, 팀별 빛나는 팝업카드 제작, 자신만의 빛나는 팝업카드 제작 순서로 활동 진행
케냐	Foondi 13)	미래의 도시 제작	ⓔⓜ ⓐ	I B C W S	m	• 건축물, 도시 디자인, 치안 등을 상상하여 프로그래밍, 전기도구 등을 통해 미래의 도시 제작 • 3개월 프로젝트
		미래의 집과 자동차 제작	ⓔⓜ ⓐ	I B S	m	• 자신이 꿈꾸는 집과 자동차를 상상하여 센서, 조명과 같은 전자기구와 레고 블록 등의 제작 키트를 활용하여 제작
		명찰과 로고 제작 활동	ⓔ	I B N	m	• 메이커 활동 시간에 사용할 학생 명찰과 자신이 좋아하는 슈퍼히어로의 로고 제작 • 3D 프린터 입문자를 위한 활동
		The clapping car: An introduction to sensors	ⓔ	I	m	• 소리로 컨트롤되는 자동차 모형을 제작 • PicoCricket 키트 활용

2) 박물관

박물관은 수동적으로 전시물을 관람하는 전시공간을 넘어서 관람객들이 상호작용하며 참여할 수 있는 비형식적 교육 기관으로서의 역할로 확대되고 있는 만큼 관람객의 직접적인 체험과 지식의 생산 및 교류를 가능하게 하는 다양한 체험 위주의 교육 프로그램을 운영하고 있다(강인애, 장진혜, 구민경, 2017; 안금희, 2017; 이현민, 2017). 이에 따라 박물관은 메이커 교육을 위한 장소로 적합하다고 볼 수 있다. 박물관의 메이커 교육은 여러 연령대의 관람객을 대상으로 하지만 주 대상은 학생이며, 방과 후 활동, 주말 활동, 방학 캠프와 같이 학교 과정 이외의 시간을 활용하여 프로그램을 진행한다(이현민, 2017; 함아영, 2017; Blikstein et al., 2016).

박물관은 지역공동체와 마찬가지로 다양한 대상의 프로그램을 운영하지만 주로 어린 학생과 가족 대상의 메이커 초보자들을 대상으로 하는 프로그램

---

7) 게임 가이드 : http://fablearn.stanford.edu/fellows/MeaningfulMaking/FlappyBirdGuide.pdf
   제작 코드 안내 : http://fablearn.stanford.edu/fellows/MeaningfulMaking/GetFlappyCheatSheet.pdf

8) 작품 : https://www.youtube.com/watch?v=RIkLTWIo6NI&feature=youtu.be
   작품 예시 : https://www.youtube.com/watch?v=AUH7mLPtkjE&feature=youtu.be

9) 워크샵 : https://www.youtube.com/watch?v=MQtPhaVraZA&feature=youtu.be
   작품 앨범 : https://www.flickr.com/photos/28629285@N02/sets/72157643153856833/with/13508494535/

10) 활동 : https://www.youtube.com/watch?v=l6gYRjOCIoc&feature=youtu.be

11) 활동 VIMEO : https://vimeo.com/13122229

12) 팝팝보트 제작법 : youtu.be/0ki9Kta8g14

13) 케냐 나이로비의 Foondi Workshop은 다양한 전기 도구와 최신 기기, 소프트웨어를 이용하는 워크샵 개최를 통해 어린 아이들이 지역 문제의 해결과 비즈니스를 위한 능력을 갖추고 향상시키는 것을 목적으로 한다.
    (홈페이지 : http://www.foondiworkshops.com/)

이 많기 때문에 LED 같은 쉬운 전기도구, 문구류, 바느질 도구는 주로 이용하지만(Blikstein et al., 2016), IT 기기나 코딩 소프트웨어의 활용은 상대적으로 적은 편이다.

박물관의 메이커 교육 프로그램은 대체적으로 지역 공동체의 프로그램과 비슷하다고 할 수 있다. 이는 박물관은 지역 공동체와 마찬가지로 다양한 사회문화적 배경을 가진 다문화 주민과 다양한 연령층, 다른 가족적 배경을 가진 여러 사람들을 포용하는 사회적 통합(Social inclusion)의 역할(강인애, 구민경, 2010; 박윤옥, 2010; 이은미, 2011)을 할 수 있다는 유사한 성격에서 기인한다. 반면 지역 공동체의 프로그램과 차별되는 점은 박물관의 경우 학교와의 연계를 통한 메이커 교육 프로그램을 운영할 수 있다는 것이다. 박물관의 테마와 소장품을 학교 역사, 사회, 미술 등의 다양한 교과 과정의 내용과 연계하여 학생 대상의 프로그램을 개발 및 운영할 수 있다. 이는 박물관만이 가지는 특징이며, 박물관의 소장품과 관련된 창의적이고 흡입력 있는 활동을 제공한다면 더 의미 있는 메이커 교육의 실천뿐만 아니라 비형식적 학습 기관으로서 교육적 역할의 증대를 기대해볼 수 있을 것이다.

● **미국 PCM(Pittsburgh Children's Museum, 이하 PCM)**

미국 피츠버그에 위치한 PCM[14]의 'MAKESHOP 캠프'는 초등학생을 대상으로 개최되는 메이커 캠프로, 학생들은 실제 재료와 도구를 활용한 놀이 활동과 만들기 활동을 통해 전기, 전자회로서킷, 바느질, 목공예의 팅커링 활동과 다양한 탐구 활동을 할 수 있다. MAKESHOP 캠프는 퍼실리테이터와 예술가들이 함께 캠프를 진행하는데, 학습자들은 도구 및 재료 활용의 기술적 측면과 만들기 활동의 예술적인 측면에서 전문가의 도움을 얻을 수 있다.

---

14) 홈페이지: https://pittsburghkids.org/

●**미국 CMH(Children's Museum of Houston, 이하 CMH)**

미국 텍사스에 위치한 CMH[15)]는 'Chevron—Houston Texas maker annex'라는 메이커스페이스를 제공하고 다양한 메이커 교육 프로그램을 운영하고 있다. 초등학생, 중학생 그리고 메이커 초보자인 성인을 대상으로 진행하는 '판지 로봇 제작' 활동은 간단한 기계의 원리와 예술적 활동을 통합한 프로젝트로 판지와 빨대 등의 문구류를 활용하여 자신만의 움직이는 기계를 제작하는 기회를 제공한다. 또 다른 예로 두꺼운 테이프를 활용하여 지갑과 벨트 등 실생활에 필요한 물품을 재미있게 만들 수 있는 'Duck Tape'이라는 간단하면서도 창의적인 프로그램도 운영한다. 이 외에도 IT 기기를 활용하는 프로젝트인 '메이키메이키 기타 제작'은 초등학생과 중학생을 대상으로 이루어지고 있다.

〈표 4〉 국외 박물관 메이커 사례 분석

국가	기관	프로젝트명	대상	도구	환경	특징
미국	PCM	MAKESHOP 캠프	ⓔ	–	▣	• 실제 재료와 도구를 활용한 놀이 및 만들기 과정을 통해 전기, 전자회로서킷, 바느질, 목공예의 팅커링, 탐구 경험 제공 • 아이들을 도와주는 퍼실리테이터 예술가들과 함께 진행
		전기를 탐구하자	ⓔ	Ⓑ Ⓘ		• 기본적 전기 도구와 서킷을 모터와 배터리를 활용하여 탐구 • 매일 사용하는 물건을 다른 목적으로 변형하는 활동

---

15) 홈페이지: http://www.cmhouston.org/

KM 16)	판지 로봇 제작17)	ⓔ ⓜ ⓐ	Ⓢ	Ⓜ	• 판지와 빨대 등을 이용한 자신만의 움직이는 기계 제작 • 간단한 기계 원리와 예술적 활동을 통합한 프로젝트
	직물 속으로!18)	ⓔ	Ⓝ Ⓑ	Ⓜ	• 바느질, 재봉틀 등의 바느질 도구를 활용하여 티셔츠 배게, 가죽파우치, 뜨개질을 통한 반짝이는 장난감 등을 제작 • 초등학교 2학년~4학년이 주 대상
	미니어처 집 만들기19)	ⓔ	Ⓑ Ⓘ Ⓒ	Ⓜ	• 와이어 스트래퍼, 글루건, LED 등을 이용하여 미니어처 집 제작 • 벽지, 카펫과 같은 부분까지 섬세하게 제작함
ECM 20)	빛 그림 그리기21)	ⓔ ⓜ	Ⓘ Ⓑ	Ⓜ	• LED 장치와 디지털 카메라를 이용한 빛 그림 그리기 활동 • 학습자 레벨에 따라 LED 장치를 직접 제작할 수도 있음.
CCM 22)	Zoetrope23)	ⓔ ⓜ	Ⓢ	Ⓜ	• 회전목마의 원리와 같은 간단한 애니메이션 제작 활동 • 템플릿 제작으로 시작하여 심화 활동 시에는 직접 애니메이션 그림을 그린 후 장난감 제작
	테이프 공예24)	ⓔ ⓜ	Ⓢ	Ⓜ	• 두꺼운 접착테이프를 활용하여 지갑, 벨트, 가방 등을 제작
	LED 액세서리 제작	ⓔ ⓜ ⓐ	Ⓑ	Ⓜ	• LED를 활용한 반지, 팔찌, 안경 등의 액세서리 제작 • 활동 시작 시 동기 부여를 위한 작품 샘플을 메이커스 페이스에 배치

판지 랜턴 제작25)	ⓔ ⓜ	Ⓑ Ⓘ Ⓦ Ⓢ	ⓜ	• 판지, 투명종이, LED, 배터리 등을 활용한 랜턴 제작 활동 • 랜턴의 5면을 디자인하고 간단한 서킷을 조립하여 랜턴 제작
고무 동력 자동차 제작26)	ⓔ ⓜ	Ⓒ Ⓘ	ⓜ	• 고무 밴드로 동력을 얻는 자동차 제작 활동 • 제공된 재료를 활용하여 소형 자동차를 제작하고 자동차 디자인은 직접 제작
메이키메이키 기타 제작27)	ⓔ ⓜ	Ⓘ Ⓢ	ⓜ	• 판지와 와셔, 메이키메이키 등을 활용한 기타 제작 활동
동양식 서책 제작28)	ⓔ ⓜ	Ⓝ Ⓢ Ⓒ	ⓜ	• 천, 바느질도구, 망치 등을 이용한 동양식 서책 제작 활동 • 서책을 실과 바늘로 묶는 과정을 통해 바느질을 익힐 수 있음
유용한 도구 제작	ⓔ	Ⓑ Ⓘ Ⓒ Ⓦ	ⓜ	• 모터, 서킷, 아두이노 등을 활용하여 칫솔 로봇, 플래시, 움직임 센서와 같은 다양한 도구 제작 • 방과 후 활동으로 2개월 간 진행
도시 만들기	ⓔ	Ⓘ Ⓦ	ⓜ	• 3D 프린트를 활용한 도시 만들기 활동 • 도시 빌딩, 교통 시스템, 도로 등 다양한 요소를 고려하여 3D 모델링 소프트웨어를 활용한 도시 제작
겨울 장식 제작	ⓔ	Ⓑ Ⓢ		• LED 서킷 등을 활용하여 자신만의 겨울 연휴를 위한 장식 제작

	팅커링 연구소29)	ⓔ ⓜ	–	▣	• 메이커 활동을 위한 장비, 도구, 재료들을 제공 • 팩보드 챌린지를 통해 자신만의 독특한 방법으로 팩보드 제작 • 도구 활용법, 제작 과정 등을 돕는 전문가 스태프가 있음
OCM	OCM 메이커스페이스30)	ⓔ ⓕ	–	▣	• "How To" 비디오를 보고 직접 메이커 활동 체험 • 스페이스에서 필요한 재료 및 도구의 위시리스트를 홈페이지에 공유하여 기부 받음

16) 미국 워싱턴에 위치한 KM(Kid Museum)는 초중등 학생을 위해 직접 손으로 만들어 볼 수 있는 독특하고 상호작용적인 경험을 제공한다. 주로 프로그램은 과학, 기술, 엔지니어, 예술, 수학 등이 통합되어 개발된다. (홈페이지: http://kid-museum.org/)

17) 홈페이지: http://www.exploratorium.edu/pie/

18) 홈페이지: http://kid-museum.org/event/textiles-deep-dive-5/

19) 홈페이지: http://kid-museum.org/event/electric-kids-get-wired/

20) 미국 콜롬비아에 위치한 ECM(Edventure Children's Museum)은 다양한 박물관 경험, 방과 후 프로그램 및 캠프 경험을 관람객에게 제공한다. (홈페이지: http://edventure.org/)

21) 홈페이지: http://www.exploratorium.edu/pie/library/lightpainting.html

22) 미국 시카고에 위치한 CCM(Chicago children's museum)은 놀이와 학습의 연결을 통한 아이들의 삶을 개선시키는 것을 미션으로 하며, 아이들의 창조성, 탐험심, 탐구성을 놀이를 통해 기를 수 있는 프로그램을 제공한다. (홈페이지: http://www.chicagochildrensmuseum.org/)

23) 활동 설명: http://www.instructables.com/id/Make-a-Zoetrope-21

24) 지갑 만들기: http://www.instructables.com/id/Duct-Tape-Wallet-14
가방 만들기: http://www.instructables.com/id/Duct-Tape-Bag-okayPurse

25) 판지 랜턴 제작 블로그: http://www.kidmakers.org/lasers-cardboard-and-lanterns/

3) 학교

미국 내에 메이커 운동이 활발해지면서 박물관이나 도서관 같은 비형식 교육 기관뿐만 아니라 형식 교육 기관인 학교에서도 메이킹 활동을 교실 안으로 도입하고자 하는 움직임이 일어나고 있다(메이커 교육코리아, 2016; Fleming, 2015; Malpica, 2014). 이는 메이킹 활동이 모든 연령의 학생을 대상으로 학생 중심의 학습을 이끌어내기에 최적의 방법이 될 수 있기 때문이다(Fleming, 2015; Martinez & Stager, 2013). 학교는 지역 사회, 박물관과는 다르게 다양한 교과 과정의 단위 수업을 메이커 활동으로 구성하여 진행할 수 있다. 메이커 교육에서 학생들은 강의식 수업에 비해 실제적인 문제 해결을 통해 학습할 수 있는 기회를 얻을 수 있으며, 이에 따라 학생들은 학습 내용에 더 몰입하는 경험을 가질 수 있다(강인애, 김명기, 2017; 메이커 교육코리아, 2016; 이지선, 2017). 학교는 각 학교의 환경적 특성에 따라 다양한 형태의 메이커 교육을 실시하고 있는데, 기존 과목과 접목하고 프로젝트 기반 형태로 메이커 수업을 실시하거나 기관과 연계하기도 한다. 이렇게 기존 수업 안에서 메이커 교육을 실천하기도 하지만

---

26) 블로그: http://www.kidmakers.org/vroom-vroom-rubber-band-go-karts/

27) 메이키메이키 기타 제작 블로그: http://www.kidmakers.org/makey-makey-guitar-game/

28) 동양식 서책 제작 블로그: http://www.kidmakers.org/japanese-stab-binding-journal/

29) 팅커링 연구소 홈페이지:
http://www.chicagochildrensmuseum.org/index.php/experience/tinkering-lab
팅커링 연구소 소개:
https://makerfairechicagonorthside.com/2015/04/29/meet-the-maker-chicago-childrens-museum/

30) 미국 네브라스카에 위치한 OCM(Omaha Children's Museum)은 아이들이 도전과 탐험, 놀이를 통한 학습을 위한 장소로 다양한 답사 활동, 여름 캠프, 워크샵 프로그램 등을 제공한다.(홈페이지: http://www.ocm.org/)

수업 외의 방과 후 활동으로 메이커 교육이 진행되기도 한다.

학교 내 메이커 교육은 주로 프로젝트 기반 학습(Project-Based Learning, 이하 PBL)의 형태로 설계되는데(Martinez & Stager, 2013), Malpica(2014)는 '핸즈온 PBL(Hands-on PBL)'이라고 표현하기도 했다. 학습자는 실제적이고 맥락적인 상황 속에서 제시되는 문제를 인식하고 필요한 자료를 조사하거나 관련 장소의 답사, 인터뷰 등을 통해 문제를 파악하고 해결책을 탐색하며 문제 해결을 위한 결과물을 제작하는 메이킹 활동을 하게 되는 것이다. 이러한 활동들은 다양한 교과가 통합되어 이루어지는데 주로 물리, 기술, 과학 등의 과목이 중심이 되며 환경, 사회, 문학, 예술 등의 과목이 접목되는 것을 볼 수 있다.

또한, 학교 내의 메이커 교육은 독자적으로 시행되기도 하지만 지역 내의 전문 기관과의 연계를 통해서도 이루어지기도 한다(Blikstein et al., 2016). 학교에서 제공하지 못하는 장비와 도구를 기관에서 제공받기도 하고, 기관의 실제적인 문제 상황들이 학생들에게 프로젝트로 주어지기도 하는 것이다. 이 때 기관은 학생들이 문제를 해결하는데 있어 필요한 지식과 정보를 얻을 수 있는 학습을 제공하기도 한다.

정해진 교과과정 내에서 메이커 활동이 어렵다면 학생들이 학교에 머무르는 다양한 시간대를 활용한 프로그램의 구성이 이루어질 수 있다(메이커 교육코리아, 2016; Blikstein et al., 2016). 학교의 특별 행사일, 점심시간, 방과 후 시간 등 학생들이 지속적으로 메이커 활동에 노출될 수 있는 기회를 제공하는 것이다.

학교에서 진행하는 다양한 메이커 프로그램은 재학 중인 학생을 대상으로 하는데 특수한 상황, 예를 들어 학교 부적응 학생이나 전입생과 같은 학생들을 위하여 특별 메이커 활동을 제공할 수 있으며, 재학 학생을 중심으로 가족을 초대하여 함께 할 수 있는 메이커 행사를 개최하여 학교가 지역사회의 통합을 위한 역할을 수행할 수도 있다.

학교에서 이루어지는 메이커 교육 프로그램은 지역 공동체와 박물관의 프로그램에 비해 상대적으로 복잡한 활동이 많은 편이었다. 재봉틀 등의 바느질도구, 메이키메이키, 아두이노 등의 전기회로서킷이 포함된 최신기기가 주로 활용되었음을 사례 분석을 통해서 확인할 수 있었다(Blikstein et al., 2016).

●미국 LCCS(Light Community Charter School, 이하 LCCS)

미국 캘리포니아에 위치한 LCCS는 모든 사람들에게 디자인과 만들기에 참여할 수 있는 기회제공의 비전을 가진 Creative Lab을 학교 내에 구성하여 다양한 메이커 활동을 진행하며, 메이커 페어와 웹사이트를 통해 지역주민들뿐만 아니라 많은 이들과의 공유가 이루어질 수 있도록 하고 있다. '풍력발전 터빈 제작'과 '쥐잡이 자동차 제작'은 고등학교 물리 과목, '쿠션 제작 활동'과 '의자 개선 활동'은 기술 과목에서 진행된 것으로 기존 수업에 메이커 활동을 접목시킨 예로서 메이킹 활동을 학교 커리큘럼에 통합하고자 노력을 엿볼 수 있다.

●미국 MSN(The Marymount School of NewYork, 이하 MSN)[31]

미국 뉴욕에 위치한 MSN은 프로젝트 기반의 메이킹 활동을 실시하였다. 학생들은 개인 활동이 아닌 팀 활동을 경험하면서 협업, 소통의 의미를 경험할 수 있게 된다.

'더 나은 장소를 위한 작품 제작' 프로젝트는 공공장소에서 사람들의 행동을 변화시킬 수 있는 해결책을 마련하기 위한 것으로 화장실에서 손 씻기를

---

31) 홈페이지: http://www.marymountnyc.org/

유도하는 라이트 사인이나 건강을 위한 음악이 재생되는 계단, 엘리베이터 내의 동작 감지 음악 플레이어 등의 결과물이 탄생되었다.

'환경문제 개선 프로젝트'는 기관 연계형 프로젝트로 지역 사회의 환경 문제 개선을 위한 작품 제작을 목적으로 하였다. 오전 시간에는 디지털 디자인, 컴퓨터 프로그래밍, 피지컬 컴퓨팅을 학습하면서 지속가능한 개발과 친환경 기술의 관점에 대한 아이디어를 얻는 기회를 제공하고, 오후 시간에는 팅커링, 친환경 공장과 박물관 답사 등이 진행되었다. 이 프로젝트를 통해 학생들은 테크놀로지의 활용 방법은 물론 지역 사회의 환경 문제를 인식하고 해결 방안을 강구하면서 자신이 속한 사회를 위한 실천적 활동을 할 수 있었다.

●미국 LE(Lincoln Elementary, 이하 LE)

LE(Lincoln Elementary)는 지역의 대학과 연계한 메이커 교육 프로그램을 진행하였다. '교실 밖 메이커스페이스를 제작한다면 어떻게 만들 수 있을까?'라는 미션을 해결하기 위하여 학생들은 자료탐색을 통하여 아이디어를 구상하게 되고, 이를 실제 결과물로 제작하기 위하여 CMU(Carnegie Mellon University)의 건축학과와 협업하는 프로젝트가 이루어졌다.

●브라질 AMU(Anhembi Morumbi University, 이하 AMU)

AMU는 브라질 상파울로에 위치한 대학으로 엔지니어링과 디자인의 통합적인 프로젝트를 지역 내 중등, 고등학교의 학생들에게 제공하였다. 그 중 '프로그래밍을 통한 로봇 제작' 활동에서 고고보드를 활용하였는데, 학생들은 로봇 프로그래밍을 통하여 원리를 학습하고 다양한 버전의 걷는 로봇을 제작하였다.

〈표 5〉 국외 학교 메이커 교육 프로그램 사례

순서	기관	프로젝트명	대상	도구	환경	특징
미국	MSN	디오라마 제작	ⓔⓜ ⓐ	Ⅰ	b	• 학교와 지역 박물관에서 프로젝트 진행 • 3D 프린터, 레이저커터, 아두이노, 스크래치 등의 최신 기기를 이용하여 생물 다양성 이슈에 대한 데이터 시각화 또는 디오라마를 제작
		자동차 더비[32]	ⓔⓜ ⓐ	C	m	• 과학, 예술, 테크놀로지의 융합 프로젝트 • 모형자동차의 속도 향상 방안 연구 및 제작 후 더비 진행
		메이키메이키 악기 제작	ⓔⓜ ⓐ	Ⅰ S	c	• 메이키메이키 이용에 대한 전반적인 학습이 가능함 • 메이키메이키를 이용하여 마시멜로우, 브라우니로 피아노 제작
		빛나는 팔찌 제작[33]	ⓔⓜ ⓐ	B N	c	• LED, 배터리, 스위치 등과 펠트와 같은 바느질도구를 이용하여 빛나는 팔찌 제작
		더 나은 장소를 위한 작품 제작	ⓔⓜ ⓐ	B C W S	m	• 공공장소에 사람들의 행동을 변화시키는 작품 제작 • 화장실 '손씻기' light-up 사인, 음악이 재생되는 계단, 엘리베이터 내 동작 감지 음악 플레이어 등
		환경문제 개선 프로젝트[34]	ⓜⓐ	Ⅰ W	b	• 지역 사회의 환경 문제 개선을 위한 작품 제작 • 지속 가능한 개발, 친환경 기술의 관점으로 디지털 디자인, 컴퓨터 프로그래밍, 피지

					컬 컴퓨팅 등의 오전 학습 • 팅커링, 테크놀로지 탐색, 지역의 친환경 공장 및 박물관 답사의 오후 활동
BCSL 35)		엔지니어링 디자인 프로젝트	ⓜ	B|C|S	m	• 3개월 동안 진행되는 프로젝트 기반의 공학 개발 활동 • Stop the crows!: 학교 내 미관을 어지럽히는 까마귀를 예방하기 위한 프로젝트 • A heart-wrenching situation: 구체적 조건에 부합하는 렌치 홀더 제작 프로젝트
		미래의 학교 디자인	ⓜ	B|C|S	m	• 'SchoolsNEXT' 경연에 출품할 환경적 요소, 실제 캠퍼스 지형 등을 고려한 미래의 학교 디자인 모델 제작
		로보핸드 개선 프로젝트	ⓔ	I|W	m	• 인체에 대한 학습의 한 부분으로 3D 프린터로 제작된 손(로보핸드)의 개선 프로젝트 • 로보핸드의 제공 후 팅커링 활동, 측정, 디지털 칼리퍼를 통한 로보핸드의 개선 및 틴커캐드로 모델링을 하는 프로젝트
		땅의 요정 제작	ⓔ	W	m	• 소프트웨어를 이용한 땅의 요정 디자인과 요정의 악기 디자인
		바다거북이 레이스 게임 제작	ⓔⓜ	W	c	• 바다거북이 레이스 게임 제작 • 스크래치, 터틀아트(또는 펜슬코드)를 활용한 디자인 및 프로그래밍 활동

	코스타리카 생태관광지 개발	ⓜ	Ⅰ Ⓦ	ⓑ	• 123D Design[36])을 활용한 생태관광지 개발 프로젝트 • 코스타리카 바다거북 연구보호센터의 방문 후 생태관광지 개발 진행
Castilleja School[37)	비전 액세서리 제작	ⓜⓐ	Ⅰ Ⓢ	ⓜ	• 학교생활 및 목표에 대한 상담 진행 후 목표를 이루기 위해 기억해야 할 단어를 선정 • 레이저커터를 이용하여 단어로 된 목걸이, 팔찌, 백팩 데커레이션과 같은 액세서리 제작
	재봉틀을 이용한 가방 제작	ⓜⓐ	Ⓝ	ⓜ	• 재봉틀과 재활용 천을 이용하여 자신만의 패턴과 이를 이용한 가방 제작
	고층건물 제작	ⓜⓐ	Ⅰ Ⓢ	ⓑ	• 사회과 연계 메이커 활동 • 고층건물의 형태 및 상세 설명 제작 후 교실 전시 • 전시 후 도시의 변화, 고층건물 건축을 위한 필요 기술, 도시화의 문제점 토론 활동
Greenwich Academy[38)	구슬 길 제작	ⓔⓜ ⓐ	Ⓢ	ⓒ	• 구멍 뚫린 판 등 제한된 재료로 구슬이 굴러가는 길 제작 • 학년 전체가 대규모로 제작 활동 진행
The Computer School[39)	3D 프린터를 활용한 캐릭터 제작	ⓔⓜ ⓐ	Ⅰ Ⓢ	ⓑ	• 3D 프린터를 활용하여 배경 및 풍경의 크기와 맞는 캐릭터 제작 • 배경과 풍경 디자인, 그리기, 채색 후 3D 프린터 활동 진행

		종이 서킷과 메이키메이키 이용 활동	ⓔⓜ	B I S	c	• 특수 학급에서 진행 • 구리 테이프, LED, 배터리 등으로 종이 서킷 제작 후 메이키메이키 연결 • 학생들의 몸을 이용하여 서킷이 작동하게 연결
		춤추는 모터 로봇 제작	ⓔⓜ	B A S	c	• 재활용품과 모터 등을 사용한 춤추는 로봇 제작 • 균형이 맞지 않게 모터를 위치시켜 무작위로 움직이게 함 • 이 후 납땜, 3D 프린터를 활용하여 심화 활동 가능
		Make something happen	ⓔⓜ	B S	c	• 메이커 활동을 위한 LED, 판지, 와이어 등의 재료를 갖고 놀며 무엇이든 제작해보는 활동 • 제작 활동 후 활동 중 깨달은 것을 공유하는 토론 활동 진행 • 메이커 입문 학생 대상, 45분 진행
	LCCS 40)	쥐잡이 자동차 제작	ⓜⓐ	C S	c	• 쥐잡이 자동차 제작 활동 • 고등학교 물리 중 힘과 운동 단원에서 활용
		풍력발전 터빈 제작	ⓜⓐ	B A C S	m	• 풍력발전용 터빈 제작 • 터빈의 크기, 모양 등의 수정을 통해 발전 용량을 늘리기 위한 활동 진행 • 고등학교 물리 시간에 활용
		캐릭터 인형 제작	ⓔ	N	c	• 바느질재료를 이용하여 책 속의 주요 등장인물의 특성을 나타내는 인형 제작 • 간단한 디자인 과정의 경험 제공

		의자 개선 활동	ⓜⓐ	C	m	• 드릴, 바느질 등을 통해 자신이 사용할 의자를 개선하는 활동
		쿠션 제작 활동	ⓔⓜⓐ	N S	c	• 재봉틀을 이용한 자신의 쿠션 제작 활동
		목공 활동	ⓔ	C	m	• 톱, 글루건, 망치, 드릴의 사용법 학습 후 집, 테이블, 장난감 제작 및 개선 활동 • 소그룹별 활동
브라질	AMU 41)	어린 토마스 에디슨 프로젝트	ⓜⓐ	I B A S	m	• 자신만의 고고보드 미니 및 고고보드 조립 • LED 플래시, 릴레이 전자벨 제작 등 입문 활동 진행 후 복잡한 서킷 조립 및 기계와 서킷의 결합 활동 진행
		프로그래밍을 통한 로봇 제작	ⓜⓐ	I A	m	• 로봇 프로그래밍을 통한 프로그래밍의 원리 학습 및 고고보드를 이용한 다양한 걷는 로봇 제작
일본	American School 42)	아두이노를 이용한 서킷 변경 활동	ⓜⓐ	I B	m	• 서킷 작동 원리 탐구 후 아두이노 연결 및 간단한 코드 추가 등을 통해 서킷을 다양한 버전으로 제작
		상공 촬영 프로젝트	ⓜⓐ	B I S	m	• 기상풍선에 카메라를 설치하여 상공에서 사진을 촬영하는 프로젝트 • AdaFruit Arduino 모듈 또는 Raspberry Pi USB 활용
		물로켓 제작	ⓜⓐ	I S	m	• 레이저커터를 이용한 다양한 디자인의 물로켓 제작

| | | 이케아 제품
개선 활동 | ⓜⓐ | B C
I S | m | • 기존 이케아 제품을 변형시
키는 활동
• 레이저커터를 이용해 직접
제작한 패턴의 렌즈로 변경
하거나 LED 컬러 변경 등의
활동 진행 |
| | | 핀볼 기계
제작 | ⓜⓐ | C S | m | • 기울어진 판, 고무줄, 볼트 등
을 이용하여 핀볼 기계 제작 |

2. 국내사례

국내의 메이커 교육은 정부와 연계된 '무한상상실'과 같은 거점 메이커스

---

32) 홈페이지: nerdyderby.com

33) sewelectric.org/diy-projects/sparkling-bracelet

34) 홈페이지 : https://nsf.gov/news/newsmedia/greenfab/

35) 미국 캘리포니아에 위치한 BCSL(Bullis Charter School in Los Altos)는 5-8학년의 학습자들에게 다양한 메이커 교육프로그램을 제공한다.

36) 123D는 3D 프린팅을 위한 AUTODESK사의 무료 모델링 프로그램이다.

37) 미국 캘리포니아에 위치한 Castilleja School의 사례는 역사 교사인 Heather Allen Pang에 의해 진행된 사례이다.

38) 미국 코네티컷에 위치한 Greenwich Academy의 사례는 아카데미 내 엔지니어링 디자인 Lab의 디렉터인 Erin Riley에 의해 진행되었다.

39) 미국 뉴욕의 Tracy Rudzitis가 설립한 메이커스페이스로 The Computer School로도 알려져 있으며 컴퓨터 어플리케이션과 STEAM 강의를 진행한다.

40) 미국 캘리포니아에 위치한 LCCS(Lighthouse Community Charter School) 내 Creativity Lab 디렉터인 Aaron Vanderwerff가 진행한 사례이다.

41) 사례는 브라질 상파울로에 위치한 AMU(Anhembi Morumbi University)의 건축 디자인 교수인 Gilson Domingues에 의해 진행된 것으로 디자인과 물리컴퓨팅의 상호 영향을 가르치며 또한 엔지니어링과 디자인의 통합 프로젝트를 지역 내 중고등학교의 학생들에게 제공하였다.

42) 일본 도쿄의 American School in Japan 내 디자인 혁신 디렉터인 Mark Schreiber가 진행한 메이커 교육 프로그램의 사례이다.

페이스 중심으로 메이커 양성 교육 프로그램이 진행되고 있으며, 학생 대상으로 아두이노, 3D 프린터, 레이저커터 등의 장비를 활용하는 장비 워크숍과 코딩 교육이 주를 이루고 있다. 박물관에서도 메이커 운동의 교육적 가치를 인식하고 메이커 교육에 관심을 가지고 있으며, 이에 대한 박물관의 역할과 프로그램 개발에 관한 연구가 이루어지고 있다(이현민, 2017; Blikstein et al., 2016; Maslyk, 2016). 공교육에서는 실생활과 관련된 문제를 해결하는 창의적 인재 양성을 위한 대안으로 메이커 교육에 대한 관심이 커지고 있는 추세이나, 아직 메이커 교육의 실천이 활발하게 이루어지지 못하고 있다. 하지만 서울시의 경우 학교에 메이커스페이스 같은 공간을 구성하여 첨단 기기를 활용할 수 있는 기회를 확장하고자 하는 정책을 세웠고(서울특별시교육청, 2016), 메이커 교육에 대한 중요성을 인식하고 있는 만큼 앞으로 많은 사례들을 기대해볼 수 있는 바이다.

1) 지역공동체

●FabLab in 서울[43]

2013년부터 운영되고 있는 FabLab in 서울은 공공도서관처럼 누구나 방문하여 아이디어를 실제 작품으로 제작할 수 있도록, 3D 프린터와 레이저커터 등의 다양한 장비가 스페이스에 마련되어 있고 이를 이용한 메이커 워크숍을 진행하고 있다.

'3D 프린터로 휴대폰 거치대 만들기', '3D 프린터로 할로윈 쿠키 만들기' 등과 같이 3D 프린터를 활용하거나 '레이저커터로 할로윈 물품 만들기'와 같이 레이저커터와 일러스트레이터를 이용하는 등 IT 도구를 활용하는 프로그램이 진행되고 있다. 이 외에도 청소년 대상으로 소프트웨어 코딩과 피지

---

43) 홈페이지: http://fablab-seoul.org/

컬 컴퓨팅을 교육하는 Fab-teen, 메이커스페이스의 접근성 확대를 위한 이동식 메이커스페이스 사업인 Fab Truck 사업을 운영하고 있다(윤하나, 2016).

●ICT DIY 포럼[44]

서울에 위치한 ICT DIY 포럼은 창작문화 활성화에 이바지하기 위해 설립된 비영리 단체이다. 아두이노를 활용한 '피에조 스피커 사용하기', '반려동물 사료 급식기 만들기', 네오픽셀을 이용한 '빛나는 신발 만들기' 교육 등이 진행된다. 또한 메이커 활동에 도움이 되는 여러 강의가 제공되는 온라인형 메이커 교육도 시행하고 있다. 누구든지 홈페이지의 교육콘텐츠 메뉴에서 메이커 활동의 온라인 강의와 교안을 다운받아 활용할 수 있다.

●릴리쿰[45]

서울에 위치한 릴리쿰은 바느질 도구부터 3D 프린터 등 제작에 필요한 다양한 재료 및 도구가 갖춰진 공방이자 실험의 장이다. 이곳에서 사용자들은 자신만의 독립적인 창작과 생산 활동을 할 수 있으며 더 나아가 판매, 전시가 이루어지며, 워크숍 프로그램 등도 제공되고 있다. 대표적으로 초등학생 대상으로 LED, 스위치, 점토 등의 재료로 '빛나는 컵케이크 제작' 프로그램을 제공하고 있다.

●송파 메이커스페이스[46]

송파 메이커스페이스는 3D 프린터, 레이저커터는 물론이고 아크릴을 절

---

44) 홈페이지: http://www.ictdiy.org/wp/
45) 홈페이지: http://reliquum.co.kr/
46) 홈페이지: http://songpamakers.com/

곡할 수 있는 아크릴 절곡기 등 다양한 장비를 갖추고 있다. 송파 메이커스페이스는 자신의 프로젝트를 직접 제작하는 메이커 활동에 초점을 두고 운영되고 있으나 비정기적으로 메이커 교육 워크숍도 진행하고 있다.

스크래치, 아두이노를 강의하는 교사들을 대상으로 '프로그래밍 워크샵'을 진행하여, 간단한 아두이노 로봇을 제작하고 틴커캐드로 꾸미고, 앱인벤터47)를 활용한 어플 제작을 하게 된다. 또한, 누구나 신청 가능한 '아두이노 앵그리버드 RC카 만들기' 교육은 3D 프린터와 아두이노 보드를 활용하여 스마트폰으로 조종하는 RC카를 제작할 수 있게 한다.

● 무한상상실48)

무한상상실은 과학관, 도서관, 주민센터 등의 지역 공동체에 설치되는 창의적 공간으로 우리나라 국민의 창의성, 상상력을 신장하고, 아이디어를 기반으로 시제품을 제작하고 테스트할 수 있는 기회 제공을 목적으로 하고 있다. 전국에 21개의 무한상상실이 설치·운영되고 있으며 각 무한상상실의 지역 및 위치는 홈페이지에서 확인할 수 있다.

각 지역의 무한상상실에서는 주로 초등학생과 중학생을 대상으로 다양한 메이커 교육을 운영하고 있다. 123D Design 프로그램을 활용하여 3D 모델링을 통해 나만의 책갈피를 제작하는 교육과 12간지의 동물을 태양 전지를 활용하여 나만의 동물 캐릭터로 제작하는 교육 등이 있다.

● 꿈이룸학교49)

서울 영등포에 위치한 꿈이룸학교는 청소년 뉴미디어·예술 대안학교로 최

---

47) 앱인벤터란 MIT에서 교육용으로 개발한 서비스로 프로그래밍 지식이 없어도 블록을 드래그 앤 드롭으로 조합하여 앱을 제작할 수 있는 서비스이다.

48) 홈페이지: https://ideaall.net/

49) 홈페이지: http://dctschool.creatorlink.net/#

신 IT와 예술 활동을 접목한 교육과정을 제공하는데 청소년과 주민이 함께 할 수 있는 공간으로 만들고자 하는 비전을 가지고 있다. 오후 시간에 주로 교육이 이루어지는데, 학습자들은 음악, 미술, 공연, 사진 등과 관련된 예술 그리고 전자회로, 3D 프린터와 같은 최신 IT 기술이 접목된 다양한 프로젝트를 수행하게 된다. 예를 들어 'RevisIT' 프로그램에서 학습자는 여행 기획을 하며 여행에 필요한 물품들, 예를 들어 무드 램프, 블루투스 스피커, 드론 등을 제작하여 여행을 할 수 있도록 구성된 프로그램이며, '3D Printed Miniature Art' 프로그램에서는 3D 펜과 3D 스캐너, 3D 프린터를 활용하여 자신의 이야기 혹은 선물 등의 다양한 주제로 학습자가 제품을 제작하며 이 과정과 결과를 전시 및 공유하는 활동이 진행된다. 뿐만 아니라 꿈이룸학교는 '3D 프린팅과 사진학의 예술을 경험하라.'와 같은 캠프, 워크숍 프로그램을 통해 학교 밖 청소년을 대상으로 하는 활동도 제공한다.

2) 박물관

● 국립현대미술관[50]

서울에 위치한 국립현대미술관은 초·중등 학생을 대상으로 방과 후 시간을 활용한 다양한 메이커 교육을 시행하고 있다. 3D 프린터와 펜을 활용해 자신이 직접 디자인 한 로봇을 제작할 수 있는 '펜으로 뚝딱!', 가족의 가면을 그린 후 'VVVV'라는 노드베이스 코딩 툴을 활용하여 가면을 증강현실로 구현하는 '변신! 증강현실 가면놀이' 그리고 레이저커터를 활용하여 자신만의 패턴을 활용한 조명 갓을 디자인하는 '어떻게 만드나요?' 프로그램이 진행되고 있다.

이 외에도 무한상상실과의 연계를 통해 성인을 포함하는 'My Fab Lab

---

50) 홈페이지: http://www.mmca.go.kr/main.do

: 셀프 워크숍'과 'Fab Lab 투어' 프로그램을 운영하고 있는데, 자신의 창작물을 직접 제작하거나 3D 프린터, 3D 스캐너, 레이저커터 등의 장비를 체험할 수 있는 기회를 제공한다.

● 아트센터 나비[51]

서울시 종로구에 위치한 아트센터 나비는 다양한 대상을 위한 메이커 교육을 실시하고 있다. '도전! 오토마타[52] 스타(Automata Star)'는 초등학교 고학년 대상의 활동인데, 이 프로그램을 통해 학생들은 '공학적 메커니즘'을 이해하고 기계예술을 접할 수 있게 된다. 또한, 초·중·고등학생 대상의 '메이커 도시 도, 미, 솔'은 도시문제와 사회문제에 대한 학생들의 창의적인 아이디어 도출과 해결책인 프로토타입 제작이 이루어지는 워크숍이다. 이 외에도 가족 대상의 '미니 메이커의 날'을 개최하여 온 가족이 함께 나만의 드라디오(draw와 audio의 합성어)를 활용한 사운드 드로잉 창작 활동과 3D 프린터, CNC, 레이저커터 등을 체험할 수 있는 기회를 제공한다.

● 국립과천과학관[53]

2008년에 개관한 국립과천과학관은 기초과학, 첨단기술, 천문관측 등 700여 개의 과학 전시물이 있으며 전시물 연계 교육, 과학 이슈 행사 등의 프로그램을 운영하고 있는데, 주말·방학 시간을 활용하여 초·중등생 대상의 메이커 교육 프로그램을 시행한다. 앱인벤터를 활용해 자신만의 앱을 제작하는 '나도 할 수 있어요! 스마트폰 앱 만들기', 아두이노, 센서보드, 3D

---

51) 홈페이지: http://www.nabi.or.kr/
52) 오토마타란 스스로 작동하는 기계를 일컫는 명칭으로 박스 안팎으로 연결되어 있는 손잡이와 톱니 같은 기계장치들의 움직임을 통해 공학적 원리를 이해할 수 있게 한다.
53) 홈페이지: http://www.sciencecenter.go.kr/scipia/

프린터 등을 활용하여 스마트 무드등, 인공지능 선풍기, IOT 전기 자동차 등을 제작하는 이공계 창의과학캠프(메이커 과정) 등이 운영되고 있다.

●제주항공우주박물관

2014년 개관한 제주항공우주박물관은 초·중·고등학생뿐만 아니라 가족 단위 대상의 메이커 교육 프로그램을 운영하고 있다. 레이저커터를 활용하는 '레이저커터로 만드는 명찰', 3D펜을 사용하는 '3D펜 입체화가 되기', LED와 구리테이프를 활용하는 '내가 꾸미는 LED 카드' 등을 통해 방문객들이 다양한 메이커 장비를 활용할 수 있게 한다. 뿐만 아니라 학교와 연계될 수 있는 자유학기제 및 창의적 체험활동 연계 프로그램인 '3D프린터와 직업세계'도 운영하고 있다.

3) 학교

●건국대학교의 '스마트팩토리'

건국대학교는 미국의 매사추세츠공과대학(MIT)의 팹랩과 독일 뮌헨공대의 메이커스페이스를 모델로 한 '스마트팩토리'라는 메이커스페이스를 학교 내에 설립하여, 학생들이 간단한 교육을 받으면 누구나 자유롭게 스마트팩토리의 장비들을 이용하여 자신의 아이디어를 실체화할 수 있는 기회를 제공한다. 3D프린터, 전기전자장비, 드론 제작, 가상현실(VR) 제작, 각종 공작기기 등이 스마트팩토리 내에 준비되어 있다.

●연세대학교 Y-Valley

연세대학교는 학생들의 창의적 아이디어 및 스타트업의 꿈을 실현할 수 있는 'Y-Valley'를 학술정보관 내에 신설하여 도서관의 새로운 역할을 제시하고 있다. 편안하고 안락한 분위기의 환경을 조성한 '아이디어 커먼스 (Idea Commons)'에서 자유롭게 아이디어를 구상하고, 서로의 아이디어를 공유하며, 이것을 직접 시현할 수 있게 된다. Y-Valley 내의 메이커스페이 스에서 3D 프린터 등의 각종 IT 기기를 활용하는 다양한 창의적 프로젝트 를 진행할 수 있고 IoT, VR 등을 체험할 수 있다. 이곳은 창업지원단과의 연계를 통해 Y-Valley에서 도출되는 창의적 아이디어를 활용한 스타트업 창업을 돕고자 하고 있다(신동윤, 2017).

이렇게 국내에서는 아직 초기 단계이기는 하지만 더 많은 사람들에게 메 이커활동의 경험을 제공하여 4차 산업혁명 시대에 필요한 창의적 · 혁신적 사고력 신장을 위한 움직임이 일어나고 있음을 확인할 수 있다. 앞서 언급 된 기관들에서 간단하게 소개한 사례들 외에 다양하게 진행되는 메이커 교 육 사례들을 분석 · 정리한 내용은 다음의 〈표 6〉과 같으며, 우리나라의 메 이커 교육 실천 현황을 살펴볼 수 있을 것이다.

〈표 6〉 국내 메이커 교육 사례 분석

분류	기관	프로젝트명	대상	도구	환경	특징
지역 공동 체	ICT DIY포럼	피에조 스피커 사용하기	ⓔⓜ ⓐ	I B	O	• 아두이노를 활용하여 피에 조 스피커 사용하기 • 온라인 강의를 제공하여 누 구든지 제작 가능
		반려동물 사료 급식기 만들기	ⓔⓜ ⓐ	I B	O	• 아두이노, 버튼을 활용한 반 려동물 사료 급식기 제작 • 온라인 강의 및 교안 제공
		빛나는 신발 만들기	ⓔⓜ ⓐ	B S	O	• 네오픽셀 등을 이용한 빛나 는 신발 제작 • 온라인 강의 및 교안 제공

	아두이노 기반 RC카 만들기	ⓗⓐ	Ⅰ Ⓑ Ⓐ	ⓒ	• 블루투스, 서보모터의 이론 및 3D 프린터 출력물을 활용한 스마트폰 조종 아두이노 RC카 제작 • 메이커 활동에 관심이 있는 대학생, 입문 메이커 대상의 교육
	3D프린트로 부품 출력하기	ⓗⓐ	Ⅰ Ⓑ Ⓐ	ⓒ	• 3D프린팅을 학습하고 아두이노 RC카의 부품 출력
창업 공작소	아두이노를 이용한 자가운전차 만들기	ⓔⓜ ⓐ	Ⅰ Ⓑ Ⓐ	ⓜ	• 아두이노, LED, 부저 등을 이용하여 Self-Driving Car 제작 • 아두이노 및 코딩 초급자 대상의 교육
	Finch Robot을 활용한 Physical coding 교육	ⓔⓜ ⓐ	Ⅰ Ⓦ	ⓜ	• Finch Robot과 스크래치 프로그램을 활용한 생활 속의 창작 로봇 제작
Fab Lab in 서울	3D 프린터로 휴대폰 거치대 만들기	ⓔⓜ ⓐ	Ⅰ Ⓦ	ⓜ	• 3D 프린터를 활용하여 자신만의 휴대폰 거치대 제작 활동 • 1일, 3시간 활동
	3D 프린터로 할로윈 쿠키 만들기	ⓔⓜ ⓐ	Ⅰ Ⓦ	ⓜ	• 쿠키 디자인 후 3D 프린터를 활용하여 자신만의 할로윈 쿠키 제작 • 1일, 3시간 활동
	레이저커터로 할로윈 물품 만들기	ⓔⓜ ⓐ	Ⅰ Ⓦ	ⓜ	• 일러스트레이터와 레이저커터를 활용하여 할로윈 선물상자와 편지지 제작 • 1일, 3시간 활동

		씨엔씨머신을 활용한 나무공명스피커 제작	ⓔⓜ ⓐ	Ⅰ Ｗ	ⓜ	• 2D 캐드와 씨엔씨머신을 활용하여 스피커 커팅 및 마무리, 후가공 과정을 통해 나무공명스피커 제작 • 2일, 6시간 활동
		무드램프박스 제작	ⓔⓜ ⓐ	Ⅰ Ｗ	ⓜ	• 2D 캐드, 레이저커터를 활용하여 램프박스 제작 및 램프 조립 • 1일, 3시간 활동
	릴리쿰	빛나는 컵케이크 제작	ⓔ	Ｂ Ｓ	ⓜ	• LED, 스위치, 점토 등을 이용한 오븐과 컵케이크 제작
	무한 상상실	3D프린터 교육	ⓔⓜ	Ｂ Ａ Ⅰ Ｗ	ⓜ	• 123D Design 프로그램을 활용한 3D 모델링과 3D 프린터 원리 이해를 통한 나만의 책갈피 만들기
		아두이노 (손가락 PC)	ⓔⓜ	Ｂ Ａ Ⅰ	ⓜ	• 아두이노를 통해 버튼으로 LED 제어하기
		태양광 12지 동물캐릭터	ⓔⓜ	Ｂ Ａ	ⓜ	• 60간지 중 12간지의 동물을 알고 태양 전지를 활용하여 나만의 동물 캐릭터를 제작 • 태양전지, 미니모터 등을 활용하여 창의적 동물 캐릭터 제작
		앱만들기	ⓔⓜ	Ｗ	ⓜ	• 앱에디터 프로그램을 활용하여 자신이 원하는 스마트폰 앱 제작 활동
	꿈이룸 학교	3D프린팅과 사진학의 예술을 경험하라.	ⓜ	Ⅰ Ｗ	ⓜ	• 학교 밖 청소년 대상의 프로그램 • 3D프린트와 DSLR을 활용한 활동

		테크인아트 상상더하기- 드론 수업	ⓜ	Ⅰ	▇m	• 드론 제작, 꾸미기, 촬영 방법을 학습하고 드론을 활용한 스포츠게임을 구상하여 드론림픽 활동을 진행
박물관	아트센터 나비	미니 메이커의 날	ⓔⓕ	ⅠB S	▇m	• 나만의 드라디오(DRAW+ AUDIO) 제작 및 이를 활용한 사운드 드로잉 창작 활동 • 3D 프린터 등 최신 기기 체험 및 메이커 활동을 제공하는 가족 대상 프로그램
		도전! 오토마타 스타	ⓔ	S	▇m	• 나만의 오토마타를 제작하는 활동 • 기계장치로 움직이는 조형물인 오토마타를 제작함으로써 과학과 예술을 접목한 활동
		메이커 도시 도.미.솔	ⓔⓜ	–	▇c	• 도시문제, 사회문제를 해결하기 위한 창의적 아이디어를 제시하고 이를 프로토타입으로 제작하는 활동
	국립현대미술관	펜으로 뚝딱!	ⓔ	Ⅰ	▇m	• 3D 프린터와 펜을 활용하여 직접 디자인한 로봇 제작 • 방과 후 활동 제공
		변신! 증강현실 가면놀이	ⓔⓕ	ⅠW	▇m	• 노드베이스 코딩 툴인 'VVVV'를 통해 증강현실 제작 • 가족의 가면 드로잉 활동 후 'VVVV' 프로그램을 통한 증강현실 가면 구현
		어떻게 만드나요? (조명)	ⓜ	BⅠ SC	▇m	• 레이저커터를 활용하여 자신만의 패턴 디자인으로 조명 갓 디자인 • 자신의 조명 갓을 이용하여 조명 스탠드 제작

		My Fab Lab : 셀프 워크숍	ⓐ	–	m	• 자신의 창작물을 스스로 체험 및 제작할 수 있는 프로그램
		Fab Lab 투어	ⓔⓜ ⓐ	–	m	• 아트팹랩을 방문하여 3D 프린터, 3D 스캐너 등의 장비 시연을 통해 간접적 장비 및 도구 체험
	국립과천과학관	나도 할 수 있어요! 스마트폰 앱 만들기	ⓔ	I W	m	• 스마트폰의 기능과 어플리케이션을 이해하고 앱 인벤터를 활용하여 스마트폰 앱을 개발하는 활동 • 주말 활동
		게임은 내 친구, 이젠 만들자!	ⓔ	W	m	• 스크래치, 엔트리와 같은 블록코딩 툴을 활용하여 자신의 이야기, 디자인을 적용한 게임을 제작 • 주말 활동
		이공계 창의과학캠프 (로봇 코딩 과정)	ⓜ	B A W	m	• 코딩의 기초와 모터 및 센서 제어, 원격 제어 등을 학습하고 자율주행, 로봇배틀, 무선통신 등의 주제를 학습 • 과학 캠프
		이공계 창의과학캠프 (메이커 과정)	ⓜ	B A I W	m	• 아두이노와 센서보드, 3D프린터 작동 원리 등을 학습하여 스마트 무드등, 인공지능 선풍기, 3D 프린터를 활용한 스마트 홈, IOT 전기 자동차 등을 제작
	서울역사박물관54)	레고로 배우는 한양도성	ⓔ	I	c	• 한양도성박물관에서 제작한 레고 키트를 활용하여 한양도성의 구조와 현황 등을 학습 • 성문 제작 및 성벽을 이어 하나의 한양도성을 완성하는 활동

	제주 항공우 주박물 관	레이저커터로 만드는 명찰	ⓔⓜ ⓐⓕ	Ⅰ Ⅵ	m	• 레이저커터의 원리를 이해 하고 간단한 명찰을 제작하 는 활동
		3D 펜 입체화가 되기	ⓔⓜ ⓐⓕ	Ⅰ	c	• 3D 프린터의 원리를 본따 만든 3D 펜을 활용하여 나 만의 입체적 작품 제작 활동
		내가 꾸미는 LED 카드	ⓔⓜ ⓐⓕ	B	c	• LED와 구리테이프로 회로 를 만들어 나만의 LED 카드 제작
		VR 카드보드 만들기	ⓔⓜ ⓐⓕ	Ⅰ	c	• 박물관의 마스코트 '키요'를 담은 VR 카드보드를 조립하 여 VR을 체험할 수 있는 활동
		3D 프린터와 직업세계	ⓜ	Ⅰ	c	• 3D 프린터와 관련된 직종을 알고 3D 프린터와 레이저커 터를 활용하여 자신의 피규 어 및 명찰을 제작 • 자유학기제 및 창의적 체험 활동 연계 프로그램
학교	건국 대학교	스마트팩토리	ⓗ	–	m	• 건국대학교 내의 메이커스 페이스 • 다양한 장비에 대한 간단한 교육 이수 이후 자유롭게 스 마트팩토리 활용 가능
	연세 대학교	Y-Valley	ⓗ	–	m	• 연세대학교 내의 메이커스 페이스 • 3D 프린터 등의 IT 기기를 활용하여 다양한 창의적 프 로젝트 진행

---

54) 홈페이지: http://www.museum.seoul.kr

IV. 결론

본 장에서는 지역 공동체, 박물관, 공교육에서 이루어지는 국내외의 다양한 메이커 교육 사례를 교육 대상, 교육 환경, 교육 활용 도구 등을 중심으로 분석하여 살펴보았다. 그 결과 메이커 활동이 가시적인 결과물을 생산하는 것을 목표로 하는 만큼, 메이커 교육 사례들도 공통적으로 다양한 도구와 재료를 활용하여 무언가를 창조해내는 핸즈온(Hands-on) 활동에 중점을 두는 교육을 제공하는 것을 확인할 수 있었다. 하지만 많은 사례들이 이미 정해져 있는 동일한 결과물 제작의 목표를 가지고 이루어지기 때문에 메이커 활동에서 중요한 학습자 개인의 필요와 욕구, 흥미, 관심을 반영하기에는 제한적일 수 있다는 아쉬움이 있다. 그러나 메이커 활동을 처음 접해보는 초보자들에게는 새로운 재료와 도구를 탐색하며 다음 메이커 활동 아이디어를 얻을 뿐만 아니라 스스로 메이커로서의 즐거움과 기쁨을 만끽하고 자신감을 충족시킬 수 있게 된다는 면에서 메이커 교육으로서의 의미를 찾을 수 있다.

미국을 중심으로 국외에서는 메이커 문화의 활성화와 더불어 메이커 활동의 교육적 가치를 인식하고 메이커 교육의 실천이 활발하게 이루어지고 있음이 드러났다. 지역공동체와 박물관에서는 사용하는 도구와 재료, 활용 수준은 어느 정도 차이가 있었으나 초보 메이커들을 대상으로 쉬운 활동을 경험할 수 있게 함으로 메이커 활동과 다양한 도구에 친숙해질 수 있는 기회를 제공하는 것을 볼 수 있었다. 또한 사회적 약자들을 중요한 교육 대상으로 삼고 그들을 위한 메이커 교육을 제공함으로써 사회적 통합을 꾀하고자 하는 노력을 엿볼 수 있었다. 실제 메이커 운동은 누구나 메이커가 될 수 있다는 모토 아래 메이커스페이스와 오픈소스의 공유 등으로 전문적 수준의 장비, 지식, 기술에 누구든지 쉽게 접근하고 다양한 메이커 활동을 할 수 있도록 하는 기술의 민주화를 지향하고 있는데, 다양한 교육 대상을 염두에 두는 것은 누구나 참여할 수 있는 열린 교육으로서의 의미를 드러낸다고 볼수 있다. 학교의 경우에는 프로젝트 학습 기반으로 메이커 활동과 교과가 통합된 커리큘럼 구성이 이루어지거나 혹은 지역의 기관과 연계하여 실제적이고 맥락적인 문제 상황 속에서 문제를 해결하는 활동을 할 수 있도록 하는 특성을 보였다. 본 장에서 언급은 되지 않았지만 지역 공동체, 박물관, 학교 이 외에서 지역 내의 크고 작은 도서관에서도 메이커스페이스가 구성되어 있어 도서관에 방문하는 이들에게 메이커 교육을 경험할 수 있는 기회를 제공하고 있다(장윤금, 2017).

국외에서는 다채로운 메이커 교육이 제공되고 있는 반면에 국내는 이제 메이커 운동에 대한 관심이 급증되면서 4차 산업혁명 시대와 맥락을 같이 할 수 있는 교육적 대안으로 메이커 교육이 제시되고 있는 초기 단계이므로 아직 메이커 교육 사례가 풍성하지 못하다. 정부의 메이커 운동 활성화 추진 계획으로 메이커 활동을 위한 여러 기관들이 세워지고 그 곳에서 메이커 교육이 이루어지고 있는 추세이나 사용 도구가 최신 IT 기기에 편향된 경향이 있다. 국외에서는 최신 IT 도구도 많이 활용하고 있으나 바느질 도구와 같은 기존의 여러 공작도구들의 활용도 높다. 그러나 국내는 3D 프린터를 비롯하여 레이저커터, VR(Virtual Reality), AR(Augmented Reality) 등 테크놀로지의 활용이 높은 편이다. 특히 아두이노, 로봇키트 등을 작동하기 위한 프로그래밍 소프트웨어인 스크래치도 많이 사용되고 있다. 이는 2018 년부터 초·중·고등학교에서 SW 교육이 본격적으로 시행되는 정부의 정책과 무관하지 않은데, 코딩 교육에 대한 관심이 확산되면서 코딩 자체가 교육의 목적이 되는 경우가 있다. 하지만 코딩은 학습자의 상상력을 가시화하기 위한 도구로서 코딩 교육을 통해 학습자가 무엇을 창작해낼 것인가에 더 초점을 맞출 필요가 있다. 다시 말해서 도구 활용 능력 향상이 메이커 교육의 주목적이 아니라는 것이다.

메이커 활동을 하는 메이커들은 메이커 활동 과정 가운데 개인이 가진 지식, 아이디어, 정보 등을 개방, 공유하며 상호작용하는 사회적 활동을 하게 되며, 개인적으로 흥미와 재미에 기반한 즐거운 활동 속에서 실패하는 것을 두려워하지 않고 지속적인 도전을 하게 된다. 이는 메이커 정신(maker mindset)이라 정의되는데, 메이커 교육의 목적은 메이커 정신의 함양에 있음을 간과해서는 안 된다(Dougherty, 2013; Honey & Siegal, 2011; Martin, 2015). 즉, 메이커 교육이 단순히 최신 IT 기술에 관해서 배우거나 결과물을 생산해내는 것에 초점을 두는 것보다 학습자의 학습 과정 속에서 이루어지는 재미, 탐구, 실패, 극복, 도전, 협업, 공유, 개방 등의 경험에 중요한 의미를 둘 수 있어야 하는 것이다.

우리나라는 지금 정책적으로 메이커 운동의 확산에 힘쓰고 있으며, 교육 분야에서는 이에 맞추어 메이커 활동을 교육과 접목시키기 위한 노력이 필요한 때임이 분명하다. 하지만 메이커 활동의 특성에 따른 메이커 교육의 본질을 제대로 파악하지 못한다면 메이커 활동의 교육적 가치들을 잃고 기존의 노작교육의 모습에서 벗어나지 못할 것이다. 국내외의 메이커 교육 및 활동 사례들을 분석한 내용을 바탕으로 올바른 메이커 교육을 위한 세 가지 제언을 제시하고자 한다.

첫 번째로 메이커 정신의 중요성이 강조되어야 할 것이다. 메이커 정신 함양이라는 메이커 교육의 핵심을 추구한다면, 도구 활용 능력과 더불어 융합적 지식의 탐구 및 적용, 사회적 참여와 협업이 가능한 창의성과 인성을 겸비한 인재 양성의 교육적 역할을 기대할 수 있을 것이다. 하지만 이를 위해서는 메이커 교육이 일회성으로 끝나지 않고 지속적인 메이커 활동을 지원함으로써 초보자의 메이커의 수준이 발전해가는 과정 속에서 메이커 정신을 함양할 수 있는 기회가 제공될 수 있어야 할 것이다. 두 번째로 넓은 교육 대상을 염두에 두어야 한다. 메이커 교육이 학생들뿐만 아니라 다양한 연령대, 다양한 문화적 배경을 가진 사람들을 교육 대상으로 포용할 수 있음은 고령화 및 다문화 사회의 평생교육으로서의 가능성을 가지고 있다고 볼 수 있다. 마지막으로 메이커 교육은 다양한 영역을 포함하고 있음을 기억해야 한다. 메이커 활동이 과학, 기술, 수학, 엔지니어 등 STEM 분야에 집중되어 있는 것 같지만, 예술, 음악, 글쓰기, 요리, 개인의 취미 등 다양한 활동을 통합할 수 있으므로(Abram, 2013) 다양한 분야에서 메이커 교육을 실천할 수 있을 것이다. 기술적인 것에만 치중하지 않고, 다채로운 방식으로 이루어질 수 있는 메이커 활동의 확장성을 염두에 두고 학습자들의 오감을 사용할 수 있는 교육이 이루어져야 한다. 이러한 맥락에서 현재 우리나라가 코딩 교육과 기술 습득만 목적으로 하는 것은 진정한 메이커 교육의 의미를 제대로 파악하지 못하는 것으로 해석할 수 있는 것이다.

누구나 메이커가 될 수 있으며 메이커 활동을 통하여 개인의 즐거움, 인지적 사고의 확장뿐만 아니라 사회적 참여와 실천이 이루어질 수 있음을 기억하고, 본 장에서 소개한 다양한 사례를 바탕으로 다채로운 메이커 교육이 실천되어질 수 있기를 기대해본다.

참고문헌

◆ 강명희, 장지은. (2016). 전자키트 Makey Makey를 활용한 교육이 유아의 과학적 소양에 미치는 영향. **한국유아교육·보육복지연구**, 20(4), 109-140.

◆ 강인애, 구민경. (2010). 박물관에서의 다문화교육 프로그램 개발 및 적용에 대한 사례 연구 - 코리아나 화장박물관 사례를 중심으로. **민속학연구**, 26, 57-84.

◆ 강인애, 김명기. (2017). 메이커 활동(Maker Activity)의 초등학교 수업적용 가능성 및 교육적 가치 탐색. **학습자중심교과교육연구**, 17(14), 487-515.

◆ 강인애, 김양수, 윤혜진. (2017). 메이커 교육을 통한 기업가정신 함양: 대학교 사례

연구, **한국융합학회논문지**, 8(7), 253-264.

◆강인애, 윤혜진. (2017). 메이커 교육의 평가를 위한 평가틀 및 요소 탐색. **한국교육공**
학회 춘계학술대회.

◆강인애, 장진혜, 구민경. (2017). 플립트 뮤지엄(Flipped Museum) 교육프로그램 개
발 및 적용 연구. **한국조형교육학회**, 61, 1-36.

◆건국대학교. (2017). [건국대] 4차 산업혁명이 스마트 팩토리에서 실현된다. 투데이건국.
Retrieve from http://m.post.naver.com/viewer/postView.nhn?volumeNo=
7905577&memberNo=9675411&vType=VERTICAL 에서 2017년 08월 11일에 인출.

◆교육부. (2015). **'변화를 만드는 능력'을 키우는 교육.** http://happyedu.moe.go.kr
/happy/bbs/happyArticlListImg.do에서 2017년 7월 2일에 인출.

◆김선호. (2015). 3D 프린팅과 기술 기회. **한국공업화학회지**, 18(1), 11-26.

◆김소영, 정유진, 황연숙. (2016). 메이커 스페이스 구성 및 이용실태에 관한 연구. **한**
국실내디자인학회 학술대회논문집. 203-206.

◆김원웅, 최준섭. (2016). 아두이노 활용 교육을 위한 블루투스 통신형 구동장치 모듈
설계와 구현. **실과교육연구**, 22(1), 325-343.

◆김진형. (2016). 4차 산업혁명, 인공지능 시대의 교육. **STSS 지속가능과학회 학술대**
회, 21-29.

◆김형준, 이승윤, 함진호, 이주철, 이원석, 차홍기, 현성은. (2016). **부모가 먼저 알고**
아이에게 알려주는 메이커 교육. 서울: (주)콘텐츠하다

◆노희진, 백성혜. (2015). 스크래치를 활용한 고등학교 과학 수업에 대한 학생 인식.
한국과학교육학회, 35(1), 53-64.

◆메이커교육코리아. (2015). **영메이커 프로젝트.** http://www.slideshare.net/
neofuture/2016-67031719 에서 2017년 8월 11일에 인출.

◆메이커교육코리아. (2016). 메이커 교육실천, 그 시작과 여정. 메이커교육코리아
2016 포럼. http://www.slideshare.net/neofuture/ss-67031661 에서 2017년 8
월 10일에 인출.

◆문성윤, 이혁수. (2017). 엔트리와 센서보드를 이용한 컴퓨팅 사고력에 대한 수업 설
계 평가. **한국콘텐츠학회논문지**, 17(3), 571-577.

◆미래창조과학부. (2016). **메이커 운동 활성화 추진계획.** 미래창조과학부 웹사이트
http://msip.go.kr/SYNAP/skin/doc.html?fn=835d300f63c02a27f807ca57345
72cdf&rs=/SYNAP/sn3hcv/result/201612에서 2017년 08월 10일에 인출.

◆박윤옥. (2010). 박물관과 사회적 역할: 사회 포용 (Social inclusion). **한국박물관학회, 18,** 67-86.

◆변문경. (2015). 무한상상실의 효율적인 활용 및 교수학습 지원 방안 연구. **한국교육공학회, 15**(2), 219-230.

◆변문경, 조문흠. (2016). 무한상상실 이용자의 경험분석과 과학교육을 위한 제언. **한국과학교육학회지, 36**(2), 337-346.

◆서울특별시교육청. (2016). "과학교육 혁신 2020 프로젝트" 과학교육 중장기 발전계획('16~'20). 서울시교육청 웹사이트 http://sen.go.kr/view/jsp/search/search_attach.jsp?q=%B8%DE%C0%CC%C4%BF%BD%BA%C6%E4%C0%CC%BD%BA&w=NEW_ALL&date_period=all 에서 2017년 08월 12일에 인출.

◆신동윤. (2017). **연세대, 도서관에 창업 꿈 키우는 'Y-Valley' 조성.** Retrieve from http://news.heraldcorp.com/view.php?ud=20170512000381 에서 2017년 08월 12일에 인출.

◆신현우, 이광석. (2017). 한국의 메이커 문화 동향에 대한 비판적 고찰-국가발전 메이커 담론과 일상문화 속 저항 사이에서. **인문콘텐츠, 45,** 207-231.

◆신효송. (2017). "70년을 넘어 새로운 100년을 준비하는 대학, 건국대학교". 대학저널. Retrieve from http://www.dhnews.co.kr/news/articleView.html?idxno=70939 에서 2017년 08월 11일에 인출.

◆심세용, 김진옥, 김진수. (2016). 중학생의 기술적 문제해결능력 향상을 위한 아두이노 활용 STEAM 교육 프로그램 개발. **한국기술교육학회지, 16**(1), 77-100.

◆안금희. (2017). 사회적 참여 관점에서 되짚어본 미술관 체험 전시 사례 연구. **학습자중심교과교육연구, 17**(13), 583-609.

◆안창현. (2014). **3D Printer.** 서울: 코드미디어.

◆윤선영. (2015). **레이저 컷팅을 이용한 기하도형 패턴화 연구.** 석사학위논문, 이화여자대학교 디자인대학원.

◆윤수경. (2016). **'메이커' 100만 명 육성한다…정부, 2018년까지 추진 계획.** Retrieve from http://www.seoul.co.kr/news/newsView.php?id=20160907020008&wlog_tag3=naver#csidx9a1bca7aa030c619040bfdb395db627 에서 2017년 08월 09일에 인출.

◆윤지현, 전영국. (2015). 피지컬 컴퓨팅 교육: 고고보드를 활용한 로봇 프로그래밍 교육 사례 연구. **한국컴퓨터교육학회 학술발표대회논문집, 19**(2), 29-33.

◆윤하나. (2016). [메이커 무브먼트 ② 팹랩서울] 세운상가 속 미래형 아티스트 정거장. CNB JOURNAL. Retrieve from http://weekly.cnbnews.com/news/article.html? no=117976 에서 2017년 08월 11일에 인출.

◆이경아. (2015). 미술교육에서 3D 모델링 기반 3D 프린터 활용 전망. **한국미술교육학회, 29**(3), 149-174.

◆이국희, 조재경. (2017). 무료공개 3D모델링 소프트웨어 사용자 경험 분석을 통한 교육용 3D모델링 소프트웨어 개발유형 제안. **감성과학, 20**(2), 87-102.

◆이민영, 전석주. (2017). 엔트리와 스크래치를 활용한 초등학생의 논리적 사고력 신장에 관한 연구. **한국초등교육, 28**(1), 173-185.

◆이승철, 전용주, 김태영. (2017). 메이커 운동의 해외사례분석을 통한 국내 메이커 교육 도입 방향 제안. **한국컴퓨터교육학회 학술발표대회논문집, 21**(1), 41-43.

◆이연승, 조경미. (2016). 유아과학교육에서 메이커 교육(Maker Education)의 의미 고찰. **어린이미디어연구, 15**(5), 217-241.

◆이은미. (2011). 다문화시대 박물관의 사회적 역할: – 참여와 소통, 변화를 위한 박물관교육 –. **한국박물관교육학회, 6**(6), 103-123.

◆이지선. (2017). 메이커 교육에 디자인 사고 적용 연구. **한국디자인포럼, **(54), 225-234.

◆이현민. (2017). 4차 산업혁명 시대의 박물관에서의 메이커 교육. **문화예술교육연구, 12**(2), 83-100.

◆장윤금. (2017). 공공도서관 메이커스페이스 구성 및 프로그램 분석 연구. **한국문헌정보학회지, 51**(1), 289-306

◆차일석. (2017). 교실 속 메이커운동과 적정기술! 그 출발은 기술교육으로부터. **한밭대학교 적정기술연구소, 9**(1), 1-10.

◆한국과학창의재단. (2016a). **메이커 운동 활성화 방안 연구.** 서울: 한국과학창의재단.

◆한국과학창의재단. (2016b). **창의융합형 과학영재 양성을 위한 SW 교육방안 연구.** 서울: 한국과학창의재단.

◆한규정. (2016). 아두이노 기반의 교과 활용 방안에 관한 연구. **교육논총, 53**(1), 1-19.

◆한동숭. (2016). 4차 산업 혁명 시대, 대학 교육과 콘텐츠. **인문콘텐츠학회, **(42), 9-24.

◆한성호. (2016). 중국 제조업 풀뿌리 혁신 '메이커스페이스'가 이끈다. Chindia plus,

118(0), 54–55.

◆함아영. (2017). 메이커 뮤지엄(Maker museum) 교육프로그램 개발 및 적용: 종이 나라박물관 사례를 중심으로. 석사학위논문, 경희대학교 교육대학원.

◆황중원, 강인애. (2016). STEAM 교육의 진화, 메이커(Maker) 교육. **한국교육정보미디어학회 추계학술대회.**

◆황중원, 강인애, 김홍순. (2016). 메이커 페다고지(Maker Pedagogy)로서 TMSI 모형의 가능성 탐색: 고등학교 사례를 중심으로. **한국교육공학회 추계 학술대회, 1,** 1–10.

◆Abram, S. (2013). Makerspaces in libraries, education, and beyond. *Internet@ schools, 20*(2), 18–20.

◆Blikstein, P. (2013). Digital fabrication and "making" in education: The democratization of invention. In J. W. Herrmann, & C. Buching (Eds.), *FabLabs: Of machines, makers, and inventors* (pp. 203–223). Bielefeld, Germany: Transcript.

◆Blikstein, P., Martinez, S. L. & Pang, H. A. (2016). *Meaningful making: Projects and inspirations for fab labs and makerspaces.* Torrence, CA: Constructing Modern Knowledge Press.

◆Breitkopf, M.(2011). *A makerspace takes over a local library.* Retrieve August 08, 2017, from https://ischool.syr.edu/infospace/2011/12/01/a-makerspace-takes-over-a-local-library/.

◆Britton, L.(2014). *Democratized tools of production: New technologies spurring the maker movement.* Retrieved July, 31, 2017, from http://tascha.uw.edu/2014/08/democratized-tools-of-production-new-technologies-spurring-the-maker-movement/.

◆Braumann, J., & Brell-Cokcan, S. (2012). Digital and physical computing for industrial robots in architecture: Interfacing Arduino with industrial robots. *Proceedings of the 17th International Conference on Computer Aided Architectural Design Research in Asia/Chennai 25,* 317–326.

◆Dougherty, D. (2013). The Maker Mindset. In M. Honey & D. E. Kanter (Eds.), *Design, make, play: Growing the next generation of STEM innovators* (pp.7–11). New York, NY: Routledge.

◆Epstein, L. (2015). *Light-up paper helicopter.* Retrieved August 14, 2017, from http://chibitronics.com/light-up-paper-helicopter/.

◆Exploratorium (2015). *Paper circuits*. Retrieved August 14, 2017, from https://tinkering.exploratorium.edu/paper-circuits.

◆Fields, D., & Lee, V.(2016). Craft technologies 101: Bringing making to higher education. In K. Peppler, E. Halverson, & Y. Kafai (Ed.), *Makeology: Makerspaces as learning environments* (Vol. 1) (pp. 121-137). New York, NY: Routledge.

◆Fleming, L. (2015). *Worlds of making: Best practices for establishing a makerspace for your school*. Thousand Oaks, CA: Corwin.

◆Gary, S.(2014). The Maker movement. *Learning & Leading with Technology, 41*(7), 12-17.

◆Good, T. (2015). *LED stickers are an easy gateway into making*. Retrieved August 14, 2017, from http://makezine.com/2015/05/27/led-stickers-easy-gateway-making/.

◆Halverson, E. R. & Sheridan, K. (2014). The maker movement in education. *Harvard Educational Review, 84*(4), 495-504.

◆Hodgson, K. (2014). *Students illuminate their ideas with paper circuitry*. Retrieved August 14, 2017, from https://www.middleweb.com/15344/students-illuminate-ideas-paper-circuitry/.

◆Honey, M., & Siegel, E. (2011). The maker movement; encouraging the hand-and-mind connection. *Education Week, 30*(19), 25-26.

◆Kafai, Y. B., Fields, D. H. & Searle, K. A. (2014). Electronic textiles as disruptive designs: Supporting and challenging maker activities in schools. *Harvard Educational Review, 84*(4), 532-556.

◆Kato, Y. (2010). Splish: A visual programming environment for Arduino to accelerate physical computing experiences. *Creating Connecting and Collaborating through Computing (C5), 2010 Eighth International Conference on* (pp. 3-10). IEEE.

◆Kelly, J. F. (2014). *3D modeling and printing with tinkercad: Create and print your own 3D models*. Indianapolis, IN: Que Publishing.

◆Martin, L.(2015). The promise of the Maker Movement for education.

Journal of Pre-College Engineering Education Research (J-PEER), 5(1), 4.

◆Martinez, S. L. & Stager, G. S.(2013). *Invent to learn: Making, tinkering, and engineering in the classroom.* Torrence, CA: Constructing Modern Knowledge Press.

◆Maslyk, J.(2016). *STEAM maker: Fostering creativity and innovation in the elementary classroom.* Thousand Oaks, CA: Corwin.

◆Michele, H.(2014). Makers in the library: case studies of 3D printers and maker spaces in library settings. *Library Hi Tech, 32*(4), 583-593.

◆Molfino, A.(2013) *Use Makeymakey to design a videogame controller.* Retrieved August 10, 2017, from http://educade.org/lesson_plans/use-makey-makey-to-design-a-videogame-controller.

◆Mueller, S., Kruck, B., & Baudisch, P. (2013). LaserOrigami: laser-cutting 3D objects. *Proceedings of the SIGCHI Conference on Human Factors in Computing Systems* (pp. 2585-2592). ACM.

◆Papert, S.(2000). What's the big idea: Towards a pedagogy of idea power. *IBM Systems Journal, 39*(3).

◆Peppler, K. & Bender, S.(2013). Maker movement spreads innovation one project at a time. *Phi Delta Kappan. 95*(3), 22-27.

◆Peppler, K., Halverson, E. & Kafai, Y. B. (2016). *Makeology: Makerspaces as learning environments (Vol. 1).* New York, NY: Routledge.

◆Scott, S. H.(2012). *Making the case for a public library makerspace.* Retrieve August, 5, 2017, from http://publiclibrariesonline.org/2012/11/making-the-case-for-a-public-library-makerspace/

◆Shaw, D.(2012). *Makey Makey: Improvising tangible and nature-based user interfaces.* Cambridge, MA: MIT Media Lab.

◆Sipitakiat, A., Blikstein, P., & Cavallo, D. (2002). The GoGo Board: Moving towards highly available computational tools in learning environments. *Proceedings of Interactive Computer Aided Learning International Workshop.*

◆Taylor, N., Hurley, UK. & Connolly, P. (2016). *Making community : The wider role of makerspaces.* Retrieve August, 5, 2017, from http://usir.salford.ac.uk/38669/1/pn0301-taylorA.pdf.

메이커 교육
Maker Education

2부

학교에서의
메이커 교육 사례

메이커 활동(Maker Activity)의 초등학교 수업적용 가능성 및 교육적 가치 탐색*

강인애, 김명기

Ⅰ. 서 론

최근 국내외에서 메이커 운동(Maker movement)에 관한 관심이 크게 증가하고 있다. 메이커 운동은 다양한 도구와 재료를 이용하여 개인적 또는 사회적으로 의미가 있는 결과물(product)을 설계 및 제작하고, 제작과정과 결과물을 비롯한 자신의 지식과 경험을 온·오프라인을 통하여 대중에게 개방하고 공유하는 문화적 현상을 뜻한다(황중원, 강인애, 김홍순, 2016; Blikstein, Martinez & Pang, 2016; Dougherty, 2012). 그리고 메이커 운동에서는 이러한 제작 작업과 공유가 활발하게 이루어지는 공간으로서 메이커스페이스(makerspace)의 중요성을 강조하고 있다(함진호, 이승윤, 김형준, 2015; Blikstein, Martinez, & Pang, 2016; Bullock & Sator,

---

*2017년 학습자중심교과교육연구(17권 14호)에 게재된 논문의 내용을 수정, 보완하였다.

2015).

메이커스페이스에는 망치, 톱, 드릴 등과 같은 전통적 도구 및 IT 기술을
활용한 도구[1] 등 각종 도구와 재료들이 구비되어 있으며, 그 안에서 이러한
도구와 재료를 활용하여 메이커 활동, 즉, 조작적 활동(hands-on
activity)을 펼쳐갈 수 있다. 따라서 메이커 활동은 항상 메이커스페이스의
존재를 전제하고 있다(Blikstein, 2013; Halverson & Sheridan, 2014;
Hatch, 2014).

그러나 메이커스페이스를 만들고 그 안에 메이커 활동을 위한 각종 도구
및 재료를 풍성하게 구비하는 것은 현실적으로 많은 어려움이 있으며, 국내
의 경우 대다수의 학교가 메이커스페이스를 갖추고 있지 않은 실정이다. 또
한 우리나라에서 메이커 활동은 주로 대학생 또는 창업을 목표로 하는 사람
들을 대상으로 이루어지고 있고(김소영, 정유진, 황연숙, 2016), 특히 메이
커 활동을 정규교육과정 안에서 진행한 연구는 매우 드문 상황이다(강인애,
김양수, 2017; 메이커 교육 코리아, 2016).

사람들은 개인적·사회적으로 의미 있는 무엇인가를 능동적으로 설계하고
창작할 때 가장 효과적인 학습이 이루어진다(Papert, 1980). 메이커 활동
에서 이루어지는 만들기(making)는 재료와 도구의 특성을 이해하고 활용
하여 메이커(maker)의 실생활과 관련된 문제(real-world problem)를 해
결함으로써 메이커에게 실제적인(authentic) 학습경험을 제공하는데, 이러
한 모든 과정은 메이커가 능동적이고 자기주도적으로 활동에 참여하면서 이
루어진다(Kafai, Fields, & Searle, 2014; Wardrip & Brahms, 2016).
또한 메이커는 결과물(product) 제작과정 중에 지속적인 실패를 경험하게

---

1) 보통 엔트리(Entry), 스크래치(Scratch)와 같은 컴퓨터 SW 및 그것을 구현하기 위
   한 하드웨어(Arduino, Makey Makey), 그리고 3D 프린터, 레이저 절단기 등과 같
   은 제작 장비들이 많이 활용되고 있다.

되는데, 이러한 실패를 극복하면서 결과물을 완성하는 과정을 통해 인내를 배우고 문제해결능력을 신장할 수 있다(Martinez & Stager, 2013; Maslyk, 2016). 뿐만 아니라 메이커 활동의 또 다른 특징은, 결과물 (product)을 완성하기까지의 과정을 온·오프라인에 자발적으로 개방 및 설명하는 활동을 통해 만들기(making) 활동에 대한 적극적인 소통과 공유 활동이 이루어진다는 것이다(Brahms & Crowley, 2016; McGalliard, 2016; Thomas, 2014).

이와 같은 메이커 활동의 교육적 의미와 가치는 4차 산업혁명시대에 적합한 교육 방안이 논의되고 있는 현 시점에, 그에 대한 대안으로서 논의되고 있다(Blikstein, 2013; Bullock & Sator, 2015; Fields & Lee, 2016; Halverson & Sheridan, 2014; Lee, 2015; Sheridan et al., 2014).

이러한 맥락에서 본 연구는 비형식교육환경에서 주로 이루어지고 있는 메이커 활동을 정규교육과정 수업에 적용할 경우 어떠한 접근이 가능한지를 메이커 교육 프로그램의 개발을 통해 제안하고자 하며, 나아가 개발된 프로그램을 학교 교육현장에 실제로 적용하고 메이커 활동 중에 이루어지는 학생들의 경험 및 그들이 부여하는 의미를 살펴봄으로써, 메이커 활동과 관련된 여러 연구에서 강조하는 교육적 가치를 확인해보고자 한다. 이를 구체적인 연구문제로 나타내면 다음과 같다. 첫째, '메이커스페이스가 없는 학교에서 일반적인 교실을 활용하여 적용할 수 있는 초등학교 메이커 교육 프로그램은 어떤 모습인가?' 둘째, '메이커 교육을 통한 학생들의 교육적 경험과 의미는 무엇인가?'로 정리할 수 있다.

II. 이론적 배경

1. 메이커 활동과 교육적 의미

메이커 활동은 학습자가 다양한 도구와 재료를 활용하여 결과물(product)을 설계 및 제작하고, 제작과정을 포함한 자신의 지식과 기술에 대한 공유와 소통이 이루어지는 활동을 말한다(Blikstein, 2013; Halverson & Sheridan, 2014; Lee, 2015). 특히 이때의 결과물(product)은 개인적 또는 사회적으로 가치 있는 결과물로서, 학습자는 스스로 결과물을 선택하여 자신의 기술과 속도에 알맞게 제작하고, 이후 그것을 온·오프라인을 통해 다른 사람들과 공유하는 활동에 참여한다. 따라서 이러한 메이커 활동은 학습활동의 몰입을 가져오는 세 가지 조건인 자율성(autonomy), 관계성(relatedness), 능숙함(competence)(Ryan & Deci, 2000)을 만족시키기 때문에, 메이커 활동의 교육적 가치에 대한 관심이 증가하고 있으며, 자발적 참여자인 메이커(maker)들에 의해 비형식교육활동으로 이루어지던 메이커 활동은 '메이커 교육(maker education)'이라는 모습으로 확장되고 있다(Halverson & Sheridan, 2014; Lee, 2015; Sheridan et al., 2014; Wardrip & Brahms, 2016).

이러한 메이커 활동이 지닌 교육적 가치는 개인적 차원과 사회적 차원으로 구분하여 살펴볼 수 있다(황중원, 강인애, 김홍순, 2016; Martinez & Stager, 2013; Regalla, 2016; Tseng, 2016; Wardrip & Brahms, 2016). 우선 개인적 차원에서의 효과를 보면, 메이커 활동은 만들기(making) 과정 중에 흔히 발생하는 실패활동을 기꺼이 감수하고자 하는 태도, 실패를 차라리 기회로 여기면서 지속적으로 도전하고자 하는 적극적 사고, 결과물을 완성하고자 하는 책임감 등과 같이 사고방식(mindset)에서의 긍정적인 효과가 있다(Blikstein & Worsley, 2016; Maslyk, 2016;

Peppler & Hall, 2016; Thomas, 2014). 메이커 활동에서 이루어지는 대부분의 활동은 학습자들에게 생소하고 새로운 것이 많아서 어떤 재료와 도구, 그리고 어떤 지식과 도움들이 필요할 것인지가 즉각적으로 명확하게 드러나지 않을 수 있다. 따라서 계속되는 실패에도 그것을 극복하기 위해 지속적으로 노력하는 것은 매우 중요한 의미를 갖는다. 학습자들은 이러한 지속적인 실패와 극복과정을 거치면서 각각의 재료가 갖는 특성을 이해하고 도구활용 능력을 함양하게 되며, 궁극적으로는 문제해결력 및 탐구능력을 신장할 수 있다.

특히 학생들이 메이커 활동 중에 실패로 인해 좌절하는 상황이 오더라도 계속해서 노력하고 시도해 나가는 지속성(persistence)을 길러주기 위해, 교사는 퍼실리테이터(facilitator)이자 멘토가 되어 학생들이 자신만의 방식으로 문제를 해결해 나갈 수 있도록 격려하고 지원해주는 역할을 해야 한다. 특히 메이커 활동 중에 발생하는 장애물을 모두 제거해 주는 것은 학습자들이 지속성을 경험할 수 있는 기회를 박탈하는 것과 같다는 점을 명심해야 한다(Blikstein & Worsley, 2016; Thomas, 2014).

그 외에도 메이커 활동이 지닌 개인적 차원에서의 가치는 자기주도적 학습환경이라고 하겠다. 메이커 활동은 학습자의 개인적이고 실제적(authentic)인 필요와 요구에 의해 만들기(making) 활동이 시작되고, 만들기(making)의 주제, 재료 선택 및 제작방법 등이 전적으로 학생의 자율에 맡겨지기 때문에 자기주도적 학습환경이 극대화된 형태라고 할 수 있다(Kafai, Fields, & Searle, 2014; Martinez & Stager, 2013; Maslyk, 2016; Wardrip & Brahms, 2016).

다음으로 메이커 활동에서 찾을 수 있는 사회적 차원에서의 교육적 가치는 지속적인 나눔, 공유 및 소통의 역량이다(Hatch, 2014; McGalliard, 2016; Rusk, 2016; Thomas, 2014). 학생들은 메이커 활동을 하는 과정 중에 서로 간의 협력이 지속적으로 이루어진다. 즉, 학생들은 개별적인 과제로 만들기(making) 활동을 하지만, 그 과정 중에 다른 학생들의 활동에도 많은 관심을 보이면서, 도구 및 재료 활용 혹은 결과물에 도움이 되는 아이디어 면에서 적극적인 지원과 나눔의 활동을 보여준다. 뿐만 아니라 학생들은 '기록하기(documenting)' 활동을 통해 만들기(making)와 관련된 모든 과정을 온·오프라인으로 다른 사람에게 개방하고 공유하는 활동에 참여하게 된다(Hatch, 2014; Martinez & Stager, 2013; Thomas, 2014).

이렇듯 결과물 및 그 과정에 대한 나눔, 공유, 소통의 활동은 지금까지의 교육환경에서 등한시 되었던, 그러나 점차 중요시 여겨지는 '사회적 참여와 실천'의 가능성까지 포함하고 있다(Blikstein, Martinez, & Pang, 2016; Brahms & Crowley, 2016). 즉, 메이커 교육 프로젝트의 주제 및 아이디어가 흔히 학습자의 일상생활 및 학습자가 소속된 지역사회와 연결되어 이루어지기 때문에, 개인적 혹은 사회적 실세계 문제나 이슈들을 해결하는 경험을 통하여 학습자들은 자신 주변이나 지역사회에 대한 관심을 가질 수 있게 된다(Blikstein & Worsley, 2016).

2. 메이커 활동에서 메이커 교육으로: 교사의 역할을 중심으로

메이커 활동에서 가장 중요한 것은 학생들이 개인적 혹은 사회적 문제나 이슈에 관심을 가지고, 그것에 대한 해결방안을 메이커 활동을 통해 찾아가도록 하는 것이다(Cohen, Jones, & Calandra, 2016; Thomas, 2014). 따라서 이러한 메이커 활동은 자기주도적 학습 환경이라는 가치를 지니고 있기 때문에, 앞서 언급한 메이커 활동의 교육적 가치와 더불어 하나의 새로운 수업환경 또는 수업방법으로서의 메이커 교육(Maker education)으로 접근할 수 있다. 이를 위해서는 비형식교육환경에서 자율적으로 이루어지던 메이커 활동을 교실 안으로 가져와 메이커 수업으로 재구성하는 과정이 필요하다.

메이커 수업을 설계하는 교사들은 메이커 활동이 보장하는 '자기주도적 학습환경에 집중해야 한다(Cohen, Jones, & Calandra, 2016; Fields & Lee, 2016; Ryan et al., 2016). 즉, 학생들이 원하는 것(주제, 방법, 재료, 결과물 등)을 스스로 선택할 뿐만 아니라, 결과물의 성공과 실패에 따른 평가에 대한 걱정 없이 만들기(making) 활동 자체에 몰입하여 결과물을 만들 수 있고, 그 과정 자체를 자유롭고 편안하게 경험할 수 있는 환경을 마련해 주어야 할 것이다. 이러한 환경에서 교사들의 역할은 학생들이 개인적 표현력과 창의력을 마음껏 발휘하고, 학생 개개인의 프로젝트와 관심사가 지속될 수 있도록 도와주는 것이다.

메이커 교육에서는 비록 그것이 교실 환경 안에서 이루어지는 활동이라고 해도, 메이커 활동의 정신과 목표를 살려서, 결과물의 성공과 실패에 따른 평가 보다는 활동과정에서 이루어지는 학생들의 경험에 중심을 둔다(강인애, 윤혜진, 2017; Blikstein, Martinez, & Pang, 2016). 따라서 교사는 학생들이 실패를 하더라도 포기하거나 실망하기보다는 주변 동료 학생들과 지속적인 피드백을 주고받으며 다시 새롭게 시도해보려는 태도를 가질 수 있도록 지도해야 한다. 특히 메이커 교육과 관련된 연구(Fields & Lee, 2016)에서도 지적했듯이, 학생들은 자신의 결과물이 실패하더라도 포기하기 보다는 다른 학생이 하는 것을 보면서 아이디어를 얻거나, 동료학생들로부터 도움을 받으며 지속적으로 그 결과물을 만들어가는 활동에 집중한다. 이러한 과정은 학생들의 학습활동에 대한 몰입은 물론이고, 자신감에도 긍정적인 효과를 주게 된다(Regalla, 2016).

메이커 수업은 다양한 IT 활용 장비를 비롯하여 여러 재료와 도구를 활용하기 때문에, 메이커 수업을 준비하는 교사는 재료와 도구 활용에 대한 부담감을 가질 수 있다[2]. 그러나 교사가 반드시 전문가가 될 필요는 없다. 교사는 퍼실리테이터(촉진자)로서 학생들에게 충분한 시간과 격려를 주고, 학생들의 동기부여 또는 오류 수정을 위한 도움이 필요한 순간에 의미 있는 질문을 하는 역할을 한다(Martinez & Stager, 2013; Thomas, 2014). 예를 들어, 회로설계가 포함된 메이커 수업을 한다고 했을 때, 교사는 학생들이 전자회로부품을 가지고 헤매고 있더라도 그대로 두는 것이 효과적이며, 적절한 질문을 통하여 학생들이 스스로 어려운 문제를 해결할 수 있도록 하는 것이 바람직하다. 학생들의 문제를 너무 일찍 해결해 줄 경우 학생들은 생소하고 새로운 문제를 해결하는 과정에서 습득해야 할 실패에 대한 극복방법을 배울 수 없기 때문이다. 또한 학생들은 기본 기술에 능숙해지면 자신이 관심을 가지고 있는 다른 새로운 기술도 습득하게 되며, 자신의 관심사를 다루는 과정을 통해 재료의 특성을 파악하고 도구를 안전하게 다루는 방법을 깨닫게 된다(Dougherty, 2012; Maslyk, 2016; Thomas, 2014).

하지만 이때 주의해야할 점은 도움을 주는 시기가 너무 늦어져서 학생들이 과도한 수준의 좌절을 경험하거나 지루해 하지 않도록 해야 한다는 점이다. 즉, 학습환경과 연령별 수준에 맞는 좌절과 실패의 정도가 있기 때문에 (Blikstein & Worsley, 2016), 일정량의 실패에 노출되는 것만큼 회복과정을 겪는 것도 매우 중요하다(Maslyk, 2016). 따라서 교사는 학습자의 상태를 주의 깊게 살펴보면서 도움을 줄 수 있는 적절한 시기를 판단하여야 하며, 해결책을 제시하기 보다는 질문을 통하여 학습자 스스로 문제점을 깨닫고 해결책을 찾아갈 수 있도록 격려해 주어야 한다.

---

2) 이와 관련해서는 다음 절의 메이커스페이스 부분에서 어떠한 재료와 도구들이 활용되는지 구체적으로 언급하였다. 메이커 활동을 전문적으로 지원하는 메이커스페이스에는 관련 도구를 잘 다루는 전문가, 메이커스페이스와 도구를 관리하는 관리자 등 보통 2명이 운영을 맡고 있다(메이커 교육 코리아, 2015; Hatch, 2014).

3. 메이커 교육에서 메이커스페이스의 역할

메이커 활동의 전제조건은 메이커스페이스라는 활동 공간이다. 학습자들은 '메이커스페이스'라는 공간을 통해 자유롭게 만들기(making)를 하고, 만들기(making)와 관련된 학습자들 간의 지식과 기술을 공유한다. 이러한 메이커스페이스는 교실, 과학실, 도서실과 같은 기존의 공간을 활용하거나 메이커스페이스만을 위한 새로운 공간을 설계하여 마련할 수 있다(메이커 교육 코리아, 2015; Litts, 2015; Martinez & Stager, 2013; Sheridan & Konopasky, 2016).

먼저 교실, 과학실, 도서실과 같은 기존 공간의 일부분을 메이커스페이스로 활용할 경우에는 메이커스페이스를 의미하는 라벨을 테이블 또는 도구 등에 붙여 학생들이 해당 공간을 메이커스페이스로 인식하게 할 수 있다(Martinez & Stager, 2013; Sheridan & Konopasky, 2016).

메이커스페이스를 만들게 된다면, 충분한 작업공간(테이블 및 바닥)과 도구 보관함을 갖추고, 그 안에서 장비를 쉽게 연결할 수 있도록 전기 콘센트를 많이 설치하며, 학생들이 이동할 수 있는 공간을 충분히 확보하여 학생들의 안전과 더불어 학생들 간의 협업 기회를 함께 고려해야 한다(메이커 교육 코리아, 2015; Martinez & Stager, 2013). 또한 환기가 잘 되는지 반드시 확인해야 하는데, 이는 3D 프린터, 레이저 절단기 등과 같은 도구들을 사용할 때 몸에 해로운 물질들이 많이 발생하기 때문이다(메이커 교육 코리아, 2015). 특히 안전사고 예방을 위하여 도구와 재료 사용에 대한 안전규칙을 만들어야 하는데(메이커 교육 코리아, 2015, 2016; Martinez & Stager, 2013), 안전규칙은 인터넷을 통해 검색 가능하며, 현재 갖추고 있는 도구와 재료의 특성을 고려하여 학생이 지킬 수 있는 수준으로 수정하여 사용하는 것이 좋다. 메이커스페이스에 구비할 수 있는 도구와 재료 목록에 대하여 다양한 자료(메이커 교육 코리아, 2015; Bender, 2016; Hatch, 2014; Sheridan & Konopasky, 2016)를 종합하여 정리하면 〈표 1〉과 같다.

〈표 1〉 메이커스페이스의 도구 및 재료 목록의 예

구분		종류
도구	전통적 도구	망치, 톱, 드릴, 스크류드라이버, 펜치, 재봉틀, 글루건, 칼 등
	제작 장비	3D 프린터, 3D 스캐너, 레이저 절단기, CNC 밀링머신 등
	코딩(coding)	노트북 또는 컴퓨터 소프트웨어(엔트리, 스크래치 등) 하드웨어(아두이노, 메이키메이키, 라즈베리파이, 릴리패드 등)
재료	자연재료	돌, 나뭇가지, 나뭇잎, 솔방울, 흙 등
	건축재료	목재, PVC 파이프, 판지, 못, 나사, 페인트 등
	재활용품	종이 박스, 플라스틱 용기, 유리병, 옷이나 양말 등
	학습 및 사무용품	종이, 클립, 집게, 고무 밴드, 접착테이프, 클레이 등
	반복 사용 가능	블록, 전기회로 키트, 모터, 전선, LED 등

한편 국내의 경우 메이커스페이스가 없는 학교에서 메이커 교육을 실시하기 위한 대안으로 무한상상실, 성수 메이커스페이스, 팹랩(Fablab)과 같이 대학 또는 지역사회에 있는 메이커스페이스[3]를 이용하는 방법, 학교로 찾아오는 메이커 버스[4]를 신청하는 방법을 생각해볼 수 있다(미래창조과학

---

3) http://makeall.com/ 에서 지역별로 위치한 메이커스페이스를 검색할 수 있다.
4) 불교공뉴스(2015.11.24.). 학교로 찾아가는 3D 프린팅 체험장.

부, 2016; 장윤금, 2017). 하지만 현재 국내에 존재하는 메이커스페이스의 경우, 주로 대학생 또는 창업을 목표로 하는 사람들 위주로 활용되고 있고 (김소영, 정유진, 황연숙, 2016), 이용시간의 제약으로 인하여 결과물을 제 작하지 못한 채 기초교육만 받고 오는 경우가 많으며(함진호, 이승윤, 김형 준, 2015), 무엇보다도 안전상의 이유로 학생들의 인솔을 꺼리는 교사들이 많기 때문에 현실적으로는 학교 밖의 메이커스페이스를 이용하는데 어려움 이 따른다. 또한 메이커 버스의 경우, 메이커 교육에서 강조하는 실패와 극 복과정 및 공유와 개방의 정신을 충분히 경험하지 못한 채 일회성 체험행사 로 그칠 수 있다는 한계를 가지고 있다.

이러한 어려움을 해결하기 위한 방안으로서, 메이커 카트(Maker cart), 또는 메이커 박스(Maker Box)를 제안하기도 한다(Fields & Lee, 2016; Wardrip & Brahms, 2016). 메이커 활동에 사용할 수 있는 다양한 재료와 도구를 담은 상자라는 뜻을 가진 메이커 박스는 필요에 따라 지정된 시간에 교실로 이동하여 사용할 수 있는 장점이 있으며, 교사는 메이커 박스를 활 용하여 자신의 교실에서 메이커 활동을 적용시킬 방법을 고려할 수 있게 된 다(Fields & Lee, 2016; Wardrip & Brahms, 2016).

이 때 메이커 박스에 들어가는 재료들은 비슷한 크기, 모양, 색상, 혹은 기능에 따라 분류한 뒤 플라스틱 케이스, 종이상자 또는 비닐봉지에 넣어둠 으로써 재료 및 부품을 자유롭게 공유하고, 학생들이 필요한 재료를 스스로 선택하여 사용하게 할 수 있다. 그리고 프로젝트를 시작할 때에는 모든 학 생들이 자신이 원하는 작품을 자유롭게 만들 수 있도록 다양한 종류의 재료, 부품, 도구들을 충분히 준비하는 것이 좋다(Blikstein, Martinez, & Pang, 2016; Wilkinson, Anzivino, & Petrich, 2016). 하지만 교사는 학생들이 자신의 만들기(making) 활동을 위해 재료 및 부품을 필요 이상으로 챙겨

놓거나 단순한 꾸미기용으로 재료를 낭비하는 일이 없도록 지도해야 한다. 또한 재료·부품·도구를 충분히 확보하기 어려울 경우에는 재료나 도구를 이용하기 위한 규칙을 만들거나 학생별로 만들기(making) 활동순서를 다르게 조정하여 제한된 재료와 도구를 극대화하여 활용할 수 있도록 해야 한다 (메이커 교육 코리아, 2015; Martinez & Stager, 2013).

4. 메이커 교육의 교수학습모형으로서 TMSI 모형

메이커 교육을 하나의 교수학습방법 혹은 환경이라고 전제할 때, 이에 따른 여러 교수학습모형이 제시되고 있다(황중원, 강인애, 김홍순, 2016; Loertscher, Preddy, & Derry, 2013; Martinez & Stager, 2013). 그 중 TMSI 모형(황중원, 강인애, 김홍순, 2016)은 메이커 운동과 교육에서 강조하는 공유와 개방을 포함한 모형으로, 팅커링(Tinkering), 만들기 (Making), 공유하기(Sharing), 개선하기(Improving)의 4단계가 순환·반복되는 형태로 이루어져 있다. 본 연구는 이 모형에 기반하여 메이커 교육 프로그램을 개발·적용하였으며, 이에 대해 좀 더 자세한 설명을 하면 다음과 같다([그림 1] 참조).

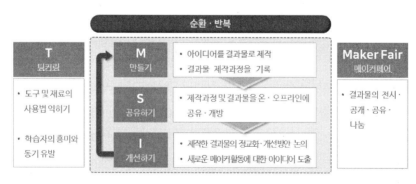

[그림 1] TMSI 모형

　먼저 팅커링(Tinkering)은 보통 '개조하다'라는 의미로 번역되는데, 다양한 재료 및 부품, 기존에 제작된 작품 등을 자유롭게 만지면서 분해·조립·개조하는 경험을 통해 다양한 도구 및 재료의 사용법을 익히는 단계이다. 이 단계는 본격적인 만들기(Making)에 앞서 학습자의 흥미와 동기를 유발하여 자발적인 참여를 이끌어내는 활동에 중점을 둔다(황중원, 강인애, 김홍순, 2016; Loertscher, Preddy, & Derry, 2013).

　유의미한 팅커링 경험이 이루어지기 위해서는 학습자가 자신의 속도에 맞게 재료 및 도구를 활용하고, 반복(iteration) 활동을 통해 자신만의 디자인과 아이디어를 정교화할 수 있도록 학습자에게 충분한 시간을 제공해야 한다. 그리고 학습자들이 문제에 봉착하고 어려움에 처했을 때 지속성(persistence)을 지니면서 자신이 처한 문제를 좀 더 신중하게 들여다보고 해결책을 구체화할 수 있도록 격려해야 한다(Wilkinson, Anzivino, & Petrich, 2016). 팅커링 단계에서는 학습자들에게 단계별로 어떤 일정한 과정을 거쳐야만 한다는 틀을 정해두지 않는다. 하지만 학습자에게 자유를 주되, 그들이 학습의 영역을 아예 벗어나지 않도록 어느 정도의 제한 또는 통제를 해야 하는데, 이처럼 충분한 자유와 충분한 통제가 이루어지는 지점을 스위트 스폿(sweet spot)이라고 하며, 이 지점에서 학습자의 다양한 결과물이 나오게 된다(Berland, 2016).

　TMSI 모형의 두 번째 단계는 만들기(Making)단계이다. 본격적으로 메이커 활동이 진행되는 단계로서, 학생 개개인의 아이디어를 결과물(products)로 표면화하여 제작하는 활동이 이루어진다. 또한 이 단계에서는 다음 단계인 공유하기(Sharing)를 위하여 결과물을 만들어가는 과정을 기록하는 활동(documentation)이 이루어진다. 이때 기록하기는 사진 및 동영상 촬영, 발명노트 작성, 포트폴리오 제작, 웹페이지 활용 등 다양한 형태로 이루어질 수 있다. 학생들은 메이커 활동 중에 일어난 많은 시도 및 경험을 기록하는 과정을 통해 자신의 제작과정을 되돌아보고 앞으로의 제작계획에 대한 아이디어를 얻게 된다(Martinez & Stager, 2013; Tseng, 2016). 즉, 만들기(making)의 제작과정을 보여주는 기록들은 학습자의 사고활동에 동료 학습자들이 참여할 수 있게 해주고, 학습자들이 제작과정에 대한 성찰을 하거나 유사한 문제를 해결하는 법을 기억하는 데 도움을 준다.

TMSI의 세 번째 단계는 공유하기(Sharing) 단계이다. 이 단계는 메이커 활동에서 강조하는 공유 및 개방의 정신을 부각시키는 단계인데, 결과물(products)을 만드는 과정 및 결과를 온·오프라인을 통해 다른 사람들과 함께 나누는 활동이 이루어진다. 이러한 공유하기는 다른 사람들이 비슷한 실패를 피할 수 있게 도움을 주고, 만들기(making) 과정에 대한 피드백을 통해 학습자들이 자신의 개발 단계를 되돌아 볼 수 있는 기회를 제공한다(Thomas, 2014; Tseng, 2016). 따라서 교수자는 학습자들 간에 충분한 공유가 이루어질 수 있도록, 학습자들이 만들기(making) 단계에서 제작과정을 자세히 기록하는 법을 안내하고 격려해야 한다(황중원, 강인애, 김홍순, 2016).

TMSI 모형의 마지막 단계는 개선하기(Improving) 단계이다. 이 단계에서는 그 동안 이루어졌던 제작과정과 결과를 되돌아보고, 새로운 메이커 활동에 대한 아이디어를 도출하게 된다. 이 단계에서 학습자들은 서로 피드백을 주고받으며, 자신이 제작한 결과물을 좀 더 정교화하거나 개선할 수 있는 방안 등을 논의한다. 보통은 이 단계에서 끝나지 않고, 다시 TMSI의 과정 중 팅커링 활동(T)을 제외한 나머지 단계들이 순환 또는 반복되어 이루어진다(Martinez & Stager, 2013). 이후 메이커 활동을 최종적으로 마무리할 때, 보통 메이커 페어(Maker Fair)라는 활동을 통해 결과물을 전시·공개·공유하고 나누는 활동이 이루어진다.

III. 연구방법

1. 연구대상

본 연구는 경기도 소재의 공립초등학교 4학년 1개 학급 학생 28명(남 14명, 여 14명)을 대상으로 하였다. 메이커 활동은 자기주도적 활동이 가능한 환경에서 연령별 발달단계에 알맞은 프로그램을 활용할 경우 5세부터 적용할 수 있다(Blikstein, Martinez, & Pang, 2016; Maslyk, 2016). 하지만 우리나라의 경우, 초등학교 고학년의 실과교육, 중·고등학교의 기술교육 등 주로 형식적 조작기 학생들에게 만들기(making) 활동이 치우쳐져 있다. 따라서 본 연구자들은 일반적인 교실 안에서 구체적 조작기(특히 초등학교 3~4학년) 학생들도 자기주도적으로 쉽게 참여할 수 있는 메이커 활동 프로그램을 개발 및 적용해 보고자 하였다. 또한 메이커 활동의 지속성, 메이커 활동이 끝난 뒤의 교실 정리, 여러 교과의 교육과정을 담임교사가 재구성하여 지도할 수 있는 초등학교의 수업특성 등을 종합적으로 고려하여 본 연구의 교신저자가 학급담임을 맡고 있는 4학년 1개 학급의 학생을 연구대상으로 선정하였다.

연구대상 학생들은 평소에 가위와 풀을 많이 사용하였고, 글루건, 펜치, 송곳, 바늘, 중형칼 등의 도구에 대한 관심은 있지만 안전상의 이유로 사용을 반대하는 부모가 대부분이어서 사용경험이 거의 없는 상태였다.

2. 연구절차

본 연구는 메이커 활동을 초등학교 정규교육과정 수업에 적용하고, 메이커 교육을 통한 학생들의 교육적 경험과 의미를 확인함으로써 메이커 활동의 교육적 가치를 탐색해 보고자 하였다. 이를 위해 먼저 다양한 메이커 교육 모형 중 TMSI 모형(황중원, 강인애, 김홍순, 2016)을 기반으로 하여, '재활용품과 전기회로를 이용한 메이커 교육' 프로그램을 개발하였다. 이 때 프로그램에 대한 내용 타당도를 검증하기 위하여 연구자들 외에 교육공학 전문가 3인(교수 1인, 박사 2인)의 자문을 받아 메이커 교육 프로그램이 TMSI 모형에 의해 개발되었는지를 확인하였다.

메이커 교육 프로그램은 본 연구의 교신저자이자 연구대상 학생들의 담임 교사인 연구자에 의해 2016년 11월 4일부터 12월 23일까지 8주에 걸쳐 20차시로 진행되었으며, 학교교육과정 중 미술, 과학, 국어, 사회, 창의적 체험활동 시간을 활용하였다.

이후 수업결과 분석을 위해, 해당 차시의 수업이 끝날 때마다 학생들이 작성한 성찰일지를 수집하고, 학생면담을 추가적으로 실시한 뒤 전사하여 학습효과에 대한 분석을 실시하였다.

3. 자료수집 및 분석

1) 자료수집

본 연구에서는 메이커 교육을 통한 학생들의 교육적 경험과 의미를 확인하기 위하여 성찰일지와 학생면담을 함께 활용하였다(〈표 2〉 참조).

〈표 2〉 자료수집 방법

자료유형	시기	내용	수량
성찰일지	해당 차시 수업 종료 후(총10회)	학생들이 활동을 통해 배우고 느낀 점에 대한 자유로운 기술	280
학생면담	해당 차시 수업 종료 후	학생이 작성한 성찰일지를 바탕으로 작성 내용 상세 확인	30

성찰일지는 반 구조화된 질문지 형태로 제작하여 학생들이 직접 작성·제출하게 하였으며, 1~3차시씩 진행된 해당 차시 수업이 종료될 때마다 1차례씩 총 10회 실시하였다. 성찰일지에 제시한 질문은 연구자들 외에 교육공학 전문가 3인(교수 1인, 박사과정 2인)의 자문을 받아 메이커 교육을 통한 학생들의 교육적 경험과 의미를 확인할 수 있는 내용으로 구성함으로써 내용 타당도를 확보하였다. 질문내용은 학생들이 활동을 하면서 기억에 남거나 재미있었던 점, 어렵거나 힘들었던 점, 만들기를 하다가 실패하거나 막혔을 때의 자신의 행동, 제품의 제작과정을 기록하는 것(documentation)과 도구 사용에 대한 인식, 메이커 수업 이후 가정에서의 만들기(making) 경험 유무, 학생 스스로가 인식하는 메이커 수업 전후에 가장 달라진 모습, 메이커 프로젝트가 좋아지기 시작한 시점 및 이유 등을 포함하였다. 초등학교 4학년 학생의 글쓰기 능력을 고려하여 성찰일지 질문은 3문항 이하로 제시하였고, 작성시간은 10분가량 소요되었다.

한편 글쓰기 능력의 개인차에 따른 제한점을 보완하고, 메이커 활동 중 이루어진 학생들의 교육적 경험 및 의미를 보다 명확하게 파악하기 위해서 학생면담을 실시하였다. 학생면담은 해당차시 수업이 끝난 뒤, 점심시간 또는 방과 후 시간을 활용하여 개인 또는 그룹단위로 10~30분 정도 진행하였고, 학생들이 성찰일지에서 작성한 내용을 바탕으로 학생들의 생각과 느낌을 좀 더 구체적으로 확인하는 방식으로 이루어졌다. 또한 면담내용은 녹음 후 전사하여 분석에 활용하였다.

2) 자료분석

자료 분석은 학생들의 성찰일지 및 면담자료를 질적 분석하여 이루어졌다. 성찰일지 및 전사된 면담자료 내용은 메이커 활동의 개인적 차원(자발적 참여, 재료에 대한 이해 및 도구활용 능력의 신장, 결과물 창출을 위한 지속적 도전 및 문제해결능력의 함양)과 사회적 차원(활동과정 및 결과에 대한 공유 및 나눔, 결과물을 매개로 한 활발한 소통)의 교육적 가치에 대해 언급한 부분을 중심으로 코딩하였다. 이후 코딩한 내용을 맥락에 따라 범주화한 뒤, 각 범주에서 공통적으로 언급되는 요소들을 찾아 연구결과에 근거자료로 제시(data display)(Miles & Huberman, 1994)하였다.

자료 분석의 신뢰도를 높이기 위해, 코딩 내용의 범주화 및 적합성 여부를 판단하는 과정에서 연구자간 코딩항목에 대한 불일치가 발생할 경우 최종 합의에 이를 때까지 토의를 계속하였다. 그 결과 연구자간 신뢰도는 92.02%로 높게 나타났다. 또한 삼각측정법(triangulation)(박성희, 2011) 중 구성원 검토 작업(member checks)을 사용하여 연구자들이 해석한 내용을 해당 학생에게 보여줌으로서 분석내용에 대한 타당도를 확보하였다.

Ⅳ. 연구결과

본 연구는 메이커 활동을 초등학교 교실환경에 적합한 메이커 교육프로그램으로 개발·적용하고, 메이커 교육을 통한 학생들의 교육적 경험과 의미를 살펴봄으로써 메이커 활동의 교육적 가치를 확인해 보고자 하였다. 이에 따라 첫 번째 연구문제의 결과로서 '메이커 교육 프로그램의 개발과 적용' 내용을 먼저 제시하고, 이어서 그 수업결과를 제시하였다.

1. 메이커 교육 프로그램 개발 및 적용

본 메이커 수업은 앞서 제시한 메이커 교육모형 중 하나인 TMSI 모형(황중원, 강인애, 김홍순, 2016)에 따라 수업이 진행되었으며, '폐품의 재탄생'이라는 주제를 중심으로 하여 4학년 대상 20차시 프로그램을 개발·적용하였다. 〈표 3〉은 메이커 수업 20차시에 대한 전체내용을 요약적으로 제시하고 있다.

〈표 3〉 메이커 수업 전체안

프로그 램명	폐품의 재탄생		학교급	초등학교 4학년	차시	20차시
단계	**차시별 교수·학습 내용**					**관련 교과**
	차시	**활동**	**세부 활동**			
Tinkering (팅커링)	1-3 차시	탐색, 분해, 개조하기	• 플라스틱 페트병을 재활용하여 만들어진 작품 탐색하기 • 페트병 작품 분해하기 • 페트병 작품을 모방 또는 개조하여 나만의 작품 만들기			미술
	4-6 차시	새로운 재료 탐색 및 모둠별 이야기 꾸미기	• 광섬유와 LED 탐색하기 • 광섬유와 LED를 이용하여 자신이 제작한 페트병 작품 꾸미기 • 페트병 작품을 이용한 모둠별 이야기 꾸미기 • 꾸민 이야기에 알맞게 작품 꾸미기 및 추가 작품 만들기			과학 국어 미술
	7 차시	동영상 촬영하기	• 모둠별로 꾸민 이야기를 동영상으로 촬영하여 온라인 커뮤니티(네이버 밴드)에 탑재하기			창체
Making (만들기)	8-9 차시	설계하기	• 소중한 사람에게 선물해 주고 싶은 제품 설계하기			미술
	10-12 차시	만들기	• 소중한 사람에게 선물해 주고 싶은 제품 만들기			미술

Sharing (공유하기)	13-14 차시	교실 내 공유하기	• 제작한 제품을 동료학생들과 공유하기 (제작과정 및 결과물(제품) 등을 소개하고 피드백 받기)	미술
	15-16 차시	온라인 공유하기	• 내가 만든 제품을 선물해 줄 사람에게 하고 싶은 말(제품의 이름, 제품을 만든 이유, 사용된 재료, 그 외 하고 싶은 말 등)을 동영상으로 촬영하여 온라인 커뮤니티(네이버 밴드)에 탑재하기 • 제작과정 중에 촬영한 사진 및 그에 관한 구체적인 설명을 온라인 커뮤니티(네이버 밴드)에 공유하고 댓글을 통해 서로 피드백 하기	창체
Improving (개선하기)	17 차시	개선하기	• 제작한 제품에 대한 개선방향 도출하기 • 새로운 메이커 활동에 대한 아이디어 도출하기 • 개선 방향 및 아이디어를 학급 내에서 공유하기	사회
Making (만들기)	18-20 차시	설계 및 만들기	• 개선방향 및 아이디어를 바탕으로 새로운 제품 설계 및 만들기	미술

　본 프로그램은 메이커스페이스가 없는 학교의 일반적인 교실 상황에서도 적용할 수 있도록 메이커 박스를 활용한 메이커 수업으로 계획하였다. 이를 위해 팅커링 및 만들기 단계에서 모둠별로 다양한 도구(쪽가위, 대형칼, 송곳, 펜치, 붓 등)와 재료(아크릴 물감, 지퍼, 색철사, 도화지, 폼보드, 집게 전선, 건전지, 광섬유, LED, 마끈, 나무조각, 다양한 장식재료(눈알, 뿅뿅이, 비즈 등))가 들어있는 메이커박스를 제공하여 학생들이 자신의 만들기 (making)에 적절한 재료 및 도구를 스스로 판단하여 사용하도록 하였으며, 글루건은 안전상의 이유로 교실 앞쪽 콘센트에 3개를 배치하여 글루건 접착

이 필요한 학생들만 이용하도록 하였다. 또한 제작과정 및 결과에 대한 공유를 위하여 온라인 커뮤니티(네이버 밴드)를 개설하여 운영하였고, 본 연구대상 학생 및 학생의 부모를 온라인 커뮤니티에 초대하여 상호 간에 활발한 피드백이 이루어지도록 하였다.

먼저 1~7차시에 걸쳐서 팅커링 활동이 진행되었다. 이 단계에서는 학생들이 다양한 재료 및 부품, 기존에 제작된 작품 등을 자유롭게 만지면서 분해·조립·개조하는 경험을 하고, 다양한 도구의 사용법을 익힐 수 있도록 하였다. 팅커링 7차시 중 1~3차시에서 교사는 사전에 제작한 다양한 형태의 플라스틱 페트병 작품(필통, 손잡이 달린 컵, 돼지 저금통, 꽃, 연필꽂이, 물품 보관함 등)들을 학생들에게 제시함으로써, 학생들이 구체적인 관찰 및 조작을 통해 작품이 만들어진 원리를 깨닫고 작품제작에 대한 내적동기를 유발하여 자신만의 플라스틱 페트병 작품을 만들도록 하였다. 이 때 플라스틱 페트병은 크기 및 모양별로 분류한 뒤 교실 앞에 비치하여 학생들이 자유자재로 사용할 수 있게 하였다.

팅커링 단계에서 이루어지는 만들기는 본격적인 만들기(Making) 단계에 앞서 학습자의 흥미와 참여 동기를 유발하는 목적이 크므로, 교사는 학생들이 교사의 작품을 모방하거나 전혀 엉뚱한 작품을 만들어도 모두 허용해 주는 것이 중요하다. 특히 메이커 수업을 처음 접하는 28명 학생 개개인의 요구에 알맞은 예시를 모두 제시할 수 없는 교실 수업의 한계와 자유 주제의 만들기에 대해 두려움을 가지는 학생들의 특성을 고려하여 팅커링 단계에서는 기본 재료를 플라스틱 페트병으로 제한하여 수업을 진행하였지만, 교사가 제공해 주는 도구와 재료 이외에 학생이 개인적으로 가져온 도구와 재료도 사용할 수 있도록 하여 학생들의 자율적인 창작을 유도하였다.

이어서 팅커링 활동으로 이루어진 4~7차시는 광섬유와 LED라는 새로운 재료를 추가하여 학생들이 해당 재료에 대한 특성을 파악한 뒤, 이를 1~3

차시에서 자신이 제작한 페트병 작품에 적용하고 개조하도록 하였다. 전기 회로는 6학년 2학기 과학에 제시되는 내용으로 본 프로그램에서는 학생들의 수준을 고려하여 LED의 극성에 알맞게 집게전선만 연결하면 바로 불이 켜질 수 있도록 재료를 제공하였으며, 광섬유는 셀로판테이프(양면테이프 포함) 또는 글루건을 이용하여 작품에 부착할 수 있게 하였다. 또한 학생들 간에 협동과 소통이 활발히 이루어질 수 있도록 모둠 내 학생들이 각자 제작한 작품을 이용하여 모둠별 이야기 꾸미기 활동을 하게 하였으며, 필요할 경우 추가적으로 작품을 만들고, 최종적으로는 작품을 활용한 스토리텔링 장면을 동영상으로 촬영하여 온라인커뮤니티(네이버 밴드)에 공유하게 하였다.

본격적인 메이커 활동이 진행되는 만들기(Making) 단계는 8~12차시에서 이루어졌다. 플라스틱 페트병을 기본 재료로 사용했던 팅커링 단계와 달리 이 단계에서는 모든 종류의 폐품(우유곽, 옷, 유리병, 옷걸이 등)과 재료를 활용하여 소중한 사람에게 선물해 주고 싶은 제품을 설계하고 제작하게 하였다. 학생들은 제품 설계 시 아이디어 구상에 상당히 많은 어려움을 겪으므로, 교사는 영상자료 또는 실물을 통하여 폐품을 활용한 기존 제품의 예시를 다양하게 보여주고, 학생들이 구상한 아이디어에 대하여 사용할 재료 및 제작방법, 제품의 효용성·기능성·심미성 등에 관한 학생의 생각을 질문을 통하여 점검하는 등 제품의 설계 및 제작과정 내내 적절한 피드백을 꾸준히 실시하는 것이 효과적이다. 또한 학생 스스로 제품의 제작과정을 사진 또는 동영상으로 촬영하고 그에 대한 설명을 글로 기록하게 함으로써 자신의 제작과정에 대해 성찰하고, 뒤에 이어질 공유하기(Sharing) 단계를 대비할 수 있게 지도하였다.

공유하기(Sharing) 단계는 교실 내에서 학생들 간에 결과물을 전시·공유하는 활동과 온라인 커뮤니티(네이버 밴드)를 활용하여 제작과정 및 결과물을 공유하는 활동으로 구성하였다. 즉, 13~14차시에서 학생들은 팅커링과 만들기 단계에서 제작한 제품을 모둠별로 책상 위에 모두 올려놓은 뒤 그것을 동료 학생들에게 소개하고, 동료 학생들로부터 피드백을 받는 방식으로 진행되었다. 제품 소개에 앞서 모둠별로 제품 제작과정 및 결과, 제품 제작 중에 겪었던 어려움, 제품에 담긴 의미 등을 모둠 학생끼리 먼저 공유하게 함으로써 자신이 제작한 제품이 아니더라도 제품 소개가 가능하도록 준비하였다.

한편 15~16차시에서 진행된 온라인 공유하기 활동에서는 자신이 만든 제품을 선물해 줄 사람에게 하고 싶은 말(제품의 이름, 제품을 만든 이유, 사용된 재료, 그 외 하고 싶은 말 등)을 촬영한 동영상, 그리고 제작과정 중에 촬영한 사진 및 그에 관한 구체적인 설명을 온라인 커뮤니티(네이버 밴드)에 탑재하는 활동을 하였다. 이를 통해 학생들이 자신의 메이커 활동을 교실 안과 밖의 사람들에게 개방·공유하고, 제품에 대한 서로의 생각을 자유롭게 나누면서 소통할 수 있는 기회를 제공하였다.

메이커 수업의 마지막 단계인 개선하기(Improving) 단계는 17~20차시에 걸쳐서 이루어졌다. 이 단계는 개선하기(Improving)라는 단어가 의미하듯이, 학생들이 팅커링, 만들기, 공유하기 단계를 거치면서 고민하였던 재료의 적절성, 제품의 기능성, 견고성 및 심미성, 그 동안 자신이 제작하였던 제품의 부족한 점 등에 대한 내용을 정리하여, 제작한 제품의 개선방향을 찾거나 새로운 만들기 활동에 대한 아이디어를 도출하는 활동으로 구성하였다.

이후 개선방향 및 아이디어를 바탕으로 하여 TMSI 모형의 만들기(Making) 단계로 다시 순환·반복하는 활동이 이루어졌다. 즉, 새로운 제품을 설계하고 제작함으로써 좀 더 질적으로 완성된 새로운 만들기(Making) 활동으로 이어졌다. 이 때, 처음에 진행되었던 만들기(Making) 단계에서와 마찬가지로 모든 종류의 폐품(우유곽, 옷, 유리병, 옷걸이 등)을 자유롭게

활용하게 하였으며, 바느질을 이용한 작품을 계획한 경우, 이에 대한 안전
지도를 실시한 뒤 바늘이라는 새로운 도구 사용을 허용해 주었다.

　이상으로 메이커 수업은 메이커스페이스를 대신하는 메이커 박스를 활용
하여 교실 내에서 20차시에 걸쳐 진행되었다.

2. 메이커 수업의 결과분석

　다음에서는 본 연구의 두 번째 연구문제로서, 메이커 교육을 통한 학생들
의 교육적 경험과 의미를 제시하였다. 결과분석을 위한 자료는 학생들의 성
찰일지 및 면담결과를 활용하였으며, 이론적 배경에서 제시하였던 메이커
활동의 교육적 효과를 개인적 차원과 사회적 차원으로 나누어 세부 항목에
대한 코딩작업을 하였다. 그 결과, 개인적 차원에서는 학습에 대한 자발적
참여, 재료에 대한 이해 및 도구 활용 능력의 신장, 결과물 창출을 위한 지
속적 도전 및 문제해결능력의 함양을 확인할 수 있었으며, 사회적 차원에서
는 활동과정 및 결과에 대한 공유 및 나눔, 결과물을 매개로 한 활발한 소통
을 확인할 수 있었다. 특히 메이커 수업을 적용한 본 연구에서 두드러지는
효과는 만들기(making)를 하는 과정 중에 실패로 인해 좌절하는 상황이 오
더라도 학생들이 계속해서 노력하고 시도해 나가는 모습, 즉, '지속성
(persistence)'으로 표현되는 모습이라고 할 수 있다. 이러한 결과를 성찰
일지와 면담 내용을 통해 좀 더 상세히 제시하면 다음과 같다.

1) 개인적 차원

● 자발적 참여

　메이커 수업을 적용한 결과, 학생들은 "만드는 것이 재미있고 중독성이 있
어서" 혹은 "자신이 직접 계획하고 만든 것이어서" 자신이 만든 작품에 더

욱 애착을 가지고 능동적이고 자기주도적으로 활동에 참여하였다. 이에 대한 구체적인 내용을 학생들의 면담 및 성찰일지에서 일부를 발췌하여 제시하면 다음과 같다.

> 쉬는 시간이나 점심시간에도 계속해서 만들었던 이유는 만드는 것이 재미있고, 빨리 만들면 더 보완할 수도 있기 때문이에요. 그리고 만들다 보면 집중이 되어서 시간가는 줄 모르겠어요. 이걸 만들다 보면 제가 발명가가 된 기분이 들어요.
>
> (학생 A, 면담)

> 중독성이 있어서 너무 많이 하고 싶었고, 내가 열심히 한다는 것이 뿌듯해서 더 한 것 같다. 그리고 한 번 만들기 시작하면 아이디어가 많아지는 것 같고 만드는 것에 저절로 손이 간다. 그리고 친구들과 함께 하니까 메이커 활동이 더 즐거워서 계속하게 된다. (학생 B, 성찰일지)

> 내가 힘들게 만든 것이어서 작품에 더욱 집착이 가고, 내가 직접 계획하고 만든 것이니까 더 꼼꼼하고 예쁘게 만들려고 노력하게 되는 것 같다. (학생 C, 성찰일지)

또한 자신이 만든 제품을 "실생활에서 바로 사용할 수 있고", "다른 사람에게 선물해 줄 수도 있는" 실제적인 학습경험 때문에, 학생들은 수업시간이 끝난 뒤에도 쉬는 시간 또는 점심시간에 자발적으로 친구들끼리 모여 앉아 자신의 제품을 계속해서 수정·보완하는 모습을 보여주었다.

> 엄마가 내 선물을 받고 기뻐하실 것을 생각하니까 만들 때 물감, 글루건을 더 섬세하게 쓰게 되고, 제대로 만들어졌는지 여러 번 확인하게 되었다. (학생 D, 성찰일지)

> 저는 싱크대에 두고 사용할 수저, 젓가락 보관함을 만들었어요. 평소에 수저,

젓가락이 섞여 있어서 짝 맞춰서 고르기가 힘들었는데 제가 만든 거에는 이렇게 칸이 여러 개여서 아빠, 엄마, 저, 그리고 동생 수저, 젓가락을 한 쌍씩 집어넣을 수 있어요. <u>오늘 집에 가서 바로 사용해 보려고요.</u> (학생 E, 면담)

결과적으로 메이커 수업은 학생이 주체가 되어 자신에게 의미 있는 무엇인가를 능동적으로 설계 및 창작하고, 학생들의 실생활과 관련된 문제를 다룸으로써 학생들의 적극적이고 자발적인 참여를 이끌어내는 것을 확인할 수 있었다.

●재료에 대한 이해 및 도구활용 능력의 신장

학생들은 만들기(making) 활동 중에 다양한 재료를 탐색하고 사용해 보는 과정을 거치면서, "페트병 안쪽이 바깥쪽 보다 열에 약하다", "색깔 철사는 얇아서 모양을 만들기가 쉽고, 물건을 올려놓을 수 있을 만큼의 힘도 가지고 있다"와 같이 각각의 재료가 가지고 있는 특성을 파악하고 이해하게 되었다.

저번에는 글루건으로 지퍼를 붙일 때 페트병 안쪽에 붙이니까 페트병이 쪼그라들어서 잘 안 붙여졌다. 그래서 이번에는 지퍼를 페트병 바깥쪽에 붙였는데 페트병이 쪼그라들지도 않고 모양이 예쁘게 나와서 좋았다. (학생 F, 성찰일지)

<u>색깔 철사는 줄처럼 얇지만 힘이 있어서</u> 만들고 나서 무언가를 올려놓을 수도 있어요. 그리고 <u>모양을 만들기가 쉽고</u> 색깔도 다양해서 꾸밀 수도 있기 때문에 많이 사용하였어요. (학생 G, 면담)

또한 "철사는 펜치의 안쪽 부분에 넣어야 자를 수 있다"처럼 도구의 사용법을 새롭게 알게 된 경우도 있는 반면에, "원하는 양만큼만 글루건을 쏠

수 있고", "송곳으로 페트병을 한 번에 뚫을 수 있게 되었다"처럼 같은 도구를 반복적으로 사용함에 따라 학생들의 도구 사용이 더욱 정교해지고, 상황에 알맞게 도구를 활용하는 모습을 보여주었다.

> 펜치로 옷걸이를 끊을 때 펜치의 안쪽 부분에 넣고 잘라야 한다는 것을 알게 되었다. 그리고 옷걸이는 생각보다 너무 딱딱해서 뼈대로 사용하기 힘들다는 것을 알게 되었다. (학생 H, 성찰일지)

> 예전에는 글루건을 엉뚱한 곳에 쏴서 글루건 굳은 것을 떼어내느라 시간을 다 보냈는데, 이제는 비즈 장식을 붙일 때에도 내가 원하는 양만큼만 깔끔하게 글루건을 쏠 수 있고, 손도 데이지 않게 되었다. 또 송곳으로 페트병을 뚫을 때 삐끗한 적이 많았는데 이제는 한 번에 뚫을 수 있게 되었다. (학생 I, 성찰일지)

결국 학생들은 만들기(making) 활동 중에 지속적인 실패와 극복과정을 거치면서, 각각의 재료가 가지고 있는 특성을 파악하고, 도구를 정교하게 사용할 수 있을 뿐만 아니라 상황에 알맞게 재료와 도구를 활용할 수 있는 능력이 향상됨을 확인할 수 있었다.

●결과물 창출을 위한 지속적 도전 및 문제해결능력의 함양

지속성(persistence)은 메이커 활동 중에 실패로 인해 좌절하는 상황이 오더라도 계속해서 노력하고 시도해 나가는 것을 의미한다. 팅커링 및 만들기(Making) 단계에서 학생들은 의도했던 모습의 제품이 나오지 않거나, 제품을 제작하는 과정 중에 난관에 부딪히는 경험을 하였다. 이 때 학생들은 "망쳤다"라는 표현을 사용하면서도, 끝까지 포기하지 않고 자신의 작품을 "계속해서 고치고 보완하는" 모습을 보여주었다. 또한 본 프로그램이 모두 종료된 이후에도 "필요한 재료를 직접 구하여", "여유 시간이 생기면" 계속해서 만들기(making) 활동을 해보고 싶다고 하였다.

> 내가 원했던 것은 허수아비 머리띠였는데 괴물 머리띠가 되어서 다시 꾸미고 싶었다. 그래서 그림 그린 것을 물티슈로 지우고 비즈도 다시 붙였다. 그래도 이상해서 매직으로 허수아비를 그렸는데 촌스러워서 <u>계속 계속 고쳤다.</u> 그래도 안 되어서 지금은 그냥 놔두었는데 <u>또 다시 고치고 싶다.</u> (학생 J, 성찰일지)

> <u>주말이나 방학처럼 시간이 있으면 계속 만들기를 할 것이다.</u> 왜냐하면 메이커 수업이 재미있기도 하고, 만들기를 하고 나면 뿌듯하기 때문이다. 또 폐품들만 보면 계속 만들고 싶어진다. <u>재료는 다○○, 문방구, 이○○에서 살 수 있을 것 같다.</u> (학생 K, 성찰일지)

또한 제품을 제작하면서 실패를 경험하고 그것을 극복하는 과정을 통해 학생들의 문제해결능력이 향상되는 것을 확인할 수 있었다. 예를 들면 학생 L은 페트병, 색 철사, 광섬유, LED를 이용하여 동생에게 선물할 고양이 모양의 미니 칠판을 만들었는데, 고양이 꼬리 쪽 무게가 상대적으로 무거워서 미니칠판을 못에 걸었을 때 한 쪽으로 기울어지는 문제가 발생하였다. 학생 L은 이 문제를 해결하기 위하여 고양이 꼬리 부분의 반대쪽에 다양한 물체를 매달아 보면서 무게중심을 맞춰 보려고 노력하였고, 결국 "페트병 뚜껑 2개 속에 지우개를 넣고 맞붙인 후 끈으로 달아서" 문제를 해결하였다. 학생 M의 경우 페트병 가운데 부분을 지퍼로 여닫을 수 있는 안경집을 만들려고 하였는데, 지퍼를 페트병에 붙이는 과정에서 "글루건 액이 지퍼에 묻어" 사용할 수 없는 상황이 발생하였다. 이 때 친구가 가지고 있던 둥근 자석을 발견한 학생 M은 페트병에 붙였던 지퍼를 모두 뜯어낸 뒤 그 자리에 둥근 자석을 붙였고, 결국 자석으로 여닫을 수 있는 안경집을 만들어 문제 상황을 해결하였다.

미니칠판을 만들기 위해서 페트병을 네모 낳게 잘라서 펴려고 했는데 펴지지 않아 막막했어요. 그 때 OO이가 두 개를 맞붙여보라고 조언을 해줘서 그렇게 했더니 펴졌어요. 또 마지막에 무게중심이 맞지 않아서 고민하다가 지우개가 보여서 페트병 뚜껑 2개 속에 지우개를 넣고 맞붙인 후 끈으로 달았더니 무게중심이 맞았어요. (학생 L, 면담)

저는 안경집을 만들었는데 페트병 가운데 부분을 자르고 지퍼를 붙여서 지퍼로 여닫을 수 있게 하려고 했어요. 그런데 글루건으로 지퍼를 페트병에 붙일 때 지퍼에 글루건이 덕지덕지 묻어서 잘 열리지가 않더라고요. 마침 OO이가 가지고 있던 재료 중에 둥근 자석이 있었는데 빌려줄 수 있다고 하여서 지퍼 대신 자석을 이용해서 뚜껑을 열고 닫을 수 있게 했어요. 자석을 붙이면 뚜껑이 닫히고, 자석을 떼면 뚜껑이 열리게요. 그리고 자석을 붙이지 않은 쪽은 구멍을 뚫은 다음에 철사로 고리를 만들어서 뚜껑을 열었을 때 떨어지지 않도록 고정시켰어요.

(학생 M, 면담)

2) 사회적 차원
●활동과정 및 결과에 대한 공유 및 나눔

메이커 수업이 진행되는 동안 학생들은 자신이 작품을 어떻게 만들었는지 "친구들이 더욱 쉽게 이해할 수 있도록", "친구들이 고생하지 않고 더 잘 만들 수 있도록 도움을 주기 위하여" 작품 제작과정을 사진(동영상)과 글로 꼼꼼하게 기록하고 온라인 커뮤니티(네이버 밴드)에 공유하였다. 그리고 학생들은 "같은 설명을 반복해서 하지 않아도 되고", "사진, 동영상 자료를 함께 올릴 수 있어서 좀 더 이해하기 쉬운" 온라인 커뮤니티의 장점을 충분히 활용하고 있었다. 이에 대한 구체적인 내용을 학생들의 면담에서 일부를 발췌하여 제시하면 다음과 같다.

제가 이걸 어떻게 만들었는지 친구들이 이해하기 쉬워야 되잖아요. 그러다 보니까 만들기를 하면서도 중간 중간 멈춰서 사진이랑 동영상도 찍고, 사용한 재료랑 만든 방법도 자세히 기록하게 되는 것 같아요. (학생 N, 면담)

저는 동생에게 줄 장난감 자동차를 만들었는데 앞쪽에 있는 바퀴랑 뒤쪽에 있는 바퀴 높이가 달라서 잘 굴러가지 않았어요. 저는 처음부터 구멍을 4개 다 뚫어놓고 막대기를 끼웠는데, 이렇게 선을 맞춰서 앞쪽이랑 뒤쪽 바퀴를 끼울 구멍 1개씩만 먼저 정확히 뚫어놓고 막대기를 반대편으로 밀어 넣으면서 구멍 위치를 잡으니까 균형도 잘 맞고 바퀴 높이를 비슷하게 맞출 수 있었어요. 그리고 꾸미기 전에 바퀴가 잘 돌아가는지도 꼭 확인해야 되고요. 그래서 '바퀴 만들 때 주의할 점'이라고 자세히 써 놓았어요. 그러면 저처럼 고생하지 않고 한 번에 잘 만들수 있을 것 같아서요. (학생 O, 면담)

친구들이 제가 잘 만들었으면 어떻게 만들었는지 물어보거든요? 그런데 한 명한 명에게 다 설명하기는 너무 힘들잖아요. 밴드에 올리면 한 번만 설명을 해도되니까 쉽고 편해요. 그리고 친구들이 올린 작품들도 설명이랑 사진, 동영상이같이 있으니까 만든 과정이 한 눈에 보여서 좋았어요. (학생 P, 면담)

●결과물을 매개로 한 활발한 소통

학생들은 각자 제작한 결과물을 매개로 동료학생 및 가족과 소통하였다. 특히 온라인 커뮤니티에서 제공하는 댓글이나 단체 채팅방 기능은 동료학생들과의 자유로운 대화를 가능하게 하였고, 이 과정에서 학생들은 "친구의 잘한 점을 칭찬하고", "부족한 부분은 자신의 아이디어를 말해주면서" 제작 과정 및 결과물에 대한 동료학생들 간의 피드백이 자연스럽게 이루어졌다.

밴드에 초대된 학부모 중 상당수도 "자기 자녀뿐만 아니라 다른 학생들의 작품에 대해서도 댓글을 다는 모습을 보여" 본 메이커 활동이 학급을 넘어선 소통의 장이 되었음을 확인할 수 있었다.

밴드에서 친구들이 내 작품의 잘한 점과 부족한 점을 댓글로 알려 주니까 부족한 점을 고칠 수 있어서 도움이 되었고, 친구들이 잘했다고 말해주니까 기분이 좋았다. (학생 Q, 성찰일지)

저희 엄마는 우리 반 친구들이 밴드에 올린 글을 밤늦게까지 다 보셨대요. 처음에 글루건이랑 칼이랑 송곳 사용한다고 했을 때 많이 걱정하셨는데, 밴드에 올린 것 보시더니 친구들도 잘 만들었다고 신기해하셨어요. 그리고 "이거 진짜 너가 만든 거냐?"고 하셔서 제가 만든 방법을 설명해 드렸더니 칭찬해 주셨어요. (학생 R, 면담)

전에는 제가 만들기 하면 엄마가 지저분하다고 자꾸 버리셨는데 이번에는 버리지 않으셔서 기분이 좋았어요. 확실히 예전에 비해서 더 깔끔하게 잘 만들 수 있게 된 것 같아요. 그리고 제가 바느질하면 위험하다고 엄마가 싫어하셔서서 그 동안 몰래 했었는데 이번에 밴드에 올린 작품을 보시고 허락해 주셨어요. (학생 S, 면담)

자신의 작품에 관심을 보여주는 친구들로부터 인정받는 경험을 통해 학생들의 자존감이 높아지는 경우도 있었다. 예를 들면, 학생 T는 자신이 미술을 너무 못한다고 생각하여 그리기, 만들기와 같은 조작 활동을 굉장히 부담스러워 하는 학생이었다. 하지만 교사와 친구들을 비롯하여 제품을 선물했던 부모님에게서도 긍정적인 피드백을 받게 되면서 제품에 장식을 붙이는 꾸미기 활동에서 더 나아가 제품 설계를 위해 많은 고민을 하고 자신의 만들기에 적절한 재료를 스스로 준비하여 제작하는 모습을 보여주었다.

내가 만든 제품을 다른 사람들에게 보여줬을 때, 잘 만들었다고 얘기해주고 어떻게 만들었냐고 물어보면서 관심을 가져주니까 <u>자신감이 생겼다.</u> 이번에는 어머니께 드릴 액자를 만들려고 설계도를 그렸는데, <u>더 추가할 재료는 없는지 찾아봐야겠다.</u> (학생 T, 성찰일지)

결국 학생들은 만들기(making) 과정에서 자신이 보고 느끼고 만진 개인적인 경험을 비롯하여 최종 결과물이 완성되기까지의 과정을 영상과 글로 자세히 기록함으로써, 제작과정 및 결과물을 좀 더 구체적이고 명확하게 공유할 수 있었으며, 결과물을 매개로 주변 사람들과 활발한 소통이 이루어지는 것을 확인할 수 있었다.

이상으로 본 메이커 수업의 교육적 가치를 종합해 보면, 다른 관련 연구들의 결과(Blikstein & Worsley, 2016; Martinez & Stager, 2013; Maslyk, 2016; Rusk, 2016; Thomas, 2014)에서와 마찬가지로, 개인적 차원(자발적 참여, 재료에 대한 이해 및 도구활용 능력의 신장, 결과물 창출을 위한 지속적 도전 및 문제해결 능력의 함양)과 사회적 차원(활동과정 및 결과에 대한 공유 및 나눔, 결과물을 매개로 한 활발한 소통)에서 교육적 효과가 있음을 확인할 수 있었다.

학생에게 의미 있는 무엇인가를 능동적으로 설계하고 제작하는 경험은 만들기(making) 활동에 대한 학생들의 내적동기를 유발하여 학생들이 자발적이고 지속적으로 만들기(making)에 몰입하게 만들었다. 특히 이러한 몰입은 특정한 문제에 부딪혔을 때 그것을 극복해 내고자 하는 의지와 지속성을 학생들에게 심어주었는데, 학생들은 결과물을 완성하기까지 반복되는 실패와 극복 경험을 통해 다양한 재료의 특성을 이해하고, 안전하고 효과적으로 도구를 활용하게 되었을 뿐만 아니라, 문제 상황에 적절한 해결방법을 학생 스스로 발견하고 해결하는 능력이 함양됨을 알 수 있었다.

또한 최종 결과물이 완성되기까지의 과정을 영상과 글로 자세히 기록하여 온·오프라인에 공유하고 개방함으로써, 학생들은 다른 사람의 경험과 지식을 나누고 배우는 경험을 하게 되고, 피드백을 통한 제품개선을 기대할 수 있으며, 더 나아가 결과물을 매개로 교실 밖 세상과 소통하는 방법을 배우게 됨을 알 수 있었다.

V. 결론

4차 산업혁명시대에 대한 교육적 대비의 한 방안으로서 메이커 교육(Maker education)에 대한 논의가 활발하게 이루어지고 있다. 메이커 교육은 학습자가 다양한 도구와 재료를 활용하여 결과물(product)을 설계 및 제작하고, 제작과정을 포함한 자신의 지식과 기술에 대한 공유와 소통이 이루어지는 교육을 말한다. 이러한 메이커 교육은 다양한 IT 및 3D 프린터 등을 활용한 조작적 활동(hands-on activity)과 메이커 정신(창의성, 도전정신, 공유와 나눔 정신 등)을 강조하고, 제작 작업과 공유가 활발하게 이루어지는 공간으로 메이커스페이스의 필요성을 언급하고 있다.

그러나 메이커스페이스를 만들고 그 안에 메이커 활동을 위한 각종 도구 및 재료를 풍성하게 구비하는 것은 현실적으로 많은 어려움이 있으며, 국내의 경우 대다수의 학교가 메이커스페이스를 갖추고 있지 않은 실정이다. 이에 대한 대안으로서 교실, 과학실, 도서실과 같은 기존의 공간을 메이커스페이스로 활용하는 방법, 대학 또는 지역사회에 있는 메이커스페이스를 이용하는 방법, 학교로 찾아오는 메이커 버스를 이용한 1일 체험 방법, 그리고 메이커 박스를 이용하는 방법 등이 논의되고 있다.

이러한 맥락에서 본 연구는 메이커 활동을 일반적인 교실 상황에서 실시해 보기 위하여 메이커 박스를 활용한 초등학교 메이커 수업을 제안하였다. 메이커 활동에 활용할 다양한 재료와 도구를 담은 상자라는 뜻을 가진 메이커 박스를 이용할 경우 교실을 간이 메이커스페이스로 활용하여 메이커 활동을 실시하는 것이 가능해지기 때문이다. 이를 통해 메이커 활동을 메이커 교육이라는 새로운 교육환경이자 방법으로 만들어서 교실 수업 내에서 적극 활용할 수 있는 가능성을 탐색해보고자 하였다. 뿐만 아니라 메이커 활동을 교실 내 메이커 수업으로 재구성하였을 때에도 메이커 활동에서 확인되는 교육적 가치와 의미가 동일하게 나타나는지를 확인해보고자 하였다.

이에 초등학교 4학년을 대상으로 '재활용품과 전기회로'를 이용한 초등학교 메이커 교육 프로그램을 개발 및 적용하고, 그 결과를 분석한 결과, 메이커 수업은 개인적 차원(자발적 참여, 재료에 대한 이해 및 도구활용 능력의 신장, 결과물 창출을 위한 지속적 도전 및 문제해결능력의 함양)과 사회적 차원(활동과정 및 결과에 대한 공유 및 나눔, 결과물을 매개로 한 활발한 소통)에서 학생들에게 긍정적인 영향을 주는 것으로 나타났다.

이러한 메이커 수업을 통한 교육적 효과는 메이커 활동이라는 환경이 학생 개개인의 자기주도적 학습활동을 보장해주기 때문이라고 할 수 있다. 즉, 메이커 수업에서 학생들은 개인적 혹은 사회적인 이슈·문제·관심사 등을 중심으로 실제적인 문제해결활동을 만들기(making)라는 조작적(hands-on) 활동을 통해 하고, 그 과정이나 결과를 다른 사람과 기꺼이 공유·나눔·소통하는 활동을 함으로써, 학습이 교실 내에서 끝나지 않고, 교실 밖, 사회에까지 확장·적용·실천될 수 있는 가능성을 경험하게 되기 때문이다.

무엇보다도 늘 평가라는 잣대로 인해 단 한 번의 기회만 주어진다던지, 혹은 실패에 따른 평가를 두려워하던 학생들이 스스로 선택한 재료와 도구를 활용하여 자신이 원하는 것을 작업할 수 있을 뿐만 아니라, 혹여나 실패가 있더라도 그것을 오히려 배움의 기회로 여기고 격려해 주는 학습 환경에 의해, 실패를 두려워하지 않고 지속적으로 도전하고자 하는 태도를 배울 수 있다는 점은 메이커 교육이 지닌 두드러진 특징이자 장점이 아닐 수 없다.

현재 국내의 경우 메이커 교육은 주로 대학생 또는 창업을 목표로 하는 사람들을 대상으로 이루어지고 있고, 특히 메이커 교육을 정규교육과정 안에서 진행한 연구는 매우 드문 상황이다. 아마도 교사는 전문가로서 메이커 수업에서 하는 내용을 모두 알고 있어야 하고, 메이커 활동은 무조건 3D 프린터 및 IT 기기를 다루어야 한다는 오해 때문에 선뜻 교사가 다루기 어렵다고 생각하는 것이 원인이 아닐까 추측해 본다.

그러나 메이커 교육에서 강조하는 것은 프로그램 내용이나 결과물에 대한 평가가 아니라 메이커 교육환경에서 학생들이 경험하게 되는 '메이커 정신', 즉, 개인 또는 사회적 문제나 이슈를 구체적 결과물로 생산하는 과정 중에 경험하는, 실패를 두려워하지 않고 도전하고자 하는 지속성, 인내, 자신들의 경험과 지식을 기꺼이 공유하고 나누며 소통하고자 하는 정신이다.

본 연구는 28명이라는 적은 수의 초등학생 단일집단을 대상으로 이루어진 수업이기 때문에 위에서 제시한 결과를 모두 일반화하기에는 다소 무리가 있을 수 있다. 하지만 메이커스페이스가 구비되어 있지 않고, 학급별로 컴퓨터실 사용시간이 주당 1시간 이하로 제한되어 있으며, Makey Makey 또는 Arduino 등의 제품을 구입할 별도의 예산을 마련하지 않는 대다수의 학교 상황을 고려해 볼 때, 메이커 박스와 재활용품을 활용한 본 프로그램은, 일반적인 교실 상황에서도 메이커 활동의 교육적 가치를 이끌어낼 수 있다는 점에서 초등학교 정규교육과정 안에서 이루어질 수 있는 메이커 교육의 한 방안으로 제안해 본다. 또한 이러한 메이커 교육은 미래 사회에서 요구하는 문제해결능력, 의사소통 능력뿐만 아니라 공유와 개방, 협력의 정신을 함양할 수 있다는 점에서 4차 산업혁명시대에 대한 교육적 방안으로서의 가능성도 기대하게 한다.

참고문헌

◆강인애, 김양수. (2017). 대학에서의 메이커 교육을 통한 기업가정신 함양사례. **한국 교육정보미디어학회 춘계학술대회논문집, 1**, 1-29.

◆강인애, 윤혜진. (2017). 메이커 교육의 평가를 위한 평가틀 및 요소 탐색. **한국교육공 학회 춘계학술대회논문집, 1**, 21.

◆김소영, 정유진, 황연숙. (2016). 메이커스페이스 구성 및 이용실태에 관한 연구. **한 국한국실내디자인학회 학술대회논문집, 5**, 203-206.

◆메이커 교육 코리아. (2015). **Youth makerspace playbook in Korean**. 메이커 교 육 코리아 웹사이트 http://www.makered.or.kr에서 2017년 1월 25일 인출.

◆메이커 교육 코리아. (2016). **메이커 교육 코리아 2016 포럼북: 메이커 교육실천, 그 시작과 여정**. 메이커 교육 코리아 웹사이트 http://www.makered.or.kr에서 2017 년 1월 25일 인출.

◆미래창조과학부. (2016). **메이커 운동 활성화 추진계획**. 미래창조과학부 웹사이트 http://msip.go.kr/SYNAP/skin/doc.html?fn=835d300f63c02a27f807ca57345 72cdf&rs=/SYNAP/sn3hcv/result/201612에서 2016년 12월 20일 인출.

◆박성희. (2011). **생애사에 기초한 질적 연구방법**. 서울: 원미사.

◆장윤금. (2017) 공공도서관 메이커스페이스 구성 및 프로그램 분석 연구. **한국문헌정 보, 51**(1), 289-306.

◆함진호, 이승윤, 김형준. (2015). ICT DIY 정책과 메이커생태계 구축을 위한 표준화. **정보와 통신, 33**(1), 5-10.

◆황중원, 강인애, 김홍순. (2016). 메이커 페다고지(Maker Pedagogy)로서 TMSI 모 형의 가능성 탐색: 고등학교 사례를 중심으로. **한국교육공학회 추계학술대회논문집, 1**, 1-10.

◆Bender, S. (2016). Electronics meets textiles: Sewing the way to powerful new ideas about technology. In K. Peppler, E. Halverson, & Y. Kafai (Eds.), *Makeology: Makers as learners (Vol.2)* (pp. 125-144). New York, NY: Routledge.

◆Berland, M. (2016). Computational literacy. In K. Peppler, E. Halverson, & Y. Kafai (Eds.), *Makeology: Makers as learners (Vol.2)* (pp. 196-205). New York, NY: Routledge.

◆Blikstein, P. (2013). Digital fabrication and making in education: The democratizationo of invention. In J. Walter-Herrmann, & C. Büching (Eds.), *Fablabs: of machines, makers and inventors* (pp. 1-21). Bielefeld, Germany: Transcript Publishers.

◆Blikstein, P. & Worsley, M. (2016). Children are not hackers. In K. Peppler, E. Halverson, & Y. Kafai (Eds.), *Makeology: Makerspaces as learning environments (Vol. 1)* (pp. 64-79). New York, NY: Routledge.

◆Blikstein, P., Martinez, S., & Pang, H. (Eds.), (2016). *Meaningful making: Projects and inspiration for fablabs and makerspaces.* Torrence, CA: Constructing modern knowledge press.

◆Brahms, L., & Crowley, K. (2016). Making sense of making: Defining learning practices in MAKE magazine. In K. Peppler, E. Halverson, & Y. Kafai (Eds.), *Makeology: Makers as learners (Vol.2)* (pp. 13-28). New York, NY: Routledge.

◆Bullock, S., & Sator, A. (2015). Maker pedagogy and science teacher education. *Journal of the Canadian Association for Curriculum Studies, 13*(1), 61-87.

◆Cohen, J., Jones, M., & Calandra, B. (2016). Makification: Towards a framework for leveraging the maker movement in formal education. *Association for the Advancement of Computing in Education, 1,* 129-135.

◆Dougherty, D. (2012). The maker movement. *Innovations, 7*(3), 11-14.

◆Fields, D., & Lee, V. (2016). Craft technologies 101: Bringing making to higher education. In K. Peppler, E. Halverson, & Y. Kafai (Eds.), *Makeology: Makerspaces as learning environments (Vol. 1)* (pp. 121-137). NY: Routledge.

◆Halverson, E., & Sheridan, K. (2014). The maker movement in education. *Harvard Educational Review, 84*(4), 495-504.

◆Hatch, M. (2014). *The maker movement manifesto.* NY: McGraw-Hill.

◆Kafai, Y., Fields, D., & Searle, K. (2014). Electronic textiles as disruptive designs: Supporting and challenging maker activities in schools. *Harvard Educational Review, 84*(4), 532-556.

◆Lee, M. (2015). The promise of the maker movement for education. *Journal of Pre-college Engineering Education Research, 5*(1), 30-39.

◆Litts, B. (2015). *Making learning: Makerspaces as learning environments.* Doctoral dissertation, University of Wisconsin-Madison.

◆Loertscher, D., Preddy, L., & Derry, B. (2013). Makerspaces in the school library learning commons and the uTEC maker model. *Teacher Librarian, 41*(2), 48-51.

◆Martinez, S., & Stager, G. (2013). *Invent to learn: Making, tinkering, and engineering in the classroom.* Torrence, CA: Constructing Modern Knowledge Press.

◆Maslyk, J. (2016). *STEAM maker: Fostering creativity and innovation in the elementary classroom.* Thousand Oaks, CA: Corwin.

◆McGalliard, M. (2016). From a movie to a movement: Caine's arcade and the imagination foundation. In K. Peppler, E. Halverson, & Y. Kafai (Eds.), *Makeology: Makers as learners (Vol.2)* (pp. 111-124). New York, NY: Routledge.

◆Miles, M., & Huberman, A. (1994). *Qualitative data analysis: An expanded sourcebook.* Thousand Oaks, CA: Corwin.

◆Papert, S. (1980). *Mindstrom: Children, computers, and powerful ideas.* New York, NY: Basic Books.

◆Peppler, K., & Hall, T. (2016). The make-to-learn youth contest: Gaining youth perspectives on learning through making. In K. Peppler, E. Halverson, & Y. Kafai (Eds.), *Makeology: Makerspaces as learning environments (Vol. 1)* (pp. 141-157). New York, NY: Routledge.

◆Regalla, L. (2016). Developing a maker mindset. In K. Peppler, E. Halverson, & Y. Kafai (Eds.), *Makeology: Makerspaces as learning environments (Vol. 1)* (pp. 257-272). New York, NY: Routledge.

◆Rusk, N. (2016). Motivation for making. In K. Peppler, E. Halverson, & Y. Kafai (Eds.), *Makeology: Makers as learners (Vol. 2)* (pp. 85-108). New York, NY: Routledge.

◆Ryan, J., Clapp E., Ross J., & Tishman, S. (2016). Making, thinking, and understanding: A dispositional approach to maker-centered learning. In K. Peppler, E. Halverson, & Y. Kafai (Eds.), *Makeology: Makers as learners (Vol. 2)* (pp. 29-44). New York, NY: Routledge.

◆Ryan, R., & Deci, E. (2000). Self-determination theory and the facilitation of intrinsic motivation, social development, and well-being. *American Psychologist, 55*, 68-78.

◆Sheridan, K., Halverson, E., Brahms, L., Litts, B., Jacobs-Priebe, L., & Owens, T. (2014). Learning in the making: A comparative case study of three makerspaces. *Harvard Educational Review, 84*(4), 505-531.

◆Sheridan, K., & Konopasky, A. (2016). Designing for resourcefulness in a community-based makerspace. In K. Peppler, E. Halverson, & Y. Kafai (Eds.), *Makeology: Makerspaces as learning environments (Vol. 1)* (pp. 30-46). New York, NY: Routledge.

◆Thomas, A. (2014). *Making makers: Kids, tools, and the future of innovation.* CA: Maker Media, Inc..

◆Tseng, T. (2016). Build in progress: Building process-oriented documentation. In K. Peppler, E. Halverson, & Y. Kafai (Eds.), *Makeology: Makerspaces as learning environments (Vol. 1)* (pp. 237-254). New York, NY: Routledge.

◆Wardrip, P., & Brahms, L. (2016). Taking making to school: A model for integrating making into classrooms. In K. Peppler, E. Halverson, & Y. Kafai (Eds.), *Makeology: Makerspaces as learning environments (Vol. 1)* (pp. 97-106). New York, NY: Routledge.

◆Wilkinson, K., Anzivino, L., & Petrich, M. (2016). The big idea is their idea. In K. Peppler, E. Halverson, & Y. Kafai (Eds.), *Makeology: Makers as learners (Vol. 2)* (pp. 161-179). New York, NY: Routledge.

초등 과학 수업에서의 메이커 교육 수업 사례
: 구성주의 학습 환경으로서의 재발견*

강인애, 이지은

I. 서론

> 값비싼 장비나 원료들을 살 수 없는 경제적 환경이라도, 학교는 아이들과 교사가 함께 메이크(Make)를 직접 경험하면서 배우는 메이커스페이스(Maker Space)가 될 수 있으며, 그 잠재력은 어마어마하다(송기봉, 김상균, 2015; Martinez & Stager, 2015).

메이커 운동이 4차 산업혁명의 시발점이 되고, 교육 현장으로의 도입 가능성에 대한 논의가 시작되면서 메이커 운동은 단순한 사회 현상이 아니라 '교육 페다고지'로서 그 입지가 커지고 있다. 메이커 운동이 처음 시작되었던 미국에서는 '소비자가 아닌 메이커로서의 정체성을 갖는 시민성이 메이

---

*본 논문은 2017년 교육정보미디어학회 춘계학술대회에서 발표한 논문(강인애, 이지은, 2017)을 수정. 보완하였음

커 운동과 STEAM 교육에서 길러질 수 있는 정신(mindset)과 연결된다'고 하며 과학과 기술의 융합을 지향하는 STEAM Making 개념과 메이커 교육을 동일시하고 있다(Maslyk, 2016). 메이커 교육 도입 초기인 우리나라의 경우, 정부 주도 하에 메이커 운동이 장려되고 있으며, 미래창조과학부의 메이커 교육 계획에 따르면 메이커 교육 자체를 'ICT와 DIY의 결합'으로 간주하면서 아두이노, 3D 모델링 및 프린팅, 스크래치 기반 소프트웨어, 드론, 앱 및 웹 개발과 같은 IT 중심의 교육 프로그램을 메이커 교육의 주요 내용으로 명시하고 있다(함진호, 이승윤, 김형준, 2015). 그러나 이러한 접근은 메이커 교육의 의미를 첨단과학기술의 영역으로 축소하고 자발적 메이커가 아닌 수동적 메이커를 양산함으로써 메이커 정신의 구성주의적 학습 환경으로서의 가치를 변질시킬 우려가 있다.

'메이커 운동'이라는 것은 무엇이든 자기 손으로 만들어 보고 싶다는 '주체성'의 극대화된 발현이다. 그러므로 메이커 운동은 일종의 '정신'으로 간주된다. 테크숍의 CEO이자 공동 설립자로서 메이커 운동의 발화점이 되었던 Mark Hatch는 그의 저서 '메이커 운동 선언'에서 '만들라, 나누라, 주라, 배우라, 도구를 갖추라, 가지고 놀라, 참여하라, 후원하라, 변화하라'라는 아홉 가지 메이커 정신을 표명하였다(Hatch, 2014). 특히 '배우라'라는 선언에는 '만들려면 끊임없이 배워야한다'는 뜻을, '변화하라'는 선언으로는 '메이커로 성장하는 여정에서 자연스럽게 다가올 변화를 받아들이자'라는 의미를 담아내었다. 즉 메이커 운동은 배움을 수반하는 메이커 활동을 통해 메이커가 자연스럽게 메이커로서의 정체성을 획득하는 과정을 뜻한다고 할 수 있겠다.

그러므로 메이커 운동이 교육에 시사하는 바는 다음과 같다. 첫 번째, 메이커 운동은 하나의 '문화'와 '정신(mindset)'으로서 '자발성'에 기초해야 한다. 따라서 정부 주도의 비자발적 메이커 문화 확산보다는 장기적 안목에서 새로운 문화를 습득하고 우리 것으로 재창조해낼 수 있는 교육, 특히 공교육으로의 적용이 필요하다. 두 번째, 메이커는 메이커 과정에서 '배움'을 자발적으로 수행하는 '학습자'이며 스스로 메이커 정체성을 획득한다는 점에서 '메이커 교육'을 통해 우리 교육이 궁극적으로 지향하는 '자발적 학습자'를 육성할 수 있다는 교육적 함의를 갖는다.

이런 맥락에서 본 연구는 외국에 비해 자발적 참여의 문화에서 비롯되는 메이커 활동에 익숙하지 않은 한국의 사회문화적 배경을 고려할 때, '학교'라는 공교육 현장에서부터 비교적 실천하기 용이한 방법으로서 메이커 교육을 적용하기 위해, 기존 교육과정의 일부를 메이커 교육 프로그램으로 재구성하여 수업에 적용해보고자 하였다. 이를 통해 첫째는 메이커 교육이 학교 교육에 도입될 수 있는 가능성을 모색해 보고, 둘째는 메이커 교육을 통해 학습자들이 경험하는 메이커 정신과 문화가 궁극적으로 구성주의적 환경으로서의 가치를 재현하고 있음을 확인해보고자 하였다. 이를 위해 초등과학 교과목 매 단원 마무리 부분에 STEAM(Science, Technology, Engineer, Art, Math) 교육 실천을 위해 제시되어있는 'Hands on activity(만들기 활동)'을 메이커 교육 프로그램으로 재구성하여, 초등학교 6학년 63명을 대상으로 15차시에 걸쳐 실시하였다. 그리고 학습자 사후 서술형 설문지, 학습자 면담자료, 교수자 성찰일지와 같은 질적 자료를 수집, 분석하여 연구 결과를 도출하였다.

II. 메이커 교육과 구성주의

1. 메이커 교육의 등장 배경

메이커 운동은 2010년대에 새롭게 등장한 현상이지만 우리에게 친숙한 이론들로부터 출발한 것으로 교육과 매우 깊은 관계를 갖는다(Martin, 2015). 메이커 운동이란 스스로 필요한 것을 만드는 사람들이 만드는 법을 공유하고 발전시키는 흐름을 통칭하는 말로, 메이커 매거진의 창간자인 Dale Dougherty가 화두를 이끌어낸 후 디지털 제조업, 풀뿌리 기술혁신의 확산과 맞물려 전 세계적으로 퍼지고 있는 혁신의 흐름이다(Hatch, 2014). 메이커 운동의 흐름을 주도하는 미국은 메이커 운동이 4차 산업 혁명을 이끌 원동력으로 보고 2014년 6월부터 '메이커 국가 선도전략'을 통해 메이커 운동을 교육 현장으로까지 도입하고 있다[1]. 이러한 흐름에 발맞추어 미래창조과학부는 100만 메이커 양성을 목표로 '메이커 운동 활성화 추진 계획'을 발표한 바 있다[2]. 그러나 메이커 운동이 갖는 교육적 함의를 교육 현장에 도입하려는 구체적인 시도는 아직 활성화되지 못하고 있으며 메이커 교육에 대한 정의도 모호한 상황이다.

황중원, 강인애, 김홍순(2016)은 메이커 교육을 '메이커로서의 학습자가 다양한 도구를 활용하여 자신의 삶이나 사회적 이슈 또는 문제에 대한 해결 방안으로서의 결과물(제품)을 만들어내고, 이를 만들어내는 과정과 결과를 다른 사람과 공유하고 소통하는 활동'으로 정의하고 있다. 곧, 학습자가 자신에게 혹은 자신이 속한 사회나 공동체에 필요한 물건을 만들기 위하여 메이킹에 자발적으로 참여하고, 메이킹의 과정과 결과를 오프라인/온라인으로 나누고 공유하며, 이를 위하여 다른 학습자들과 유기적으로 소통하는 활동이라고 설명하였다. 이러한 의미로서 메이커 교육의 목적은 비단 최첨단 IT 기술이나 기구 혹은 다양한 재료를 사용할 수 있는 능력을 키운다는 의미를 넘어서, 메이커로서의 학습자들이 메이커 활동의 과정과 결과를 통해

---

1) http://www.huffingtonpost.com/thomas-kalil/building-a-nation-of-make
   _b_11978108.html 참조
2) http://www.korea.kr/gonggam/newsView.do?newsId=01Ik2VmUADGJM000
   참조

복합적인 교육적 가치, 곧 자발성, 협력, 공유, 소통 등으로 나열되는 메이커 정신을 경험하게 하는 것이다(강인애, 김명기, 2017; 강인애, 김양수, 윤혜진, 2017; Martin, 2015; Blikstein, 2013; Peppler& Bender, 2013).

이처럼 메이커 정신에 중점을 두고 접근할 때, 메이커 교육을 STEAM교육의 일환으로 간주하거나(강인애, 황중원, 2016; Martinez, 2017; Maslyk, 2016), 혹은 제조업을 활성화시키기 위한 정책적 입장(함진호, 이승윤, 김형준, 2015)이 아니라, 여러 학자들이 주장하듯이, 4차 산업혁명시대를 맞이하여 그에 적합한 '교육 패러다임'(Martin, 2015; Bullock & Sator, 2015; Blikstein, 2013)으로서 가치를 가지게 된다.

직접적인 수행을 통한 교육으로서의 메이커 활동은 진보주의 교육철학, 구성주의 교육, 경험기반 교육 등과 동일어로 인식된다(박주용, 2016; Flores, 2015, Ackermann, 1996; Papert & Harel, 1991). 특히 실제적인 결과물 제작을 강조하는 Papert의 구성주의(Constructionism)는 메이커 운동의 교육적 함의를 이론적으로 뒷받침해 준다(강인애 외, 2017; Martinez & Stager, 2015). Papert는 Piaget의 발달심리에서 시작된 인지적 구성주의(cognitive constructivism)를 토대로 학습자 개인이 본인에게 의미 있는 무언가를 직접 만들고 체험하는 과정에서 지식이 구성됨을 강조하였다(Martinez & Pang, 2014; Peppler & Bender, 2013; Blikstein, 2013). 학습자가 직접 만들고 체험하는 과정은 메이커 활동의 주된 과정이며 이 과정에서 학습자 자신만의 경험과 방법을 통해 지식을 체득하고 결과물을 생성한다는 점은 구성주의 입장에서 본 지식의 본질과 일치한다(강인애, 1995). 따라서 메이커 교육은 구성주의 인식론을 기반으로 하는 새로운 교수학습패러다임이라 할 수 있겠다.

우리의 공교육은 7차 교육과정에 구성주의 인식론을 반영하여 '자기주도적 학습'을 강조하였고, 이를 심화·발전시킨 2015 문·이과 통합형 교육과정을 2018년도부터 교육 현장에 도입할 예정이다. 4차 산업 혁명을 주도할 미래형 인재를 길러 내기 위한 2015 개정 교과 교육과정의 핵심 방향은 '창의융합형 인재 양성을 위한 교과 교육과정 개발', '핵심역량을 반영한 교과 교육과정 개발', '배움의 즐거움을 경험할 수 있는 학생 중심 교과 교육과정 개발'이라는 세 가지로 구분·정리할 수 있으며, 구체적 실천 방안으로는 '학습 내용과 수준 적정화, 실생활 활용 가능 학습 내용 구성, 학생 참여 및 흥미 유도를 위한 수업 방법, 과정 중심 평가 제시' 등을 제시하였다(주형미, 2015). 이러한 교육과정 변화의 바탕은 바로 '구성주의 인식론'이라 할 수 있다.

공교육 패러다임이 구성주의적 교육환경에 입각하여 전환되고 있다는 의미는 앞서 언급한 '메이커 교육' 역시 학교 교육과정에 도입될 수 있는 기반이 마련되었다는 뜻이기도 하다. 이런 의미에서 메이커 교육이 강조하는 메이커 정신은 4차 산업혁명시대에 다시 만나게 된 구성주의 교육환경이라고 할 수 있다.

2. 메이커스페이스로서 학교 커뮤니티의 가치 교육의 등장 배경

메이커 활동은 기존의 노작활동, 공작활동, 만들기 활동에서와 달리 훨씬 다양한 기구, 도구, 재료를 제공해주고 이를 활용하여 자신들이 원하는 메이커 활동을 할 수 있도록 하기 때문에, 메이커 활동을 위한 공간으로서 메이커스페이스(Makerspace)를 수반한다. 메이커스페이스는 만들기에 필요한 도구를 갖춰 놓은 장소(space), 도구(tools)가 갖춰진 커뮤니티(community)의 터전을 지칭한다(Hatch, 2014). 메이커스페이스의 설계자들은 궁극적으로 메이커스페이스를 구성하고 유지해가는 원동력은 커뮤니티가 갖고 있다고 역설하였다(Baichtal, 2011; Britton, 2012a; Breanne K., 2015). 메이커스페이스의 핵심이 '커뮤니티'라는 점은 '학교'라는 보편화된 커뮤니티가 메이커스페이스로서 기능할 수 있음을 의미한다. 홍소람, 박성우(2015)는 다양한 문해력을 함양할 수 있는 메이커스페이스의 목적에 입각하여 공유와 협업을 강조하는 코워킹 스페이스로서 도서관의 메이커스페이스로서의 가치에 주목하였다. 도서관과 마찬가지로 학교 또한 학습자들의 공유와 협업을 통해 지식의 구성을 촉진하는 학습공간으로 메이커스페이스의 역할에 부합한다.

학교에서의 메이커스페이스는 학생들이 도전 정신을 키우고, 영감을 받으며, 바쁘게 프로젝트를 수행할 수 있도록 기본적인 물품을 보유해야 한다(Martinez & Stager, 2015). 학교의 교실은 커다란 전용 메이커스페이스의 요소를 취함으로써 다재다능하고 독립된 제조업체 공간이 될 수 있도록 보강할 수 있다(MakerED, 2015). 더불어 학교는 메이킹이 이루어져온 기존의 극장, 음악실, 미술실, 컴퓨터실, 도서관, 정원과 같은 공간을 보강하여 전학생을 아우르는 독창적인 메이커스페이스를 구축할 수 있다(MakerED, 2015).

본 연구의 경우, 해당 학교에서는 따로 메이커스페이스가 준비되지 않았기 때문에, 기존 과학실을 프로그램을 진행하는 5주 간 한시적 메이커스페이스로 활용하였다. 메이킹의 주제인 '전기회로'와 관련한 부품들(구리테이프, 전선, LED, LED 커넥터, 코인전지, 전지홀더, 스위치, 저항, 절연테이프 등)과 공작 재료(지류, 상자, 색지, 양면테이프 등), 공작 도구(가위, 칼, 자, 글루건, 펜치, 송곳 등), 재활용품(분해한 장난감, 페트병, 상자 등), 안전용품(장갑, 안전수칙 게시물)을 교실 앞에 비치하여 자유롭게 사용할 수 있도록 하였고, 조별 작업대에는 수시로 사용하게 되는 전기회로 부품과 공작 도구 일부를 상자에 담아 비치하였다.

3. 메이커 교육모형으로서 TMSI 모형과 구성주의

메이커 교육이 담고 있는 구성주의적 인식론은 메이커 교육의 모형으로서 제시된 TMSI 모형에서 확인할 수 있다(황중원 외, 2016). TMSI는 각각 Tinkering, Making, Sharing, 그리고 Improvement의 앞부분 알파벳을 따서 만든 것인데, 기존의 메이커 교육 모형으로서 실행하기를 극대화한 TMI(Think, Make, Improve) 모형(Martinez & Stager, 2013)이 있었으나, 메이커 교육모형이라는 점을 강조하기 위해 Thinking(사고하기)의 T 대신 메이커 활동을 바로 진행하기에 앞서서, 도구와 재료 사용을 익히고 메이킹이라는 활동에 대한 흥미와 자발적 참여를 일으키기 위한 동기부여 단계로서 기존의 uTEC 모형(Loertscher, Preddy & Derry, 2013)에서도 강조하고 있는 'Tinkering(팅커링)'을 첫 단계로 설정하였다. 이어서 메이커 정신에서 강조하고 있는 공유와 개방의 정신을 강조하기 위해 '나눔(Sharing)의 단계를 추가하여, 새로운 TMSI 모형으로서 메이커 교육 모형을 제시하였다. 이에 따라 TMSI 모형은 T(Tinkering), M(Making), S(Sharing), I(Improving)의 과정으로 진행되는데, 이 진행은 반복적으로 이루어지며, 첫 번째 단계를 다 거치고 난 뒤, 2번째 순환되는 상황부터는 단계들의 순서가 바뀌어서 진행될 수 있도록 유연하고 반복적인 학습 단계를 제안하고 있다.

우선 첫 단계는 팅커링(Tinkering)이다. 이 단계는 메이커 교육의 전반적인 환경을 경험할 수 있도록 하여 메이커 활동에 대한 동기부여의 역할을 하며, 나아가 제공되는 다양한 도구, 재료들의 사용법을 익히는 시간이다. 주로 기존 제품들을 분해하거나 재조립하는 활동을 통해, 마치 놀이를 하듯이 자유롭게 탐색하고 재조합하는 활동을 하게 된다. 이러한 팅커링(Tinkering) 단계는 교수자가 학습 목표를 선정하고 제시하던 객관주의적 교육 방식과는 달리 학습자가 무목적으로 재료를 탐색함으로써 내적 학습 동기(메이커 교육에서는 '무엇인가 만들고 싶다'는 욕구)를 마련하고 스스로 목표(메이커 교육에서는 '무엇을 어떻게 만들 것인가'를 선정하는 것)를 세워 학습을 진행하도록 촉진하는 단계에 해당한다. 팅커링(Tinkering)은 '개조하다'는 뜻을 지녔으나 기존 제품을 개조하는 것만이 아니라, 다양한 제품과 부품, 재료들을 만지작거리며 탐색하고 사용법을 익히는 과정이므로 충분한 재료와 도구, 시간이 제공되어야 하는 단계이다. 학습자는 무목적적인 탐색 과정에서 자신에게 필요한 도구 사용법을 익히게 되고(Learn) 이 과정은 놀이와 구분되지 않는다. 메이커 교육에서 학습과 동일시되는 놀이(Play)는 호기심의 당연한 결과이다(Thomas, 2014). 따라서 그 호기심을 자극할 수 있는 다양한 도구, 재료들을 갖추고(Tool up) 이를 학습자에게 개방한다면 팅커링 단계는 성공적일 수 있다.

팅커링 단계에서 '만들고 싶다'는 내적 동기가 촉진되었다면 이를 바탕으로 학습자 스스로 본격적인 만들기를 시작하게 되는데 이 단계가 메이커 수업의 중심 활동인 '메이킹(Making)' 단계이다. Making 단계란 학습자의 개별 아이디어(thinking)를 유형(visible)의 결과물(product)로 만들어 내는 과정을 뜻한다. 아이디어를 구상하고 그것을 구체화할 수 있는 재료와 도구를 확보하여 나만의 만들기를 하게 되는 것이다. 이 단계에서 학습자는 메이킹 과정을 기록하고 성찰하는 과정을 반복하면서 메이킹 과정을 동료 학습자들과 공유하게 된다. 메이킹과 공유 과정이 결합되면 학습자 간 실시간 피드백(real feedback)이 이루어져 과정에서 겪게 되는 '실패'를 생산적인 실패(productive failure)로 견인할 수 있다. 이 단계에서 제공되는 '만들라'는 실제적 과제는 메이커들이 프로젝트에 더 몰입하게 해 주고, 모두의 공간(메이커스페이스)은 실시간 피드백이라는 '최고의 학습 환경'을 제공해 준다(Berland, 2016).

메이킹 단계를 마치면 결과물을 만드는 과정과 결과를 동료 학습자들과 공유하고 피드백을 받는 공유하기(Sharing) 단계가 이어진다. 학습자는 자신의 결과물을 누구나 만들거나 변형해볼 수 있도록 제작 과정과 관련 정보들을 개방하고 자신 또한 동료학습자들의 메이킹 과정과 결과를 참고하여 새로운 메이킹을 구상할 수 있다. 단, 메이커 교육을 시작하기에 앞서, 학습자들이 이 공유하는 단계를 충분히 숙지할 수 있도록 안내해 주는 것이 필요하다(황중원, 강인애, 김홍순, 2016). 이러한 공유 단계는 메이커의 '이타적 정신(나누라, 주라)'을 습득할 수 있는 중요한 과정이며 이를 바탕으로 학습자는 사회참여적인(참여하라) 메이킹도 실천할 수 있게 된다.

마지막으로 학습자는 자신의 제작 과정을 돌아보고 새로운 메이커 활동을 시작할 디딤돌로서 '개선하기(Improving)' 단계에 들어선다. 공유하기 단계에서 이루어진 활발한 피드백을 바탕으로 결과물을 개선하거나 새로운 결과물을 구상하게 된다. 메이커 활동은 새로운 메이커 활동을 위한 단계이며, 메이커 활동이 가진 순환적이고 반복적인 특성이 이 단계에 반영되어 있다(황중원 외, 2016). 따라서 메이커 교육은 새로운 학습 목표가 분절적으로 제시되는 것이 아니라 학습자가 내적 동기(다른 것 혹은 더 나은 것을 만들고 싶다는 욕구)에 의해 스스로 다음 학습 단계로 진입하게 되는 자발성과 연속성에 기반하고 이러한 특성이 TMSI 모형에 구조화되어 있다.

이러한 메이커 교육의 특성을 TMSI 모형의 단계별 학습자의 활동 내용, 그에 따른 결과로서 학생들이 경험하는 메이커 정신으로 정리해보았을 때, 결국 이것은 구성주의적 학습환경과 거의 일치하고 있음을 알 수 있다(〈표 1〉 참조).

〈표 1〉 메이커 교육과 구성주의적 학습환경

단계	활동 내용	메이커 정신	구성주의적 특성
Tinkering	• 다양한 재료와 부품 및 기성품을 자유롭게 만지면서 해체하고 조합하고 꾸미고 수리하는 일련의 무목적적 활동 • 메이커 활동에 흥미를 갖고 다음 단계를 진행할 수 있는 만들기 아이디어 도출	갖추라 (Tool up) 놀라(Play) 배우라(Learn)	• 참여를 통한 지식 습득과 형성 과정의 연속적이며 지속적인 재구성 • 개인의 사회적 경험에 기반한 개별적 의미의 학습 형성 • 실제적 과제 • 학습자의 자기결정학습 • 경험 기반 학습 • 촉진자, 조력자로서의 교수자 • 지식의 공유 및 나눔
Making	• 메이커 수업의 중심 활동 • 개인의 아이디어를 구체화하여 실제로 결과물(제품)을 만드는 활동	만들라(Make) 놀라(Play)	
Sharing	• 결과물(제품)을 만드는 과정 및 결과 모두를 다른 사람들과 온라인/오프라인상으로 공유하는 활동	나누라(Share) 주라(Give) 참여하라 (Participate)	
Improving	• 앞서 만든 결과물의 만든 과정과 결과를 되돌아보고, 질적으로 좀 더 완성된 새로운 메이킹을 준비하는 활동 • 새로운 메이커 활동을 위한 전단계	변화하라 (Change)	

Ⅲ. 연구 방법

1. 연구 대상 및 기간

2010년대에 본 연구는 본 연구의 교신 저자가 교과 전담으로 지도한 서울 소재의 공립 h초등학교 6학년 3개 학급 학생 63명(남 32명, 여 31명)을 대상으로 2016년 11월 첫 주부터 5주간 진행되었다. 메이커 교육 프로그램은 6학년 2학기 과학 교육에 있는 '전기회로 단원'을 메이커 활동으로 재구성하여 이루어졌다. 본 메이커활동 프로그램에 참여한 6학년 학생들은 기존 과학 교육과정에서 각 단원의 마지막에 제시된 Hands-on activity 활동에 익숙한 학생들이기 때문에, 이번 프로그램에서 제공하는 메이커 교육 환경이 기존 교육 환경과 어떻게 다른지 인지할 수 있는 가능성이 가장 높아 6학년 3개 학급을 대상으로 본 연구를 실시하게 되었다.

학습자 63명을 대상으로 메이커 활동을 시작하기 전에 수업과 관련된 몇 가지 간단한 설문을 실시하였다. 그에 따르면, 이들은 첫째, 교과서에 제시된 방법으로 만들기를 해본 경험은 많았으나 제시되지 않은 새로운 결과물을 제작해본 경험은 모두가 '없다(100%)'라고 대답하였다. 둘째, 최근 무목적적인 메이킹을 스스로 해 본 경험이 있는지 묻는 질문에는 5명이 '있다(7.9%)'고 대답하였고 메이킹 결과물로는 '드론, RC카, 수예품' 등이 있었다. 셋째, 6학년이므로 칼과 가위 사용에 모두 능숙하였고, 56명(88.9%)의 학생이 글루건 사용 경험이 있었다. 교육과정 상 전기회로를 처음 배우는 시기이며 전기 회로를 구성해 본 경험은 2명(3.2%)에 그쳤다. 따라서 이러한 설문결과를 바탕으로, 본 메이커 활동 수업에서 '팅커링 단계' 시수를 좀 더 길게 하여, 학습자의 전기회로에 대한 탐색 및 놀이가 충분히 이루어지도록 설계하였다.

2. 자료 수집 및 분석

1) 자료 수집

본 연구는 12차시로 구성된 6학년 2학기 과학 '2. 전기의 작용' 단원을 15차시용 '만들기가 중심이 된 과학 수업'으로 재구성하여 프로그램을 진행하였으며, 본 메이커 활동 수업의 결과로서 학생들의 경험이 과연 구성주의적 학습 환경과 일치하는 지를 분석해보았다. 이를 위해 사후 서술형 설문과 학생 면담을 실시하였으며, 교사의 성찰 일지도 연구 자료로서 활용하였다(〈표 2〉 참조).

〈표 2〉 자료 수집 방법

자료 유형	시기	내용	수량
사후 서술형 설문지	해당 차시 수업 종료 후(1회)	학생들이 활동을 통해 배우고 느낀 점에 대한 서술형 설문	63
학생 면담	사후 설문 종료 후(1회)	학생이 작성한 설문지를 바탕으로 작성 내용 상세 확인	63
	수업 종료 후(1회)	메이커 교육에 관심을 갖는 학생 위주로 심층 면담 실시	3
교사 성찰 일지	사전 1회 프로그램 중 1회 수업 종료 후 1회 (총 3회)	메이커 교육의 준비 과정 및 진행 과정에서의 교사 인식 변화 분석을 위해 자유 서술 식 성찰 일지 작성	3

서술형 설문지는 학습자가 메이커 교육을 경험하면서 느낀 점을 자유롭게 서술할 수 있도록 반 구조화된 질문들로 구성되었고 15차시 수업 종료 후 1차례 실시하였다. 설문지에 제시한 문항은 교육공학 전문가 3인(교수 1인,

박사과정 2인)의 자문을 받아 구성하였으며, 메이커 교육이 지향하는 교육적 의의가 잘 발현될 수 있는지 확인하는 문항들로 구성하였다. 서술형 설문이므로 학습자가 충분히 자기 생각을 정리하고 글로 표현할 수 있도록 작성 시간은 20~40분가량 제공하였다. 서술을 먼저 마친 학습자부터 서술 내용을 확인하는 2분 이내의 간단한 면담을 실시하였다. 서술형 설문지에 메이커 교육에 대한 보다 적극적인 관심을 표명한 학습자 3명을 선발하여 위 서술형 문항에 대한 심층 면담을 실시하였고 면담 내용을 녹음하여 분석하였다. 교사용 성찰일지는 메이커 교육 실시 전, 중, 후 3회 기술하였고 수업 진행에 따른 교사의 인식 변화 및 역할에 대한 분석 자료로 활용하였다. 서술형 설문지에 제시한 문항은 〈표 3〉과 같다.

〈표 3〉 서술형 설문

요소	항목
학습환경	• 메이커스페이스로서의 과학실은 이전과 어떤 점이 다른가요? • 메이킹 수업이 이전 수업과 다른 점이 있다면 무엇이었나요?
학습자 역할	• 메이킹 수업에서 나와 친구들의 역할은 무엇이었나요? • 메이킹 과정에서 누군가에게 도움을 받거나 준 경험이 있다면 구체적으로 써 봅시다.
교수자 역할	• 메이커스페이스에서 선생님의 역할은 무엇이었나요?
학습과정	• 이번 활동에서 실패 혹은 어려움이 있었나요? 극복하기 위해 어떤 노력을 기울였나요? • 우리가 만든 작품을 친구들이나 후배들에게 알리고 가르쳐 준다면 함께 할 생각이 있나요? 나도 배우고 싶은 친구의 작품이 있나요? • 메이킹 활동을 수업 이후에도 계속 이어가고 싶은가요? 그렇다면 어떤 것을 만들고 싶은가요?
종합	• 이번 메이킹 활동 소감을 자유롭게 써 주세요. 가장 기억에 남는 부분도 써 주세요.

2) 자료 분석

자료 분석으로는 학습자의 사후 서술형 설문지 및 면담 자료를 중심으로 한 코딩 분석이 이루어졌다. 여기에는 앞서 설문지 항목에 대한 검토에 참여했던 교육공학 전문가 3인(교수 1인, 박사과정 2인)이 참여하였다. 서술형 설문지 및 면담 자료 내용을 표1에서 제시한 요소에 따라 크게 분류하였으며, 각각에 대한 세부영역을 각 평가자들이 개별적으로 맥락화하고 범주화한 뒤에, 이에 대한 몇 차례의 회의를 거쳐서, 최종적인 범주화에 도달하였다. 그 결과 평가자간 신뢰도는 94.05%로 높게 나타났다.

Ⅳ. 연구 결과

본 연구는 교육과정 기반 메이커 프로그램을 개발, 적용하여, 첫째, 메이커 교육이 학교 교육에 도입될 수 있는 가능성을 모색하였으며, 둘째, 메이커 교육이 내포한 '구성주의적 환경'으로서의 가치를 확인하고자 하였다. 이를 위해 메이커 교육 프로그램을 개발·적용하였으며, 메이커 교육의 구성주의적 환경으로서의 가치를 학습자 사후 설문과 면담, 교수자 성찰일지를 통해 분석, 도출하였다.

1. 프로그램 개발 및 적용

본 메이커 교육프로그램은 과학교과에 나온 '전기회로의 원리' 부분을 활용하였으며, '나만의 전기회로 작품을 만들어보자'는 주제를 선정하고 기존 교육과정을 재구성하였다. 특히 초등과학교과목 매 단원 마무리 부분에 STEAM 교육 실천을 위해 제시되어있는 'Hands on activity(만들기 활동)'을 15차시로 구성된 메이커 교육 프로그램으로 재구성하였으며, TMSI

모형에 따라 개발, 진행하였다(〈표 4〉 참조).

〈표 4〉 메이커 수업 교수학습 과정안 요약

프로그램명	'만들기'가 중심이 된 과학 수업	수업 대상	서울 H초 6학년 63명
해당 과목	과학	수업 모형	TMSI 모형
단원	6학년 2학기 2단원. '전기의 작용'		
단원의 학습 목표	• 전지, 전구, 전선을 연결하여 전구에 불이 켜지는 조건을 말할 수 있다. • 전기 회로에서 전류가 흐르는 방향을 말할 수 있다. • 전류가 흐르는 전선 주위에 자석의 성질이 나타남을 설명할 수 있다. • 전지, 전구, 전선을 연결하여 전구에 불을 켤 수 있다. • 전지의 연결 방법에 따른 전구의 밝기를 비교할 수 있다. • 전구의 연결 방법에 따른 전구의 밝기를 비교할 수 있다. • 전선에 전류가 흐를 때 전선 주위에서 나타나는 현상을 이용하여 전자석을 만들 수 있다.		
단계	차시	학습 주제	학습 활동
Tinkering	1	'메이커 운동' 이해하기 '메이커'로서의 '나' 돌아보기	• 메이커페어, F학점 공대형 동영상 감상 및 토의 • '나만의 전기회로 작품 만들기' 수업 안내
	2-3	전기 제품에는 어떻게 전기가 흐를까?	• 고장 난 전기 제품 분해하기 • 제품 내부의 전기의 흐름을 그려보기
	4-6	전기회로 구성하기	• 전지, 전구, 전선을 이용하여 전기 회로 만들기 • 전지, 전구의 직렬, 병렬 연결 방법과 결과 이해하기

	7	종이전기회로 구성하기	• 구리테이프와 LED, 코인전지를 활용한 종이전기회로 만들기
	8-9	전자석의 특징을 알고 전자석 만들기	• 나침반, 자석, 전기회로로 외르스테드 실험 재현하기 • 전자석을 만들어 전자석의 특징 알아내기
Making	10	메이킹 스케치	• 나만의 전기 제품 만들기 구상하기 • 친구들에게 조언 구하기
	11-13	나만의 전기 제품 만들기	• 나만의 전기 제품 만들기 • 만드는 과정 기록하기
Sharing	14	메이킹 발표 및 피드백	• 작품 설명회 열기 (학급 내) • 서로 피드백 하기 (학급 내) • '나만의 전기회로 작품 전시회' 개최 (전교생 대상) • 사후 설문지 작성하기
Improving	15	Ver.2 스케치 및 자기 성찰	• 피드백을 참고하여 내 제품 개선하여 다시 아이디어 스케치하기 • Maker Day 개최 (전교생 대상)

위의 메이커 교육 수업을 준비하기 위해 교사는 재료를 구비하고 TMSI 모형에 따라 과학 수업을 설계하였으며 전기회로 작품을 만들기 위해 필요한 자료를 검색하거나 전문가(고등학교 기술 교사)에게 문의하여 직접 작품(paper circuit LED 카드, 전등, 멜로디 카드)을 제작해 보면서 학습자의 팅커링 단계를 촉진할 수 있는 방법을 연구하였다. 학습자가 전기회로를 이

용한 다양한 작품을 구상하고 제작할 수 있도록 교과서에 수록되어 있지 않은 구리 테이프와 LED, 코인전지를 활용한 페이퍼 서킷(Paper circuit) 만들기와 같은 활동을 Tinkering 단계에 포함시켰는데, 이 활동을 준비하는 과정을 통해 담당교사 자신도 메이커가 되는 경험을 하게 되었으며, 이는 구성주의에서 말하는 '동료학습자'로서의 역할을 경험했다는 의미가 된다.

메이커 수업의 1단계(Tinkering)에서는 학습자에게 '메이커' 수업을 소개하고 전기회로와 관련한 지식을 전달하였으며 미리 만들어 둔 전기회로 작품을 학습자들과 공유하였다. 더불어 학습자가 전기회로 부품에 친숙해지고 제작 경험을 자유롭게 해볼 수 있도록 전기회로 부품 일부(코인 전지, LED)를 갖고 놀 수 있도록(Fiddling) 제공하였다. 학습자는 '메이커'가 무엇인지 이해해보고 고장 난 전기 제품을 분해하여 전기회로에 대한 흥미와 관심을 높였으며 교사가 제공한 전기회로 부품 일부(코인 전지, LED)를 휴대하고 갖고 놀면서(Fiddling) 다음 단계에서 직접 제작할 전기회로 작품을 구상하기 시작하였다. 여러 재료와 도구, 제작 방법을 탐색하고 체험하는 일환으로 종이전기회로 만들기를 따라해 보고 카드 만들기를 직접 해 보았으며 과학 교과서에 제시된 학습 내용인 '전자석' 만들기도 해 보면서 전기회로에 대한 이론적 접근도 놀이처럼 진행하였다. 1단계에서 메이커스페이스로서의 과학실은 제약이 있었다. 프로그램 진행 기간 내내 과학실을 메이커스페이스로 운영할 수 없다는 현실적인 문제로 인해 학생용 조별 책상에 기본 재료들(전지, 전선, LED, 구리테이프 등)을 메이커 상자에 담아 배부하고 공작 도구들을 교사용 책상에 따로 비치하여 수업 종료 후 수거하는 방식으로 임시 메이커스페이스를 운영하였다.

메이커 수업의 2단계(Making)에서는 교수자가 기존 과학실을 독자적인 '메이커스페이스'로 강화하고 운영 시간 또한 연장하였다. 2단계에서는 과학실 전면을 메이커스페이스로서 기능할 수 있도록 전기회로 부품들을 진열하고 다양한 도구들을 사용할 수 있도록 비치하였다. 초등학교 과학실은 대개 4인 1조로 구성된 실험용 책상과 교실 전면의 교사용 책상으로 구성되어 있는데 인터넷 검색이 가능한 교사용 PC를 포함하여 교실 전면에 추가 재료들(팅커링 단계에서 분해한 전기회로 제품 부품, 다양한 LED 포함 전기회로 부품, 공작 재료, 재활용품 등)과 도구들(펜치, 자, 가위, 칼, 송곳 등)을 진열하여 학습자가 자유로이 사용하게 하였고 1단계에서와 마찬가지로 학생용 조별 책상에는 메이커 상자를 상시 비치하였다.

교수자는 메이커스페이스를 학습자와 함께 관리하고 방과 후에도 이 공간을 학습자에게 개방하여 메이커 단계로의 몰입도와 결과물의 완성도를 높이고자 하였다. 학습자는 보강된 메이커스페이스를 탐색하고 동료 학습자와 교사와의 상호 작용을 통해 나만의 전기회로 작품을 완성하였다. 메이킹 스케치를 완성하고 수정·보완하여 결과물 제작을 위해 필요한 재료를 알아보고 학교에서 제공하지 못하는 재료는 개별 구매하였다. 수업 시간에 완성을 못했거나 다른 작품을 만들고 싶은 학습자는 방과 후에 자율적으로 메이커스페이스에 들러 메이킹을 이어갔다.

메이커 수업의 3단계(Sharing)에서는 수업 중 발표회를 통해 메이커 간의 공유 시간을 제공하였고, 메이킹 작품 전시회를 기획하여 메이커가 대중에게 메이킹을 소개할 수 있는 기회를 제공하였다. 학생들도 교사와 함께 전시회를 기획하고 준비하였으며 큐레이터 역할을 하였다. 또한 메이커 수업에 대한 설문을 작성하였다.

메이커 수업의 4단계(Improving)에서는 기존 메이커들이 주축이 되어 누구나 참여할 수 있는 '함께 하는 메이커 데이'를 개최하여 기존 메이커들에게는 자기 작품을 개선하거나 새로운 작품을 만들 수 있는 기회를, 새로운 메이커들에게는 기존 메이커들의 작품을 따라 만들어 보는 팅커링 경험을 제공하였다. 학습자는 '함께 하는 메이커 데이'에 참여하여 자기 작품을 개선하거나 새로운 작품을 만들었고, 메이커 수업의 마지막 활동으로서, 첫 메이킹을 시도하는 후배들에게 자신이 만든 작품을 소개하거나 방법을 가르쳐주면서, 다시 한 번 메이커로서의 공유, 나눔을 실천할 수 있도록 하였다.

2. 메이커 교육 결과 분석

본 연구는 사후 서술형 설문지, 학습자 면담 자료를 분석하여 본 메이커 교육 프로그램이 구성주의 학습 환경을 구현하고 있는지를 확인해보고자 하였다. 학생 이름은 알파벳순으로 표기하였고, 인용문에 등장하는 학생 이름은 모두 가명으로 기술하였다.

1) 교수자와 학습자의 역할

● 촉진자, 도움이, 동료 학습자(메이커)로서의 교수자 역할

교사는 철저히 '촉진자' '도움이'로서 역할하며 교사 또한 '메이커'가 되어 수업에 참여하였다. 학생들은 수업의 '주체'가 되어 자유롭게 놀이하듯 만들기 재료를 탐색하고 서로 아이디어를 공유하고 논의하며 '메이킹'을 진행하였다. 메이커 수업의 4단계에서 학습자 대상으로 설문한 결과, 메이커 수업의 3단계인 'Making' 단계에서 학습자가 인식한 교사의 역할로는 '도움을 주는 사람'이란 답변이 가장 많았고, '정보를 알려주는 역할'과 '재료를 준비해 주는 역할'이란 답변도 나왔다. 뿐만 아니라 '리더가 되어 도와주는 친구', '친구를 도와주는 역할'이란 대답도 나왔다. 이로써 학습자가 교사를 동료학습자로 인식하였음을 확인할 수 있다.

> RC카를 만들고 싶은데 필요한 모터랑 공부할 수 있는 책이 무엇인지 선생님이 알려주셔서 도서관에도 가고 모터는 인터넷으로 살 수 있었어요. 제가 만들고 싶은 걸 자유롭게 만들 수 있도록 도와주시는 분 같아요. (학생 A, 심층 면담)

선생님은 문제 상황을 도와주고 옆에서 더 잘 될 수 있도록 조언해 주는 사람

(학생 B, 설문지)

선생님은 만들기를 할 때 모르는 것을 물어볼 수 있는 역할이요. 그런데 기존 수업과 다르게 답을 바로 가르쳐 주지 않으시고 어떻게 해결할 수 있는지 방법을 제가 직접 찾게 해 주셨어요. (학생 C, 설문지)

재료를 준비하고 공간을 꾸며주셨다. (학생 D, 설문지)

교사 또한 자신을 수업을 이끌어가는 역할이 아닌 '동료 학습자'와 '촉진자'로 인식하였다. 교사가 작성한 성찰 일지 일부를 발췌하면 다음과 같다.

메이킹 수업을 하려니 준비할 게 많다. 기존 과학 수업은 실험실 실무 선생님이 재료를 다 준비해 주셨는데 이번엔 내가 재료 탐색을 했고 직접 메이킹을 하였다. 교과서를 보기보다는 온라인상의 자료들을 더 많이 찾아보고 주변 전문가들에게 문의도 하게 되었다. 아이들이 겪게 될 메이킹 과정을 내가 먼저 겪어봐야 한다고 생각해서였다. 실제로 내가 재료에 대해서 모르는 부분이 많았고 인터넷 검색을 해보니 교과서에 나와 있지 않은 다양한 메이킹 재료들이 즐비하였고 그것으로 만들 수 있는 제품들도 다양하여 놀라웠다. (중략)

며칠 전엔 근처 세운상가에 가서 직접 LED와 저항을 구매하고 상가 주인분께 부탁드려 전자석을 분해하여 그 안에 감긴 코일을 살펴보았다. 힘들었지만 그걸 직접 내가 연구하고 알아가는 재미가 놀라울 정도로 중독적이었다. 그런데 가장 풀리지 않는 문제가 트랜지스터……. 결국 대학원 동기인 고등학교 기술 선생님에게 문의하여 전문 지식을 익혔고 아이들에게 어느 정도 안내해줄 수 있게 되었다. 수업을 준비하면서 페이커 서킷 카드랑 휴대용 전등, 멜로디 카드 등을 만들었는데 수업 준비 과정 자체가 나로서는 '메이커 체험'과 같았다. (교사 사전 성찰일지)

엊그제 1층에서 메이커 전시회를 하면서 철수가 만들다 만 스피커를 기어코 고쳐서 가져갔는데 그 아이와 개미만큼 작은 소리가 나는 스피커를 귀에 대고 소리가 들리는 걸 확인한 순간 서로 약속한 듯 동시에 껄껄 웃었다. 더불어 전시를 함께 했던 6학년 학생들도 몰려와 숨죽이고 소리를 들었는데, 그 친구들과도 눈을 마주치며 껄껄 웃었다. 하나도 웃긴 상황이 아닌데……. 아마도 메이킹의 '성공'이 주는 그 희열을 공유하는 '동지애'가 치솟아서 그런 것 같았다. 우리끼리만 아는 그 느낌이란……. 난 그 자리에서 분명 교사가 아니었다. 아이들과 동등한 친구였다. (교사 중간 성찰일지)

구성주의에서 강조하는 것은 교사 역할이나 존재의 부정이 아니라 역할의 변화를 의미한다(강인애, 1998). 결과적으로 메이커 수업을 통해 교수자의 역할에 대한 교수자 및 학습자의 인식 체계가 크게 바뀌었음을 확인할 수 있으며, 학습자와 교수자 모두가 교수자를 '촉진자, 도움이, 동료 학습자'로서 인식하게 됨으로써 학습자의 '자발성'을 전제로 한 구성주의 인식론의 '학습'의 실제가 바로 '메이커 교육'을 통해 발현될 수 있음을 알 수 있었다.

●자기 학습의 주인과 학습 공동체 일원으로서의 '학습자'의 역할

교수자가 바라본 학습자의 가장 큰 변화는 학습자가 자신의 생각을 바탕으로 자신만의 전기회로를 설계하고 제작하였으며 이 과정에서 학습자 스스로 학습의 주체성을 나타냈다는 점이었다. 학습자에게 요구되는 자기주도성은 기본적으로 학습에 대한 주인의식이 전제가 되어야 성립된다(강인애, 1999).

학습자 설문 결과 중 '이전 수업과의 다른 점'을 묻는 질문에 다음과 같은 대답이 도출되었다.

다른 수업은 선생님이 시키는 대로 하는 게 많은데 메이킹 수업은 내가 모든 걸 생각하고 내가 다 결정해야 해서 어렵지만 재미있어요. (학생 B, 심층면담)

우리가 알아서 할 수 있다. (학생 F, 설문지)

틀 안에서 하는 게 아니라 자유롭게 혼자서 하는 것이 다르다. (학생 G, 설문지)

자신의 생각을 마음껏 나타낼 수 있다. (학생 H, 설문지)

자유롭고 내 생각대로 방해받지 않고 하는 것 (학생 I, 설문지)

학습자 반응의 공통점은 바로 '내가 생각한 것을 내가 만들었다'라는 성취감이었다. 그리고 이것은 바로 학습자 본인이 자기 학습의 주인 의식을 갖게 된 것을 의미한다.

더불어 '메이커 공간에서 나와 친구들의 역할은 무엇이었나요?'란 질문에 대해 학습자는 다음과 같은 응답을 하였다. 우선 'Maker'의 뜻 그대로 '만드는 사람'이란 답변이 가장 많았고, '발명하는 사람', '과학자'와 같이 과학 시간이라는 특성이 반영된 답변과 '같이 만드는 역할', '선생님 대신 알려주는 역할', '조언하고 돕는 사람'과 같이 서로 협력하고 의견을 주고받는 공동체 일원으로서의 학습자 역할을 인식하고 있었다.

만드는 사람이요. 다른 수업에서는 공부하는 역할인데 이 수업에서는 자기가 생각하는 것을 즐겁게 친구들과 함께 만드는 사람인 것 같아요. 그런데 하면서 전기회로도 공부하게 되니까 만들면서 공부하는 역할인 것도 같아요.

(학생 C, 심층설문)

서로 조언하고 돕는 사람 (학생 J, 설문지)

다 같이 원하는 물체를 만들어 협상하고 상의하는 역할 (학생 K, 설문지)

자신이 생각한 것을 만들고 설명할 수 있을 만큼 자신이 만든 것을 파악하는
것 (학생 L, 설문지)

함께 만드는 과정에 대해 '메이킹 과정에서 누군가에게 도움을 받거나 준
경험이 있다면 구체적으로 써 봅시다'라는 추가 질문을 한 결과, 메이킹 과
정에서 도움을 받거나 준 경험이 모두 있으며 그 내용을 자세히 기억하고
있었다.

전기회로를 선생님께서 도와주셨고 윤희, 정현이가 스위치 연결하는 걸 도와주
었어요. 그래서 저도 성민이(가명)한테 스위치 만드는 걸 알려줬어요. 먼저 성공
한 친구들이 생기면 다음 친구를 도와주고 그 친구가 또 다른 친구를 도와주니까
모두가 선생님 같았어요. (학생 B, 심층면담)

글루건 쓰는 것을 친구들이 도와주고, 보트 만들 때 모터 부분이 안 되어 성준
이에게 물어보았다. (학생 M, 설문지)

2) 구성주의 학습환경
● 과제의 실제성과 학습의 지속성
'메이킹 수업을 마치고 다음 메이킹을 이어가겠는가'란 설문에 학습자 60
명(95.2%)이 '그렇다'고 대답하였고 만들고 싶은 주제도 다양하게 기술하였
다. 나머지 3명의 학생은 '할 생각은 있지만 시간이 안 될 것 같다'고 응답하
였다.

우리 학교에 메이커스페이스가 생긴다면 언제든지 다시 오고 싶어요. 선생님, 그런데 졸업하고 와도 되나요? 이번엔 진짜 우드락 절단기 성공해 보고 싶어요.

(학생 C, 심층면담)

노래가 나오는 메이킹 작품을 만들고 싶다. (학생 N, 설문지)

모터 만드는 방법을 배우고 싶다. (학생 O, 설문지)

할 생각은 있지만 시간이 잘 안될 것 같다. (학생 P, 설문지)

전기를 이용한 자동차 (학생 Q, 설문지)

기계에 뭘 넣으면 뭔가 나오는 것을 해보고 싶다. (학생 R, 설문지)

다 같이 힘을 합쳐 자동차 같은 거를 만들어 보고 싶다. (학생 S, 설문지)

이는 학습의 지속성이 자발적으로 발생한다는 뜻이며, 학습의 주도성이 전적으로 교수자에서 학습자로 이양된다는 것을 뜻한다. 이번 프로그램은 과학 2단원 '전기회로'와 관련하여 교수자가 메이킹의 범위를 '전기회로'로 제한하였다. 과제의 실제성을 부여하기 위해 Tinkering 단계에서 망가진 전기제품을 학습자가 직접 분해하고 내부를 살펴보게 하였고, 전기회로 제품이 우리 일상생활에 다양하게 쓰이고 있음을 자각할 수 있도록 촉진하였다. 더불어 전기회로를 이용한 '나만의 전기회로 작품'을 얼마든지 만들 수 있다는 자신감과 동기 부여를 촉진하기 위해 다양한 전기회로 작품을 선보였고 그 중 한 가지를 함께 제작해 보면서 실제적인 과제 해결력을 갖출 수 있도록 도왔다. 학습자가 다양한 전기회로 제품에 관심을 가지기 시작하면서 '메이킹'의 주제와 제작 방법에 대한 연구를 스스로 할 수 있도록 관련 정보를 제공하였고 이를 통해 학습자는 실제적인 작품인 '전등, 카드, 모터 보트'와 같은 물건을 제작하였다. 이러한 '직접 해 보는(hands-on)' 활동 은 학습자에게 그 자체로서 '과제중심 학습'이 가능하게 한다. 실제적 성격 의 과제중심 학습(Learning by authentic task)은 실제 상황성이 깃든 과 제나 학습 내용은 기존의 교과서 중심적 학습 내용이나 과제보다 훨씬 인지 적이고 도전적이고 깊은 사고를 요하게 되며 당연히 학습자들로부터 과제에 대한 주인의식과 학습에 대한 내적 동기 부여를 기대할 수 있다(강인애, 1998). 이러한 학습 결과, 학습자는 자발적으로 다음 메이킹에 대한 지속성 을 획득하였고, '메이커'로서 자신의 작품에 대한 애정과 주인의식을 강하게 표명하면서 개선 의지를 내보였다.

● 메이커스페이스의 자원성과 자율성을 통해 발현되는 학습의 자발성

메이커 공간에 내포된 '자원성(resourcefullness)'과 '자율성(self-determined)'은 개별 학습자의 고유한 개성이 발현될 수 있는 구성주의 교 수학습공간의 이상적인 실현을 의미한다. 메이커 공간의 특징을 묻는 설문 에 대해 학습자들은 다음과 같이 대답하였다.

도구나 준비물이 더 많아져서 자신이 만들 수 있는 게 더 많은 것 같아요. 그리 고 최고는 자유롭게 그 재료들을 가져다 쓸 수 있으니까 실패해도 또 만들 수 있어서 좋았어요. (학생 A, 심층면담)

재료가 무엇이 있는지 보고 더 좋게 만들 수 있었다. (학생 T, 설문지)

재료가 있어서 아이디어가 더 잘 떠오른 것 같다. (학생 U, 설문지)

우리가 필요한 만큼 재료를 가져다 쓸 수 있다. (학생 V, 설문지)

조금 더 창의적이고 계획에 없던 것이 생각남 (학생 W, 설문지)

실제로 Making 단계의 수업에서 메이커 공간에 제시된 재료들을 만지작
거리며 놀면서(fiddleing) 새로운 아이디어가 떠올라 아이디어 설계 과정을
완전히 바꾸는 학생들도 생겼고, 대부분 재료들을 자유롭게 사용하면서 자
기 설계를 스스로 개선하면서 결과물의 완성도를 높여 갔다. 이는 메이커
교육에서 교수학습 환경이 학습에 미치는 영향이 지대하다는 것을 시사하
며, 기존 학습 환경에서 주어진 지식을 흡수하는 수동적 입장의 학습자에서
적극적이며 자율적인 지식의 '형성자'로서의 학습자로의 변화를 모든 학습
환경이 촉진할 수 있도록 구성되어야 한다(강인애, 1998)는 구성주의 인식
론과 궤를 같이 한다.

더불어 학습자는 이러한 자원성과 무엇이든 원하는 것을 스스로 만들어도
된다는 메이커 공간의 '자율성'을 기반으로 스스로 학습의 주체가 되어 메이
킹을 시도하였다. 메이킹에 대한 소감을 묻는 문항에 대해 다음과 같이 대
답하였다.

처음엔 자신이 모든 것을 해야 해서 어려웠지만 혼자 할 수 있어서 오히려 잘
되는 점도 있었어요. 실패해도 괜찮으니까 무엇이든 자유롭게 해볼 수 있어서 좋
았고, 과학실이 엉뚱한 발명을 하는 재밌는 곳 같아요. (학생 C, 심층면담)

예전은 정해진 틀 안에서 했지만 지금은 자신의 자유대로 무언가를 만들 수 있
다. (학생 G, 설문지)

책을 따라 만들지 않아 자유로움을 느낄 수 있었다. (학생 X, 설문지)
자유로워서 좋았고 내가 만들고 싶은 것을 내가 만들어서 신기했다.
(학생 Y, 설문지)

내 뇌를 더 다방면에서 자유롭게 생각하고 만들 수 있으니 재미있고, 전기회로
에 대한 점을 더 알아가는 것을 느꼈다. (학생 Z, 설문지)

학습자 대부분이 서술한 '자유'라는 것은 바로 '학습의 자발성'을 뜻하며 이
는 구성주의적 학습 환경인 메이커 교육에서 극대화됨을 확인할 수 있었다.

●메이커스페이스 안에서의 이루어지는 소통과 협력의 사회성

메이커 수업이 이전 수업과 다른 점이 무엇인지 묻는 질문에 대해 학습자
는 다음과 같이 대답하였다.

삭막함을 빼고 자유가 들어간 거요. 예전에는 수업 시간에 떠들면 안 되었는데
메이킹할 때는 애들도 막 돌아다니고 떠들고 해서 자유로웠어요. 너무 시끄럽기
도 했지만 애들이 서로 도와주는 것도 많아서 이게 메이킹이구나 했어요.
(학생 C, 심층면담)

친구들과 얘기를 하며 서로 의견을 주고받는 것 (학생 Z, 설문지)

다 같이 원하는 물체를 만들어 협상하고 상의하는 역할 (학생 K, 설문지)

어떻게 사용하는지 친구에게 물어볼 수 있음 (학생 J, 설문지)

이를 통해 메이킹 과정에서 소통과 협력이 자연스럽게 발생하는 것을 확

인할 수 있다. 따라서 학습자는 자기 자신을 메이커로 인식하게 되고 메이커 공간을 단순히 물리적인 제작 공간이 아닌 '소통의 장'으로 인식하게 됨을 알 수 있다. 구성주의에서 말하는 지식구성은 사회적 요소와 개인의 인지적 요소 간의 통합을 통해 이루어지는 것을 의미한다(강인애, 1995). Vygotsky의 '근접발달영역(Zone of Proximal Development)'이 메이커 공간에서 구현되는 것이며 메이커 공간에서는 학습자의 성별이나 나이에 관계없이 누구나 서로의 비계(Scaffolding)가 되어줄 수 있는 것이다. 따라서 메이커 공간을 통해 자발적 협력과 소통이 이루어지는 메이커 교육은 다양한 의견과 관점이 공존하면서 학습자의 지식 구성을 촉진한다는 점에서 구성주의 인식론에서 제시하는 '학습'의 실제적 구현이 될 수 있다.

V. 결론

본 연구는 현재 메이커 운동이라는 이름하에 전 세계적으로 하나의 사회문화적 운동으로 확장되고 있는 메이커 활동이 지닌 교육적 가치를 주목하고 이를 새로운 교육패러다임의 시각으로 전환하여 공교육 현장에 실천할 수 있는 방안을 마련해보고자 하였다. 다시 말해 새롭게 메이커스페이스를 마련하지 않고서도, 그리고 모든 교과과정의 전면적인 재구성이 아니라 현재의 교과과정의 내용은 유지하면서도 메이커 교육을 실시할 수 있는 방안을 제시함으로서 메이커 교육의 공교육 실천을 용이하게 할 수 있는 방안을 탐색해보고자 하였다. 그리고 그에 대한 결과로서 기존의 과학 교과 내 단원의 내용과 거기서 제시된 hands-on 활동을 활용하여 15차시 분량의 메이커 교육을 개발·적용하였다.

이후 메이커 수업의 결과 분석을 통해 메이커 교육이 재현하는 학습환경이 구성주의에서 강조했던 자발적 학습자, 협력적 학습자, 맥락적 학습 등을 구현하기에 매우 적합하다는 사실을 확인하였다. 따라서 새로운 IT 도구나 기술의 함양을 위한 방법론으로서가 아니라, 구성주의 학습환경 구현을 위한 방법론으로서 메이커 교육을 바라볼 때, 메이커 정신으로 일컬어지는 교육적 의미와 가치가 더욱 명료해짐을 알 수 있었다

더불어 주목할 사항은 메이커 교육의 특성을 더욱 두드러지게 하는 것은 메이커스페이스라는 메이커 교육을 위한 공간이 전제되어야 한다는 점이다. 메이커 활동에서 강조하는 자율성과 민주성, 자원성(재료와 도구가 풍부한)은 메이커스페이스가 주어졌을 때 더욱 잘 발현될 수 있다. 메이커스페이스에서는 구성주의에서 말하는 자발성을 더욱 확장시키며, 놀이와 같은 활동에서 확인할 수 있는 학습의 몰입을 발견하게 된다. 놀이하듯 자원을 탐색하고 아이디어를 토의하며 언제나 발생할 수 있는 문제를 협력하며 풀어가는 메이커스페이스 안에서는 '놀이'와 '학습'의 경계가 모호해진다. '친구'와 함께 놀이하듯 만드는 활동 속에서 학습자의 '몰입'이 발생하고 '실패'를 즐겁게 수용하는 태도를 확인할 수 있었던 것이다.

이렇듯 구성주의적 학습환경이 극대화되어 나타나는 메이커 교육은 객관주의 교수법이 지배적인 학교 현장을 '학습자 중심의 학습'이 이루어질 수 있는 교육 현장으로의 전환을 모색할 수 있는 가장 적극적이고 혁신적인 교육 방법이다. 메이커 교육을 공교육에 도입한다면 우선 학습자의 주체성, 자발성을 발현시킬 수 있다. 물론 구성주의 인식론에 기반한 다양한 교수학습방법이 이미 오래전부터 제시, 실천되어왔다. 그러나 4차 산업혁명시대라는 새로운 시대의 도래와 더불어 구성주의 인식론에 기반한 교수학습모형의 흐름 속에 '메이커 교육'이 등장하였다. 이 모든 흐름의 공통점은 바로 '학습자가 중심이 되는 교육'이란 점이다. 학습자의 사후 설문 결과, 가장 많이 사용된 용어는 '자유'와 '재미' 혹은 그 유사어였다. 학습자가 학습의 주인이

되었을 때 학습의 즐거움을 느낄 수 있고, 이는 바로 학습이 자발적으로 지속될 수 있는 강력한 동기가 된다. 또한 메이커 교육으로 학습자가 스스로 학습하는 방법을 익힐 수 있다. 객관적인 지식 전달 수업이 아닌 학습자가 능동적으로 실제적 과제인 '메이킹'을 통해 스스로 문제를 해결하고 과제를 수행하는 메이커 교육은 학습자가 스스로 학습하는 방법을 익히는 '학습하는 방법을 학습하는 것(learning how to learn)'과도 같다. '스스로 모든 것을 결정하고 학습한다'는 메이커 교육의 근본 정신은 우리 공교육이 지향하는 '학습자 중심 교육'과 일치한다.

본 연구는 15차시라는 비교적 짧은 시간에 이루어진 메이커 교육의 사례이기 때문에, 일회적 적용을 통해 메이커 교육의 장기적 효과를 검증했다고 할 수는 없을 것이다. 그러나 본 수업에 참여했던 대다수의 학생들이 또 다른 메이커 활동을 해보고 싶다는 답변을 통해, 메이커 교육은 학습자의 자발성을 점화시킬 수 있는 방아쇠 역할을 한다는 점만은 확실하게 파악할 수 있었다.

공교육 현장에서 반복된 메이커 교육을 통해 육성된 메이커들은 메이커 정신, 곧, 실패를 두려워하지 않는 도전적인 정신, 자신감, 나아가 다른 사람들과의 협력, 공유, 나눔의 정신을 습득하고 실천하게 된다고 볼 때, 이는 분명 학교교육을 통한 메이킹 문화 확산의 강력한 동기로 이어질 것이다.

참고문헌

◆강인애. (1995). 인지적 구성주의와 사회적 구성주의에 대한 간략한 고찰. **교육공학연구**. 11(2), 3-20.

◆강인애. (2003). **우리시대의 구성주의.** 서울: 문음사.

◆강인애, 김명기. (2017). 메이커 활동(Maker Activity)의 초등학교 수업적용 가능성 및 교육적 가치 탐색. **학습자중심교과교육연구.** 17(14), 487–515.

◆강인애, 김양수, 윤혜진. (2017). 메이커 교육을 통한 기업가정신 함양: 대학교 사례 연구. **한국융합학회논문지.** 8(7), 253–264.

◆강인애, 이지은. (2017). 초등 과학수업에서의 메이커 교육 수업 사례: 구성주의 학습 환경으로서의 재발견. **교육정보미디어학회 춘계학술대회논문집.**

◆김건희. (2016). 취미를 창업으로, 100만 메이커 양성. 대한민국정책정보지 weekly 공감. http://www.korea.kr/gonggam/newsView.do?newsId=01Ik2 VmUADGJM000에서 2017년 7월 14일 인출.

◆박주용. (2016). **창의적 사고 중심의 ICT · 디자인융합 개방형 제작공간 프레임워크 연구.** 박사학위논문. 서울과학기술대학교.

◆장윤금. (2017). 공공도서관 메이커스페이스 구성 및 프로그램 분석 연구. **한국문헌정보.** 51(1), 289–306.

◆주형미. (2015). **2015 개정 교육과정에 따른 교과서 검정 심사 운영 방안 (I).** 한국교 육과정평가원 연구 보고 RRC 2015-9.

◆함진호, 이승윤, 김형준. (2015). ICT DIY 정책과 메이커생태계 구축을 위한 표준화. **한국통신학회지(정보와통신).** 33(1), 5–10.

◆황중원, 강인애, 김홍순. (2016). 메이커 페다고지(Maker Pedagogy)로서 TMSI 모 형의 가능성 탐색: 고등학교 사례를 중심으로. **한국교육공학회 추계 학술대회,** 1, 1–10.

◆홍소람, 박성우. (2015). 코워킹 스페이스로서의 공공도서 무한창조공간 개념 분석. **한국도서·정보 학회지,** 46(4), 245–269.

◆Ackermann, E. (1996). Perspective-taking and object construction: Two keys to learning. In J. Kafai, & M. Resnick (Eds.), *Constructionism in practice: Designing, thinking, and learning in a digital World* (pp. 25–37). Mahwah, NJ: Lawrence Erlbaum, Publishers.

◆Berland, M. (2016). *Making, tinkering, and computational literacy.* In K. Peppler, E. Halverson, & Y. Kafai (Eds.), *Makeology: Makers as learners (Vol. 2) (pp. 196–205).* New York, NY: Routledge.

◆Blikstein, P., Martinez, S. L. & Pang, H. A. (2016). *Meaningful making:*

Projects and inspirations for fab labs and makerspaces. Torrence, CA: Constructing Modern Knowledge Press.

◆Blikstein, P. (2013). Digital fabrication and "making" in education: The democratization of invention. In J. W. Herrmann, & C. Buching (Eds.), *FabLabs: Of machines, makers, and inventors* (pp. 203-223). Bielefeld, Germany: Transcript.

◆Bullock, S., & Sator, A. (2015). Maker pedagogy and science teacher education. *Journal of the Canadian Association for Curriculum Studies, 13*(1), 61-87.

◆Hatch, M. (2014). *The maker movement manifesto.* McGraw-Hill Education.

◆Litts, B. (2015). *Making learning: Makerspaces as learning environments.* Doctoral dissertation, The University of Wisconsin.

◆Loertscher, D., Preddy, L., & Derry, B. (2013). Makerspaces in the school library learning commons and the uTEC maker model. *Teacher Librarian, 41*(2), 48-51.

◆Maker Edcation Initiative (2015). *Youth Makerspace Playbook.* Retrieved May 8, 2017, from http://makered.org/wp-content/uploads/2015/09/Youth-Makerspace-Playbook_FINAL.pdf.

◆Maslyk, J. (2016). *STEAM maker: Fostering creativity and innovation in the elementary classroom.* Thousand Oaks, CA: Corwin.

◆Martin, L. (2015). The promise of the Maker Movement for education. *Journal of Pre-College Engineering Education Research(J-PEER), 5*(1), 4.

◆Martinez, S. L. & Stager, G. S. (2013). *Invent to learn: Making, tinkering, and engineering in the classroom.* Torrence, CA: Constructing Modern Knowledge Press.

◆Martinez, J. E. (2017). The search for method in STEAM education. NY: Springer.

◆Papert, S., & Harel, I. (1991). Preface. In I. Harel, & S. Papert (Eds.), *Constructionism: Research reports and essays*, 1985-1990 (p. 1). Norwood, NJ: Ablex Publishing Corporation.

◆Peppler, K. & Bender, S. (2013). Maker movement spreads innovation one project at a time. *Phi Delta Kappan. 95*(3), 22-27.

◆Rusk, N. (2016). Motivation for making. In K. Peppler, E. Halverson, & Y. Kafai (Eds.), *Makeology: Makers as learners (Vol. 2)* (pp. 85-108). New York, NY: Routledge.

◆Thomas, M. (2014). *Making Makers: Kids, Tools, and the Future of Innovation.* Sebastapool, CA: Maker Media.

◆Tomas, K. (2016). Building a nation of makers. *Huffpost.* Retrieved July, 7, 2017, from. http://www.huffingtonpost.com/thomas-kalil/building-a-nation-of-make_b_11978108.html.

메이커 교육(Maker Education)을 통한 메이커 정신(Maker Mindset)의 가치 탐색*

강인애, 김홍순

Ⅰ. 서 론

4차 산업혁명의 물결이 일어나고 있는 21세기는 과거 산업경제 시대의 발전에 필수 요소인 자본, 노동과 같은 자원의 중요성이 감소하고 창의력, 아이디어, 과학기술적 소양, 문제해결력 등의 지적자원이 보다 중요해지는 시대이다(함진호, 이승윤, 김형준, 2015). 이는 사회, 경제, 정치의 분야는 물론이고 교육 분야에서도 기존과는 다른 접근과 그에 따른 교육역량이 필요하다는 요구가 일고 있다(교육부, 2015). 가장 최근 등장하는 IT들을 소개하면서 그것의 교육분야에서의 활용 예측상황을 정리한 보고서인 NMC 호라이즌 레포트(NMC Horison Report)의 2015년, 2016년 보고서를 보면, 초·중등교육 분야에서의 향후 5년간의 전망을 예측하면서 협력 학습 접근

---

*2017년 한국콘텐츠학회논문지(인쇄 중)에 게재된 논문을 수정, 보완하였음

법 증가, 융합적 접근의 교과 학습 활용, STEAM 학습의 부상 등과 더불어 메이커 교육(Maker Education)을 중요한 변화 요인으로 제시하고 있다 (Sharples et al., 2015; Sharples et al., 2016). 다시 말해, 21세기 지식과 정보를 처리하기 위해서는 학문의 영역에서 융합적인 접근이 필수적이며 기존과는 다른 교육방법과 환경 변화가 요구됨을 확인할 수 있다. 그리고 이러한 현상의 중심에 '메이커 교육(Maker Education)'을 언급하고 있다.

'메이커 교육(Maker Education)'은 '메이커 문화(Maker Culture)'의 한 범주에 속한다. 이에 메이커 문화는 발명 및 창작자의 자율성이 존중된 환경에서 창조성, 창의성을 바탕으로 다양한 도구를 활용하여 만들고, 개조하고 그런 활동 과정에서 발생된 경험과 결과를 공유하여 개인과 사회의 발전에 이바지하는 문화를 야기한다(Dougherty, 2012). 그리고 이러한 메이커 문화에는 21세기가 요구하는 교육적 역량을 함양할 수 있는 가능성을 많이 포함하고 있음을 알 수 있다. 이에 메이커 문화는 하나의 교육환경으로 정리되어, 메이커 교육(Maker Education)이라는 형태로 재정립, 활용되기 시작하고 있다(강인애, 김양수, 윤혜진, 2017; Mingjie, Yongqu & Ping, 2016). 메이커 문화를 공교육 안으로 갖고 들어와 적용하고자 하는 메이커 교육은 학습자의 책임과 자율성이 존중된 환경에서 다양한 도구(3D 프린터, 응용 소프트웨어, 공구, 전자 센서 등)를 활용하여 개조하고, 만들고, 개선하고, 그리고 그것을 동료 혹은 외부 사람들과도 기꺼이 개방, 공유, 나누는 활동으로 이루어진다. 이러한 과정은 자율적이고 협력적인 학습자로서의 역량을 함양시킬 수 있음은 물론이고, 메이커 활동이 실생활과 연결된 맥락성을 전제로 하기 때문에 자연스럽게 범교과적이며 간학문적 교육활동이 될 수 있다(Martinez & Stager, 2013).

하지만 이러한 메이커 교육을 학교 교육에서 실천하는데 가장 큰 어려움 중 하나가 '메이커스페이스(Makerspace)'라는 학습 공간의 부재이다. 그러나 메이커 활동을 하기 위해서 전제되는 공간이 메이커스페이스이다 (Halverson & Sheridan, 2014; Martinez & Stager, 2013). 그 안에는 다양한 도구와 재료가 마련되어있으며, 학생들이 자유롭게 만드는 활동을 진행하고, 학생들 간에 서로 지식과 기술을 공유하고 나누는 곳이 되기도 한다. 따라서 메이커스페이스는 공교육 안에서 메이커 교육을 실천하는데 있어서 반드시 필요한 공간이 아닐 수 없다.

이에 본 연구에서는 학교 내 교실을 활용해 '메이커스페이스를 만들기'라는 프로젝트를 하나의 메이커 교육의 주제로 삼고, 그것을 방과 후 수업에서 진행하였다. 본 메이커 교육 수업에 참여한 학생들은 고등학교 1학년 남학생 22명이며, 수업은 2016년 9월부터 11월까지 8주에 걸쳐 진행하였다. 본 연구의 목적은 메이커스페이스를 직접 제작하는 메이커 교육과정 안에서 발생되는 교육 효과로서 개인적 차원 및 사회적 차원의 메이커 정신(자발성, 주인의식, 책임감, 공유, 나눔, 개방, 실패에 대한 생산적 경험 등)을 경험할 수 있었는지 알아보고자 하였다. 또한 그 경험을 통하여 확장된 메이커스페이스의 역할은 무엇인지를 알아보고자 하였다.

이를 위해 수업 중 작성한 성찰저널, 인터뷰 자료, 수업 관찰일지의 다양한 질적 자료들을 수집 및 분석하였다.

II. 이론적 배경

1. 메이커 운동과 구성주의 환경

메이커 운동(Maker Movement)은 Dale Dougherty에 의해, 21세기 오픈소스 제조업 운동을 일컫기 위해 메이커(Maker)라는 용어를 처음 사용하게 되면서 시작하였다(Dougherty, 2012). 이후 메이커 활동은 하나의 사회문화적 현상으로 널리 확장되면서 메이커 운동이란 이름으로 자리 잡게 되었다(Hatch, 2013).

이러한 메이커 운동을 이해하기 위해서는 먼저 메이킹이라는 단어의 의미를 생각해볼 수 있다. 본래 메이킹(Making)의 사전적 정의는 '만들다' 혹은 '만들고 있다'라는 의미를 지닌다. 하지만 메이커 운동(Maker movement)에서의 '메이킹(Making)'의 의미는 더 깊이 있는 의미와 가치를 담고 있다. '메이킹' 안에는 메이커가 다양한 도구를 활용하여 창의적 산출물을 만들어 내고, 이를 다른 사람과 공유하고 소통하는 활동이 이루어진다고 말한다(황중원, 강인애, 김홍순, 2016; Peppler, Halverson & Kafai, 2016). 다시 말해, 메이킹(Making)은 자신에게 혹은 사회에 필요한 무엇을 주도적으로 만들며 관련 지식과 정보, 도구를 다른 메이커들과 공유하며 자연스럽게 협력이 이루어지는 활동을 의미한다(Dixon & Martin, 2014; Halverson & Sheridan, 2014).

이러한 메이커 활동이 군집되어 만들어간 사회문화 현상으로서의 메이커 운동에 내포된 교육적인 가치는 Papert의 구성주의(Constructionism)를 통해 설명할 수 있다(강인애 외, 2017). 기존의 Piaget를 중심으로 한 구성주의(Constructivism)와 Papert의 구성주의(Constructionism)는 한글 번역은 동일하나 영어에서 차이가 있듯이, 비록 이 두 구성주의는 인식론에 있어서는 동일하지만, 전자는 개별적 지식구성에 초점을 둔다면, 후자는 개별적으로 구성된 지식을 분명한 유형의 결과물로 나타내는 것으로 확장되고 있다. 다시 말해, 학습자가 학습에 대한 주인의식을 갖고 자기주도적 학습활동을 통해 개별적인 이해와 의미구성을 해야 하며, 그와 동시에 다른 사람들과의 협력적 관계를 통하여 다른 견해와 생각을 조율하여 좀 더 견고하고 유용한 지식을 구성해야 한다는 점에서는 두 구성주의의 입장이 동일하다.

다만 Papert의 구성주의는 문제해결의 결과물이 무형의 아이디어에 그치지 않고 유형의 결과물로 나와야할 것을 주장하고 있다. 바로 이런 점으로 인해 Papert의 구성주의는 실제적 구성물을 형성을 강조하는 메이커 운동(Makermovement)의 이론적 배경으로 언급된다(Halverson & Sheridan, 2014). 결국 Papert의 구성주의 이론에 입각하여, 메이커 운동에서 이루어지는 활동은 메이커(Maker) 스스로가 문제형성부터 시작하여 그것의 탐색, 도구 활용, 제작 등에 이르기까지 주도적 역할을 하게 된다. 이때 다른 동료 메이커들과의 상호작용을 하면서 토론과 토의를 통해 서로간의 아이디어를 모으고, 메이커스페이스 안에 있는 다양한 도구를 활용하여 제작하는 활동을 이루어가게 된다. 이때 주목할 것은 Piaget 의 구성주의에서와 마찬가지로, 메이커들의 활동을 도와주는 전문 강사, 혹은 교사는 메이커들의 활동을 도와주는 조력자로서의 역할을 한다는 점이다(황중원 외, 2016; Hatch, 2013).

이런 점에서 볼 때, 다시 한 번 메이커 운동의 환경은 구성주의 교육환경과 맥을 같이 함을 알 수 있다. 그리고 이러한 점에 초점을 두었을 때, 메이커 운동은 단지 운동이라는 사회적 현상으로 그치는 것이 아니라, 교육 분야에서도 활용될 수 있는 하나의 새로운 교육환경으로서 메이커 교육(Maker Education)이 된다(박영숙, 2015; 황중원 외, 2016; Hatch, 2013).

이러한 구성주의 교육 환경과 메이커 운동 간의 관련성을 정리하면 〈표 1〉과 같다(강인애, 정준환, 정득년, 2007; Hatch, 2013).

〈표 1〉 구성주의 환경으로서의 메이커 운동

구성주의 환경	메이커 환경
실제적 성격의 과제 학습	사회적 이슈나 문제, 혹은 개인적 문제로부터 메이커 활동 시작
학습의 주인의식	메이커 활동 전 과정에 걸친 개별 학습자에 의한 주도적 활동
조력자, 동료학습자로서의 교수자	조력자, 동료학습자로서의 교수자
협동 학습 환경	전 과정을 도큐멘테이션(기록)하여 온/오프라인 공유, 나눔, 개방
개병적 학습활동과 사회적 학습활동을 통한 지식구성, 재구성의 지속적 활동	개조하기, 만들기, 공유하기, 개선하기 등의 연속적이고 지속적인 메이킹 학습 전개
자유롭게 자신의 의견과 생각을 표현할 수 있는 비억압적이며 자유롭고 편안한 학습 환경	메이커스페이스 안에서 다양한 도구와 재료들을 활용하며 전적인 자기주도적 학습활동을 전개하는 비억압적, 자유롭고 편안한 학습 환경

〈표 1〉을 통해 알 수 있듯이 메이커 운동은 구성주의와의 많은 연관성을 보여준다. 다만 구체적이고 실제적인 구성물을 결과물로 만들어내는 것이 최종 결과인 메이커 운동에서는 구성주의에서는 간과하였던 부분, 곧 '실패를 두려워하지 않고 지속적으로 도전해보는 정신' 다시 말해, '실패 자체를 기꺼이 즐기고 인내할 수 있는 지속성(persistence)을 강조한다는 점에서 구분된다(Blikstein, Martinez & Pang, 2016). 이것은 분명 대부분의 교

육환경에서 기회는 한번만 주어지고 그것에서의 실패는 곧 마지막으로 여겼던 상황과는 매우 다르다는 것을 알 수 있다. 실패를 '생산적인 실패(productive failure)'(Sharples et al., 2016)라고 하면서 지속적으로 개선할 수 있는 기회로 보고 그를 격려하는 그 환경은 분명 구성주의 학습 환경에서도 거의 언급되지 않았던 메이커 운동만의 독특함이라고 할 수 있다.

따라서 메이커 운동의 이러한 특성을 고려해 볼 때, 메이커 운동이 지닌 환경은 학교교육현장에 접목하여 새롭고 혁신적인 교육환경을 이루어 가야 하는 이때에 대안적 접근으로 분명 가치를 지니고 있다고 본다(Anderson, 2014; Lang, 2013).

2. 메이커 교육(Maker education)과 메이커 정신

메이커 교육은 기본적으로 구성주의적 학습 환경을 기반으로 한다. 특히 Papert의 구성주의와 접목하여 Piaget의 구성주의에 비해 '핸즈 온(hands-on)' 활동을 더욱 강조한다(Martinez & Stager, 2013). 또한 실제적 구성물을 만들어 내는 과정 중에 '실패를 두려워하지 않고 지속적으로 도전할 수 있는 지속성'을 자연스럽게 경험하게 된다. 따라서 메이커 교육은 분명 교육적으로 의미 있는 여러 가지를 지니고 있을 것이다(Mingjie et al., 2016).

이러한 메이커 교육을 진행하기 위해 필요한 모형으로서 몇 가지가 소개되고 있다. 메이커 교육의 체계적 접근을 위하여 제시된 다양한 연구들 중 교육공학적 접근으로 개발된 모형으로 uTEC 모형(Loertscher, Leslie & Bill, 2013), TMI 모형(Martinez & Stager, 2013)을 확인할 수 있다.

〈표 2〉 uTec 모형과 TMI 모형 분석

uTEC 모형	TMI 모형
Using(사용하기)	Thinking(생각하기)
Tinkering(개조하기)	
Experimenting(실험하기)	Making(제작하기)
Creating(창작하기)	
	Improving(개선하기)

각 모형의 분석 결과 유사성과 차이점을 발견할 수 있었다. uTEC 모형에서 제시하는 사용하기(Using)는 TMI 모형에서 제시하는 생각하기(Thinking) 단계에 포함됨을 확인할 수 있었다. 또한 uTEC 모형의 실험하기(Experimenting)와 창작하기(Creating)는 TMI에서 제작하기(Making)단계와 그 맥락을 같이함을 확인할 수 있었다. 나아가 TMI 모형에서는 개선하기(Improving) 단계를 제시함으로 메이커 교육에서의 학습에 대한 끊임없는 순환과 반복과 학습 지속성을 강조함을 확인하였다.

하지만 메이커 교육을 위한 위 두 가지 교수학습 방법에서는 메이커 교육과 정신에서 강조하고 있는 공유와 개방 정신을 포함하지 않는다는 한계점을 지닌다. 따라서 위와 같은 한계점을 개선하기 위하여 공유(Sharing)가 포함된 TMSI 모형을 제시하였으며(황중원 외, 2016), 본 연구에서는 메이커 정신에 근거하여 설계된 TMSI 모형을 활용하여 프로그램을 개발 · 적용하였다. 이와 관련한 자세한 내용은 [그림 1]과 같다.

TMSI 모형은 개조하기(Tinkering), 제작하기(Making), 공유하기(Sharing), 개선하기(Improving)의 단계로 이루어지며(황중원 외, 2016), 전체의 교수학습 과정이 마무리되었을 때는 메이커 경험으로 확장될 수 있다. TMSI 과정 안에서 학습한 경험과 학습자가 스스로 느끼고 인지한 메이커 경험을 통해 또 다른 프로젝트를 지속적으로 도전하게 만든다(Maietta & Aliverti, 2015).

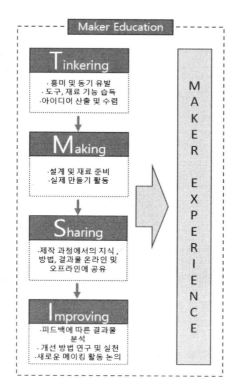

[그림 1] 메이커 교육과 TMSI 모형

이러한 메이커 교육 모형에 따라 수업을 진행한 사례들을 살펴보면(강인애 외, 2017; 황중원 외, 2016), 공통적인 몇 가지 교육적 효과를 제시하고 있다. 이러한 교육적 효과는 메이커 교육의 결과로서 나온 것이기 때문에, 본 연구에서는 이를 '메이커 정신(Maker mindset)'이란 이름으로 사용하겠으며(강인애 외, 2017; Blikstein et al., 2016; Hatch, 2013), 이들은 크게 개인적 차원과 사회적 차원으로 구분하였다(〈표 3〉 참조).

〈표 3〉 개인적 · 사회적 차원의 메이커 정신

개인적 차원	사회적 차원
• 학습에 대한 자발성 • 학습에 대한 책임감과 주인의식 • 창의적 문제 해결력 • 생산적 실패 • 학습에 대한 지속성과 인내력 • 다양한 자료, 도구 활용 능력	• 개인과 사회와의 상호작용 • 지식의 공유와 개방으로 민주사회 구현 • 협력, 공감, 소통

우선, 개인적 차원에서의 메이커 정신은 자기주도 학습, 창의적 문제 해결력, 생산적 실패를 통한 학습 지속성 및 인내력, 다양한 도구와 자료를 활용할 수 있는 능력 함양 등의 교육 가치를 내포한다. 메이커 정신에 기반 한 메이커 활동은 학습에 대한 주인정신을 바탕으로 학습동기가 유발되기 때문에 학습 과정에 있어서 끊임없는 호기심을 바탕으로 능동적으로 참여하게 된다(Kafai, Fields & Searle, 2014; Moorefield-Lang, 2014).

나아가 실생활과 연관된 비구조적인 문제를 해결하는 과제를 통하여 창의적인 문제 해결 능력을 바탕으로 하며(이지선, 2015), 지속적인 실패 극복에 따른 인내심과 실패에 대한 긍정적인 인식을 가지고 있다.

마지막으로 다양한 도구(전통적 노작 도구, 레이저 커터기 및 3D 프린터와 같은 제작 장비, 코딩 관련 각종 소프트웨어 등), 재료(자연재료, 건축재료, 재활용품, 사무용품, 전기전자 부품 등)를 활용하는 능력을 포함 한다(Maietta & Aliverti, 2015; Hatch, 2013).

사회적 차원에서의 메이커 정신은 학습자와 지역사회와의 협력 및 상호작용을 통해 민주사회로의 발전을 위한 실천적 참여를 바탕으로 하며(황중원 외, 2016; Eddy & Hogan, 2014; Walter-Hermann & Bijching, 2014), 스스로 만들어낸 지식 및 결과물을 자발적으로 개방하고 공유하게 된다. 또한, 학습 과정 안에서의 협력, 소통, 공감 등과 관련한 교육적 가치를 내포하고 있다(황중원 외, 2016; Peppler et al, 2016).

3. 메이커스페이스(Makerspace)

메이커 운동(Maker movement)의 세 가지 주요 사건 중 첫 번째는 2001년 MIT에서 Neil Gershenfeld에 의하여 최초의 팹랩(FabLabs)[1]의 탄생이다(Blikstein et al., 2016). 이는 메이커 운동에서 가장 중요한 역사적 사건이 메이커스페이스(Makerspace)가 발현된 것임을 뜻한다. 이렇게 만들어진 메이커스페이스는 전 세계에 있는 창조자들에게 커다란 영감을 주며 '지식과 제작과정의 공유'와 '협력을 통한 메이킹(Making)', '민주적 도구의 활용'이라는 문화를 탄생시켰다(Dougherty, 2012; Johnson, Adams, Estrada & Freeman, 2015, Johnson et al., 2016).

다음은 메이커 운동에서 시작하여 메이커 활동, 메이커 교육, 그리고 메이커스페이스에 이르는 다양한 용어들의 관계를 살펴보고 그 안에서 메이커스페이스의 위치를 파악해보고자 한다([그림 2] 참조).

우선 가장 포괄적인 개념으로 메이커 운동이 자리 잡는다. 이것은 학교 밖에서 자율적인 형태로, 비형식 혹은 무형식 교육환경에서 자발적으로 이루어진 사회 · 문화적 현상이기 때문이다. 이런 메이커 운동에서 이루어지는 모든 메이킹(Making)의 활동을 메이커 활동(Maker Activity)이라고 할 수 있다. 그리고 메이커 활동은 메이커스페이스라는 공간을 통하여 유기적으로 발생하는 것으로서 모든 메이커 활동의 필수적 요소가 된다. 여기서 앞서 살펴본 바와 같이 메이커 운동이 지닌 교육적 가치, 메이커 정신, 구성주의와의 관련성 등으로 인하여 메이커 교육이라는 개념으로 인식할 수 있다.

---

1) 제작하다(fabrication), 또는 유쾌한(fabulous)의 접두사에 해당하는 fab에서 따온 팹(fab)과 연구소를 뜻하는 랩(lab)의 합성어. 매사추세츠공과대학(MIT)에서 아웃리치 프로그램의 일환으로 만들어진 Makerspace의 하나이다.

나아가 메이커 교육을 공교육체제에 순조롭게 정착시키기 위해서는 교육과 활동을 연결하는 메이커스페이스가 존재해야하며 그 안에서 이루어지는 학습이야말로 구성주의적 학습 환경에서 펼쳐지는 메이커 정신의 산실이 될 수 있을 것이다(Blikstein, 2016; Martinez & Stager, 2014).

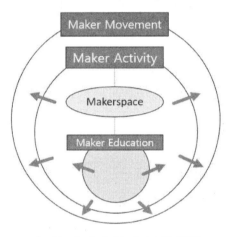

[그림 2] 메이커스페이스의 위치

메이커스페이스 안에서의 교육과 활동은 '만들기를 통한 학습'과 '창의적이며 활동적인 학습'을 지향한다(Johnson et al., 2015; Johnson et al., 2016). 따라서 기존 초·중등학교의 제조 실습실(과학실 및 기술가정실)에서 볼 수 있는 모습과 크게 다르지 않다고 인식될 수 있다(Martinez & Stager, 2013). 하지만, 메이커스페이스(Makerspace)는 앞서 설명한 구성주의적 학습이 이루어지는 환경과 그 의미를 같이하기 때문에 교수학습에 대한 인식부터 기존의 실습실과 차이점이 있다고 이해할 수 있다.

기존의 실습실에서는 교수자가 직접 학습시킬 교보재를 선택하고, 학습자는 모두가 하나의 산출물을 만들며 기능을 중심으로 학습이 발생되는 특징을 갖는다[8]. 그러나 메이커스페이스에서는 다양한 도구들이 항시 구비되어 있으며 학습자는 이 재료와 도구를 활용하여 각자 다른 창의적 산출물을 제작하는 모습을 보이게 된다. 메이커스페이스는 학습자들이 스스로의 필요에 의해 느낀 프로젝트를 진행하기 위해, 자발적으로 참여하면서 학습활동을 펼쳐가는 공간의 의미로서 받아들여야 할 것이다.

결론적으로 구성주의와 맥락을 같이하는 메이커 활동이 학교 교육에서 이루어지기 위하여 메이커 활동의 실천을 위한 학습 환경인 메이커스페이스는 반드시 요구되는 바이다.

III. 연구 방법

1. 연구 대상 및 기간

본 연구는 서울시에 위치한 인문계 J고등학교 1학년 남학생 22명을 대상으로 학교 내 교실을 이용하여 '메이커스페이스(Makerspace)를 만들기'라는 프로젝트를 메어커 교육 프로그램으로 설계, 적용한 사례연구이다. 메이커 교육 프로그램 에 참여한 학생들은 메이커 운동에 대한 기본적인 이해를 하고 있는 학생들로서, 방과 후 수업을 활용하여, 2016년 9월부터 11월까지 총 20차시(20시간) 동안 이루어졌다.

연구대상자의 실명은 영문 알파벳 'A'에 고유번호를 부여하는 방식으로 표기하였다.

2. 자료 수집 및 분석

본 연구는 메이커 교육 프로그램으로서 학교 내에 '메이커스페이스 (Makerspace)를 만들기'라는 프로젝트를 실시하고 그것의 결과로서 학생들에게서 메이커 정신을 확인할 수 있는지를 알아보고자 하였다. 이를 위해 성찰저널, 인터뷰 자료, 교사 관찰일지의 질적 자료를 수집, 분석하였다 (〈표 4〉 참조).

〈표 4〉 자료 수집 방법

자료 유형	시기	내용	수량
성찰저널	단계별 수업 과정 중(총6회)	학습 과정에서 배우고 느낀 점을 자유롭게 기술	132
학생면담	프로그램 종료 후	메이커 정신 요소와 관련된 질문을 바탕으로 내용 확인	22
관찰일지	해당 차시 수업 후	학습과정의 상황을 객관적 시각에서 작성	20

이상의 질적 자료들은 앞서 이론적 배경에서 제시했던 메이커 교육의 개인적, 사회적 차원에 대한 요소들을 중심으로 코딩 분석을 했으며, 자료 분석의 신뢰도를 높이기 위해, 연구자간 코딩항목에 대한 불일치가 있을 경우, 최종 합의에 이를 때까지 토론하였다. 그 결과 연구자간 신뢰도는 91.07%로 높게 나타났다. 또한 삼각측정법(triangulation)(박성희, 2011) 중 구성원 검토 작업(member checks)을 사용하여 연구자들이 해석한 내용을 해당 학생에게 보여줌으로서 분석내용에 대한 타당도를 확보하였다.

3. 프로그램 개발 및 적용

본 프로그램은 앞서 언급한 메이커 교육의 모형의 하나인 TMSI 모형에 따라서 프로그램을 개발하였다. 곧, 개조하기(Tinkering), 만들기(Making), 공유하기(Sharing), 개선하기(Improving)의 과정에 따라, '메이커스페이스 설계 및 제작'이라는 주제로, 고등학교 1학년 대상 20차시 수업을 개발 및 적용하였다. 다음은 20차시 수업 전체를 요약한 지도안이다(〈표 4〉 참조).

〈표 4〉 메이커 교육 프로그램 전체 지도안

방과 후 학교명	Maker PBL	학교 급		고등학교 1학년	차시	20차시
프로그램명		창조를 위한 공간 메이커스페이스(MakerSpace)				
전체 단계		차시별 교수 · 학습 내용				
		차시	활동	세부 활동		
도입		1	주제논의	'우리는 무엇을 함께 만들 것인가?'		
M a k e r A c t I v I t y	Tinkering (개조하기)	2	아이디어 도출	공간 창출을 위한 아이디어 회의(브레인스토밍)		
		3	분해하기	• 메이커스페이스 공간 구분하여 생각하기 • 메이커스페이스에 있는 물건 위치 바꾸기		
		4	조립하기	• 메이커스페이스 개별 설계(평면도, 1소점 투상도) • 메이커스페이스 설계 팀별 회의, 최종안 도출하기		
		개별 과제	모델링	• 3D Max, Autodesk 123D 프로그램 이해하기 • 1소점 투상도를 활용한 3D 설계(개별 과제)		
	Making (만들기)	5	설계하기 및 재료 준비	• 설계 기준 필요한 재료 생각하기 • 개별, 팀별 재료 준비하기		
		6-12	만들기	• 메이커스페이스(Makerspace) 제작하기 • 메이커 노트 및 성찰 일지 작성		

	Sharing
	(공유하기)
		13	발표 &
			공유
				• 메이커스페이스(Makerspace)에서 자신만의 개
				  념이 담긴 공간 발표하기
				• 온라인 커뮤니티(Facebook)에 메이커스페이스
				  홍보하기		

	Improving (개선하기)	14	개선하기	• 개선 방향 도출 및 실행 • 개선 방향 및 아이디어 정리		
Maker Experience		15- 17	3D Print	• 메이커스페이스에서 할 수 있는 활동 소개 • 3D 프린터 원리 및 출력 방법 실습		
		18- 19	Reverse Enginee ring	• 리버스 엔지니어링 실습		
Maker documentation		20	발표	• 성찰저널 소감 발표 -학습자 인터뷰 실시		

　　총 20차시로 구성된 본 메이커 교육 프로그램 중 14차시까지는 TMSI 모형에 따라 메이커스페이스 만들기가 진행되었다. 아래는 수업 전 학교로부터 부여 받은 낡은 교실의 모습이다([그림 3] 참조).

[그림 3] 낡은 교실의 모습

　　첫 번째 단계인 개조하기(Tinkering) 활동(1–4차시)에서는 공간을 구조를 분석하였으며 아이디어 도출 및 공간 설계 활동 등을 하였다. 이후 설계된 아이디어를 바탕으로 Autodesk123D, 3D Max를 활용하여 메이커스페이스의 모습을 모델링하는 과정을 거쳤다. [그림 4]와 [그림 5]는 4차시에 이루어진 설계도 작업의 결과물 중 일부와 이를 바탕으로 합의된 아이디어를 모델링한 사례이다.

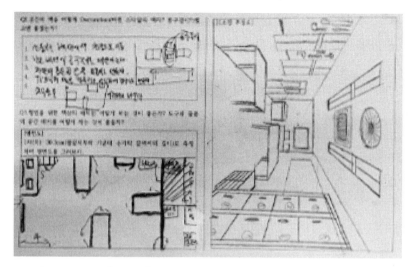

[그림 4] 메이커스페이스 설계도(4차시)

[그림 5] 3D Max로 만든 공간 설계(개별과제)

이후 5차시부터 12차시까지는 '만들기(Making)' 단계에 해당하는 활동시간들이었다. 학습자들의 협의된 설계도를 바탕으로 서로 협력하며 공간 창작 활동을 하고 있다. 재료를 준비하고 아이디어를 모으며 제작에 필요한 생각부터 도구(페인트, 장갑, 붓, 페인트 통, 재활용 책상, 의자, 재활용 서랍, 공구판, 육각렌치 및 드라이버, 니퍼, 펜치 등 이외의 공구들)까지 공유하는 모습을 보였다. [그림 6]과 [그림 7]은 합의된 의견을 반영하며 아이들 스스로 제작하는 과정의 모습과 변화되어 가는 낡은 교실의 모습이다. 학습자의 개인적인 모습은 개인 사생활을 존중하여 모자이크로 처리하였다.

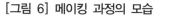

[그림 6] 메이킹 과정의 모습　　　　[그림 7] 메이킹 과정에서의 결과

13차시와 14차시에는 합의된 의견에서 부족한 부분을 논의하고 개선하는 활동을 하였다. 이후 최선의 대안으로 메이커스페이스의 제작을 마무리 하였다. 다음 [그림 8]은 낡은 교실에서 메이커스페이스 공간의 모습으로 변화되어진 모습이다.

[그림 8] 메이커스페이스로 변화되어지는 교실

이후 15~19차시에서는 학생들이 완성한 메이커스페이스에서 어떤 다양한 활동을 할 수 있는지 경험해보았다. 예를 들어, 3D print 원리 및 출력 체험하기, 리버스 엔지니어링(Reverse Engneering)활동 등을 진행하였다. 다음 [그림 9]는 리버스 엔지니어링 결과로 재활용 휴대폰을 분해하여 만든 조립설계도의 한 예시이다.

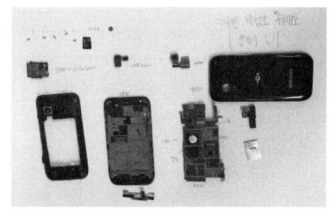

[그림 9] 리버스 엔지니어랑 실습 결과(19차시)

마지막 20차시에서는 성찰저널을 발표 후 수업 과정과 관련한 학습자 인터뷰를 실시하고 프로그램을 마무리하였다.

IV. 연구 결과

메이커 교육 프로그램으로서 '메이커스페이스 만들기'라는 프로젝트를 참여한 결과로서 학생들이 과연 메이커 정신을 경험하였는지를 알아보고자 하였다. 이를 위해 교사의 성찰저널, 인터뷰 자료, 교사관찰일지를 수집하고 이를 개인적 차원과 사회적 차원으로 나누어 분석하였다.

초기 코딩 과정 이후 자료에 반복적으로 나타나는 의미 있는 키워드에 주목하고, 간략하게 요약하여 주제별로 묶어 이를 이해할 수 있는 구체적인 코팅 작업을 수행하였다. 다음에서는 자료 분석에 따른 결과를 제시하였다.

1. 개인적 차원에서의 메이커 정신

첫 번째 연구문제에 대한 분석 결과로서, 대부분이 개인적 차원에서의 메이커 정신이 두드러졌다. 곧, 학습에 대한 자발성, 책임감과 주인의식, 실패에 대한 긍정적 인식(생산적 실패), 다양한 자료, 도구 활용능력 함양으로 정리할 수 있었다. 분석한 질적 자료에서 개인적 차원의 메이커 정신이 나타나는 요소별 키워드를 도출하면 〈표 5〉와 같다.

수집한 질적 자료를 제시한 키워드 바탕으로 그 의미를 발견하기 위해 노력하였다. 다음은 개인적 차원과 관련된 메이커 정신 경험에 대한 연구 결과이다.

〈표 5〉 개인적 차원에서 의미 있는 키워드

개인적 차원	키워드
• 학습에 대한 자발성	• 학습 주도권 이양 • 자기주도성 • 능동적이며 존중받는 환경 • 학습자 의견 반영 • 스스로 참여하는 활동 • 학습 두려움 제거 • "~을 할 것이다"라는 계획성이 반영되는 언어
• 책임감과 주인의식	• 소중함 • 주도적 • 최선을 다함 • 지속적으로 확인 및 참여
• 생산적 실패	• 실패 인식 • 지속적인 질문 • 극복 및 문제해결 • 보완 및 수정
• 도구 활용능력 함양	• 활동 시 사용도구의 종류 (각종 공구 및 재료, IT 기기 등 수업 안에서 활용 가능한 모든 도구)

1) 학습에 대한 자발성

메이커스페이스에서 진행되는 수업에서에서 교사는 조력자 혹은 촉진자의 역할로 접근한다. 모든 활동 안에서 지식을 일 방향적으로 전달하지 않고 스스로 찾을 수 있는 환경을 제공한다. 예를 들어 디지털 디바이스(Digital device)를 통해 원하는 정보를 발견하고 가공할 수 있는 방법을 지도하게 되며 정답에 가까운 지식자체를 전달하는 것을 지양한다. 즉, 학습자 스스로 학습할 수 있는 환경과 도구 방법을 제시하게 된다. 다음은 메이커스페이스 안에서 2016.09.21에 진행되었던 수업을 통해 작성한 교사 관찰일지 내용이다.

'나는 아이들을 유심히 관찰하며 <u>무엇을 도울 수 있을지 고민</u>하였다. 일단 이러한 활동을 처음 접하는 학생들이 많았기 때문에 <u>두려움을 줄여주기 위한 노력</u>을 하였다. "망쳐도 좋으니 마음대로 칠해도 되요. 나중에 너희가 넣고 싶은 도안을 그려 넣어도 되요. (중략)... 잘못되면 다시 칠하면 되 <u>걱정 말고 자신 있게 해요.</u>"(중략)... 교사의 이런 발언이 아이들의 긴장을 완화 시켰는지 이후 아이들은 더 활발하고 즐겁게 떠들며 활동에 임했다.' (2016.09.21. 관찰일지)

교사가 지속적으로 학생을 도울 수 있을지 끊임없이 고민하였다. 즉, 메이커스페이스 안에서 조력자로서의 교수자의 모습이 요구됨을 확인할 수 있다. 이는 학습자에게 메이커 활동을 자발적으로 할 수 있도록 영향을 미쳤다. 메이커 교육은 학습자의 '자기주도성'을 지속적으로 존중하며 학습자 스스로 배움을 이끌어 가는 모습으로 활동이 진행된다. 다음은 학습자 면담을 통해 확인한 학습자의 자발성과 관련된 내용이다.

'아이들에게 <u>자유롭고 제약 없는 활동을 유도하며 각자 만들고 싶은 것을 만들도록 도와 주셨다.</u> 아마 교실에서는 이런 다양한 활동이 불가능 했을 것 같다. (중략).. 이러한 메이커스페이스 같은 환경이 <u>나 스스로를 움직이게 만들었다.</u>'
(A-12. 인터뷰 자료)

'교실의 구성과 수업방식에서와 다르게 <u>누가 주도권을 가지고 진행되는가가 가장 큰 차이점</u>이다. 일단 흡수하고 마냥 받아 드리는 공간이 아닌 책상의 위치나 의자의 배치가 달랐다. <u>우리의 의견이 반영</u>되었기에 쉬는 시간에 작업 공간에 더 예쁘게 꾸미기 위해 노력하였다. 신기한 것은 평소 교실에서는 잠만 자던 친구가 메이커스페이스 설계에 참여하고, 페인트칠을 하는 모습을 보였다.'

(A-6, 인터뷰 자료)

"선생님의 역할이 무엇이었으며? 아이들에게 어떤 영향을 미쳤는가?"라는 인터뷰 질문에 '그러한 환경이 나 스스로를 움직이게 만들었다.'라고 대답하며 학습 자발성과 관련된 메이커 정신이 나타남을 확인할 수 있다. A-6 학생은 일반 교실과 메이커스페이스의 차이점에 대한 면담질문에서 능동적이고 자발적으로 참여하는 친구의 모습을 언급하고 있다.

다음은 전체 수업 후 작성했던 성찰 저널의 일부를 발췌한 내용이다.

'다른 공구 사용법을 익히고 부족한 재료를 준비하여 선반을 제작할 것이다. 직접 나무를 갈고, 톱질을 해서 선반을 만들고 자전거 손잡이와 안장을 가지고와서 액자처럼 '피카소의 황소'를 제작할 것이다.' (A-2, 성찰저널)

'버려진 소파를 리폼할 것이다. 메이커스페이스에 휴식할 수 있는 공간이 반드시 필요할 것 같다. 다음 주에 몇몇 친구들을 모아서 동네에 버려진 소파를 찾아봐야겠다.' (A-5, 성찰저널)

'메이커스페이스로서 아직 부족한 것이 많은 것 같다. 앞으로 나무판을 이용해 공구 판을 제작할 것이다. 그것을 다양한 공구를 걸어서 공방 같은 느낌을 내고 제작에 필요한 도구를 정리하는 용도로 사용되었으면 다음 때문이다.'

(A-9, 성찰저널)

학습이 마무리 된 후에 자신의 학습 과정에 대하여 반성하면서도 제작 한 산출물을 개선하기 위하여 자발적으로 학습을 이어 가려는 생각을 확인할 수 있었다. "부족한 재료를 준비하여 선반을 제작", "버려진 쇼파를 찾고 리폼하겠다", "나무판을 이용해 공구 판을 제작할 것이다"와 같이 스스로 학습의 목표를 선택하고 자기주도적으로 학습을 유지시키려는 노력을 볼 수 있었다.

결과적으로 학습의 주도권이 학습자에게 이양되고, 학습자가 존중받는 환경 안에서 학습자가 스스로 교육에 참여하며 '자발성'이라는 메이커 정신을 경험함을 확인할 수 있었다.

2) 책임감과 주인의식

일반 교실에 대한 학습자의 인식은 교실의 주인이자 절대적인 지식을 소유한 사람은 교사이며, 그 지식을 배우기 위해 학습이 일어난다고 생각한다. 또한, 정해진 학습 목표, 통제되는 시간 그리고 풍부하지 않은 교육 자료로 수업에서의 한계가 있다고 인식한다. 즉, 학습의 통제권이 학생에게 거의 없으며 매우 제한적인 모습으로 학습이 이루어진다. 하지만, 메이커스페이스와 같은 구성주의적 환경 구성을 통하여 학습의 접근을 교사나 매체에 의해 전달된 지식을 무조건 받아들이는 것이 아니라고 느낀다. 학습자가 직접 참여하는 경험적 활동을 통해 학생이 스스로 참여하고 생각하고 탐구하고 제작하여 자신에게 필요하고 적합한 지식을 구성할 수 있도록 학습자의 참여를 강화시킨다. 학습에 대한 참여가 강화되는 과정에서 학습에 대한 책임감과 주인의식을 경험할 수 있게 된다. 이에 대한 구체적인 내용을 학생들의 성찰일지에서 일부를 발췌하여 제시하면 다음과 같다.

'메이커스페이스의 설계 및 제작 수업참여에서 내가 가장 <u>좋게 느낀 가치는 내가 만들고 내 생각이 들어간 학교 안의 교실</u>이다. 아무래도 배움의 공간이라고 생각되는 교실은 항상 틀에 박혀있고 수동적이라는 이미지가 있다. 이와는 상반

되게 내 생각이 들어간 메이커스페이스의 공간은 능동적이며 소중하다. 주도적
으로 활동할 수 있는 공간이며 앞으로 종종 와서 다양한 것을 만들어 보고 싶다.'

(A-11. 성찰저널)

스스로의 생각이 들어간 산출물은 본인이 주인이라는 인식을 강하게 인지
할 수 있도록 도와준다. 메이커스페이스는 공동의 목표로 만들어진 공간이
지만 학습자 각자 느끼는 '가치'는 모두 달랐다. "내가 만들고 내 생각이 들
어간"이란 부분과 "능동적이며 소중"한 공간이라고 말하는 부분에서 책임
감과 주인의식을 확인할 수 있었다. 또한, "주도적으로 활동할 수 있는" 이
후 능동적 경험을 위하 탐구를 하겠다는 생각에서 학습자의 책임감과 주인
의식이 행동으로 발현되는 것을 확인할 수 있다. 다음은 설문 문항 2번 '메
이커스페이스가 본인에게 어떤 가치와 의미가 있는가?'라는 질문의 답변을
통해 확인한 학습자의 책임감과 주인의식과 관련된 내용이다.

'다음 후배들이 메이커스페이스를 편하게 사용했으면 하는 마음으로 공간 활용
에 대한 의견을 적극적으로 제시하였으며, 책상과 걸상 재활용 페인트 작업에 최
선을 다했다. 쉬는 시간마다 방문하여 내가 했던 작업의 상태를 확인하였다.'

(A-13. 인터뷰 자료)

질적 자료 분석 중 '소중하다', '주도적이다', '최선을 다한다', '지속적으
로 확인하고 참여 한다' 와 같은 책임감과 주인의식을 확인할 수 있는 의미
의 어휘를 다수 사용함을 발견 할 수 있었다. 결과적으로 '책임감 및 주인정
신'과 같은 메이커 교육의 가치를 경험함을 확인할 수 있었으며, 이는 메이
커스페이스라는 공간 안에서 더 극대화 될 수 있었다.

3) 실패에 대한 긍정적인 인식(생산적 실패)

메이커 활동은 학습자가 스스로 설정한 단기적인 목표가 모여 공동의 목표에 도달하게 된다. 예를 들어 메이커스페이스를 제작하는 활동 안에서 메이커스페이스의 설계라는 공동의 단기 목표가 있으며 이후 설계 아이디어를 반영한 공간 제작을 하게 된다. 실제 제작(Making) 활동 안에서 학습자는 활동 안에서의 목표를 개별적으로 설정할 수 있다. '페인트칠'을 하는 활동을 예를 들면 물과 페인트를 희석하는 부분, 어떤 방향으로 칠할지 고민하는 부분, 페인트를 칠한 후 관리하는 부분, 몇 분을 건조시키고 언제 다시 칠할지 선택하는 부분 등 제작 과정 안에서 학습자가 스스로 선택해야하며 설정해야 할 무궁무진한 단기목표들이 존재한다. 이런 단기 목표 안에서 다양한 실패가 존재하게 되며 학습자는 스스로 이를 극복하는 방법을 배우는 환경에 놓이게 된다. 동료 학습자들은 다른 학습자의 부족한 부분을 자신이 할 수 있는 능력으로 도움을 주게 된다. 또한, IT 기기로 검색하여 최적의 해결책을 탐색할 수 있는 환경이 구축되어 있기 때문에 스스로 정보를 탐색할 수 있는 활동을 하며 실패를 능동적으로 극복하게 된다. 다음은 A-12, A-20학생의 성찰저널을 통해 확인한 학습자의 실패에 긍정적 인식과 관련된 내용이다.

'3D 모델링을 할 때 공간지각에 대한 이해가 부족해서 시간이 오래 걸렸다. 3D 프린터로 출력을 할 때 노즐과 배드의 거리가 1mm 이상인 줄 모르고 출력을 누르고 갔었는데, 몇 시간 뒤에 뭉개져 있는 인쇄물을 보았다. (중략)..친구와 함께 도안을 제작하며 부족한 부분을 보완하였다. (중략)..3D 프린터의 문제점을 선생님께 여쭈어 보며 다시 인쇄를 하였다. 깊이 알고 싶은 부분은 3D 프린터 관련 인터넷 카페 사람들에게 물어보고 해결하였다. 이후 제작과정에서 발생하는 문제를 이와 같은 방법으로 해결하였다.' (A-12, 성찰저널)

A-12학생은 3D 프린터 메이커 경험 활동에서 모델링 프로그램 활용 시 사물에 대한 공간 지각력의 한계와, 3D 프린팅 시에 발생된 기계적 문제를 생각하며 실패의 경험으로 인식하고 있다. 하지만 자신의 방식으로 실패를 극복한 사례를 이야기하며 해결방법의 과정을 제시한다. 동료학습자의 도움, 교수자의 도움, 온라인에 존재하는 전문가들의 도움을 받아 지식을 구성하고 문제 해결의 방법을 발견함을 보여주고 있다.

> '우리가 직접 만드는 메이커스페이스에서 표현하고 싶은 부분이 있었는데 재료가 부족해서 만들지 못했던 부분이 실패라고 느껴진다. (중략)..우리 주변에서 찾을 수 있는 재활용품을 이용해 극복할 수 있었다. 앞으로 필요한 것이 있다면 어떤 물건을 재활용하는 것도 나쁘지 않다는 생각을 하였다.' (A-20, 성찰일지)

A-20 학생은 메이커스페이스 제작 활동에서 발생된 도구와 재료가 부족했던 경험을 회상하며 실패로 인식하고 있다. 실패 경험의 극복을 위하여 다른 재료와 물품을 재활용하여 재료로 활용할 수 있다는 사실을 발견하며 생산적 실패로 메이커 정신이 발현됨을 확인할 수 있다.

활동 안에서 '3D 프린터의 출력 문제', '재료의 부족', '리버스 엔지니어링에서 전선과 기판 분해 문제', '설계도 제작의 어려움' 등 느끼는 실패의 요인은 학습자 마다 다르며 다양하였다. 각자 다른 실패의 요인이라도 학습자는 지속적으로 실패를 인식하고 있었으며 본인만의 방법을 발견하여 극복하려는 의지를 보였다. 나아가 이러한 문제 해결 과정을 점차적으로 두려워하지 않는 모습을 확인할 수 있었다. 결과적으로 학습자가 개인적 차원의 메이커 가치를 경험함을 확인할 수 있었다.

4) 다양한 자료, 도구 활용 능력 함양

학습자의 개별적인 학습 요구를 충족할 수 있도록 메이커스페이스 안에 다양한 도구를 구비하여야 한다. 혁신적인 공간 안에 구비되어있는 다양하고 풍부한 도구(기본 공구, 3D 프린터, 노트북, 데이터를 수집 가능하게 하는 무선인터넷 환경, 스마트 테블릿, 각종 공구, LED 및 전선 등의 각종 전자 부품, 아두이노 & 라즈베리파이 같은 오픈소스 하드웨어 등)들 덕분에 학생들로 하여금 도구와 자료 활용과 관련된 메이커 정신을 깊이 함양할 수 있었다. 또한, 주변 사물을 분해하고 조립하고 개선하고 나아가 혁신적 제품으로 새로운 물품을 제작하는 일련의 과정에서 기본 공구의 사용방법을 익힐 수 있었다. 다음은 메이커스페이스 제작 활동에서 나타난 도구 활용과 관련된 내용의 성찰일지 일부이다.

'학교 목공실에 가서 수성페인트를 받아왔다. 한 번도 페인트를 칠해본 적이 없었다. 페인트 붓을 받고, 물과 희석하기 위한 막대기, PET병을 반으로 잘라서 페인트 통을 만들었다. 선생님께서 물과 페인트를 4:6으로 희석하라고 말씀 하셨다.(중략).. 페인트칠은 나뭇결 방향으로 얇게 바르는 것이 깔끔하였다.'

(A-15, 성찰저널)

'사포를 이용하여 나무의 거친 부분을 벗겼다. 이렇게 해야 더 페인트가 잘 칠해지기 때문에 열심히 하였다. 나중에 알게 되었는데 내가 힘들었던 이유가 부드러운 사포로 했기 때문이었다. 거친 사포를 활용했으면 더 수월했을 것 같다.'

(A-17, 성찰저널)

'재활용할 의자를 분해하기 위하여 육간 렌치를 사용하였다. 손이 너무 아파서 선생님께 전동 드라이버를 빌려서 사용하니 편했다. 전동 드라이버에 들어가는 다양한 모양의 드라이버 부품이 있는지 처음 알게 되었다.' (A-19, 성찰저널)

메이킹 활동 안에서 학습자는 생소한 도구로 기존에 경험하지 못한 활동을 할 수 있다. "페인트를 칠해 본적이 없었다."는 메이킹 과정에서 한 번도 사용해 보지 않았던 도구를 활용해야 한다는 것을 의미한다. 이를 위해 희석하기 위한 페인트 통을 제작하고 페인트 붓을 활용하여 칠을 하는 과정에서 "페인트칠은 나뭇결 방향으로 얇게 바르는 것이 깔끔하다"와 같이 도구의 특성을 파악하고 도구 활용능력이 향상됨을 볼 수 있다. 또한 "거친 사포를 활용했으면 더 수월했을 것 같다", "전동 드라이버를 빌려서 사용하니 편했다", "다양한 모양을 드라이버 부품이 있는지 처음 알게 되었다"의 부분에서 경험을 성찰하며 더 나은 도구의 활용방법을 이야기하며 도구 활용능력 학습이 일어남을 확인 할 수 있다. 다음은 메이커 경험에서 도구 활용과 관련된 인터뷰 내용의 일부이다.

'리버스 엔지니어링 실습을 하며 분해한 RC카에서 나온 <u>모터로 선풍기를 만들수 있다는 것을 알게 되었다. 저항과 전선을 사용하여 AA전지에 모터에 맞는 전압으로 연결해 보았다. 선생님께서 회로 시험기를 주셔서 모터의 전압, 전류, 저항을 측정</u>해 보았던 것이 가장 기억에 남는 도구 사용이었다.' (A-8, 인터뷰 자료)

'3D 프린터 실습을 할 때 집에서 모델링을 해오면 선생님께서 출력해주신다고 하셨다. <u>Autodesk123D 프로그램을 활용</u>하여 액자 받침대를 모델링 하여 선생님께 파일을 드려 3D 프린팅을 하였다. 그리고 <u>집에 있는 액자 밑에 설치해 두었</u>던 것이 가장 기억에 남는다.' (A-20, 인터뷰 자료)

리버스 엔지니어링 실습에서는 RC카에서 분해한 모터를 가지고 선풍기를 만들겠다는 사고의 확장이 발생된다. 모터라는 부품을 다른 상황에서 작동시키기 위하여 AA 전지, 저항, 전선을 이용하여 연결하며 상황에 맞는 전기전자 도구 선택하고 스스로 활용함을 볼 수 있다. 나아가 교사의 도움으로 전압, 저항, 전류를 측정하기 위해 회로시험기를 사용한다. A-8 학생의 전기전자와 관련된 도구의 활용이 점진적으로 확장됨을 볼 수 있다. 또한, A-20 학생은 Autodesk123D라는 소프트웨어를 활용하여 액자 받침대를 모델링하였다. 창의적으로 모델링한 액자 받침을 메이커스페이스에 와서 출력하며 3D 프린터 사용방법에 대해 자연스럽게 숙지하게 되었다. 나아가 이를 실생활에 사용하면서 도구 활용능력이 실생활과 연계됨을 보여주고 있다.

　결론적으로 수업 과정에서 제공된 다양한 도구의 활용으로 '도구 활용 능력'이 함양됨을 확인할 수 있었다.

2. 사회적 차원에서의 메이커 정신

　학생들의 메이커 활동에 참여한 결과는 앞서 제시한 개인적 차원 외에 사회적 차원에서의 효과도 확인할 수 있었다. 사회적 차원은 학습 과정 중 이루어진 협력과 소통의 모습, 그 후 결과물에 대한 공유와 개방 활동 모습으로 정리할 수 있었다. 사회적 차원 또한 요소의 의미를 반영할 수 있는 키워드를 발췌하고 이를 기준삼아 분석하였다. 사회적 차원의 메이커 정신이 나타나는 요소별 키워드를 도출하면 〈표 6〉과 같다.

〈표 6〉 사회적 차원에서 의미 있는 키워드

사회적 차원	키워드
• 학습 과정에서의 협력과 소통	• 도움 • 서로 및 함께 • 공동의 목표를 위하여 • 화합을 통한 만족 • 의견 나눔 • 민주적
• 공유와 개방	• 타인을 위한 • 우리 모두의 것 • 나눔과 배려

도출된 키워드 중심으로 사회적 차원과 관련된 질적 자료를 분석하였다. 다음은 사회적 차원을 볼 수 있는 메이커 정신의 경험에 대한 연구 결과이다.

1) 학습 과정에서의 협력과 소통

메이커 교육은 학습자의 개별화 학습에 관심을 두고 개개인이 가장 잘 할 수 있는 문제 해결 영역을 서로 협동하여 접근할 수 있도록 환경을 유지하게 된다. 메이커 교육은 개별 프로젝트나 팀 프로젝트로 진행되지만 학습 과정 안에서 자연스러운 동료 학습자의 협력이 발생된다. 다음은 학습자 인터뷰를 통해 확인한 학습자의 협력과 소통과 관련된 내용이다.

> '우리에게 맡겨진 역할은 우리 모두가 '협력'하여 메이커스페이스를 제작하는 것이었다. (중략).. 페인트를 칠하기 전에 바닥이 더러워지지 않도록 신문지를 준비했다. 모든 아이들이 서로 도와가며 의자를 옮기고 테이블을 옮기며 신문지를 깔았다. (중략).. 메이커 활동의 가장 큰 목표가 아니었나 싶다.'
>
> (A-13, 인터뷰 자료)

전체 학습자에게 있어서 메이커스페이스를 설계 및 제작하는 활동은 모두를 위한 목표였다. 공동의 목표에 도달할 수 있는 환경 안에서 그 안의 환경을 창조하는 활동은 학습자 개인 스스로 경험하고 학습할 수 있도록 활동하였다. 학습자들의 대부분이 "공동의 목표에 도달하기 위해 협동을 하였고 이는 자신을 스스로 움직이게끔 하는 원동력이 되었다."라고 이야기하였다. 또한, 그것을 메이커 활동의 가장 중요한 목표로 인식하고 있었다. 만드는 활동 안에 서의 협력은 자연스럽게 발생하게 되며 이는 메이커 정신의 중요한 요소 중 하나임을 확인할 수 있다.

'나의 역할을 메이커 액자를 생각하고 제작하는 것이었다. 선생님께서 <u>시켜서</u> <u>역할을 맡은 것이 아닌</u> 공동의 목표를 위해 협력을 하다 <u>스스로 선택한 역할</u>이었다. 모든 <u>친구들이 의견을 나누며 화합하고 함께 자발적으로 함께 참여하는 의미</u> (중략).. <u>모두가 만족</u>하였다.' (A-16. 성찰저널)

또한, 누군가 권고하여 참여하는 것이 아닌 "협력을 위해 스스로 역할을 선택하였다."라고 이야기 하였다. 이를 통하여 메이커스페이스 공간 안에서의 만들기 활동이 학습자의 협력과 소통을 강화함을 확인할 수 있다. 다음은 학습 경험 구성원이 되므로 발생하게 되는 학습 협력과 소통과 관련된 내용의 일부이다.

'이 활동의 구성원이 되었다는 느낌이 들었다. 페인트칠하기, 내가 생각하는 메이커스페이스 도면 그리기, 내가 만들고 싶은 물건들 생각하고 설계하기, 동료 친구들을 지치지 않도록 이끌어 나가는 역할을 하였다. (중략)..'

(A-1, 인터뷰 자료)

결과적으로 메이커스페이스(Makerspace)라는 공간 안에서의 학습은 공동체 형태의 수업을 가능하게 한다. 또한, 메이커 교육은 학습자의 책임과 역할을 확장하며 나아가 자연스러운 협력과 공동체 안에서의 소통을 이끌어 낸다. 따라서 학습자는 사회적 차원의 메이커 정신인 '협력과 소통' 경험함을 확인할 수 있다.

2) 결과물(메이커스페이스 구축)에 대한 공유와 개방

메이커스페이스 안에서의 메이커 교육은 학습자가 학습과정에서 습득한 지식과 방법, 활동 결과물을 개인만 소유하는 것이 아닌 사회에 공유하고 개방하는 특징을 가지고 있다. 본연 구에서는 메이커스페이스의 교내 개방을 메이커 정신의 공유와 개방으로 연결 시켰다. 프로그램 종료 후 "학교에서 메이커스페이스가 다른 친구와 선생님들에게 개방되는 것에 어떻게 생각하는가?"라는 인터뷰 질문을 통해 공유와 개방에 관련한 메이커 정신이 어떻게 발현되었는지를 확인할 수 있었다.

"비록 우리가 만들면서 고생했지만 무엇인가 만들고 생각할 공간이 필요한 학생들에게 언제든지 개방되어야 한다. 만약 수업시간 외에 개방되지 않는다면 그것은 단지 기존의 수업 공간과 같다고 할 수 있다. 학교 안 메이커(Maker) 학생들에게 필요한 자유로운 장소라고 생각되기 때문이다." (A-4, 인터뷰 자료)

"친구들에게 자신이 원하는 것을 언제든지 와서 만들 수 있는 공간으로 개방되어야 한다.(중략).. 우리가 만들었지만 아직 부족한 것이 많기 때문에 점점 더 정돈된 메이커스페이스다운 모습으로 변해가야 한다. 그래야 많은 사람들이 방문하여 편하게 만들 수 있을 것 같다." (A-11, 인터뷰 자료)

"메이커스페이스는 개방되어야 한다. 개방되면 선생님과 학생들 사이에서도 좋은 소문이 날 것 같다. 누구나 자유롭게 만들며 여러 가지 좋은 작품들이 탄생될 것이다." (A-19, 인터뷰 자료)

"우리가 만든 공간을 공유한다는 것은 의미 있는 일이다.(중략).. 메이커스페이스가 개방되어야 학생들이 기계에 대해 친근해질 수 있고 사고력이 늘 것이다. 많은 생각들이 공유되며 좋은 것들이 만들어질 것이다." (A-22, 인터뷰 자료)

"우리가 만들면서 고생했지만 무엇인가 만들고 생각할 공간이 필요한 학생들에게 언제든지 개방"에서 확인할 수 있듯이 자신이 노력했던 부분의 가치보다 더 중요하게 생각하는 가치는 '공유'라는 정신이었다. 학습자들은 자신들의 노력과 고생에 대한 보상을 주장하기보다 '학생들에게 필요한 자유로운 장소', '자신이 원하는 것을 언제든지 와서 만들 수 있는 장소', '누구나 자유롭게 만들며 좋은 작품이 탄생되는 장소', '기계와 친근해질 수 있고 생각들이 공유되는 장소'라는 메이커스페이스의 가치를 더 중요하게 생각하였다. 이는 메이커 정신에서 야기하는 공유와 개방과 관련된 사회적 실천이 학습의 결과로 나타남을 확인할 수 있다.

[그림 10] 메이커 교육과 메이커 정신, 메이커스페이스 관계

결과적으로 메이커 교육의 교육 효과로 학습자가 경험하는 개인적, 사회적 차원의 메이커 정신이 함양된다고 볼 수 있다. 또한, 메이커 정신은 메이커 교육이 메이커스페이스와 연결이 되는 상황에서 더 확장된다. 메이커 교육과 그 과정에서 경험되어지는 메이커 정신 그리고 메이커스페이스와의 관계를 정리하면 아래 [그림 10]과 같다.

V. 결론

21세기 4차 산업혁명이 진행되면서 창의력, 아이디어, 과학 기술적 소양, 지식의 융합 및 통합적 접근, 문제해결력 등의 능력에 대한 필요성이 점점 강조되고 있다. 이러한 시대적 변화에 따라서 기존과는 다른 다양한 교육방법이 연구 및 적용되고 있다. 하지만 혁신적인 교육방법의 적용에도 불구하고 교육현장의 학습 환경에 대한 변화에 대한 논의는 거의 이루어지 않고 있다. 그렇기 때문에 교수자를 단방향으로 바라보아야 하는 학습 환경에서 혁신적인 학습 방법을 적용할 때 어려움이 발생된다. 또한, 학습자 중심의 교육과정을 강조하고 있지만 불완전한 교육환경으로 인하여 기대하는 만큼의 학습효과를 얻지 못하고 있다.

이러한 맥락에서 융합 및 통합교과 영역의 교육활동, 학생 중심 교육활동의 대안으로 메이커 교육(Maker Education)이 논의되고 있는데, 공교육 안에서의 실천을 위해서 메이커스페이스(Makerspace)라는 학습공간이 반드시 요구된다. 메이커스페이스는 구성주의 학습 환경과 그 맥락을 같이 하여 실제적인 맥락적 학습, 학생들의 자기주도적 학습, 협동학습을 통한 소통, 나눔, 공유를 경험하게 되는 환경, 지식의 융합적 접근을 통하여 창조적 활동이 이루어지는 모습을 확인할 수 있는 공간이 되기 때문이다.

본 연구는 이러한 구성주의적 학습활동과 환경을 경험할 수 있는 메이커 스페이스에 착안하여, 학생들이 메이커(Maker)가 되어 그들이 중심이 되어 주도적인 활동을 통해, 학교 내 공간에 메이커스페이스(Makerspace)를 직접 설계 하고 제작해보는 메이커 활동을 통해 과연 그들이 메이커 정신을 경험할 수 있었는지 알아보고자 하였다.

결과적으로 메이커 교육의 교육 효과로 개인적, 사회적 차원의 메이커 정신이 학습자에게 경험되어 지고 함양된다고 볼 수 있다. 또한, 메이커 정신은 메이커 교육이 메이커스페이스와 연결이 되는 상황에서 더 확장됨을 확인할 수 있었다.

이처럼 학생들이 메이커스페이스 설계 및 제작이라는 메이커 활동을 통해 메이커 정신을 경험할 수 있었던 이유는 결국 만들기(Making) 활동의 가치와 메이커스페이스라는 공간이 지니는 특징에 기인한 것이라 볼 수 있다. 메이커스페이스는 구성주의적 학습환경처럼 자유롭고 편안하고 비위협적인 환경이자 장소이다. 이런 환경에서는 학습자의 아이디어를 적극 반영, 수용되며, 그 결과를 실제적 산물로 확인하는 경험을 하게 된다. 또한 일반 학습환경과 달리, 학습자들은 제작한 산출물을 지속적으로 보관하거나, 언제든지 새롭게 개선 및 발전시킬 수 있는 환경이다. 따라서 다양한 실패가 허용되는 공간 안에서 학습자는 맞고 틀리는 결과중심적인 사고가 아닌 과정 안에서 끊임없는 실패를 극복함으로 생산적 실패의 가치를 느낄 수 있게 된다. 이러한 특징으로 인해 메이커스페이스 안에서의 메이킹 활동은 스스로 배움의 과정을 계획하고 이끌어 가는 환경이며, 학습자 스스로 설정한 목표에 도달할 수 있도록 자기주도적인 학습을 경험하도록 한다.

현재 국내에서의 메이커 교육은 주로 사설교육기관에서 이루어지고 있으며, 상대적으로 학교교육에서 그 실천사례를 확인하기 어려운 실정이다. 이는 첫째는 환경적 이유, 곧, 학교 안에 다양한 도구와 재료를 갖춘 메이커스페이스를 만드는데 따른 어려움 때문일 것이다. 둘째는 교사들의 인식적 측면, 곧, 메이커 교육의 교육적 가치를 인식하고 있는 교사가 드물거나 혹은 기존 교육과정에 적용하여 활용하는데 필요한 교과과정 재구성의 어려움, 나아가 다양한 IT와의 접목을 통한 통합교과적 접근에 대한 부담감 때문일 것이다.

그러나 본 사례연구가 제시한 바는 메이커스페이스 또는 메이커 교육은 오래전부터 강조되어왔던 구성주의적 학습 환경, 곧, 학습자 중심교육 및 경험 중심 교육을 21세기 버전으로 실천하기에 꼭 필요한 교육접근이자 환경이 아닐 수 없으며, 그 효과로 나타나는 메이커 정신은 미래사회를 준비하는 학습자에게 반드시 필요한 인식이라는 가치를 지닌다.

본 연구는 22명이라는 소수의 남자 고등학생 단일집단을 대상으로 이루어진 수업이기 때문에 앞서 제시한 결과들을 모두 일반화하기에는 다소 어려움이 있을 수 있다. 하지만 메이커 교육의 도입과 그에 필요한 환경의 구비는 4차 산업혁명을 대비해야 하는 학습자들을 위한 유의미한 교육적 시도가 아닐 수 없다.

참고문헌

◆강인애, 김양수, 윤혜진. (2017). 메이커 교육(Maker Education)을 통한 기업가정신 함양: 대학교 사례연구. **한국융합학회, 8**(7), 23–35.
◆강인애, 정준환, 정득년. (2007). **PBL의 실천적 이해**. 서울: 문음사.
◆교육부. (2015). 초 · 중등 개정교육과정 총론.
◆박성희. (2011). **생애사에 기초한 질적 연구방법**. 서울: 원미사.
◆박영숙. (2015). **메이커의 시대: 유엔미래보고서 미래 일자리**. 서울: 한국경제신문사.

◆이지선. (2015). 컴퓨터적 사고를 기반으로 한 컴퓨터 교육에 디자인적 사고 적용에 관한 연구—초등학교 컴퓨터 교육을 중심으로. **한국디자인문화학회지**, 21(1), 455–467.

◆함진호, 이승윤, 김형준. (2015). ICT DIY 정책과 메이커생태계 구축을 위한 표준화. **정보와 통신**, 33(1), 5–10.

◆황중원, 강인애, 김홍순. (2016). 메이커 페다고지(Maker Pedagogy)로서 TMSI 모형의 가능성 탐색: 고등학교 사례를 중심으로. **한국교육공학회 추계학술대회논문집.**

◆Anderson, C. (2014). *Makers: the new industrial revolution.* New York: Crown Business.

◆Blikstein, P., Martinez, S., & Pang, H. (Ed.), (2016). *Meaningful making: Projects and inspiration for fablabs and makerspaces.* CA: Constructing modern knowledge press.

◆Dixon, C., & Martin, L. (2014). Make to relate: Narratives of, and as, community practice. *ICLS 2014,* 1591–1592.

◆Dougherty, D. (2012). The maker movement, *Innovations, 7*(3), 11–14.

◆Eddy, S. L., & Hogan, K. A. (2014). Getting under the hood: how and for whom does increasing course structure work?. *CBE–Life Sciences Education, 13*(3), 453–468.

◆Halverson, E. R., & Sheridan, K. M. (2014). The maker movement in education. *Harvard Educational Review, 84*(4), 495–504.

◆Hatch, M. (2014). *The maker movement manifesto.* McGraw–Hill Education.

◆Johnson, L., Adams Becker, S., Cummins, M., Estrada, V., Freeman, A., & Hal, C. (2016). *NMC Horizon Report: 2016 Higher Education Edition,* TX: The New Media Consortium.

◆Johnson, L., Adams Becker. S., Estrada. V., & Freeman, A. (2015). *NMC Horizon Report: 2015 K–12 Higher Education Edition,* TX: The New Media Consortium.

◆Kafai, Y. B., Fields, D. H. & Searle, K. A.(2014). Electronic textiles as disruptive designs: Supporting and challenging maker activities in school. *Harvard Educational Review, 84*(4), 532–556.

◆Lang, D. (2013). *Zero to maker: learn (just enough) to make (just about) anything.* Sebastopol, CA: Maker media.

◆Loertscher, D. V., Leslie, P. & Bill, D., (2013). Makerspaces in the school library learning commons and the uTEC maker model. *Teacher Librarian, 41*(2), 48-51.

◆Maietta, A., & Aliverti, P. (2015). *The Maker's Manual: A Practical Guide to the New Industrial Revolution.* CA: Maker Media.

◆Martinez, S. L., & Stager, G. S. (2013). *Invent to learn: Making, tinkering, and engineering in the classroom.* CA: Constructing Modern Knowledge Press.

◆Mingjie, T., Yongqu, Y., & Ping. Y. (2016). The influence of the maker movement on engineering and technology education. *World Transactions on Engineering and Technology Education, 14*(1), 88-94.

◆Moorefield-Lang, H. M.(2014). Makers in the library: Case studies of 3D printers and maker spaces in library settings. *Library Hi Tech, 32*(4), 583-593.

◆Peppler. K., Halverson. E., & Kafai. Y. B. (2016). *Makeology: Makerspaces as learning environments.* London: Routledge.

◆Sharples, M., Adams, A., Alozie, N., Ferguson, R., FitzGerald, E., Gaved, M., McAndrew, P., Means, B., Remold, J., Rienties, B., Roschelle, J., Vogt, K., Whitelock, D., & Yarnall, L. (2015). *Innovating Pedagogy 2015: Open University Innovation Report 4.* Open University.

◆Sharples, M., de Roock, R., Ferguson, R., Gaved, M., Herodotou, C., Koh, E., Kukulska-Hulme, A., Looi, C., McAndrew, P., Rienties, B., Weller, M., & Wong, L. H. (2016). *Innovating Pedagogy 2016: Open University Innovation Report 5.* The Open University.

◆Walter-Herrmann, J., & Büching, C. (Eds.). (2014). *FabLab: Of machines, makers and inventors.* transcript Verlag.

메이커 교육(Maker Education)을 통한 기업가정신 함양: 대학교 사례연구*

강인애, 김양수, 윤혜진

I. 서론

　전 세계는 산업 간의 경계가 불분명해지고 사회, 경제 구조가 급진적으로 바뀌고 있는 4차 산업혁명 시대에 들어섰으며, 기존 제조업의 시스템 변화에 따른 새로운 소비자의 욕구에 부응할 수 있는 비즈니스 모델과 인재를 필요로 하고 있다(김영학, 2016; 한동숭, 2016). 특히 인공지능과 로봇기술로 인하여 기계가 인간을 대신하게 되면서 710만 개의 일자리 감소와 210만 개의 새로운 일자리가 등장하는 저성장으로 인한 인류 역사의 대변혁이 예견되고 있다(Schwab & Samans, 2016). 이에 따라 새로운 아이디어를 가지고 혁신적인 상업 생태계에 적응할 수 있는 인재 육성을 위한 새로운 교육 목표 설정과 필요 역량 배양을 위한 교육의 필요성이 대두되고

---

*2017년 한국융합학회논문지(8권 7호)에 게재된 논문을 수정, 보완하였다.

있는데(윤마병, 이종학, 백제은, 2016), 필요 역량으로 기계가 스스로 할 수 없는 문제인식, 기계와 협업·소통할 수 있는 능력 등이 중요하게 강조되고 있다(Schwab & Samans, 2016). 일자리 변화의 중심에 위치하고 있는 기업들도 연구 과제의 선정 및 해결방안 탐구를 능동적으로 수행하는 기업가정신을 함양한 인재를 필요로 하고 있으며, 이런 인재개발에 교육 분야, 특히 학생들의 취업과 바로 맞닿아 있는 대학의 책임과 역할이 지대해지고 있는 실정이다.

이에 대한 교육적 방안은 여러모로 생각해볼 수 있지만, 앞서 언급한 '기업가정신'에 초점을 두고 볼 때, 메이커 교육(Maker Education)이 새로운 교육환경을 제시해줄 수 있을 것이라 보고 있다(Dougherty, 2012). 메이커 교육은 미국을 중심으로 전 세계에서 활발하게 전개되고 있는 메이커 운동(Maker Movement)에서 기인한 것으로 전 미국 대통령인 오바마는 메이커 운동이 앞으로 새로운 일자리와 산업 형성을 이루는 미국 제조업의 토대가 될 것이라고 언급했다(Halverson & Sheridan; 2014). 우리 정부도 1천만 명의 메이커 육성을 목적으로 3D 프린터 보급 및 셀프 제작소 구축 계획을 발표하며 메이커 운동의 활성화를 위해 노력하고 있다(미래창조과학부, 산업통상자원부, 2014).

그러나 현재 메이커 운동은 메이커 활동으로서 교과과정 외 활동의 범주에서 주로 이루어지고 있으며, 메이커 교육으로서 학교 교육으로의 도입과 활성화를 위한 구체적 방안은 아직 요원하다. 초·중·고등학교에서의 적용사례는 대부분 국외 사례로서 지질학 학습, 기술공학 수업, 소프트웨어 수업과 STEM 수업과 접목한 사례 등이 있으며(De León, 2014; Liu & Zhang, 2013; Wang, 2015), 국내의 경우 최근 초등 과학교과에 메이커 교육을 적용한 사례와 고등사례를 통해 일부 확인할 수 있었으나(강인애, 김홍순, 2017; 강인애, 이지은, 2017) 대학교육에 적용된 사례는 거의 찾아볼 수 없었다.

현 시대는 창의적으로 문제를 해결할 수 있고, 자기주도의 능동적인 학습자를 요구하고 있지만, 대학교육은 산업혁명 시대의 정체성에 머무르며 주입식, 암기식 교육 중심으로 이루어지고 있다는 문제를 생각해볼 때(김수연, 2016), 대학에서의 메이커 교육은 적극적으로 시도해 볼 만한 가치가 있다. 메이커 교육에서는 기존 교육에서 교수자가 소유하였던 권위가 학습자에게 이양되면서 학습자는 문제해결의 주체로서 주도적, 능동적으로 학습에 참여하게 된다. 학습활동이 학습자의 개인적 혹은 사회적 이슈나 문제에서 시작하며, 그것의 해결방안으로 구체적인 유형의 결과물을 만들어낼 수 있게 된다(Blikstein, 2013; Halverson & Sheridan, 2014). 또한 학습자가 실패를 하게 되더라도 그것을 극복하고 지속적인 도전과 개선의 기회를 경험할 수 있을 뿐만 아니라 공유와 개방의 사회적 협업이 가능한 학습 환경을 제공한다(강인애, 이지은, 2017; Dougherty, 2012; Halverson & Sheridan, 2014). 따라서 자기주도적인 학습자에 의한 사회적 참여의 가치 창조라는 일련의 특성을 지닌 메이커 교육은 기업가정신을 지닌 인재 양성의 방안이라 할 수 있는 것이다(Blikstein, 2013; Blikstein, Martinez & Pang, 2016; Peppler & Bender, 2013).

이러한 맥락에서 본 연구는 메이커활동을 학교 교육 과정의 일부와 접목한 대학생 대상의 메이커 교육 프로그램을 개발, 적용한 후 메이커 교육이 과연 학생들의 기업가정신을 증진시키는 방안이 될 수 있는지 알아보고자 하였다. 이를 위해 K대학교 취업스쿨 강좌를 활용하여, 2016년 2학기 16주 기간 중 7회기(14시간)의 프로그램을 개발하여 56명의 수강생을 대상으로 사례연구를 실시하고, 성찰저널, 심층면담 등의 자료를 통하여 기업가정신 증진에 대한 결과를 분석하였다.

II. 메이커(Maker) 교육과 기업가정신

1. 메이커 운동에서 메이커 교육으로

메이커 운동은 발달한 과학기술을 바탕으로 스스로 실재적인 생산물(제품)을 만들려는 메이커들이 급속도로 늘어난 사회현상을 의미한다. 이러한 사회현상 속에서 메이커 운동의 특징을 교육 현장으로 도입하여 4차 산업혁명 시대에 적합한 인재를 양성하고자 하는 목적으로 새로이 연구되고 있는 것이 메이커 교육이다. 이를 이해하기 위해서는 핵심요소인 메이커, 메이커 운동, 메이커스페이스의 특성과 메이커 교육과의 연관성에 대해 간략히 살펴볼 필요가 있다.

1) 메이커 교육의 핵심요소

메이커(Maker)의 의미는 여러 학자들에 의해서 상이하게 정의되고 있지만 종합해보자면, 문제를 해결하기 위한 목적으로 다양한 기술을 활용하여 스스로 무언가를 만들어내는 과정 중에 다른 사람들과 협력하고 공유하는 사회적 가치를 실현하는 사람으로 정의할 수 있다(Agency by Design, 2015; Dixon & Martin, 2014; Halverson & Sheridan, 2014). 전문적인 제작 도구에 대한 접근이 쉬워지고 오픈소스 기반 하드웨어의 보급이 활발해지는 기술의 민주화를 통하여 누구나 메이커가 되는 것이 가능해진 메이커 운동(Maker Movement)이 활성화되면서(Dougherty, 2013), 공통의 관심사를 가진 메이커들은 온오프라인 공간에서 모여 자신들의 아이디어, 지식, 기술 등을 공유하고 개방하며 함께 성장할 수 있게 되었다(강인애, 김홍순, 2017; Dougherty, 2012; Halverson & Sheridan, 2014). 즉 메이커 운동은 다양한 사람들 간의 공유와 협력을 통해 마니아들만의 취미가 아닌 모두의 참여가 가능한 디지털시대 만들기 문화 공동체를 이루는 것이라고 볼 수 있다(강인애, 김홍순, 2017; 강인애, 이지은, 2017; Dixon & Martin, 2014; Peppler & Bender, 2013).

메이커 운동은 메이커들의 자유로운 메이킹 활동을 지원할 수 있도록 다양한 도구와 재료, 장비 구성의 중요성을 강조하고 있는데, 이를 위한 공간이 메이커스페이스(Makerspace)이다(Hatch, 2014). 메이커스페이스는 디지털 기술, 디지털 제작 도구, 시제품 제작 도구에 손쉽게 접근할 수 있는 물리적 공간일 뿐만 아니라 초보자부터 전문가까지 다양한 수준의 메이커들의 경험과 정보, 기술을 공유할 수 있는 상호학습이 이루어지는 학습 환경으로서도 그 의미가 매우 크다(Blikstein et al., 2016; Foster, Lande & Jordan, 2014; Peppler & Bender, 2013; Sheridan et al., 2014).

이렇게 메이커스페이스에서 발견된 교육적 가치와 의미로 인하여 메이커 운동은 메이커 교육(Maker Education)이라는 단계로 확장하게 된다(Dougherty, 2013; Foster et al., 2014). 맥락적 상황 및 타인과의 상호 협력적 환경 속에서 스스로 원하는 것을 만들어나가는 과정을 통해 학습이 이루어지는 메이커 교육은 피아제(Piaget)의 구성주의(Constructivism) 교육 철학과 페퍼트(Papert)의 구성주의(Constructionism) 교육 접근법에 기반하고 있다(Blikstein, 2013; Blikstein et al., 2016; Peppler & Bender, 2013). 시모어 페퍼트(Seymore Papert)의 구성주의는 학습자 중심 학습이론의 기반이 되는 구성주의(Constructivism)(강인애, 1997; Duffy & Jonassen, 2014)와 대부분의 관점이 거의 동일하지만 '무언가를 만들고 공유하는 활동을 통한 지식 구성'을 강조한다는 차이점을 가지고 있다(Blikstein, 2013; Blikstein et al., 2016). 즉 학습자가 자신에게 의미 있고 다른 이들과 공유할 수 있는 유형의 것을 직접 만들고 경험하는 과정이 강조되는 학습자 주도적, 협력적, 맥락적 학습과 핸즈온(Hands-on)활동 기반의 학습으로 이어지는 것이다.

이런 구성주의의 이론적 배경과 메이커스페이스에서 이루어지는 메이커활동의 특성을 연계하여 메이커 교육의 특징을 정리해보면 다음과 같다. 메이커 교육은 비공식적 교육으로 사회 맥락적 교육환경을 제공하고, 학습자에게 권위가 이양되고 개인적 흥미 기반의 자기주도적 탐구 활동과 만들기 과정을 통한 융합적 지식 체계 구성이 이루어지며, 실제적 프로젝트 전반의 경험을 제공한다(Blikstein et al., 2016; Peppler & Bender, 2013; Sheridan, et al, 2014). 하지만 메이커활동이 단지 가시적인 결과물을 만드는 것에 중점을 두는 것이 아닌 메이커 정신(Maker mindset)의 함양을 강조하고 있음을 간과하지 말아야 한다(Dougherty, 2013). 다양한 도구를 활용하는 핸즈온 중심의 활동이지만 이 과정 중에 타인과의 소통 및 협업, 공유가 강조되고, 실패를 두려워하지 않고 끊임없이 도전하고 새로운 것을 시도하면서 기술적, 정신적으로 성장해가는 모습 또한 메이커 교육의 특징이라고 볼 수 있다(Blikstein et al., 2016; Dougherty, 2013). 이상의 메이커 교육에서 메이커활동이 내포하고 있는 교육적 가치는 크게 개인적, 사회적 차원에서 정리할 수 있으며, 이는 메이커 교육의 목적으로 학습자들은 메이커 교육을 통하여 이러한 교육적 가치를 함양할 수 있어야 한다(황중원, 강인애, 김홍순, 2016).

〈표 1〉 메이커 교육의 교육적 가치

개인적 차원	• 자기주도적 학습 • 창의적 문제 해결 능력 • 실패를 극복하는 지속성 및 인내 • 다양한 IT, 도구 및 재료 활용 능력
사회적 차원	• 상호작용 • 공유 • 개방 • 공감

2) 메이커 교육의 모형

메이커 교육의 활성화를 위하여 앞서 언급한 메이커활동의 특성을 반영한 체계적인 교수모형이 필요하다. 이에 따라 관련 학자들과 메이커 교육을 실시하고 있는 기관에서는 다양한 메이커 교육의 교수모형 및 학습단계를 제시하고 있다. 대표적으로 TMI 모형(Martinez & Stager, 2013), uTEC 모형(Loertscher, Leslie & Bill, 2013), 디자인 사고 모형(Blikstein et al., 2016), TMSI 모형(황중원 외, 2016)을 살펴볼 수 있다.

〈표 2〉 메이커 교육 모형

TMI	uTEC	Design Thinking	TMSI
• Thinking	• Using • Tinkering	• Inspiration • Ideation	• Tinkering
• Making	• Experimenting • Creating		• Making
• Improving		• Implementation	• Sharing • Improving

이 중 TMI 모형은 Thinking-Making-Improving의 과정으로 구성되는 가장 일반적인 모형으로 프로젝트 전반의 과정을 간단하게 단계화하였다(Martinez & Stager, 2013). 하지만, 메이커 활동에 대한 이해와 경험이 부족한 초보자들이 메이커 활동을 간단하게 경험할 수 있는 과정의 제시가 필요하다(Loertscher et al., 2013). 이에 uTEC 모형의 Tinkering 활동이 TMI의 Thinking 활동을 포함하며, 초보자들에게 메이커 활동에 대한 동기부여를 제시하므로 Thinking 단계를 Tinkering 단계로 대체한 TMI(Tinkering-Making-Improving)를 메이커 교육의 모형으로 제시해

보고자 한다.

첫 번째 단계인 Tinkering 단계는 본격적인 메이킹 활동 전에 다양한 재료와 부품 등의 기존 제품을 자유롭게 만지고 해체하고 재조합하는 무목적적 활동을 통하여(황중원 외, 2016) 학습자의 저작 본능을 일깨우고 만들기에 대한 흥미와 동기를 부여함으로서 학습자 주도의 활동이 이루어질 수 있게 한다(Martinez & Stager, 2013). 본격적인 만들기 단계인 Making 단계에서는 학습자 스스로 세운 목적을 위한 아이디어를 창출하고 그 아이디어를 구체화하여 실제 결과물을 제작하는 활동이 이루어진다(Blikstein et al., 2016; Dougherty, 2013). 마지막 단계인 Improving 단계는 앞서 이루어진 메이킹 활동의 결과물을 개선하며 다음의 메이킹 활동을 준비하게 된다. 이 과정에서는 학습자 스스로의 성찰과 더불어 동료 학습자와 교수자 혹은 외부 전문가와의 공유를 통해 얻은 피드백을 바탕으로 결과물 개선을 위한 아이디어를 얻게 되고 새로운 메이킹 활동의 방향을 세울 수 있게 된다(Peppler & Bender, 2013).

이렇게 본 연구에서는 이 TMI 모형에 따라 메이커 교육 프로그램을 개발하고 적용하여 학습자들이 메이커활동의 전반적인 과정을 경험하고 이해할 수 있게 하고자 한다.

지금까지 살펴본 바와 같이 메이커 교육의 정착을 위해서는 메이커 운동의 특징에 따른 교육적 가치를 학교 교육현장으로 도입, 활성화하는 노력이 필요하다. 메이커 운동에서 메이커들의 만들기는 단순히 만들기를 배우는 활동이 아니라 직접 경험하는 것을 통해 사물을 이해하고 더 주체적인 삶의 태도를 가질 수 있게 하는데 메이커스페이스는 이러한 주체적 활동을 활성화하며, 다른 메이커들과 서로 기술과 지식을 전수하며 공동의 프로젝트를 진행할 수 있게 한다.

이러한 맥락에서 메이커 교육은 획일적인 기존의 교육을 대체할 수 있는 대안으로서 학습자가 만들기 과정 중 충분히 즐기면서 자신을 표현하는 기쁨과 만족을 만끽하고, 새로운 시도를 통하여 스스로 필요한 지식과 기술을 습득하고 공유하면서 머릿속에 상상하던 것을 구체적인 결과물로 만들어낼 수 있게 한다. 이렇게 즐거움과 성취감을 느낄 수 있는 메이커 교육은 학습자의 권한이 극대화되는 새로운 교육 패러다임으로 교육에 변화를 가져오고 사회를 변화시킬 수 있는 잠재력을 지니고 있다(Blikstein et al., 2016).

2. 기업가정신

90년대 유럽연합에서 저조한 경제성과, 미흡한 일자리 창출 등의 문제를 해결하기 위한 의제로 기업가정신이 대두되면서 이에 관한 연구가 다양하게 이루어져 왔다(황인학, 2015). 현재 4차 산업혁명 시대를 이끌 인재 양성의 대안으로 새롭게 조명되고 있는 기업가정신의 다양한 정의를 종합해보면 급변하는 경영환경에서 새로운 가치를 창출하기 위하여 불확실성을 극복하며, 새로운 기회에 도전하고, 조직과 문화를 창의적으로 재조직하여 기업의 효율성 재고가 이루어지는 과정과 활동이라고 할 수 있다(Commission of the European Communities, 2013; Schumpeter, 1934). 이러한 기업가정신을 정량적으로 측정하고 비교하기 위한 지표개발 연구들이 진행되어 왔는데(Popescu, 2013; Ensley, Carland & Carland, 1998), 그 중 김진수 외(2009)는 국내외 사례연구를 통하여 우리나라 현실에 적합한 기업가정신 지표를 개발하여 〈표 3〉과 같이 성취동기, 자기통제능력, 위험감수성향, 창의력, 자기유능감의 5가지를 하위지표로 선정하였다.

〈표 3〉 기업가정신 지표

구성요인	내용	세부지표
성취감	목표를 달성하려는 의지	목표지향성, 미래지향성, 적극적 혁신적 활동
자기통제능력	일과 사건들에 대한 자기 통제	긍정적사고, 자기신념, 자기조절능력
위험감수성향	불확실성의 극복 및 도전	도전의식, 결단력, 목표의식
창의력	독창적인 산출물 생성 능력	확산적사고, 참신성, 진취성
자기유능감	주어진 과제의 성공적 완수 신념	자기확신, 자아존중감, 사회적네트워킹

　기업가정신 지표의 항목들을 살펴보면 메이커 교육의 특성과 일맥상통하는 것을 발견할 수 있다. 메이커 운동을 주도하는 메이커들은 자기주도적으로 만들기 활동을 수행하며 즐거움을 바탕으로 서로 공유하고 소통한다 (Blikstein et al., 2016; Dougherty, 2013). 이 과정에서 그들은 기업가정신의 하위지표인 성취감과 자기유능감을 느끼게 되며 실패가 용인되는 메이커 문화에서 실패의 위험을 감수하고 도전하여 스스로가 메이킹 활동 전 과정을 통제하면서 새로운 가치를 만들어 내는 것(Blikstein et al., 2016; Peppler & Bender, 2013)은 자기통제능력, 위험감수성향, 창의력과 연결된다.

　이런 메이커 교육의 특징과 앞서 언급한 기업가정신의 5가지 요소가 서로 연결되므로 본 연구에서는 메이커 교육을 통한 기업가정신의 함양을 확인하기 위하여 이 지표를 활용하고자 한다. 5가지 요인 중에서 성취욕구, 자기통제능력, 자기유능감은 김진수 외(2009)가 제시하는 세부지표를 기반으로 각각 다음과 같이 정의할 수 있다. 성취욕구는 도전에 대한 개방적 태도를 가지고 목표를 세우고 미래지향적 행위를 가능하게 하는 것, 자기통제능력은 자신의 행위, 일상생활 등을 스스로 조절할 수 있는 것, 자기유능감은 자신에 대한 확신 및 신념이라고 할 수 있는데(김진수 외, 2009), 타 문헌 연구를 통해 이 세 가지 구성요인은 자기주도성에 영향을 주는 하위요인으로 구분될 수 있음을 확인하였다(김은주, 2014; 김진호, 2013; 오원옥, 2002; 임병노, 2011). 따라서 성취욕구, 자기통제능력, 자기유능감은 자기주도성으로 범주화하고, 위험감수성향과 창의력은 각각 구분하여 분석하고자 한다.

III. 연구방법

1. 연구대상 및 기간

본 연구는 용인시에 소재한 K대학의 2016년 2학기 취업스쿨수업을 수강하는 다양한 전공의 학부생 56명을 대상으로 하였다. 이들에게 사전 설문을 통해 메이커 교육 및 기업가정신에 대한 이해도를 확인한 결과 기업가정신과 4차 산업혁명에 대해서는 어느 정도 인식하고 있었고 연구대상 전부가 다양한 경로로 만들기 활동 경험이 있었으나, 메이커 운동 및 메이커 교육에 대한 사전 지식은 거의 없었고 창업의지 또한 매우 약하다는 것을 알 수 있었다.

본 연구의 연구기간은 2016년 9월 5일~10월 17일 7회기(1회기 2시간)로 진행되었다.

2. 자료수집 및 분석

본 연구는 대학생 대상의 메이커 교육을 통하여 기업가정신 함양이 가능한지 알아보기 위하여 취업스쿨수업 수강생 56명의 성찰저널과 5명과의 심층면담 내용을 수집하여 분석하였다.

자료의 분석은 본 연구의 연구자 3인이 함께 실시하였다. 자기주도성(성취감, 자기통제능력, 자기유능감), 위험감수성, 창의력과 관련된 부분에 대한 질적 자료의 코딩분석을 실시하였으며, 평가자간에 .89의 높은 상호일치도를 보였다.

또한 연구 윤리성 확보를 위하여 연구 참여자인 56명의 학습자들에게 본연구에 대한 내용을 미리 공지하여 그들이 자발적으로 연구 참여에 동의할수 있게 하였고, 이름은 가명으로 표시하여 익명성을 보장하였다.

IV. 연구결과

1. 메이커 교육 프로그램 개발

메이커 교육 프로그램 개발을 위하여 TMI 모형을 기반으로 하고 메이커 교육의 교육적 효과인 자기주도적 학습, 창의성 함양, 실패를 두려워하지 않는 도전의식, 공유와 협업의 특징들을 설계원칙으로 세웠다.

〈표 4〉 메이커 교육 프로그램 전개 과정

회차	단계	활동
1회차	메이커 교육 오리엔테이션	메이커, 제4차산업혁명, 기업가정신의 이해
2회차	Tingkering 활동	도구 및 재료와 익숙하기 (제품 분해 및 조립하기)
3회차	Making 활동	팀별 메이커 활동
4회차		
5회차	Improving 활동	prototype 개선하기
6회차		
7회차	메이커 Fair	개인별 성찰저널 작성하기

1회차 수업에서는 메이커 교육 수업에 대한 오리엔테이션으로 메이커 교육으로 진행될 수업방식, 환경에 대한 학습자의 이해를 돕고자 하였다. 2회차 수업은 Tinkering 단계로 학습자들의 저작본능을 일깨우기 위하여 주변의 폐전자제품이나 고장 난 장난감 등을 아무런 목적 없이 분해하고 조립해 보는 활동을 하면서 메이킹 활동에 대한 흥미를 가지게 하였다. 3, 4회차 수업에서는 Making 단계로 각 팀별로 어떤 주제를 가지고 메이킹 활동을 할지 탐색하고 논의하였다. 이때 온라인 메이커 활동 사이트를 소개하면서 다양한 메이커활동에 대한 예들을 볼 수 있게 하였다. 특히 메이커활동에서 많이 활용되는 Makey Makey(메이키메이키)[1] 보드와 엔트리 프로그램[2]을 연결하는 활동을 하면서 디지털 기술을 통한 새로운 형태의 만들기의 용이성과 확장성을 경험하게 하였다. 또한 본격적으로 자신이나 팀의 아이디어를 실현할 수 있는 창의적 생산물을 만들어 보는 활동을 하였다.

5, 6회차 수업에서는 Improving 단계로 생산물(prototype)을 다른 팀원들이나 혹은 관련 온라인 사이트에 공유하여 피드백을 얻고 프로토타입을 더 나은 방향으로 개선하여 그 가치를 향상시키는 활동이 이루어졌다.

마지막으로 7회차 수업에서는 만들어진 완성품들을 교실 내에서 학생들 간에 전시, 공유해보는 메이커 페어(Maker faire)활동을 실시하였다. 마지막 수업을 정리하는 활동으로 성찰저널을 작성하면서 전 메이커 활동 학습 단계 및 활동에 대해 성찰해 보는 시간을 가졌다.

---

1) 전류를 통하여 데이터를 전송하는 원리를 바탕으로 전도성 물체를 입력장치(키보드, 마우스)로 만들어주는 키트로 조작이 쉽다는 장점이 있다.
2) 엔트리는 스크래치(Scratch)와 유사한 한국에서 개발된 블록형 프로그래밍 교육도구로 프로그래밍 언어에 대한 전문적 지식 없이도 쉽게 프로그래밍 활동을 가능하게 한다(이민영, 전석주, 2017).

2. 프로그램 적용 분석 결과

메이커 교육 프로그램을 통한 대학생들의 기업가정신 함양이 가능한지 알아보기 위하여 연구 참여자들의 성찰일지와 심층면담 자료를 분석하였다. 김진수 외(2009)의 연구에서 제시하는 기업가정신 세부지표의 내용을 기반으로 하여 〈표 5〉와 같이 내용 분석을 위한 기준을 세우고, 이에 따라 자기주도성(성취욕구, 자기통제능력, 자기유능감), 위험감수성향, 창의력과 관련한 부분에 대한 연구자들의 분석과 해석이 이루어졌다.

〈표 5〉 참여자의 기업가 정신 함양 경험 분석 내용

구분	세부 내용
자기주도성	**성취욕구** • 주어진 미션 완수 • 새로운 시도를 위한 동기 부여 • 목표 설정 **자기통제능력** • 긍정적인 경험과 감정을 기반할 활동 경험 • 전체 과정을 이끌 수 있는 자신의 능력 발견 **자기유능감** • 사회적 상호작용을 통하여 자기유능감 발견 • 자신의 능력과 가치에 대한 긍정적 평가 가능 • 사회적 관계 속에서 자신의 개인적, 사회적 가치 발견
위험감수성향	• 불확실성 극복 • 새로운 도전 시도 • 친숙하지 않은 것에 대해 긍정적인 태도로 마주함
창의성	• 새롭거나 다른 관점에서 바라보기 • 발산적 사고 가능

1) 자기주도성 함양

● 성취욕구

메이커 교육 프로그램 적용 초기에는 생소한 활동에 대한 낯설음과 정보 부족으로 인해 참여활동이 부진하였다. 하지만 점차 활동이 진행되면서, 스스로 문제를 해결해 나가는 과정을 통해 메이커활동에 재미를 느끼면서 적극적으로 참여하게 되었고, 이것은 자신에 대한 성취감으로 이어지는 것을 확인할 수 있었다. 다음은 이에 대한 예로서 성찰저널의 일부를 발췌하였다.

"과 특성상 접해보지 못했던 로봇, 전자 기기를 다루는 작업이 낯설어서 적응하는 것에 시간이 필요했다. (중략) 우리들이 몰랐던 것에 대해 알아가는 과정을 스스로 습득할 수 있었던 것 같다. 처음 수업시간에서는 친구들과 함께 미키 모양의 엠피쓰리를 분해했는데, 정말 생각하지도 못했던 여러 부품들이 작은 기기 속에 다 들어있다는 것도 신기했고, 기능은 다 알고 있었지만 그 속은 완전히 알지 못하고 있었다는 사실이 정말 흥미로웠다. 또한 나만의 작은 로봇을 만들었을 때는 스스로 서툰 실력으로도 천천히 로봇의 모양을 갖추고 심지어 성공적으로 작동 되었을 때 너무 행복했다." (국제학과 J학생 면담자료)

"주어진 키트 중 제대로 작동하지 않는 부품들이 있었는지, 기능이 발휘되지 않는 경우가 있었다. 그러나 여러 번 반복을 통해 키트의 기능을 제대로 발휘하도록 완성하였을 때 기뻤다. 나 스스로 키트의 원리를 이해하고 제대로 작동할 수 있도록 만들게 된 그 자체만으로 만족감과 무언가를 해내었다는 기분을 느꼈다." (국제학과 S학생 성찰저널)

"간단한 소형 풍력발전기를 만드는 것도 어려워서 당황스럽기도 했지만, 문제를 해결하고 완성할 수 있어서 뿌듯했다. 이와 관련된 또 다른 활동도 자신 있게 할 수 있을 것 같다." (러시아학과 L학생 성찰저널)

위의 내용을 통해 알 수 있듯이 "스스로 습득"하는 과정이 "흥미롭고", "신기했으며", "무언가를 해냈다는 기분"에 "만족감"을 느끼고 있으며, "또 다른 활동도 자신 있게 할 수 있다"는 자신감을 피력하고 있다.

● 자기통제능력

메이커활동에서 학습자 스스로가 무언가를 만들어내는 경험은 학습자들에게 새로운 도전적 활동이었으나, 스스로 전 과정을 주도할 수 있을 것이라는 긍정적인 자기통제 능력의 가능성을 보여주고 있다. 다음은 성찰저널과 면담자료의 일부를 발췌한 것이다.

"평소에는 별 감흥 없이 지나칠 수 있었던 것들이 새로운 창작품으로 거듭날 수 있다는 것, 그리고 그것이 비록 힘들고 어려운 일이었으나, 여기서의 활동을 통해, 앞으로도 내가 해낼 수 있는 역량을 갖게 되었다고 깨닫게 된 것이 메이커 활동의 진정한 장점이라고 생각한다." (국제학과 J학생 성찰저널)

"어떤 것을 만들어 낸다는 것, 새로운 것을 만들어 내야한다는 부담감이 있었다. 하지만 앞서 말했던 것처럼 메이커활동은 거창한 것이 아니라 정말 사소한 것도 가능하다는 것, 그리고 꼭 혼자서 하는 것이 아니라 다른 사람의 도움을 받아서 할 수 있기 때문에 그런 어려움과 부담감을 이겨낼 수 있었다."

(생체의공학과 B학생 성찰저널)

"메이커 활동을 통해 주위의 모든 것들을 새로운 시각에서 바라보는 힘을 키울 수 있었으며, 이는 비슷비슷한 사업들 속에서 창의적인 사업 아이템, 기업 운영 방식을 만들어 낼 수 있는 기반이 될 것이다. 이제 난 그런 시대의 흐름 안에 들어와 능동적으로 시도를 해볼 수 있는 가능성을 경험하게 되었다."

(산업경영공학과 K학생 면담자료)

학생들은 메이커 활동을 통해 "새로운 것을 만들어내야 하는 부담감"에서 출발했으나, 스스로 완성을 해가는 경험을 통해 "나도 할 수 있는 역량"을 지녔음을 깨닫고, "그런 시대의 흐름 안에서", "능동적인 시도"를 해보고자 하는 의지를 보여주고 있다.

● 자기유능감

학습자 주도의 메이커활동은 개인 활동이면서 동시에 동료 학습자와의 협업을 경험하게 되는데 이 과정을 통하여 자아 존중감은 물론이고, 메이커 활동이 궁극적으로 개인적 가치를 넘어 사회적 가치까지 고려한다는 점에서 자기유능감이 확장되고 있음을 알 수 있었다. 다음은 성찰저널의 일부를 발췌하였다.

"메이커 활동을 통해 나 스스로 뭔가를 할 수 있다는 것도 느꼈으나, 우리 팀원들과의 관계를 통해 나의 부족함, 나의 장점, 각자의 장점을 새롭게 느낄 수 있었다. 내 주변의 문제를 조금 더 자세히 살펴보면서, 나와 나의 친구들이 앞장서서 그 문제해결의 선두에 서고 싶다. 메이커활동은 그걸 느끼게 해주었다"

(산업경영공학과 K학생 성찰저널)

"메이커 운동은 기존의 취미수준의 DIY에서 벗어나 개인의 취미부터 산업의 영역까지 아우르는 개념인 만큼 개인이 만든 기술을 산업전반에 걸쳐 공유해 다양한 창업아이디어를 창출하고 기업의 본질인 이윤추구를 더 용이하게 달성함과 동시에 정보의 공유로 인한 누구나 이용할 수 있는 기술을 제공해 사회적 책임을 동시에 거머쥘 수 있다고 생각한다." (일본어학과 L학생 성찰저널)

메이커 활동은 학생들에게 나 혼자를 넘어서 "우리 팀원들과 관계"를 통해 "내 주변의 문제"를 해결하는 힘이 될 수 있으며, "사회적 책임"을 생각하게 하는 의미 있는 활동이 되었음을 적고 있다.

2) 위험감수성향 함양

위험감수성향은 불확실성을 극복하고 도전하고자 하는 태도를 말한다. 본 연구에서 학습자는 자신에게 익숙하지 않은 도구나 재료들을 활용하면서 이루어지는 메이커활동을 통해, 새로운 것에 도전하고자 하는 태도와 실패가 있더라도 다시금 해보고자 하는 의욕에 대한 긍정적 태도를 보여주었다. 다음은 성찰저널 및 면담자료의 일부에서 발췌한 내용이다.

> "기계자체를 별로 만져본 적이 없었기에 혹시나 잘못될 수도 있다는 생각에 더 이상 만지지 못하였다. (중략) 전공이 인문계열이고 컴퓨터 하드웨어에 관심은 있으나 조립 등은 해보지 못했던 까닭에 기계는 나와 별로 상관없는 것처럼 여겼다. 하지만 활동을 하면서 누구나 아이디어와 창의성만 있다면 도전할 수 있다는 것을 알게 되었다." (국제학과 L학생 성찰저널)

> "우리 모두가 전문가가 아니기 때문에 메이커 활동의 과정에서 실패를 피할 수는 없다. 계속되는 실패를 감내하고 결과를 도모하는 끈기와 인내력은 목표를 향해 시행착오를 감수하면서 앞으로 나아가는 기업가 정신과 연결되는 부분이라고 생각한다." (러시아학과 L학생 면담자료)

> "창업이던 기업 운영이던 중요한 것은 한계에 다다랐다고 생각할 때 어떻게 그 한계를 초월하여 소비자의 니즈와 접목시키느냐가 중요하다고 생각한다. 이럴 때 필요한 것이 창의력(아이디어)인데 메이커 활동을 통해 틀에 박힌 것을 부수고 재조합하며 새로운 아이디어를 만들어 낼 확률이 높아진다고 생각한다."
>
> (유전공학과 P학생 면담자료)

"기계 자체를 별로 만져본 적이 없었고", "전문가가 아니기 때문에", "별로 상관이 없었던" 활동들이었으나, "실패를 감내"하고 "시행착오를 감수"하는 과정을 통해 "한계를 초월하여", "틀에 박힌 것을 부수고" 새로운 생각과 태도를 갖게 될 수 있었음을 확인할 수 있었다.

3) 창의력 함양

학습자들은 메이커활동을 통하여 고정관념에서 벗어나 새로운 시각에서 바라보면서 새로운 아이디어를 창출해내는 창의력 함양의 가능성을 보여주었다. 성찰저널과 면담자료에서 일부 발췌한 내용은 다음과 같다.

"못 쓰는 제품들을 쓸모없는 제품이라고 생각하지 않고 그 안에서 무엇인가를 창조하려는 점이 메이커 운동의 가장 좋은 정신이라고 생각한다. 이러한 생각들은 창업 및 기업가 정신에 가징 필요한 부분이라고 생각한다."

(기계공학과 J학생 성찰저널)

"이번 수업을 통해서 나는 사소한 물건 또는 사용의 의미를 잃어버린 물건 등이 재탄생 될 수 있다는 점을 알게 되었다. 메이커 운동이 창업에 있어 아이디어가 될 수 있을 것 같다. 예를 들어 닮은 운동화들을 리폼하여 하나의 새로운 상품을 만들거나 혹은 플라스틱 가방처럼 재활용 용품들을 모아서 하나의 가방을 만드는 등 다양한 상품 제작이 가능할 것 같다. 또한 이를 아프리카 등 제 3세계에 필요한 사람들에게 보내줄 수도 있을 것 같다."

(골프경영학과 K학생 면담자료)

"메이커 활동은 상상력과 기존의 틀을 벗어나는 발상의 전환이 중요하다고 생각한다. (중략). 이번 수업을 통해 일상 속에서 당연하게 생각하던 것들을 새로운 시각으로 바라보고, 의문을 제기하는 것이 얼마나 중요한 것인지에 대해서 알게 되었다. 혁신은 엄청난 아이디어를 바탕으로 이루어진 것이 아닌 사람들이 놓치고 있는 작은 부분으로부터 나온다는 것을 알게 되었다."

(국제학과 P학생 면담자료)

학생들은 "쓸모없는 제품"에서 새로운 것을, "사소한 물건"을 그것을 "필요로 하는 사람"들에게 보낼 수 있게 "재탄생"시키고, "기존의 틀을 벗어나는 발상의 전환"을 경험했음을 언급함으로서 메이커활동이 창의성 함양에 도움이 되었음을 확인할 수 있었다.

V. 결론

본 연구의 자료 분석 결과를 바탕으로 다음의 세 가지 내용을 논의할 수 있다.

첫째, 메이커 교육은 자기주도적 학습을 가능하게 한다. 메이커 활동에서 직접 기계를 분해하고 새로 조립해보는 직접적인 경험은 주어진 그대로를 받아들이는 수동적 소비자가 아니라 새롭게 바라보면서 주체적 행위를 하는 능동적 생산자로의 태도 변환과 더불어 나와 내 주위의 물체, 기술과의 관계를 재정립하게 된다. 또한 동료 학습자와 지식과 아이디어, 기술을 공유하면서 이루어지는 협업은 사회적 스캐폴딩을 형성할 뿐만 아니라 개인이 할 수 없었던 것에 대한 자신감과 더불어 긍정적 도전 자세 및 주체적인 삶의 태도를 함양하게 된다.

둘째, 학습자는 메이커 교육을 통하여 다양한 분야의 지식과 활동을 접하면서 익숙하지 않은 것에 대한 도전을 계속 하게 된다. 메이커 교육은 융복합적인 지식과 기술의 활용을 요구하기에 학습자는 자신의 전문 분야가 아닌 새로운 것을 시도하게 되면서 실패를 경험하게 되기도 한다. 기존 교육에서는 정량적 평가를 통해 학습 결과에 대한 성공과 실패가 결정되었으며, 그 실패는 학습자의 발전을 위한 동기부여의 역할을 할 수 없었다. 하지만 메이커 교육에서는 학습자로 하여금 실패를 부끄러워하지 않고 실패의 경험을 기반으로 더 나은 결과물을 제작하기 위한 지속적인 도전을 할 수 있는 기회를 제공한다. 즉, 메이커 교육은 불확실한 것에 대한 끊임없는 도전을 통해 결과물을 얻어내는 가치의 중요성을 인식하게 하며, 이것은 실제 삶에서 새로운 것에 대한 도전을 두려워하지 않는 태도를 가질 수 있게 한다.

셋째, 학습자들은 메이커 활동을 하면서 고정관념에서 벗어나 다른 시각에서 바라보는 기회를 가질 수 있었다. 다양한 재료를 분해하고 새로 조립해보는 팅커링 활동이나 가시적 결과물을 제작하게 되는 메이킹 활동은 새로운 아이디어의 생성과 혁신적 사고를 가능하게 하는 다양한 관점을 소유할 수 있게 한다.

메이커 교육은 학습자가 자기주도적으로 모든 과정을 이끌어 가면서 재미, 실패극복, 도전, 협업 등의 메이커정신을 경험하게 되고 그 결과로 목표 달성을 위한 자기노력, 새로운 도전에 대한 자신감, 문제해결을 위한 아이디어 도출 등의 기업가정신 함양이 이루어진다. 그러므로 본 연구에서도 확인할 수 있었듯이 메이커 교육은 기업가정신 함양에 긍정적인 역할을 하며, 4차 산업혁명 시대에 필요한 새로운 인재 육성을 위한 교육적 대안으로 볼 수 있다.

본 연구는 기업가정신 함양을 위한 교육적 대안으로서 메이커 교육의 가능성을 확인하고자 K대학교 취업스쿨 수강생 대상으로 메이커 교육 프로그램을 개발하고 적용하고 자기주도성, 위험감수성향, 창의력 함양의 효과를 검증하였다.

도구와 기술에 대한 낯섦, 실패에 대한 두려움 때문에 좌절 하거나 포기하지 않고 그러한 어려움을 극복해 나가면서 만드는 과정이 중요시되는 메이커 교육은 학습자가 스스로 도전하고 동료 학습자와 공유와 나눔을 실천하는 자기주도적 학습이 두드러지게 나타났다. 또한, 자신의 상상이 실체로 형상화되는 과정을 보면서, 학습자는 자신에게 내재되어 있는 메이커로서의 창의력을 확인할 수 있었으며, 결과물에 대한 지속적인 개선의 여지가 허용됨으로 실패에 대한 긍정적인 생각과 도전의식의 고취가 이루어질 수 있었다. 즉, 메이커 교육은 자기주도적 학습자로서 이 시대가 요구하는 기업가정신을 함양할 수 있는 경험과 기회를 제공하고 있음이 확인되었다.

하지만 본 연구에서 확인된 메이커 교육을 통한 기업가정신 함양과 그 교육적 가치를 더욱 심화하기 위해서는 교수자의 역할, 학습 환경의 조성이 고려되어야 한다. 우선 학습자가 메이커로서 자유로운 분위기 속에서 메이커활동을 할 수 있는 공간과 풍부한 자원을 제공할 수 있어야 하므로 이를 위한 교수자의 사전 준비가 철저하게 이루어져야 한다. 또한 메이커 교육에서는 학습자에게 학습의 권위가 이양되므로 교수자는 정보제공자, 조언자, 촉진자로서의 역할을 하며 학습자의 자기주도적 학습이 원활하게 진행될 수 있도록 하여야 한다. 마지막으로 학습자들의 메이커 활동이 활성화될 수 있도록 메이커스페이스처럼 다양한 재료와 도구에 대한 접근이 쉬운 환경 조성을 위한 노력이 각 대학에서 이루어져야 할 것이다.

메이커 교육은 학습자 중심의 학습 환경을 제공함으로써 이 시대에 필요한 인재양성을 위한 교육적 대안으로 충분한 가치를 지니고 있다. 그러므로 대학생들을 대상으로 더 많은 메이커 교육이 이루어져야 할 것이며, 이를 통해 시대적 요구에 부응하는 대학교육을 실천할 수 있게 되기를 기대한다.

참고문헌

◆강인애. (1997). **왜 구성주의인가?**. 서울: 문음사.

◆강인애, 김홍순 (2017). 메이커 스페이스(Makerspace)만들기 활동에서 나타나는 메이커 교육의 효과: 고등학교 수업사례를 중심으로, **교육정보미디어학회 춘계학술대회 논문집.**

◆강인애, 이지은. (2017). 초등 과학수업에서의 메이커 교육 수업 사례: 구성주의 학습환경으로서의 재발견. **교육정보미디어학회 춘계학술대회논문집.**

◆김수연. (2016). 교수-학습(PBL)과 실무능력의 융합 및 적용 효과 탐색. **한국융합학회논문지, 7**(2), 109-118.

◆김영학. (2016). 4차 산업혁명시대의 지적교육 방향. **한국지적정보학회지, 18**(3), 35-49.

◆김은주. (2014). 대학생의 셀프리더십에 영향을 미치는 성취목표동기, 자기주도학습, 자기효능감 간의 관계 검증. **학습자중심교과교육연구, 14**(2), 303-326.

◆김진수, 박재환, 최명길, 성창수, 심재후 & 김용태. (2009). **기업가정신 역량 평가항목 개발.** 서울: 중소기업청.

◆김진호. (2013). 국제청소년성취포상제 활동경험이 청소년의 자기주도성에 미치는 영향. **미래청소년학회, 10**(1), 1-18.

◆미래창조과학부 미래준비위원회, KISTEP & KAIST(2016). **10년 후 대한민국 미래 일자리의 길을 찾다.** 경기: 지식공감.

◆미래창조과학부, 산업통상자원부(2014). **3D 프린팅 산업 발전전략.** https://www.slideshare.net/unclepig/no2-49748721에서 2017년 4월 17일에 인출.

◆오원옥. (2002). 간호대학생의 학습에 대한 자기주도성 영향요인. **한국간호과학회, 32**(5), 684-693.

◆윤마병, 이종학, 백제은. (2016). 알파고와 이세돌의 챌린지 매치에서 분석된 인공지능 시대의 학습자 역량을 위한 토포필리아 융합과학 교육. **한국융합학회논문지, 7**(4), 123-131.

◆이민영, 전석주. (2017). 엔트리와 스크래치를 활용한 초등학생의 논리적 사고력 신장에 관한 연구. **한국초등교육, 28**(1), 173-185.

◆임병노. (2011). 자기주도학습을 위한 '학습정서' 척도 개발 연구. **교육방법연구, 23**(4), 827-853.

◆한동숭. (2016). 4차 산업 혁명 시대, 대학 교육과 콘텐츠. **인문콘텐츠, 42**, 9–24.

◆황인학(2015). 한국의 기업가정신의 실상과 과제. **KERI, 15**(26), 1–24.

◆황중원, 강인애, 김홍순. (2016). 메이커 페다고지(Maker Pedagogy)로서 TMSI 모형의 가능성 탐색: 고등학교 사례를 중심으로. **한국교육공학회 추계학술대회논문집, 1**, 1–10.

◆Agency by Design. (2015). *Maker–centered learning and the development of self*. Retrieved March. 14, 2017 from http://www.agencybydesign.org/wp-content/uploads/2015/01/Maker–Centered–Learning–and–the–Development–of–Self_AbD_Jan–2015.pdf.

◆Blikstein, P. (2013). Digital fabrication and "making" in education: The democratization of invention. In J. W. Herrmann, & C. Buching (Eds.), *FabLabs: Of machines, makers, and inventors* (pp. 203–223). Bielefeld, Germany: Transcript.

◆Blikstein, P., Martinez, S. L. & Pang, H. A. (2016). *Meaningful making: Projects and inspirations for fab labs and makerspaces.* Torrence, CA: Constructing Modern Knowledge Press.

◆Commission of the European Communities (2003). *Green paper: Entrepreneurship in Europe.* London: House Of Lords.

◆De León, A. T. (2014). Project–based learning and use of the CDIO syllabus for geology course assessment. *Global J. of Engng. Educ., 16*(3), 116–122.

◆Dixon, C., & Martin, L. (2014). Make to relate: Narratives of, and as, community practice. *ICLS 2014*, 1591–1592.

◆Dougherty, D. (2012). The maker movement, *Innovations, 7*(3), 11–14.

◆Dougherty, D. (2013). The Maker Mindset. In M. Honey & D. E. Kanter (Eds.), *Design, make, play: Growing the next generation of STEM innovators* (pp.7–11). New York, NY: Routledge.

◆Duffy, T. M., & Jonassen, D. H. (Eds.). (2014). *Constructivism and the Technology of instruction: A conversation.* London: Routledge.

◆Ensley, M. D., Carland, J. W., & Carland, J. C., (1998). The effect of entrepreneurial team skill heterogeneity and functional diversity on new venture performance. *Journal of Business and Entrepreneurship, 10*(1), 1–9.

◆Foster, C. H., Lande, M., & Jordan, S. (2014). An ethos of sharing in the maker community. *age, 24*, 1–8.

◆Halverson, E. R., & Sheridan, K. M. (2014). The maker movement in education. *Harvard Educational Review, 84*(4), 495–504.

◆Hatch, M. (2014). *The maker movement manifesto.* McGraw–Hill Education.

◆Kafai, Y. B., Fields, D. H. & Searle, K. A.(2014). Electronic textiles as disruptive designs: Supporting and challenging maker activities in school. *Harvard Educational Review, 84*(4), 532–556.

◆Liu, G., Zhang, Y. and Fan, H. (2013). Design and development of a collaborative learning platform supporting flipped classroom. *World Trans. on Engng. and Technol. Educ, 11*(2), 82–87.

◆Loertscher, D. V., Leslie, P. & Bill, D., (2013). Makerspaces in the school library learning commons and the uTEC maker model. *Teacher Librarian, 41*(2), 48–51.

◆Martinez, S. L. & Stager, G. S. (2013). *Invent to learn: Making, tinkering, and engineering in the classroom.* Torrence, CA: Constructing Modern Knowledge Press.

◆Peppler, K., & Bender, S. (2013). Maker movement spreads innovation one project at a time. *Phi Delta Kappan, 95*(3), 22–27.

◆Popescu, N. E., (2013). The evolution of entrepreneurship activity indicators in two european countries. *Procedia Economics and Finance, 6*, 562–572.

◆Schumpeter, J. A. (1934). *The theory of economic development: An inquiry into profits, capital, credit, interests, and the business cycle.* New brunswick: Transaction Publishers..

◆Schwab, K., & Samans, R. (2016). *The future of jobs.* Geneva, Switzerland: World Economic Forum.

◆Sheridan, K., Halverson, E. R., Litts, B., Brahms, L., Jacobs–Priebe, L., & Owens, T., (2014). Learning in the making: A comparative case study of three makerspaces. *Harvard Educational Review, 84*(4), 505–531.

◆Wang, D. (2015). A problem–based innovative teaching model for the mechatronics specialty. *World Trans. on Engng.and Technol. Educ., 13*(4), 523–527.

메이커 교육
Maker Education

3부

비형식교육에서의
메이커 교육 사례

4차 산업혁명 시대의 박물관에서의
메이커 교육*

이현민

Ⅰ. 서론

인공지능(AI), 가상현실(VR), 사물인터넷(IoT), 빅 데이터, 3D 프린터, 자율 주행차, 드론, 로봇 등의 등장으로 맞이한 4차 산업혁명은 모든 것을 바꾸고 있다. 2015년 인간의 뇌 기능을 모방한 인공지능 컴퓨터 뉴럴 네트워크(Neural Network)가 그린 놀라운 실력의 그림 등장과 2016년 구글 딥마인드가 개발한 인공지능 바둑 프로그램 알파고(AlphaGo)는 이제 시작일 뿐이다(김진형, 2016; Gatys, Ecker & Bethge, 2015). 4차 산업혁명은 기술과 산업뿐만 아니라 정치, 사회, 교육 등 전 분야에 걸쳐 실로 막대한 영향을 미치고 있다(국회보, 2017; 김승환, 2016; 김원호, 2016; 장필성, 2016; Schwab, 2016).

---

* 2017년 문화예술교육연구(12권 2호)에 게재된 논문을 수정, 보완하였음

특히 인공지능의 발달과 확산은 미래의 일자리에 대한 고민과 이를 위한 새로운 비전을 제시할 수 있는 교육의 변화를 요구하고 있다. 소프트웨어 중심의 미래사회를 위한 인재는 단순 암기식의 지식전달이 아닌 비판적 사고, 소통, 협동의 능력을 갖춘 창의적 인재를 필요로 한다. 이에 따라 전 세계적으로 컴퓨터 교육을 강화하고 이를 통한 미래사회에 직면하게 될 창의적 문제해결력을 함양하기 위한 방안으로서 메이커 운동과 메이커 교육이 확산되고 있다(박영숙, 2015; 이연승, 조경미, 2016; 황중원, 강인애, 김홍순, 2016; Bevan, 2017: Bullock & Sator, 2015; Martinez & Stager, 2015).

우리나라의 경우 2018년까지 100만 명의 메이커(Maker) 양성[1] 목표를 수립하고 2018년부터 초중고 정규교육에 소프트웨어 교육을 포함하기로 한 가운데 소프트웨어 리터러시를 넘어선 창의적 문제해결력 함양을 위한 교육방안 모색이 초·중·고뿐만 아니라 대학교육까지 중요한 문제로 대두되고 있다(김진형, 2016; 이주호, 2016; 한동승, 2016). 현재 이를 위한 다양한 연구가 시도되고 있지만 컴퓨터 기술습득이 메이커 교육의 목표가 아님에도 불구하고 대부분이 코딩교육과 컴퓨터 중심의 과학기술 교육에 머물러 있다. 미국, 영국, 독일, 중국을 중심으로 한 외국의 경우 메이커 페어, 도서관, 전시장 등의 다양한 비형식교육공간을 메이커스페이스(Maker Space)[2]로 활용하며 과학, 기술을 넘어선 다양한 학문을 통합한 메이커 교육으

---

1) 서울신문(2016.9.6). '메이커' 100만 명 육성한다. 정부, 2018년까지 계획. http://www.seoul.co.kr/news/newsView.php?id=20160907020008&wlog_tag3=naver#csidx9a1bca7aa030c619040bfdb395db627

2) "메이커스페이스는 커뮤니티의 각 구성원들이 혼자서는 손댈 수 없는 자원과 제작을 수행할 수 있도록 제작 장비, 커뮤니티, 교육을 결합한 공간이자, 도구를 가진 커뮤니티 센터로 정의된다"(홍소람, 박성우, 2015, p.251; 김소영, 정유진, 황연숙, 2016, p.203 재인용)

로, 소프트웨어 리터러시뿐만 아니라 비판적 사고, 소통, 협동의 창의적 문제해결력을 갖춘 4차 산업혁명 시대의 인재양성 교육이 활발히 전개되고 있다(김소영, 정유진, 황연숙, 2016; 미래창조과학부, 2015: Peppler, Havlerson & Kafai, 2016; Wilkinson & Petrich, 2013). 우리나라에서도 4차 산업혁명의 시대를 위한 교육실천의 공간으로서 보다 다양한 교육프로그램으로 운영될 수 있는 메이커스페이스의 활용에 대한 방안모색이 필요한 시점이다.

　이에 본 연구는 4차 산업혁명 시대를 위한 교육방안의 하나로 메이커 교육을 제시하고 대표적인 비형식교육기관인 박물관(Museum)(양지연, 2012; 이병준, 박지연, 2009; 이지원, 이병준, 2013; Brahms & Crowey, 2016: Falk & Dierking, 2007)에 주목하는 한편, 박물관 내에서 이루어지고 있는 메이커 교육 연구를 본 연구의 목적으로 한다. 다만 현재 한국의 박물관 및 미술관 진흥법3)에는 박물관과 미술관을 구별하여 정의하고 있으나, 본 연구에서는 메이커 교육의 활용 방안을 모색하기 위해 박물관의 범주 안에 과학관과 미술관을 포함하였다. 또한 본 연구에서 논의하는 박물관 교육프로그램은 특정한 대상을 위해 박물관 내에서 펼쳐지고 있는 교육프로그램으로 한정하였다. 이를 통해 박물관 교육의 특징과 메이커 특징의 파악 및 현황 분석을 통해 창의적 문제해결을 위한 4차 산업혁명 시대의 교육방안 중 하나로서 박물관 교육을 통한 메이커 교육의 의미에 대해 탐색하고 박물관 교육에 대한 새로운 방향을 제시하였다.

---

3) 박물관 및 미술관 진흥법
　http://www.law.go.kr/lsInfoP.do?lsiSeq=183608&efYd=20161130#0000

II. 4차 산업혁명과 메이커 교육

1. 4차 산업혁명과 메이커 운동

최근 한국의 미래교육을 위해 각종 매체와 정치 일선까지 집중[4]하고 있는 4차 산업혁명이란 용어는 2016년 1월 세계경제포럼(World Economic Forum, 다보스포럼)에서 주제로 선정되면서 전 세계적인 화두가 되었다. 2011년 독일의 하노버 페어에서 처음 사용한 이 용어는 2013년 독일의 '인더스트리 4.0(Industrie 4.0)' 정책[5]으로 채택되어 유럽에서는 4차 산업혁명과 동일한 용어로 사용되고 있다.

다보스 포럼의 회장 클라우스 슈밥(Klaus Schwab)에 의하면 4차 산업혁명이란 이전의 산업혁명과 달리 디지털, 정보통신기술(ICT)과 기술산업의 융합으로 진행되는 차세대의 새로운 혁명을 의미한다(Schwab, 2016). 대표적으로 로봇, 3D 프린트, 인공지능, 빅데이터 등의 새로운 기술이 산업혁명을 주도하게 되면서 급격하게 이루어지는 발전을 의미하고, 특히 인공지능의 출현은 사람의 두뇌를 대체하는 4차 산업혁명 시대의 도래를 포함한다(장필성, 2016; 한동승, 2016; Schwab, 2016).

미래사회에서의 단순 반복 업무를 포함한 노동의 상당량은 인공지능과 결합된 로봇이 수행하는 시대가 열리게 됨에 따라 인간 삶의 질적인 면에서 경제적, 사회적으로 다양한 긍정적인 변화를 전망한다. 한편 많은 기억력을 필요로 하는 직업과 문제 해결 방식이 반복적으로 알고리즘화 하기 쉬운 직

---

4) EBS 신년 특집 다큐멘터리 '4차 산업혁명, 위기인가, 기회인가', 2017년 1월 7일 방송(http://ebsstory.blog.me/220903204346)과 국회 제4차 산업혁명 포럼: 대학교양교육 발전방안 토론회. 2017년 2월 2일. (http://news.unn.net/news/articleView.html?idxno=169295) 등

5) Bundesministerium fur Bildung und Forschung(독일연방교육부)에서 강조하는 4차 산업혁명에 관한 내용을 다음에서 확인할 수 있다.
https://www.bmbf.de/de/zukunftsprojekt-industrie-4-0-848.html

업은 더 이상 사람의 몫이 아님을 예측하게 됨으로서, 미래인재에게는 무엇보다 생각의 힘이 중시되고 이를 위한 기본적인 역량으로 창의성, 비판적 사고, 협업 능력, 문제해결 능력 등이 강조되고 있다(국회보, 2017; 김진형, 2016; Martinez & Stager, 2015). 이와 같은 맥락에서 스스로 필요한 것을 만들고 서로의 아이디어를 공유하고 협력하며, 그 과정에서 혁신을 일으키는 문화를 만들어 낼 수 있는 메이커(Maker)에 대한 관심이 고조되고 있다(박주용, 2016; 황중원, 강인애, 김홍순, 2016).

본인들이 꿈꾸는 세상을 만들기 위해 스스로 창의적 아이디어를 생각하고 무엇인가 만드는 것을 좋아하는 메이커는[6] 일상에서 창의적 생산을 위한 아이디어 제공 및 제작에 참여한다. 메이커가 지속적으로 등장함에 따라 사람들은 더 이상 소비자가 아니라 새로운 기술과 디지털 기기를 이용하여 자신이 필요한 것을 만들어 내는 메이커 문화를 형성하고 이는 다시 메이커 운동(Maker Movement)으로 이어지는 원동력이 되었다(이연승, 조경미, 2017; Dougherty, 2013). 박주용(2016)에 의하면 메이커 운동의 시초라 할 수 있는 1950년대 후반 MIT에서 시작된 해커문화는 1970년대 후반의 개인용 컴퓨터의 출현을 주도하고 1980년대 새로운 IT 산업 발전의 원동력을 넘어 4차 산업혁명의 핵심이 되었다.

다시 말해, 과거 전문가들의 도구였던 마이크로 회로 서킷, 3D 프린터, 레이저 커터 등은 이제 일반인도 쉽게 구매 및 사용하고 공유하는 문화로 확산되고 있다. 디지털 도구 활용 기술의 민주화를 기반으로 이루어진 메이커 운동은 디지털 제작 도구를 대중적으로 사용하면서 온라인을 통해 서로 소통하고 협업하며 새로운 것을 만들고 공유하면서 문제를 해결하는 창의적

---

6) "스마트폰 혁신을 일으킨 스티브 잡스, PC산업 혁신을 일으킨 빌 게이츠, 인터넷 검색 플랫폼을 개발한 구글의 래리 페이지와 세르게이 브린, 소셜 네트워크 혁신을 일으킨 마크 저크버그 등이다. 이들의 공통점은 무엇인가 만드는 것을 좋아하는 메이커였다는 것이다"(이연승, 조경미, 2017, p.226).

인재의 메이커(Maker)를 만들어 내고 있는 것이다.

이러한 사회, 문화적 흐름 속에서 오픈소스와 오픈 하드웨어의 공유에 기반한 메이커 운동은 교육 분야에도 자연스럽게 접목되어 창의적 문제해결력을 갖춘 인재양성 교육의 방안으로 논의되고 있다. 이는 2005년 메이커 운동이 본격적으로 시작된 이후 최근 전 세계적으로 확산되면서 교육의 패러다임도 바뀌고 있음을 증명하는 것이다(이지선, 2016; 황중원, 강인애, 김홍순, 2016; Peppler, Halverson & Kafai, 2016).

2. 메이커 교육

메이커 운동이 처음부터 메이커 교육에 초점을 두고 전개된 것이 아니라 메이커 페어(Maker Faire), 박물관, 도서관 등 다양한 메이커스페이스(Maker Space)[7]에서 교육적 가치를 발견하고 인정받게 되면서 메이커 교육으로 발전하였다. 메이커 교육의 아버지로 불리우는 페퍼트(Seymour Pepert)의 구성주의(Constructionism)[8]에서 출발한 메이커 교육에 대한 논의는 미국을 중심으로 2010년부터 활발히 전개되고 있으나 아직까지 의미, 가치, 교육방법 등 다양한 연구가 요구되고 있는 가운데(Bevan, 2017: Dougherty, 2012), 우리나라에서는 2016년 제1회 메이커 교육 코리아 포럼[9]에서 '다 같이 만들자! 즐기고 남기자! 배워서 남주자!'란 3대 메이커 교

---

7) "메이커스페이스는 공동의 관심을 가진 사람들이 공공의 장소에 모여 작업할 수 있는 공간을 말하며 그 목적에 맞게 어떠한 형태로든 존재할 수 있다는 것을 알 수 있다. 이전 과거의 제조업과 다른 점은 기본 도구로써 컴퓨터를 사용하여 스케치, 드로잉을 하고 그것을 바탕으로 3D 프린터 및 CNC 등 디지털 제작 장비를 통해 시제품화 하는 것을 주된 작업방식으로 한다는 것이다"(김소영, 정유진, 황연숙, 2016, p.204).

8) 페퍼트(Seymour Papert)의 구성주의(Constructionism)는 피아제(Jean Piaget)의 구성주의(Constructivism)에서 출발 한 이론으로 피아제의 구성주의 보다는 좀 더 실제적인 활동을 중시한다(Martinez & Stager, 2015).

9) 국립과천과학관 메이커 교육 http://www.educloud.co.kr/archives/14957

육 선언문이 선포되었다(이지선, 2016).

메이커 교육은 페퍼트의 구성주의에 기반하여 만들면서 배우는 경험학습의 과정 및 결과물을 중시하는 교육으로서, 학습자들이 직접 무엇인가를 만드는 경험으로 의미 있는 학습결과물(혹은 생산품 등)을 만들어 낼 때 교육적 효과가 있음을 강조한다(Martinez & Stager, 2015). 4차 산업혁명의 시대를 위한 창의적 인재양성 교육으로서 메이커 교육은 학습자들이 스스로 변화할 수 있는 기회를 제공한다. 따라서 메이커 교육은 디지털 도구의 활용이 가능한 공간에서 다 같이 만들고 공유하며 소통할 수 있는 학습자 중심의 체험활동 수업으로 이루어질 때 교육적 가치와 부합된다(이연승, 조경미, 2016).

이러한 의미에서 많은 학자들에 의하면, 메이커 교육(Maker Education)이란 학습자가 메이커로서 다양한 도구를 활용하여 학습결과물(제품)을 만들고 다른 사람과 이를 공유 및 소통하는 학습활동을 의미한다(황중원, 강인애, 김홍순, 2016; Bevan, 2017). 즉 학습자가 자발적으로 학습에 참여하여 필요한 물건을 주도적으로 만들고 학습의 진행과정과 결과를 온·오프라인으로 공유하여 다른 학습자들과 소통하는 활동의 교육이 메이커 교육이다.

따라서 구성주의에 기반한 메이커 교육에서는 만들면서 배우는 과정을 끊임없이 반복하고 계속 시도하고 공유된 다른 학습자들의 오픈소스를 탐색하며 스스로 배워가는 학습과정으로 이루어진다. 또한 창의적인 아이디어를 실제 구현하는 과정을 기록하고 이 기록을 공유하여 자신의 창의성을 알린다(이지선, 2016). 이러한 맥락에서 볼 때, 메이커 교육은 메이커스페이스에서 과정 중심의 체험활동으로 이루어진 소통하는 학습자 중심의 교육적 특징을 갖는다.

이를 구체적으로 보면 첫째, 메이커 교육은 메이커스페이스를 학습환경으로 활용한다. 메이커스페이스는 물리적 공간으로 모든 사람들이 함께 학습 및 작업을 할 수 있는 곳을 의미한다. 이 공간에서는 만들기에 필요한 도구,

재료 및 지식 등이 공유되고 만들기 활동이 자유롭게 전개될 수 있는 자율적이고 개방적인 학습환경을 제공한다(Dougherty, 2012; Maker Education Initiative, 2015).

둘째, 메이커 교육은 체험활동으로 이루어진 학습활동을 제공한다. 학습자는 주어진 활동과제에 따라 자유롭게 다양한 도구, 재료 및 지식을 활용하여 실패와 성공을 경험하면서 무엇인가를 직접 만들어 의미 있는 학습결과물을 만들어낸다. 따라서 메이커 교육은 만드는 과정을 학습자가 자유롭게 직접 경험하게 됨으로서 흥미와 몰입으로 도구, 재료와 지식을 탐색, 활용, 구성하는 효과적인 학습활동을 제공한다(Blikstein, Martinez & Pang, 2016; Martinez & Stager, 2015).

마지막으로 메이커 교육은 소통하는 학습자 중심교육이다. 학습자는 메이커 활동의 중심으로서 학습의 진행과정과 결과를 온라인 오프라인을 통해서 서로 공유하고 소통하면서 결과물을 산출하는 학습의 주인으로서 사회적 참여를 경험하게 된다. 따라서 메이커 교육에서 교수자는 지식전달자가 아니라 학습의 조력자 역할을 한다.

결론적으로 4차 산업혁명의 시대를 위한 메이커 교육은 단순히 컴퓨터 등 디지털 기술 습득을 위한 교육이 아니라 만드는 행위를 통해 창의성을 스스로 일깨우고 개발하는 교육이다. 그러한 의미에서 페퍼트가 메이커 교육에서 도구, 재료, 지식 등의 활용을 강조하지만 도구의 활용법만을 배우는 것이 메이커 교육의 목적이 아님을 강조하고 있음에 주목할 필요가 있다. 그러나 국내에서는 통상적으로 메이커스페이스라고 불리는 개방형 제작공간이 교육의 공간으로 활용되기 위해서는 장비의 구성보다는 가르치고자 하는 주제의 접근과 방법이 중요함에도 불구하고, 아직까지 장비와 공간의 규모에 집중하는 경향이 있다(김소영, 정유진, 황연숙, 2016; 박주용, 2016).

이에 본 연구에서는 4차 산업혁명 시대를 맞이하는 새로운 교육의 장으로서 또한 보편적인 기초적 장비 활용을 통한 창의적 문제해결의 교육방편으로서 박물관에서의 메이커 교육에 대해 탐색하였다.

III. 4차 산업혁명 시대의 박물관 교육

1. 박물관 교육과 메이커 교육의 연관성

오늘날 비형식교육기관을 활용한 교육방안으로 부각되고 있는 대표적인 예로 박물관을 들 수 있다. 기본적으로 박물관이 갖고 있는 특수한 환경은 누구나 참여 가능한 자유롭고 자율적인 학습지원의 공간으로 주목받고 있으며, 개인(Personal), 사회(Social), 그리고 자원(Material)에 따라 다양한 학습으로 확대될 수 있다(국성하, 2010; 이지원, 이병준, 2013; 양지연, 2012; Brahms & Crowey, 2016: Falk & Dierking, 2007; Kwan, 2017). 즉 개인(Personal)의 경우 다양한 방문객의 방문 목표, 관심, 선지식, 기대 등에 따라 박물관에서의 경험이 다양한 학습으로 전개될 수 있다. 사회(Social)는 매락 속에서 함께 상호작용하게 되는 사회적 관계자, 예를 들어 가족, 학습 동료 등에 따라 다양한 관점 형성 및 잠재력에 영향미침을 의미한다. 또한 자원(Material)의 경우는 박물관에서의 학습은 박물관에서 제공하는 전시요소나 물리적 자원의 학습환경은 사회적 상호작용을 증진시킴으로서 다양한 경험을 유도한다는 특징을 의미한다.

이와 같은 박물관의 특징은 오늘날 구성주의에 기반한 체험교육을 위한 비형식교육기관의 교육적 특징과 연결된다. 강인애, 박정영 (2014)에 의하면 구성주의 박물관 교육의 특징은 전시물 기반 학습(Object-based learning)환경, 자유선택학습(Free-choice learning)환경, 3 ONs(hands-on, minds-on, hearts-on) 학습환경과 협동학습환경으로 설명된다. 첫 번째, 전시물 기반

학습환경이란 박물관은 전시물(Object)을 통해 다양한 의미를 내포하고 학습자의 선경험과 선지식에 따라 개별적 해석과 새로운 지식 구성을 다르게 할 수 있도록 하는, 학교 교육을 보완하는 새로운 교육의 장임을 의미한다. 두 번째, 자유선택학습환경이란 박물관 교육은 학습자의 관심과 흥미, 호기심 등에 따라 능동적이고 자율적으로 주제를 선택하고 지식을 구성하게 됨으로 교수자는 학습의 촉진자로서만 역할을 하는 학습자 중심의 수업이 가능한 곳임을 의미한다. 세 번째, 3 ONs의 학습환경이란 박물관에서는 전시물을 활용한 직접적인 만들기의 체험활동(hands-on), 전시물을 활용한 탐구, 해석, 토론, 성찰 등의 인지활동(minds-on)과 심미적, 정서적 활동(hearts-on)의 경험이 가능한 장소임을 의미한다. 마지막으로 협동학습환경이란 박물관에서의 교육은 참여자의 다양한 상호작용이 그 어떠한 학습공간보다 활발하고 자연스럽게 발생되므로 협력적 학습을 통해 지식구성의 견고뿐만 아니라 배려, 공유, 나눔을 경험할 수 있음을 의미한다.

따라서 구성주의 박물관 교육과 앞선 장에서 언급한 구성주의에 기반한 메이커 교육의 특징을 통해서 '자원기반 학습', '체험활동 학습', '소통의 학습자 중심 학습'의 연관성을 찾을 수 있다(〈표 1〉 참조).

〈표 1〉 구성주의에 기반한 박물관 교육과 메이커 교육의 연관성

연관성	박물관 교육 특징	메이커 교육 특징
자원(Material) 기반 학습	박물관의 (전시물) 재료, 아카이브 지식 등 활용	메이커스페이스의 (디지털 도구) 재료, 지식 등 활용
체험활동 학습	3ONs(hands-on, minds-on, hearts-on) 기반 활동	만들기 경험 활동
소통의 학습자 중심 학습	학습자의 자율적 선택과 협력 학습	학습자 중심의 협력 및 공유 학습

위의 표를 통해 쉽게 파악할 수 있듯이 박물관 교육과 메이커 교육은 거의 유사한 특징을 갖고 있다. 특히 박물관이 지닌 특수한 환경, 즉 전시물에 기반한 학습자가 자율적, 협력적으로 3ONs에 의한 실제 삶과 연관된 만들기 학습활동이 가능한 비형식교육의 공간이라는 점은 메이커스페이스로서 박물관 교육이 학습자 중심의 활동으로 무엇인가를 만들면서 학습하고 소통 및 공유하는 것과 일치된다. 단지 박물관은 전시물을 학습 자원으로 활용할 수 있다는 점과 메이커스페이스는 컴퓨터, 레이저 커터, 3D 프린터기 등 디지털 도구를 포함한다는 차이점을 찾을 수 있다.

2017년 3월 기준 국내의 메이커스페이스는 전국에 총 177개가 운영되고 있다. 이 중 민간기관에서 운영하는 공간은 32개이고 공공기관에서 운영하는 공간은 145개로 대부분이 디지털 도구의 사용법, 즉 장비교육 중심으로 프로그램 운영되고 있다[10]. 그러나 박물관 교육을 통한 메이커 교육은 4차 산업혁명 시대의 창의적 문제해결력을 갖춘 인재양성을 위한 메이커 교육의 방안으로서 장비를 구비한 단순한 메이커스페이스를 넘어선 새로운 교육의 장으로서의 새로운 가능성을 제시할 수 있다. 따라서 본 연구는 기존의 메이커 교육과 차별되 박물관과 접목될 수 있는 메이커 교육 즉, 전시물에 기반한 학습자 중심의 협력적 만들기 학습과 소통 및 공유가 가능한 메이커 교육이라는 관점에서 논지를 펼쳤다.

2. 국내외 박물관에서의 메이커 교육 현황

현재 박물관에서의 메이커 교육에 관한 연구는 거의 이루어지지 않은 초기 단계이다. 따라서 선행연구를 찾기 힘들고 홈페이지에 의존한 자료 분석이라는 한계가 있지만, 메이커 교육의 장으로서 박물관을 활용한 대표적인 국내

---

10) 메이크올 홈페이지 https://www.makeall.com의 메이커스페이스 맵에서 전국의 시설과 장비를 확인할 수 있다.

외 사례로 한국의 국립과천과학관, 국립현대미술관과 미국의 샌프란시스코 과학관(Exploratorium), 피츠버그 어린이 박물관(Children's Museum of Pittsburg)을 살펴보겠다.

국내의 경우, 국립과천과학과 국립현대미술관은 공공기관에서 운영하는 무한상상실(Idea Factory)[11] 중 대표적인 메이커스페이스이다. 우선, 국립 과천과학관은 '무한상상메이커랜드'라는 공간에 3D 프린터, CNC 라우터와 조각기(플리스틱, 나무, 금속 등을 깎아낼 수 있는 장비), 비닐커터를 보유 하고 주로 어린이를 대상으로 장비 작동법을 배우고 무엇인가를 만들어 보 는 메이커 교육 프로그램이 운영된다. 2017년 3월 현재 '3D프린터 장비교 육, 레이저 & CNC 장비교육, 미디어아트 제작교실, 아두이노 프로그래밍, 전기자동차 제작교실'이 진행 중이며, 메이커 교육의 대부분이 장비사용법 과 과학기술 분야에 한정된 창작활동의 프로그램으로 구성되어 있다.

또 다른 국내의 예로서 국립현대미술관 서울관의 경우는 무한상상실 아트 팹랩을 두고 있다. 아트팹랩의 메이커 교육[12]은 어린이, 청소년, 가족, 학 교연계 및 전문가를 위한 팹랩 워크숍 등 다양하게 운영되고 있다. 2017년 1월과 2월의 겨울방학의 경우, 어린이와 가족을 위한 어린이 창작 발전소는 전시와 연계한 '우리가족 味각美감-가족 위 식탁'과 같은 창작 교육프로그 램으로 감상, 표현, 창작의 통합워크숍을 운영하였다. 중·고등학생을 대상 으로 하는 청소년팹랩에서는 3D프린터, 스캐너, 레이저 커터 등 신매체 디

---

11) '무한상상실은 정부의 각 부처의 참여로 과학관, 도서관, 주민센터 등 생활공간에 설치되는 창의적인 공간으로 국민의 창의성, 상상력, 아이디어를 발굴하고 이러한 아 이디어를 기반으로 시험·제작을 하거나 UCC제작, 스토리 창작 등을 할 수 있는 공간 이다. 'https://ideaall.net/html/HtmlPage.do?req_site_id=HOMEPAGE&req_ menu_code=00002020100&html_page=/html/homepage/ideaall_intro'
12) http://www.mmca.go.kr/learn/learnList.do?menuId=4080000000&emBigCd =07&emSmlCd=01

지털 기기를 활용하여 동시대 작가, 관련 전문가와 함께 현대미술을 바탕으로 상상하던 아이디어를 오브제로 만들어 보는 '나의 전자 얼굴 만들기'와 같은 프로그램을 진행했다.

한편 해외의 경우는 샌프란시스코 과학관과 피츠버그 어린이 미술관을 살펴볼 수 있다. 익스플로라토리움(Exploratorium)이라 불리는 샌프란시스코 과학관의 경우는 메이커 교육을 위한 '더 팅커링 스튜디오(The Tinkering Studio)'13)를 두고, 다양한 연령대를 위한 과학, 예술, 기술과 다양한 아이디어를 직접 경험하는 만들기 교육이 활발하게 진행되고 있다. 더 팅커링 스튜디오는 다양한 재료, 도구 및 기술의 폭 넓은 선택이 가능한 즐거운 발명, 탐구와 협업을 위한 공간으로서 예술가, 과학자, 교육자와 참여자의 협업활동을 통해 과학현상을 탐구하고 관련된 아이디어의 미적 재현을 경험하는 메이커 교육의 장이다. 메이커 교육 프로그램은 '충분히 발전된 학습 형태는 놀이와 구별할 수 없다'와 '모든 사람이 손으로 생각하고 행동함으로써 배우는 능력을 믿는다'14)는 철학 아래 재미있게 즐기며, 만드는 과정 중심의 체험형 프로젝트가 회로, 토끼 머리 아이디어, 빛과 그림자, 움직임과 메커니즘. 웨어러블(Circuits, Hare-brained ideas, light and shadow, motion and mechanisms. wearables) 등 주제별로 다양하게 상시 진행된다.

그러나 피츠버그 어린이 박물관의 경우, 메이크샵(MAKESHOP)15)이라는 전용 공간을 두고 다양한 재료를 탐색하는 재료 실험실에 가까운 메이커 교육이 진행된다. 메이크샵은 전문 예술가, 건축가, 프로그래머 및 다양한

---

13) https://tinkering.exploratorium.edu/tags/makerspace

14) https://tinkering.exploratorium.edu/에서 Scott Snibbe의 "Any suffieiently advanced form of learning is indistinguishable from play"와 'We believe in everyone's ability to think with their hands and to learn by doing'를 번역함.

15) 피츠버그 어린이 박물관 https://pittsburghkids.org/

분야의 전문 제작자가 사용하는 것과 동일한 도구 및 과정의 '실제 물건 (real stuff)'를 사용하여 만들고 놀며 디자인하는 어린이와 가족을 중심으로 한 메이커 교육공간이다. 메이커 교육은 가족, 어린이, 성인, 에듀케이터 (Educator)를 대상으로 목공회로, 봉제 및 제직과 같은 섬유 공정, 스톱모션 애니메이션, 재활용 장난감, 전기 시스템 및 소형 가전제품 등을 활용하여 탐구하고 사용법과 창작을 배우고 시도할 수 있는 다양한 프로그램을 매달 새롭게 진행한다. 2017년 3월의 경우는 컴퓨팅 사고력과 수학적 사고력을 기초로 한 '측정(Measurement)'이라는 주제로 스크래치(Scratch), 제직(Weaving), 규모, 소형 및 대형(Scale, Tiny and Large), 목공 (Woodworking) 등의 교육 프로그램이 진행된다. 메이크샵에서는 지식탐구, 기술습득과 자신의 새로운 방식으로 마치 예술가처럼 재료를 조작, 변형하는 경험으로 애니메이션, 섬유디자인, 가구 등을 만들고 공유하는 교육이 이루어진다.

이와 같이 국내외 대표적인 박물관에서의 메이커 교육과 이를 위한 노력을 분석해 볼 때, 해외박물관의 경우는 국내보다 다양한 재료, 도구, 지식 등을 제공 및 활용하고 재미와 탐구를 통한 문제해결을 위한 과정중심 수업으로 운영되고 있었다. 또한 예술가, 과학자 등 다양한 분야의 전문가의 참여에 의한 다양한 연령대를 위한 실제적 삶과 연관된 만들기 의 메이커 교육 프로그램이 활성화되어 있음을 볼 수 있었다.

결론적으로 국내 박물관 보다 해외 박물관에서는 박물관 교육과 메이커 교육의 연관성으로 파악된 '자원 기반 학습', '체험활동 학습'과 '소통의 학습자 중심 학습'에 의한 박물관에서의 메이커 교육의 특징을 활용한 다양한 프로그램이 활발히 운영되고 있음을 확인할 수 있었다.

〈표 2〉 대표적인 국내외 박물관의 메이커 교육 분석

박물관		메이커 교육			
		공간	대상	프로그램	특징
국내	국립과천과학관	무한상상 메이커랜드	주로 어린이	• 장비사용법과 과학기술 분야의 창작활동	• 장비활용 중심
	국립현대미술관	무한상상실 아트팹랩	다양한 연령대	• 전시 연계의 통합창작활동 • 디지털 기기활용 현대미술 연계 창작활동 • 예술가, 전문가 참여	• 전시기반 • 통합창작
해외	샌프란시스코 과학관	더 팅터링 스튜디오	다양한 연령대	• 과학, 예술, 기술 등 과학 기반 미적 창작활동 • 재미와 탐구, 놀이와 학습 • 예술가, 과학자, 교육자 등 참여 • 프로젝트형 주제별 만들기	• 문제해결형 미적체험 • 삶 연계 창작 • 협업활동
	피츠버그 어린이 박물관	메이크샵 (재료 실험실 형태)	다양한 연령대	• 실제 재료 및 제작과정과 동일한 놀이형 창작활동 • 컴퓨팅 사고력 및 수학적 사고력 기반 만들기 활동 • 예술가, 건축가, 프로그래머 및 다양한 분야 전문가 • 다양한 주제별 만들기	• 다양한 재료탐색 중심 • 놀이형 실제 기반 창작 • 문제해결형 미적체험

3. 박물관에서의 메이커 교육의 의미

　미래를 준비하는 비형식교육 공간으로서 박물관의 메이커스페이스는 디지털 도구뿐만 아니라 전시물 등 다양한 자원의 활용이 가능하고 실제 삶과 연관된 재미와 흥미로운 학습활동에 의한 다양한 프로그램 제공이 가능하여 더욱 창의적 인재양성을 위한 교육을 제공할 수 있다. 따라서 박물관에서의 메이커 교육은 박물관의 전시물뿐만 아니라 디지털 기기, 다양한 삶과 연관된 실제적 도구, 재료, 지식의 사용법학습, 다양한 지식탐구 등을 기반으로, 학습자가 중심이 되어 다양한 분야의 사람들과 협업하며 실제 삶과 연관된 문제를 창의적으로 해결하며 무엇인가를 만들어 내고, 그 과정과 결과물 등을 소통하고 공유하는 4차 산업혁명 시대에 적합한 하나의 교육 방안이 될 수 있음을 의미한다.

이에 박물관이 단순한 메이커스페이스를 넘어 창의적인 메이커 양성의 교육 기회를 제공하는 학습 공간이 되기 위해서는 다음이 제고되어야 할 것이다.

첫째, 전시물(Object)과 디지털 도구를 넘어선 실제 삶과 연관된 다양한 자원(Material)을 제공하는 창작 공간이 되어야 한다(양지연, 2012; Blikstein, Martinez & Pang, 2016; Kwan, 2017; Wilkinson & Petrich, 2013). 4차 산업혁명의 디지털 도구, 특히 전문가적 값비싼 장비를 갖춘 어렵고 무의미한 활용법 교육에 치중하는 곳이 아닌 학습자의 관심과 호기심에 따라 장비사용법을 넘어선 삶과 연관된 자율적 만들기가 가능한 문제해결의 학습 공간이 되어야 한다. 따라서 각 박물관의 특성에 알맞은 다양한 전시물과 디지털 도구를 기반으로 재료, 지식 제공 및 소통의 기능을 갖추어야 한다.

둘째, 문제해결을 위한 체험 중심의 학습활동이 제공되어야 한다(김진형, 2016; 박영숙, 2015; Peppler, Havlerson & Kafai, 2016). 실제 삶과 연관된 과제를 해결하기 위한 만들기 과정을 통해 인지 및 정서적 학습활동을 경험하고 결과물을 도출 및 공유하는 학습활동이 제시되어야 한다. 이를 위해서 재미와 놀이 형식의 감성적 미적체험으로 예술가, 과학자 등 각 분야의 다양한 전문가와 함께 문제를 해결하며 무엇인가는 만들어갈 수 있는 학습활동이 고려되어야 한다.

셋째, 학습자가 자발적으로 만들고 소통할 수 있는 학습자 중심의 학습 환경이 조성되어야 한다(Brahms & Cowey, 2016; Hatch, 2014). 참여자의 다양한 상호작용에 의해 자연스러운 협력학습과 자기주도적인 학습이 가능한 박물관 교육의 특징은 메이커 교육의 과정에서도 자연스럽게 적용되어야 한다. 이를 위해 학습자 중심의 만들기, 협력 및 결과물 공유가 이루어질 수 있도록 부모, 에듀케이터, 전문가 등은 조력자로서 교육에 참여하여야 한다.

이상과 같이 4차 산업혁명 시대의 박물관 교육은 메이커 교육을 위한 하나의 방안으로서 제시될 수 있음을 파악할 수 있다. 이를 위해 박물관은 전시물을 기반으로 디지털 시대의 다양한 자원을 제공하는 메이커 교육의 공간으로서 학습자 중심의 창의적 문제해결을 위한 체험학습활동으로 만들고, 소통하고 공유할 수 있는 학습 환경 조성을 위해 노력하여야 한다.

IV. 결론

오늘날 빠른 디지털 기술의 발달은 미래사회의 직업 변화를 예측하고 이를 위해 디지털 도구의 활용을 기반으로 한 창의적 문제해결력을 갖춘 인재양성의 중요성을 그 어느 때보다 강조하고 있다. 이러한 흐름에 따라 전 세계적인 사회문화적 현상으로 등장한 최근의 메이커 교육은 미래를 위한 노력 중 하나다. 이에 본 연구에서는 4차 산업혁명 시대를 위한 창의적 인재양성을 위한 방안으로서 박물관교육에 대해 연구하고 박물관에서의 메이커 교육의 의미에 대해서 탐색하고자 하였다.

이에 본 연구에서는 문헌연구를 통해, 메이커 교육(Maker Education)이란 단지 디지털 기계의 활용법을 익히는 교육이 아님을 강조하였다. 4차 산업혁명 시대의 급변하는 기술에 따라 적용 가능한 교육으로서 제시되고 있는 메이커 교육은 다양한 디지털 도구를 활용하여 제시된 과제를 창의적으로 해결하는 문제해결력을 자발적으로 학습하는 메이커로서 학습자가 중심이 되어 학습에 필요한 무엇인가 만들어, 소통, 공유하는 학습활동의 교육이다(황중원, 강인애, 김홍순, 2016; Bevan, 2017). 또한 박물관 교육과 메이커 교육의 특징을 탐색하여, 박물관에서의 메이커 교육은 박물관 고유의 전시물과 실제 삶에 기반한 학습자 중심의 재미와 놀이학습이 가능할 뿐만 아니라, 메이커스페이스의 디지털 기기 및 다양한 자원을 활용하여 무엇인가를 만들고 소통하며 공유하는 학습이 가능하므로 4차 산업혁명 시대에 적합한 교육임을 제시하였다. 한편 박물관을 활용한 메이커 교육이 활성화되기 위해서 박물관은 전시물, 디지털 기기 등 다양한 자원을 제공하고 학습자 중심의 체험적 문제해결의 만들기와 공유를 할 수 있는 교육적 기능이 갖추어져야 함을 강조하였다.

향후 박물관에서의 메이커 교육에 대한 연구 활성화를 위해 다음을 제언한다.

우선, 박물관에서의 메이커 교육은 삶과 연관된 다양한 연령대를 위한 프로그램 개발 연구를 제언한다. 특히 각 박물관의 메이커 교육 공간에 있는 다양한 물리적, 환경적 자원을 최대한 활용하고 학습자가 재미와 문제해결력 향상의 과정, 결과를 공유할 수 있는 구성주의에 기반한 프로그램 연구를 제언한다. 이를 위해서 무엇보다 박물관 내에서의 메이커 교육은 무엇인가를 만드는 활동을 통한 창의성 함양을 궁극적인 목적으로 진행되어야 할 것이다.

또한, 예술가, 과학자 등 전문가 참여의 박물관 메이커 교육에 대한 연구를 제언한다. 문제해결을 위한 체험 중심의 활동이 이미 한국에서도 다수의 미술관(과학관 포함)에서 이루어지고 있다. 그러나 디지털 장비를 제대로 활용하지 못하고 있는 것이 우리의 현실이다. 특히 박물관의 경우 대부분 고고학, 역사 전공 관련자들이 교육을 담당하는 한계로 인해 과학과 예술을 접목시킬 수 있는 융복합적 접근교육이 미약하다. 따라서 본 연구에서 제시하는 미술관과 과학관을 포함한 메이커 교육을 위한 박물관 교육을 위해서는 예술과 과학을 포함한 다양한 전공자들의 협력으로 교육프로그램을 개발 및 운영할 수 있는 융복합적 교육환경 개선을 위한 노력이 수반되어야 한다. 이를 통해 교육적 방안, 효과성 파악 및 제시로 박물관에서의 메이커 교육이 활성화 될 수 있기를 기대한다.

본 연구는 4차 산업혁명시대의 디지털 기기에 대한 이해와 적용의 학습을 넘어선 창의적 인재양성 교육으로서 박물관에서의 메이커 교육을 연구하고 박물관 교육에 대한 새로운 방향을 제시함에 연구의 의의가 있다.

참고문헌

◆강인애, 박정영. (2014). 구성주의 박물관 교육프로그램 개발 및 운영을 위한 평가지표 개발 연구. **열린교육연구, 22**(1), 65-88.

◆국보회. (2017). 4차 산업혁명과 우리의 미래. **대한민국국회,** (603), 11-21.

◆국성하. (2010). 존 듀이(John Dewey)와 박물관 교육. 강인애 외(공저). **박물관 교육의 다양성**(pp. 277-310). 서울: 문음사.

◆김소영, 정유진, 황연숙. (2016). 메이커 스페이스 구성 및 이용실태에 관한 연구. **한국실내디자인학회 학술대회논문집,** 203-206.

◆김승환. (2016). 지능정보사회에 대비한 교육의 미래. **한국교원교육학회 제70차 연차학술대회,** 3-12.

◆김원호. (2016). 4차 산업혁명, 마케팅 혁명의 길. **마케팅, 50**(2), 9-16.

◆김진형. (2016). 4차 산업혁명, 인공지능 시대의 교육. **STSS 지속가능과학회 학술대회,** 21-29.

◆박영숙. (2015). **메이커의 시대: 유엔미래보고서 미래 일자리**. 서울: 한국경제신문.

◆박주용. (2016). 미래를 준비하는 교육공간으로서의 메이커스페이스. **메이커코리아 포럼집**, 14-19.

◆미래창조과학부. (2015). **2015 메이커 운동 활성화 방안**. https://www.kofac. re.kr/ebook/monthly/2015/201503.pdf에서 2017. 2. 27 인출.

◆양지연. (2012). 박물관 교육 평가의 새로운 방향과 쟁점 연구: 박물관 교육의 '학습 결과'를 중심으로. **문화예술교육연구**, 7(2), 27-46.

◆이병준, 박지연. (2009). 박물관교육 연구에서 바라본 문화적 역량. **문화예술교육연구**, 4(1), 105-117.

◆이연승, 조경미. (2016). 유아과학교육에서 메이커 교육(Maker Education)의 의미 고찰. **어린이미디어연구**, 15(4), 217-241.

◆이주호. (2016). 제 4차 산업혁명과 교육 개혁. **KDI 국제정책대학원 공공자관리자 국정책세미나**, 69.

◆이지선. (2016). 국내 테크놀로지 교육의 창의성 장애 극복을 위한 메이커 교육 선언. **메이커 코리아 포럼집**, 8-13.

◆이지원, 이병준. (2013). 한국의 박물관 성인교육의 역사 연구. **한국문화교육학회**, 8(3), 99-123.

◆장필성 (2016). [EU] 2016 다보스포럼: 다가오는 4차 산업혁명에 대한 우리의 전략은?. **과학기술정책**, 26(2), 12-15.

◆한동숭. (2016). 4차 산업혁명 시대, 대학 교육과 콘텐츠. **인문콘텐츠**, (42), 9-24.

◆황중원, 강인애, 김홍순. (2016). 메이커 페다고지(Maker Pedagogy)로서 TMSI 모형의 가능성 탐색: 고등학교 사례를 중심으로. **한국교육공학회 추계학술대회**, 1, 1-10.

◆Bevan, B. (2017). The promise and the promises of making in science education. *Studies in Science Education*. Retrieved February, 28, 2017. from http://www.tandfonline.com/loi/rsse20.

◆Blikstein, P., Martinez, S. L. & Pang, H. A. (2016). *Meaningful making: Projects and insprations for fab labs and makerspaces*. Torrence, CA: Constructing Modern Knowledge Press.

◆Brahms, L & Crowey, K. (2016). Learning to Make in the Museum: The Role of Maker Education. In K. Pepler, E. Halverson, & Y. Kafai (Eds.),

Makeology: Makerspace as learning environments (vol. 1) (pp. 15–29). New York, NY: Routledge.

◆Bullock, S. M. & Sator, A. J. (2015). Maker pedagogy and science teacher Education. *Journal of the Canadian Association for Curriculum Studies, 13*(1), 60–87.

◆Dougherty, D. (2013). The Maker Mindset. In M. Honey & D. E. Kanter (Eds.), *Design, make, play: Growing the next generation of STEM innovators* (pp.7–11). New York, NY: Routledge.

◆Falk, J. H. & Dierking, L. D. (2007). *Learning from museums: Visitor experience and the making of meaning.* Walnut Creek, CA: AltaMira Press.

◆Gatys, L. A., Ecker, A. S. & Bethge, M. (2015). *A neural algorithm of artistic style.* Retrieved February, 10, 2017, from https://arxiv.org/pdf/1508.06576v2.pdf.

◆Hatch, M. (2014). *The maker mouvement manifesto.* McGraw–Hill Education.

◆Kwan, A. (2017). Interpreting tools by imagining their uses. *Journal of Museum Education*, 42(1), 69–80.

◆Maker Education Initiative (2015). *Youth makerspace playbook.* Retrieved February, 16, 2017, from http://makered.org/wp-content/uploads/2015/10/Youth-Makerspace-Playbook_FINAL.pdf.

◆Martinez, S. L. & Stager, G. (2015). *Invent to learn: Making, tinkering, and engineering in the classroom.* Torrence, CA: Constructing Modern Knowledge Press.

◆Peppler, K., Havlerson, E. R. & Kafai, Y. B. (2016). *Makeology: Makerspace as learning environments.* New York, NY: Routledge.

◆Schwab, K. (2016). *The fourth industrial revolution.* New York, NY: Crown Business.

◆Wilkinson, K. & Petrich, M. (2014). *The art of tinkering: Meet 150+ makers working at the intersection of art, science, & technology.* San Francisco, CA: Weld Owen Inc.

메이커 뮤지엄(Maker Museum) 사례
: 종이나라박물관을 중심으로*

함아영

Ⅰ. 서론

시대가 요구하는 인재의 조건은 조금씩 진화하고, 지식의 팽창과 과학기술의 급속한 발달로 인해 지식기반의 글로벌 경쟁에서 현대사회를 이끌어갈 창의적인 인재를 필요로 한다(변종필, 강인애, 2013). 이를 위해 전통적인 강의중심, 교사중심의 수업 방식과는 달리, 현실문제에 당면했을 때 창의적으로 해결 할 수 있는 능력을 갖추는 것이 중요한 과제가 되었고, 제도적 교육에서 벗어나 창의적 사고와 문제해결능력을 키우기 위한 대안적 교육에 관심이 높아지고 있으며, 이러한 시대적 요구에 따라 메이커(Maker) 교육이 새롭게 등장하였다.

메이커 교육은 메이커 운동이라는 사회적 패러다임 안에서 발생된 것으

---

*본 논문은 함아영의 석사학위 논문(함아영, 2017)의 일부 내용을 발췌하여 수정, 보완하였음

로, 주요 골자는 단순히 조작능력을 기르거나 만드는 행위 자체를 넘어 무형의 아이디어와 상상력을 유형의 창작물로 만들어 낼 수 있는 기술적 역량을 기르는 것이다. 또한 만드는 과정에서 발생되는 문제를 창의적으로 해결하기 위해 비판적 사고를 강화시키고 만든 것을 다른 사람들과 공유·개방하려는 것을 이야기한다(Blikstein, Martinez & Pang, 2016; Cohen, Jones & Calandra, 2016).

특히, 박물관은 비형식적인 교육기관으로서 다양한 맥락성과 사회·문화적 상황성을 내포하고 있는 전시물 기반학습(Object-based learning)(강인애, 설연경, 2009; Alvarado & Herr, 2003; Borun, 2002; Charitos et al., 2001) 환경이 이뤄지는 공간으로 전시물과의 상호작용을 통해 다양한 지식과 의미구성이 가능하다. 아울러 탄력적이고 자유로운 학습 환경을 추구하며, 학습자의 동기·관심에 따라 자발적 학습이 이루어질 수 있기 때문에(강인애, 민진아, 2005), 메이커 교육을 실현하는 학습공간으로서 충분한 가능성을 갖추었다 볼 수 있다.

이에 본 연구에서는, 메이커 교육 수업모형인 TMSI 모형(황중원, 강인애, 김홍순, 2016)의 전개과정에 따라 메이커 뮤지엄(Maker Museum) 교육프로그램을 설계 및 적용하였으며, 이후 수집된 평가 자료를 통해 개인적·사회적 측면에서의 학습자 변화를 분석하여 메이커 뮤지엄 교육의 교육적 가치와 의미를 확인하고자 하였다.

II. 이론적 배경

1. 메이커 교육과 메이커 뮤지엄 교육

일상에서 창조적인 일에 참여하는 사람이 많아지고 작업 결과물이나 과정을 다른 사람들과 공유하기 위해 커뮤니티를 찾는 사람들이 늘어나면서 이러한 광범위한 사회적 현상을 메이커 운동(Maker Movement)이라 지칭하게 되었다(Halverson & Sheridan, 2014). 메이커 운동은 소수 기업만이 가질 수 있었던 3D 프린터, 레이저 커터와 같은 강력한 디지털 도구를 대중들이 갖추게 되면서 개인이 만들 수 있는 범위가 확대되고, 온라인을 통한 오픈소스 문화의 형성, 그리고 메이커스페이스(Makerspace)라고 하는 커뮤니티를 통해 빠르게 확산되었다(Dougherty, 2013). 그리고 메이커 운동에서 강조하는 자기주도적, 창작적, 조작적 활동을 통한 능동적 학습자의 활동(강인애, 김명기, 2017; 강인애, 김양수, 윤혜진, 2017)에 내제되어 있는 교육적 의미를 활용한 메이커 교육에 대한 관심이 높아지고 있다.

　메이커 교육은 전적으로 학습자의 개별적 의도와 목표에 따라 다양한 도구와 재료를 활용하여 결과물(Product)을 만들고, 그것을 기꺼이 다른 사람들과 공유·개방하고자 하는 환경을 강조하는 교육이다(강인애, 김명기, 2017; 강인애, 김양수, 윤혜진, 2017; Blikstein, 2013; Bowler, 2014; Cohen, Jones & Calandra, 2016; Loertscher, Leslie & Bill, 2013). 다시 말하면, 학습자가 자신에게 필요한 것을 직접 만들기 때문에 자율적이고 능동적인 학습과 참여가 허용되고, 학습의 과정과 결과물을 온·오프라인으로 공유하면서 상호작용하고 소통하는 형태로 이루어지는 교육을 의미한다. 또한 메이커 교육은 학습자가 도구와 재료 그리고 충분한 전문기술을 사용할 수 있는 학습공간으로서 메이커스페이스(Makerspace)(Dougherty, 2013)를 전제로 하고 있는데, 이 공간에서 학습자들은 자유롭게 창작활동을 할 수 있고 정보를 공유하게 된다(강인애, 김명기, 2017). 결과적으로 이러한 특성을 지닌 메이커 교육 환경은 학습자들에게 많은 자율성과 선택권을 주고 그들의 목소리와 요구, 흥미와 관심에 가치를 둠으로써 창의성, 유연성, 문제해결능력, 비판적 사고력 등을 배양하고자 하는 구성주의 학습

환경(강인애, 1997)과 그 맥을 같이한다고 볼 수 있다.

더불어 이상의 메이커 교육은 기본적으로 구성주의적 학습 환경을 강조하는 박물관 교육과 연결하면 많은 공통점을 발견하게 된다. 박물관은 구성주의 학습 환경을 대표하는 비형식교육기관으로 누구나 참여할 수 있으며, 전시물이 갖고 있는 맥락적·상황적 성격은 교과구분을 떠나 보다 자율적인 학습(강인애, 박정영, 2014; 강인애 외, 2010)을 가능하게 한다.

이와 같은 구성주의에 기반한 박물관 교육의 특징을 강인애, 박정영(2014)은 전시물 기반학습, 자율적 선택학습, 3ONs(hands-on, minds-on, hearts-on), 사회적·협력적 학습으로 정리하고 있다. 첫 번째는, 전시물을 기반학습(Object-based learning)(강인애, 설연경, 2009; Alvarado & Herr, 2003; Borun, 2002; Chariots et al, 2001)환경이다. 전시물은 하나의 의미만을 지닌 것이 아니라 다양한 의미를 복잡하게 내포하고 있기 때문에 학습자들은 자신의 선경험이나 선지식들을 바탕으로 그 의미를 개별적으로 해석함으로써 새로운 지식을 만들어 나갈 수 있다. 두 번째는, 관심과 흥미 또는 호기심에 따른 자유선택학습(free-choice learning) 환경(Falk & Dierking, 2000; Falk, Dierking, Adams, 2006)이다. 박물관 교육은 규정화된 교과과정이 없기 때문에 개인의 동기와 관심에 따라 능동적이고 자율적으로 주제를 선택하고 지식을 구성해 나가는 주도권을 지니게 된다(강인애, 민진아, 2009). 세 번째로, 3ONs는 오감을 통한 실제적 경험과 조작, 창작활동을 포함한 체험활동을 뜻하는 hands-on과 전시물을 기반으로 맥락적인 이해와 탐구, 성찰 등의 인지적 활동을 일컫는 minds-on, 심미적, 감성적 활동이자 사회적 경험을 의미하는 hearts-on을 말하며 이것이 가능한 학습 환경이다. 마지막으로, 사회적·협력적 환경이다. 박물관 교육은 다양한 연령대를 아우를 수 있어 '소그룹 활동'을 하기에 매우 적합한 환경을 갖고 있는데(강인애, 2012; 국성하, 2010) 다양한 생각과 견해를 갖고 있는 동료학습자와의 상호작용을 통해 지식이 더욱 견고해 질 수 있도록 하고, 동료학습자에 대한 배려, 공유, 나눔 등을 경험할 수 있게 한다(신수한, 2014).

실제로 메이커 교육과 박물관 교육은 학습자의 자율적이고 능동적인 참여와 협력적 학습을 강조하고 3ONs를 추구한다는 점에서 많은 부분 교육적 가치와 개념이 일치한다. 이러한 이유로 인해, 박물관을 메이커스페이스(Makerspace)로 활용하여 메이커 교육을 실시했을 때, 실제 삶과 관련 있는 의미 있는 만들기 활동이 가능하고 협력적 학습은 물론 비형식적 학습공간으로서 학습자의 자율적 권한이 강조되기 때문에 박물관은 메이커 교육을 실시하기에 매우 적합한 교육 환경을 지니고 있다고 하겠다.

이러한 맥락에서, 메이커 교육의 의미를 만드는 행위 자체가 아닌, 메이커 활동을 하는 학습 환경을 통해 익히게 되는 메이커 정신(Maker mindsets)으로 보았을 때, Thomas(2014)의 '메이커 만들기: 아이들, 도구, 그리고 혁신의 미래(Making Makers: Kids, Tools, and the Future of Innovation)'에서 각 장의 주제로 제시하는 10가지 내용은 메이커 교육에서 강조하는 메이커 정신이자 메이커 교육의 결과로서 기대되는 평가요소로 볼 수 있다([그림1]의 왼쪽 부분에 적힌 메이커 정신 부분 참조). 여기서 제시된 10가지 요소들은 다시 개인적 측면과 사회적 측면으로 재정리해서 볼 수 있는데(강인애, 김명기, 2017; 강인애, 김양수, 윤혜진, 2017), 개인적 측면에는 자기주도적, 즐거움과 재미, 끈기와 인내, 문제해결능력, 도구 활용 능력, 자신감 그리고 사회적 측면으로는 기여와 책임, 관계와 협력, 관대함, 공유로 구분할 수 있다. 그리고 이것을 다시 앞서 언급한 박물관 교육의 특징과 연결 지어 재정리하면 [그림 1]과 같다.

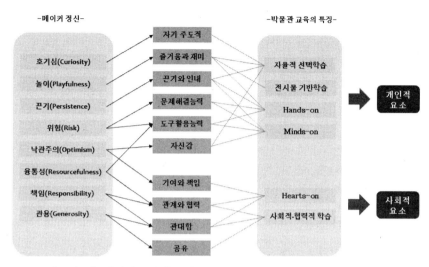

[그림 1] 메이커 교육을 통한 메이커 정신과 박물관 교육의 연계

2. 메이커 교육을 위한 교수학습모형: TMSI 모형

메이커 교육을 실제로 교육현장에서 적용하기 위해서는 수업 모형이 필요하다. 본 연구에서는 메이커 교육의 교수학습 모형으로서 TMSI 모형(강은성, 2017; 황중원, 강인애, 김홍순, 2016)의 학습 전개과정에 따라 그 내용을 발전시켰다.

TMSI 모형의 첫 번째 단계는, 팅커링(Tinkering)이다. 팅커링(Tinkering)은 본격적인 만들기에 앞서 개념화 단계에 해당된다(황중원, 강인애, 김홍순, 2016). 이 단계에서는 자유롭게 도구를 탐색, 질문, 반복, 실험하고 발견하게 되는 무목적성 활동을 하게 되며(황중원, 강인애, 김홍순, 2016), 이 과정을 통해 학습자들이 무엇을 만들지에 대해 동기를 가질 수 있게 된다(Martinez & Stager, 2013).

두 번째는, 만들기(Making)이다. 이는 자신의 아이디어를 실제로 구체화해보는 단계로(Dougherty, 2013), 메이커 교육에서 의미 있는 만들기 경험은 가장 중요한 부분이다. 만들기를 경험함으로써 학습자는 도구와 재료, 과정, 아이디어에 새로운 방식으로 접근할 수 있게 되고 자유선택에 의한 주도적 학습이 가능해진다. 또한 아이디어를 실제 결과물(Product)로 만들어 보는 경험은 학습자들이 새로운 의미를 만들어내기 위해 알고 있는 지식들을 조합하고 연결해 봄으로써, 재료, 도구 그리고 과정에 대한 이해를 깊게 한다고 볼 수 있다.

세 번째는 공유하기(Sharing)이다. 이는 메이커 정신에서 강조하고 있는 공유와 개방의 정신을 적극 반영한 것으로(황중원, 강인애, 김홍순, 2016), 오프라인뿐만 아니라 온라인 커뮤니티를 활용한 외부 학습자와의 공유 활동도 포함된다(Brahms, 2014). 이러한 정보를 나누는 과정에서 다른 학습자들과의 적극적인 피드백과 대화를 통해 새로운 아이디어에 접근할 수 있게 되고, 문제점을 해결하거나 수정할 수도 있다.

마지막으로 개선하기(Improving)이다. 이 단계는 결과물을 더욱 발전시킬 수 있도록 공유된 내용들을 가지고 다시 한 번 고민해보는 과정이다. 이러한 고민과 성찰의 시간들은 새로운 만들기 경험과 수준 높은 개선을 이끌어낸다(Martinez & Stager, 2013).

이상으로 총 4단계의 과정이 순환적으로 반복되는 TMSI 모형은 학습자가 자발적으로 원하는 만들기 활동을 통해서 개인의 창의성을 개발할 수 있도록 도와주며, 다른 학습자와의 협력적 관계를 유지하고 상호소통 할 수 있는 환경으로 구성된다. 이것은 학습에 대한 주인의식을 갖고 동료학습자와의 상호소통의 과정 속에서 개인의 경험과 인지적 작용에 의해 지식이 구성되는 구성주의와도 연결되기 때문에, 박물관에서의 메이커 교육 프로그램 진행을 위해, 적절한 모형이라 판단되었다. 따라서 TMSI 모형의 네 가지 단계를 기반으로 박물관에서의 메이커 교육프로그램을 개발 및 적용하였다.

III. 연구방법

1. 연구대상 및 기간

본 연구는 서울시 장충동에 위치한 종이나라박물관에서 '종이의 변신은 어디까지인가?'라는 프로그램명으로 진행되었다. 이를 통해 TMSI 모형(황중원, 강인애, 김홍순, 2016)에 따른 메이커 뮤지엄 교육의 모습과 메이커 교육을 통해 학습자의 개인적·사회적인 측면에서 나타나는 교육적 효과성에 대해 입증하고자 하는데 목적이 있다. 연구 적용 기간은 2016년 10월 29일 1차례, 총 3시간에 걸쳐 진행하였다. 연구대상은 문제를 여러 가지 측면으로 고려할 수 있는 논리적인 사고가 가능하고 조작능력의 발달로 재료나 도구를 사용하는데 큰 어려움이 없으며 협동학습이 가능한(이진명, 2011) 초등 고학년(4~6학년)으로 하였으며, 온라인 홍보를 통해 선착순으로 모집 된 총 12명(남 6명, 여 6명)으로 진행하였다.

12명을 대상으로 사전 조사 결과, 이들 대부분은 박물관 관람 및 교육프로그램 참여에 매우 적극적인 학생들이었고 평소 종이접기나 만들기, 공예활동 등에 취미가 있는 학생들이 대부분 이었으나, 메이커 교육이라는 것은 한 번도 경험하지 못한 학생들이었다. 아래의 〈표 1〉은 참여 학생들의 성별과 나이를 정리한 것이다.

〈표 1〉 참여대상 현황

학생	성별	나이	학생	성별	나이
1	남	11	7	여	12
2		12	8		12
3		12	9		12
4		13	10		13
5		13	11		11
6		12	12		13

2. 자료수집 및 분석

메이커 교육의 평가는 다양한 방식으로 이루어질 수 있는데, 본 연구에서는 체크리스트 형식의 자기 평가지, 면담, 성찰일기, 보조강사의 관찰일지를 통해 자료를 수집하였으며, '내용분석(Content analysis)' 방법을 통해 질적 분석을 하였다.

〈표 2〉 자기 평가지 항목 구성

측면	요소	평가 내용
개인적 측면	자기주도적	나의 흥미와 요구에 따라 만들고 싶은 것을 주도적으로 만들었어요.
	즐거움과 재미	만들기 과정 중 즐거움과 재미도 느꼈어요.
	끈기와 인내	만들기 과정 중 어려움이 생기거나 좌절했을 때, 포기하지 않고 다시 시도하였어요.
	문제해결능력	만들기 과정 중 문제가 생겼었는데 잘 해결했어요.
	도구 활용 능력	새로운 도구 및 재료를 사용하는데 큰 어려움은 없었어요.
	자신감	만드는 과정 속에서 못할 것이라는 부정적인 생각보다 할 수 있겠다는 자신감, 확신 같은 긍정적인 생각이 들었어요.
사회적 측면	기여와 책임	내가 만든 것이 사람들의 생활을 좀 더 좋게 만들 수 있겠다는 긍정적인 생각이 들었어요.
	관계와 협력	주어진 역할에 최선을 다해 팀원들에게 도움을 주었어요.
		어려운 부분을 해결하기 위해서 혼자 고민하지 않고 친구들이나 선생님과 많은 이야기를 하면서 답을 찾으려 했어요.
	관대함	나의 생각만 고집하지 않고 친구들의 의견을 잘 받아들였어요.
		친구들에게 나의 생각이나 도움을 기꺼이 줄 수 있었어요.
	공유	만들었던 과정이나 알게 된 것들을 다른 친구들과 함께 나누고 싶다는 생각을 했어요.

수집된 자료를 통해 결과를 분석하기 위해서 앞서 이론적 배경에서 언급한 Thomas(2014)가 제시한 10가지 메이커 정신을 개인적 측면(자기주도

적, 즐거움과 재미, 끈기와 인내, 문제해결능력, 도구 활용 능력, 자신감)과 사회적 측면(기여와 책임, 관계와 협력, 관대함, 공유)으로 재구분, 정리한 뒤에, 이에 따라 프로그램의 결과를 분석하였다.

이후 10가지 평가요소를 적용한 5점 척도의 체크리스트 형식의 자기 평가지를 개발하였다(〈표 2〉 참조). 평가지에 대한 것은 교육학 교수 1인, 박사과정 2인의 자문을 얻어 수정·보완하였다.

이후 자기평가지 외에 좀 더 구체적인 내용을 수집하고자, 참여 학생들과의 면담 및 성찰일지와 보조강사의 관찰일지를 자료로서 수집하였다. 이러한 질적 자료들은 앞서 자기평가지 개발 시 자문해주었던 박사과정 2인의 도움을 받고 본 연구자가 참여, 총 3인이 10가지 평가요소에 입각하여 자료 코딩분석에 참여하였다. 서로 다른 분석결과가 나오면 그 부분에 대하여는 회의를 거쳐서, 분석결과가 일치하도록 노력하였다.

Ⅳ. 연구결과

1. 메이커 뮤지엄 프로그램 개발

1) 프로그램 설계원칙

본 연구에서는 TMSI 모형(황중원, 강인애, 김홍순, 2016)과 구성주의 박물관 교육의 특징(강인애, 박정영, 2014)을 종합하여 다음과 [그림 2]와 같이 설계원칙을 정리하였다.

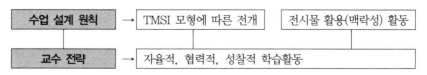

[그림 2] 메이커 뮤지엄 교육프로그램 설계원칙

　　박물관의 전시물은 맥락성과 상황성을 지닌 학습자원으로서(강인애 외, 2009; 강인애, 민진아, 2009; 양지연, 2006; Evans Mul & Poling, 2002; Paris, 2002) 학습자에게 시각적인 자극을 주게 되고 이는 더 많이 상상하고 탐구하고 발명할 수 있는 기회를 제공한다. 따라서 hands-on 활동이 강조되는 메이커 교육에서 전시물을 활용하는 것이 실제의 삶과 연결될 수 있는 유의미한 만들기 활동을 위한 최적의 교육 자료로 활용될 수 있다. 또한 전시물을 활용하여 TMSI 모형이 잘 발현될 수 있도록 자율적, 협력적 학습활동 및 성찰적 학습활동을 교수전략으로 설정했다.

2) 목표의 진술

　　학습목표는 앞서 평가기준으로 계획했던 개인적 측면과 사회적 측면의 10가지 평가요소들이 반영될 수 있도록 〈표 3〉과 같이 정리하였다.

〈표 3〉 개인적 · 사회적 측면에 따른 학습목표

개인적 측면	• 나만의 생각과 아이디어를 결과물로 만들어낼 수 있다. • hands-on 활동을 통해 재미를 느낄 수 있다. • 문제가 생겨도 포기하지 않는 끈기와 인내를 배울 수 있다. • 만들기 과정 중 발생하는 문제를 해결할 수 있다. • 새로운 도구 사용법에 대해 알 수 있다. • 스스로 만들어낸 창작물을 통해 자신감을 기를 수 있다.
사회적 측면	• 결과물이 사회에 기여할 수 있다는 긍정적인 생각을 가질 수 있다. • 동료 학습자와 원활히 의사소통 할 수 있다. • 동료 학습자의 생각과 의견을 존중하고 협조할 수 있다. • 공유를 통해 외부 학습자와 소통할 수 있다.

3) TMSI 모형에 의거한 메이커 뮤지엄 프로그램 지도안 작성

본 프로그램의 교육명은 '종이의 변신은 어디까지인가?'이며, 종이나라박물관의 주요 전시물인 '종이'라는 일상의 매체를 활용하여 종이의 특성과 변화 가능성에 대해 탐구하고 전시물과 연계하여 창작활동에 참여한 다음 결과물을 공유하는 활동이다. 특히, 종이나라박물관은 종이로 만든 옷, 가방, 신발, 요강, 모자, 주전자 등 일상에서 익숙하게 볼 수 있는 역사적 유물부터 종이를 활용한 현대미술 영역에 이르기까지 다양한 장르의 종이문화예술을 만날 수 있는 공간이다. 이에, 우리에게 익숙하지만 다양한 역사적 의미와 예술성을 지니고 있는 '종이'를 수업주제로 선정하였고, 종이나라박물관의 상설전시실과 특별전시실 내에 있는 모든 유물을 활용할 수 있도록 하였다.

본 프로그램은 TMSI 모형에 따라 전개되었으며, 전개과정에 따라 프로그램의 교수 전략적 설계원칙들이 반영될 수 있도록 다음 〈표 4〉와 같이 프로그램을 구성하였다.

〈표 4〉 메이커 뮤지엄 프로그램 수업지도안

프로그램명	종이의 변신은 어디까지인가?		
장　　소	종이나라박물관 상설/특별 전시실		
대　　상	초등 5~6학년, 12명	**소요시간**	180분
학습목표	• 박물관의 전시물을 통해 종이의 다양한 활용, 기능을 알아본다. • 종이를 활용하여 나와 나의 주변을 위해 의미 있는 작품을 만들어본다. • 각자 만든 것을 공유하는 활동을 통해 사회적 관계의 중요성을 경험한다.		

TMSI 모형에 따른 수업진행 단계	교수-학습 활동 및 학습 형태 유의점(◆)	시간	준비물(◇) 유의사항(◆)
	• 인사하기 • 수업진행 설명	5	
(T) Tinkering (가지고 놀기)	* 동기부여 활동 * 재료, 도구로서의 종이의 다양성 이해하기	**본격적인 Tinkering 활동에 앞선 활동** • 2016년 '제임스 다이슨 어워드'의 수상작인 종이로 만든 헬멧 사진을 활용하여, 자유롭게 질문하면서 수업을 시작한다. • 무엇으로 만들었을까? • 어떻게 만들었을까? • 왜 종이로 만들었을까? • 접으면 어떤 모양일까? • 튼튼할까? • 어떻게 보관해야 할까? • 무엇이 가장 잘 된 부분일까? • 질문에 대하여 답하는 과정을 통해 종이로 할 수 있는 다양한 활동, 기능에 대하여 알아본다.	15	◆자연스러운 질문과 대답 유도 ◇빔 프로젝트
(T) Tinkering (가지고 놀기)	키트를 사용해 간단한 종이놀이, 꾸미기, 해체하기의 활동	**종이비행기 접기** • 설명서가 담긴 간단한 비행기 접기 키트(Kit)를 나누어 준다. • 설명서를 보고 종이비행기를 접어본다. • 어려워하는 친구들은 옆 사람과 함께 하도록 한다. • 준비된 다양한 꾸미기 재료를 이용해 종이비행기에 붙이거나 오려서 또 다른 형태로 변형·수정(꾸미기)해 본다.		◆도구사용에 대한 안정성 확보 ◇비행기 접기키트(Kit)

		• 키트(Kit)가 완성되어 갈 때 즈음 더 복잡한 모양의 미리 접어놓은 종이비행기를 주고 펼쳐 보거나 따라해 볼 수 있도록 한다. • 이미 접어놓은 비행기랑 합체하거나 일부분을 잘라 이어붙일수도 있고 누구 종이비행기가 더 잘 날라 가는지 날려볼 수 있다.		◇각종 만들기 재료
(M) Making 만들기		**팀 구성** • Tinkering으로 자연스러워진 분위기속에서 비슷한 공감대나 주제를 갖고 있는 학습자들과 팀을 구성한다.	120	◆박물관 예절안내 ◆학습자 관찰 ◇활동지 ◇각종 만들기 새료
		전시실 탐색 • 보조강사에 의해 박물관 전시물에 대한 설명을 듣는다. • 마음에 드는 유물을 사진으로 찍거나 활동지에 스케치한다.		
		만들기 • 활동지에 무엇을 만들지, 왜 만들고 싶은지를 작성해 본다. • 무엇을 만들지 결정이 되면, 어떻게 만들지에 대한 계획과, 역할분담, 필요한 재료가 무엇인지 팀원과 상의한다. • 다양한 종류의 지류나 각종 도구와 재료들을 탐색하고 만들기 활동을 시작한다.		
(S) Sharing 공유 하기	박물관 내 팀원간 의 공유	**박물관내 참여 학생들간의 발표 및 공유** • 팀별로 만든 것을 발표한다. • 무엇을 만들었나요?　• 무엇으로 만들었나요? • 어떤 부분이 어려웠나요?• 어떻게 해결했나요? • 어떤 부분을 특히 자랑하고 싶은가요? • 개선할 점이 있을까요?	20	

		• 발표하는 동안 경청할 수 있도록 하고, 각자의 생각으로 동료학습자를 평가할 수 있는 시간을 갖도록 한다.	
	online 상에서의 공유	**결과물에 대한 온라인 사이트 업로드와 공유하기** • 만든 결과물을 친구들 앞에서 발표한다. • 발표하는 모습을 보조강사가 촬영을 하고, 촬영된 동영상을 '영메이커(구. 플레이메이커)'[1]온라인 사이트에 업로드 한다. • '영메이커' 웹사이트를 통해 학습자간에 서로 볼 수 있도록 하고, 수업에 참여했던 학습자뿐만 아니라 수업에 참여하지 않았던 외부 학습자와도 소통할 수 있도록 한다.	◆온라인 사이트 안내
(I) Improving 개선하기		• 발표하면서 새롭게 알게 된 부분에 대해 팀원과 이야기 해본다. • 필요한 부분이 있다면 다시 만들어 본다.	15
종합정리		• 설문지 작성 및 자기 평가지 작성 • 인터뷰(선택적)	5

　첫째, 팅커링(Tinkering) 활동은 주어진 재료, 도구, 기구와 친숙해지기 위한 활동이며 나아가 본격적인 메이커 활동으로 들어가기 전 동기부여 활동의 의미도 지니고 있다. 따라서 다양한 재료, 도구와 만나보기, 그것을 갖고 무목적으로 놀아보기(해체하거나 재조립해보기 등등) 등의 활동이 이어진다. 이에 따라 본 연구에서는 먼저 '종이로 만든 헬멧 사진'을 수업 자료로 활용하여 종이에 대한 인식과 고정관념을 깨고 창의적 발상을 통해 종

---

1) http://www.youngmaker.kr/ 영메이커(구. 플레이메이커)는 참여형 커뮤니티로 누구나 무엇이든 만들면서 스스로 배워나갈 수 있는 공간으로, 다섯 가지 영역의 분야별 세상에서 관심 있는 동영상을 찾아보고, 만든 것을 공유할 수 있는 영메이커들을 위한 온라인 공간이다.

이에 대한 재발견, 새로운 이해, 흥미를 가질 수 있는 활동을 실시하였다. 이어지는 팅커링(Tinkering) 활동에서는 간단한 신체활동이 가미된 종이비행기를 접고 꾸미고 날려보고 해체해 보는 작업을 통해 종이라는 재료와 친숙한 활동을 하고, 이를 좀 더 확장시키고자 박물관의 전시실로 이동하여, 종이로 만든 다양한 유물과 작품들을 보면서, 종이의 역사와 다양한 변모를 이해하였다.

이후 다시 강의실로 돌아와서, 종이를 활용해 자신의 필요나 관심, 혹은 자기 주변을 위해 만들고자 하는 작품을 학습자 스스로 결정하고, 그것을 활동지에 아이디어 스케치로서 작성, 완료한 뒤 필요한 재료와 도구를 직접 계획 · 활용해 만들기(Making)를 시작했다.

세 번째 단계인 공유하기(Sharing) 단계에서는 만든 것을 친구들에게 발표했고 상호평가 하였으며, 추후 온라인 공유 활동을 위해 어린이 메이커들의 참여형 커뮤니티로 사용되고 있는 '영메이커' 웹사이트에 각자의 작품과 발표내용을 올려서 결과에 대한 외부와의 공유 활동을 갖도록 하였다.

마지막으로 개선하기(Improving) 단계에서는 공유 활동을 통해 나온 다양한 피드백을 반영하여 주어진 시간 내 수정할 수 있도록 하였으며, 이어서 전 학습과정을 돌이켜보고 학습활동에 대하여 서로 나눔과 성찰의 시간을 갖도록 하였다.

4) 교구재 및 활용 매체

메이커 활동은 기존의 박물관에서 이루어지던 만들기 활동과 달리 첫째, 훨씬 다양한 재료, 도구를 제공하며, 둘째, 이로 인해 이런 다양한 재료, 도구 등을 비치해두고, 그것을 활용해서 메이커 활동을 할 수 있는 '메이커스페이스(Makerspace)'라는 메이커 활동을 위한 공간이 필요하다는 것, 셋째, 학생들이 전적으로 자신들이 원하는 작품을 만들도록 하며, 넷째, 만든 것을 참여자들 간에 공유하는 것 외에 외부에도 기꺼이 개방, 공유하는 나눔의 활동이 이루어지는 특성을 지니고 있다.

이에 따라 본 메이커 수업에서도 종이나라박물관내 강의실을 메이커스페이스로 활용하여, 한쪽 면에 다양한 종류의 지류, 만들기 재료 및 도구들을 모아놓고 제공하였다. 또 다른 한 면에는 와이파이가 연결되어 있는 노트북을 두고 필요한 경우 인터넷 검색이 가능하도록 준비했다. 특히 온라인 학습 환경 구축을 위해 '영메이커' 웹사이트를 활용했다. 해당 웹사이트는 어린이를 위한 참여형 메이커 커뮤니티로 관심 있는 동영상을 찾아보고 배워볼 수 있는 공간이다. 또한 동영상을 찜하거나 댓글도 달 수 있고 '좋아요'도 누를 수 있게 되어 있어 외부학습자와의 상호소통이 가능하다. 그리고 APP으로도 접속이 가능해 스마트폰으로 실시간 공유가 가능하다. 이와 같이, 상호작용과 실시간 피드백, 정보공유가 가능하기 때문에 마지막 발표과정을 동영상으로 촬영하여 '영메이커' 웹사이트에 기재했다([그림 3] 참조).

| '영케이커' 홈페이지 메인 화면 | 공학 세상 〉 시제품 제작실 |

[그림 3] 메이커 활동 결과물의 온라인상에서의 공유 활동

뿐만 아니라 학생들 간의 협력적 활동이 잘 이루어지도록, ㄷ자 형태로 책상을 배열하여 학습자들 간에 수업과정을 모두 볼 수 있도록 개방된 형태로

설계하였다.

5) 메이커 뮤지엄 프로그램 적용

●수업 준비

본 프로그램은 온라인을 통해 개별적으로 접수받았으며 초등고학년(4~6학년) 12명의 학생들이 참여하였다. 2016년 10월 29일에 종이나라박물관에서 실시하였고, 각종 수업 재료를 준비했다. '종이'를 주제로 하기 때문에 전시물과 연계하여 학습자의 상상력을 실현시킬 수 있도록 가능한 다양한 지류를 준비했다. 일반적인 색종이와 색지를 비롯하여 거울지, 홀로그램, 타공지, 가죽질감의 특수지, 한지, 기름지, 골판지, 크라프트지, 박스지, 신문지 등과 함께 접착류와 광섬유, LED조명, 마카, 자석, 스티커 등 꾸미기 재료도 함께 준비했다.

수업이 시작되기 전, 학습자와 부모님들께 메이커 교육에 대한 소개와 프로그램의 기획의도 및 목적, 수업시간에 대한 간단한 오리엔테이션을 진행했으며, 추후 결과물과 발표영상이 공유 될 '영메이커' 웹사이트에 대해서도 안내하였다.

[그림 4] 수업 전 재료준비

● **적용**

① Tinkering, 가지고 놀기

팅커링(Tinkering)은 학습자들이 준비된 재료와 익숙해지고 학습에 대한 관심과 동기부여를 위한 중요한 단계이다. 본 프로그램에서는 따라 하기에 쉽고 신체 활동이 가미된 비행기 접기를 주요 활동으로 선정했다.

앞서, 종이로 만든 자전거 헬멧 사진으로 아이스 브레이킹을 했다. 종이로 만들었다는 설명 대신 사진에서 보여 지는 모습을 통해 자유롭게 질문하고 상상하면서 종이에 대한 인식과 고정관념의 틀을 깨고 종이를 새롭게 바라보면서 재료탐색에 대한 흥미를 가질 수 있도록 했다. 그리고 종이로 또 무엇을 만들 수 있을지 생각해보고, 그렇다면 나는 종이로 무엇을 제일 잘 만드는지 이야기 하는 과정에서 간단한 설명서와 함께 종이비행기 키트(Kit)를 나누어 주고 접도록 했다. 먼저 완성한 학생들에게는 교사가 제공하는 더 크고 복잡한 모양의 미리 접어놓은 종이비행기를 보상으로 나누어 주었고, 자유롭게 펼쳐보거나 날려볼 수 있게 했다. 이 과정에서 어떤 학습자들은 자신이 접어놓은 키트와 합체하거나 일부 날개를 잘라 변형시키기도 하였으며, 준비되어 있는 마카와 스티커를 활용해 꾸미기도 했다.

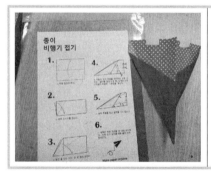 

[그림 5] Tinkering 단계: 종이비행기 키트(kit)를 접는 과정

② Making, 만들기

만들기(Making)는 메이커 교육에서 가장 중심이 되는 활동으로, 개인의 아이디어를 구체화하여 실제적 결과물(Product)을 만드는 단계로서(황중원, 강인애, 김홍순, 2016; Dougherty, 2013) 의미 있는 만들기 경험은 매우 중요한 부분이다. 본격적인 만들기(Making) 활동에 앞서, 종이나라박물관 유물에 대한 전시 설명을 들었다. 전시실을 탐색하는 것은 메이커 뮤지엄 교육으로서 전시물에 내제되어 있는 시대적·상황적 의미를 이해하고 자신의 경험이나 선지식들에 비추어 전시물과 연계된 자신만의 아이디어를 얻을 수 있는 중요한 단계이다.

앞선 팅커링(Tinkering) 활동과 전시실 관람을 통해 무엇을 만들지에 대한 동기부여가 충족되었다면 스케치를 하고 만들기 계획을 세웠다. 적절한 재료를 선택하고 각자의 역할에 대해 의논한 뒤 본격적인 만들기(Making) 활동을 시작했다. 필요한 재료가 없을 시에는 다른 재료로 대체하거나 디자인을 변경하기도 했다.

| 재료 및 도구선택 | 교수자와의 적극적인 의사소통 |

[그림 6] Making 단계에서의 활동

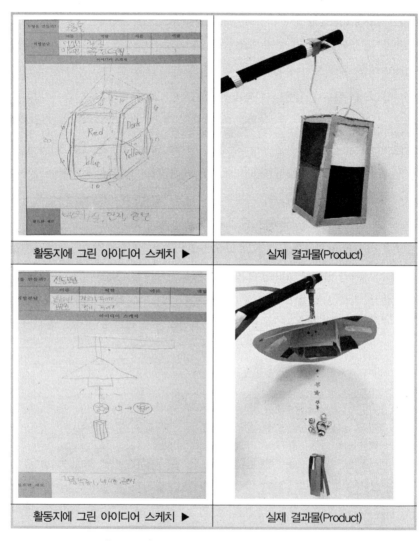

| 활동지에 그린 아이디어 스케치 ▶ | 실제 결과물(Product) |
| 활동지에 그린 아이디어 스케치 ▶ | 실제 결과물(Product) |

[그림 7] 활동지와 최종 결과물 비교 예시

　학습자들은 재료와 도구를 자유롭게 사용하였으며, 만드는 과정 중에 문제가 생기거나 어려운 부분이 있으면 팀 동료와 함께 고민했고, 해결되지 않으면 교수자와 보조강사에게 적극적으로 도움을 요청했다. 만들기 (Making) 단계에서 주제와 목표, 재료 선정을 비롯한 수업의 전 과정이 학습자의 주도하에 이루어졌으며, 교사는 오히려 학습자들이 수업에 참여하고 활동하는 모습을 객관적으로 관찰, 분석하는데 집중할 수 있었다.

③ Sharing, 공유하기

만들기(Making) 활동이 끝나고 발표를 통해 무엇을 만들었고 만드는 과정 중에 겪었던 어려움과 극복과정, 특별히 마음에 드는 부분 등에 대해 소개하고 개선하고 싶은 점들에 대해 자유롭게 이야기하면서 상호평가 하였다. 발표과정은 보조강사 1인이 스마트폰으로 촬영 하였으며, 추후 편집된 동영상과 각자의 완성된 작품 및 아이디어 스케치로 그렸던 그림들을 '영메이커' 웹사이트에 올려 참가자뿐만 아니라 온라인을 통해 외부 참여자 및 외부 학습자와도 공유 · 소통할 수 있도록 하였다. 실제로 온라인상에서는 메이커 교육에 참여했던 학생뿐만 아니라 외부 학습자의 댓글(피드백)도 확인할 수 있었다.

④ Improving, 개선하기

발표가 모두 끝나고 성찰일지 작성을 통해 학습자 스스로 자신의 학습 과정을 되돌아볼 수 있는 시간을 가졌고, 공유하기(Sharing) 과정에서 알게 된 피드백들을 바탕으로 변경하고 싶은 부분이 있다면 결과물의 완성도를 위해 수정할 수 있는 기회를 주었다. 실제로 이 과정에서 가죽느낌의 특수지와 작은 불빛을 활용해 시계를 만들었던 A팀은 손목의 두께에 맞게 길이조절이 가능하도록 하면 좋을 것 같다는 의견을 수렴하여 자석을 이용해 스트랩의 길이조절이 가능하도록 수정하는 모습도 보였다. 이뿐만 아니라 같은 팀원이 아니더라도 다른 팀의 학습자들과의 의사소통을 통해 서로 의견을 주고받거나 재료활용에 도움을 주는 모습도 확인할 수 있었다.

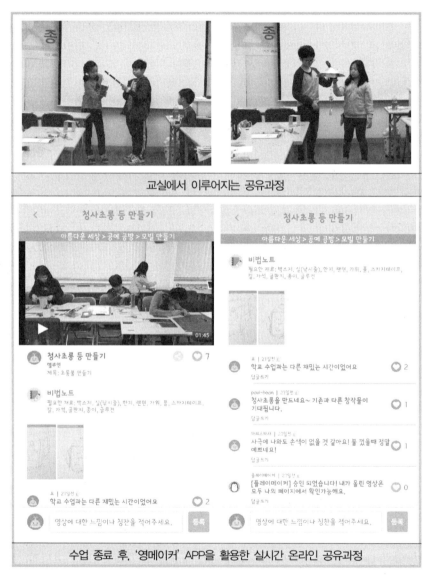

[그림 8] Sharing 단계: 온 · 오프라인 공유과정

2. 프로그램 적용 결과 분석

프로그램 적용 후, 메이커 교육의 교육적 효과를 입증하기 위해 평가요소로 정리한 Thomas(2014) 10가지 특징을 개인적 측면(자기주도적, 즐거움과 재미, 끈기와 인내, 문제해결능력, 도구 활용 능력, 자신감)과 사회적 측면(기여와 책임, 관계와 협력, 관대함, 공유)으로 나누어 학습자의 변화를 알아보고자 하였다. 이를 위해 체크리스트 형식의 자기 평가지, 면담, 성찰일지, 보조강사의 관찰일지를 사용하였다. 면담은 수업 종료 후, 3명에게 보조강사가 1대1 면담을 실시하였으며 학생 이름은 알파벳순으로 표기하였다.

분석 결과, 메이커 활동은 개인적 측면과 더불어 사회적 측면 모두에서 골고루 긍정적인 경험을 학생들에게 제공하는 것을 확인할 수 있었다. 다음에서는 개인적 측면과 사회적 측면에서 학생들이 경험할 수 있었던 부분을 좀 더 상세히 제시하겠다.

1) 개인적 측면

자기 평가지의 내용을 바탕으로 개인적 측면(자기주도적, 즐거움과 재미, 끈기와 인내, 문제해결능력, 도구 활용 능력, 자신감)의 6가지 요소를 분석, 확인했다. 그 결과, 전체적으로 4점대 이상의 평가 점수가 확인되었고, 특히 '즐거움과 재미' 요소는 4.7점, '자기주도적' 요소는 4.5점으로의 가장 높은 점수를 보였다(〈표 5〉 참조). 이는 대부분의 학생들이 메이커 교육을 통해 즐거움과 재미를 느꼈으며, 그 이유로는 만들기를 통해 주도적으로 수업을 이끌어갈 수 있었기 때문인 것으로 나타났다. 나아가 상상한데로 완성되어 가는 과정 속에서 만족감과 성취감을 경험했고, 무엇보다 메이커 활동 과정 중에 겪는 실패와 어려움을 포기하지 않고 적극적으로 다음 대안을 찾아내는 끈기와 인내의 모습도 확인할 수 있었다. 다음 아래에서는 각각의 요소를 면담 내용과 성찰일지, 그리고 보조강사의 관찰일지의 내용을 통해 좀 더 상세히 제시하겠다.

〈표 5〉 자기 평가지의 개인적 측면의 평가 결과

	평가요소	매우 그렇다	그렇다	보통 이다	아니다	매우 아니다	평균
개인 적 측면	자기주도적	7명 (58%)	4명 (30%)	1명 (12%)	–	–	4.5점
	즐거움과 재미	8명 (67%)	4명 (33%)	–	–	–	4.7점
	끈기와 인내	6명 (50%)	4명 (33%)	2명 (17%)	–	–	4.3점
	문제해결능력	4명 (33%)	6명 (50%)	2명 (17%)	–	–	4.2점
	도구 활용 능력	6명 (50%)	4명 (33%)	2명 (17%)	–	–	4.3점
	자신감	3명 (25%)	5명 (42%)	4명 (33%)	–	–	3.9점
개인적 측면의 전체 평균값							4.3점

주. N=12. 총 5점 만점

●**자기주도적**

'나의 흥미와 요구에 따라 만들고 싶은 것을 주도적으로 만들었어요.'라는 자기 평가지 항목에 매우 그렇다가 7명(58%), 그렇다가 4명(30%), 보통이다가 1명(12%)로 나타났다. 이는 메이커 활동을 통해 학습자가 스스로가 결정하고 판단하며, 자율적이고 책임감 있게 자신의 학습을 관리하고 목표와 방향을 설정해 나갔으며, 이를 통해 만족감과 성취감을 경험했음을 알

수 있다. 다음은 자기주도적 요소에 대한 효과를 재확인하기위해, 성찰일지
와 면담 내용 중 해당부분을 일부 정리하여 발췌하였다.

> 만들기를 원래 좋아하기도 하는데 내 손으로 직접 무언가 만들 수 있다는 것이
> 제일 좋았다. 다음에는 또 무엇을 만들 수 있을지 조금 설렌다. (학생1, 성찰일지)

> 제일 재미있었던 거는 하고 싶은걸 내 마음대로 할 수 있었던 거요!! 내가 상상
> 한데로 만들어지니까 그게 좋았어요. 활동지에 그림을 그렸었는데 이게 될까?
> 했었는데 재료도 많이 찾아 봤고 고민도 많이 했어요. 스케치한데로 상황이 만들
> 어지니까 만족스럽고 좋았어요. (학생C, 면담)

> 진짜 많은 종이들이 있었다. 신기했고 이걸로 빨리 뭔가 만들어보고 싶다는 생
> 각이 들었었다. (학생2, 성찰일지)

대다수의 학생들이 '내가 원하는 데로 만들 수 있는 것'에 크게 반응하였
다. 특히, 다양한 재료와 도구들을 활용하여 학습자의 생각(아이디어)과 지
식, 그리고 능력이 적극적으로 발현될 수 있는 메이커스페이스가 구축된 학
습 환경에서 학습자는 더 이상 지식을 전달받는 수동적 입장이 아니었다.
학습자의 자율적 선택과 관심에 따라 만들고자하는 방향과 디자인을 설정하
고 재료를 선택하는 것까지 수업의 전 과정을 학습의 주체로서 보다 더 적
극적으로 수업에 임하는 모습을 확인할 수 있었다.

●즐거움과 재미

'만들기 과정 중 즐거움과 재미도 느꼈어요.'라는 자기 평가지 항목에 매
우 그렇다가 8명(67%), 그렇다가 4명(33%)으로 나타났고, 개인적 측면의
평가요소 항목 중 4.7점으로 가장 높은 점수였다. 이는 박물관을 메이커스

페이스로 하여 학습자에게 학습의 선택권과 통제권을 제공해주는 학습자 중심적인 학습 환경에서 학습자에게 적극적인 참여를 부축이고, 결과적으로 학습에 대한 '즐거움과 재미'를 느끼게 하였음을 알 수 있다. 다음은 즐거움과 재미 요소에 대한 효과를 재확인하기위해, 면담 내용 중 해당부분을 일부 정리하여 발췌하였다.

  그냥 다 오늘 활동이 재미있었어요. 다른데서는 이렇게 내 마음 가는 데로 재료를 가지고 만드는 게 없거든요. 마지막에 불 따 끄고 조명을 넣어서 불을 밝혔을 때, 그게 너무 예쁜 거예요. 너무 좋았어요. 뭔가 짜잔! 하는 느낌? 그게 좋았어요. (학생A, 면담)

  내가 하고 싶었던 게 있었는데 오빠한테 얘기하니까 그럼 그거 하자고 해줬어요. 그래서 같이 종이에 그림도 그리고 우리가 만들려고 하는 거에 알맞은 재료도 찾으러 다녔는데 그게 너무 재미있었어요. 오빠가 많이 도와줬어요.

(학생B, 면담)

  전시설명이 제일 재미있었어요. 거기에 기름을 먹인 종이로 만든 초롱불이 있었는데 그것처럼 저희도 만들었거든요. 대신 스위치같은 걸 만들어서 현대식으로 만들려고 했어요. 더 예쁘게 꾸미고 싶었는데 거기까지는 못해서 아쉬워요.

(학생C, 면담)

  실제로 "내 마음대로 재료를 가지고 만들어서 재밌었다" "하고 싶었던 것을 하게 되어서 재밌었다" 등의 면담 내용이 많았는데, 이는 여러 가능성들에 대해 자유롭게 시도하고 만들어보는 과정을 통한 적극적인 참여가 학습자들에게 즐거움과 재미를 느낄 수 있도록 하였음을 알 수 있다. 특히, 비형식적 학습공간인 박물관에서의 메이커 활동은 자율성이 허용되는 학습 분위기가 조성되고 전시물과의 상호작용을 통해 다양한 해석과 소통이 가능해지기 때문에 이러한 즐거움과 재미요소가 잘 발현될 수 있었다.

●끈기와 인내

'만들기 과정 중 어려움이 생기거나 좌절했을 때, 포기하지 않고 다시 시도했어요.'라는 자기 평가지 항목에 매우 그렇다가 6명(50%), 그렇다가 4명(33%), 보통이다가 2명(17%)로 나타났다. 체험활동으로 이루어진 메이커 활동에서 학습자는 주어진 도구와 재료 및 지식을 활용하여 실패와 성공을 경험하면서 의미 있는 학습 결과물을 만들어낸다. 특히 실패에 대하여 적극적으로 수용하고 인내하며, 지속적으로 활동에 임하는 것은 메이커 정신에서 중요한 특징 중 하나인데, 실제로 교과서 중심의 문제들에서 벗어나 구체적이고 실제적인 성격의 과제들을 만나 스스로 문제를 찾고 적극적으로 해결해나가려는 모습을 확인할 수 있었다. 다음은 끈기와 인내 요소에 대한 효과를 재확인하기위해, 면담 내용, 관찰일지 중 해당부분을 일부 정리하여 발췌하였다.

마지막에 호수를 꾸미려고 분수대를 만들 때 어려웠어요. 글루건을 사용했는데 잘 붙지 않아서 인내심을 갖고 계속 똑같은 자세로 가만히 있었어요. 그래도 결국에는 붙여서 완성했어요. (학생A, 면담)

처음에는 거울종이를 가지고 구긴 다음에 동그랗게 만들어서 조명에 반사되도록 하려고 했는데, 그런데 그게 구겼을 때는 괜찮았는데 모양이 잘 안 만들어지고 그걸 고정시키려고 글루건으로 붙이니까 지저분해지고 예쁜 모양으로 안 되서 그게 좀 어려웠어요. 그래서 결국에는 모양을 바꿔서 삿갓 모양으로 조명을 만들었어요. 처음에는 조금 아쉽고 시간이 부족할 것 같아서 걱정했는데 다 만들고 뿌듯했어요. (학생B, 면담)

어떤 친구들은 만들다가 "선생님 저 못하겠어요. 이것 좀 봐 주세요" 또는 "이 것 좀 해주시면 안되요?"하면서 힘들어하는 친구들도 있었어요. 원하는 데로 안 되자 불안해하기도 했고요. <u>하지만 같이 문제점을 이야기하고 해결책을 찾았고, 디자인을 변경해서 다시 하더라고요. 실패의 과정을 겪었지만 다시 하려는 노력 이 보였어요.</u> (보조강사1, 관찰일지)

학습자들의 면담 내용과 관찰일지를 통해서도 알 수 있듯이, 새로운 도구 나 재료들을 사용하는데 어려움을 느끼거나 만드는 과정 속에서 의도한데로 잘 안 되는 부분이 생겼을 때 끝까지 포기하지 않고 완성하려는 의지를 나 타냈다. 실제로 어느 팀에서는 처음 계획에 실패한 후, 적극적으로 해결책 을 찾으려했으며 결국 디자인을 변경해서 다시 만들었다. 비록 실패의 경험 이 있었지만 남아있는 시간과 재료, 상황 등을 고려하여 다시 디자인하였고 완성할 수 있었다. 이를 통해 메이커 교육이 학습자의 긍정적이고 도전적인 태도를 이끌어내고 이를 통해 끈기와 인내가 발휘됨을 확인할 수 있었다.

● 문제해결능력

'만들기 과정 중 문제가 생겼었는데 잘 해결했어요.'라는 자기 평가지 항 목에 매우 그렇다가 4명(33%), 그렇다가 6명(50%), 보통이다가 2명(17%) 로 나타났다. 메이커 활동의 핵심인 만들기는 추상적인 개념을 구체화하고 직접적인 경험을 통해 문제를 해결하는 것으로서, 단순히 조작능력을 기르 거나 만드는 행위 자체를 넘어 무형의 아이디어와 상상력을 유형의 창작물 로 만들어낼 수 있는 역량을 기르는 것이다. 지식을 전달받고 그대로 따라 하는 것이 아니라 학습자에게 보다 많은 자율성과 선택권을 주기 때문에, 만드는 과정 중에 발생하는 문제들을 스스로 해결하고 방법을 찾을 수 있도 록 훈련시킨다. 실제로 메이커 활동 중에 뜻대로 되지 않거나 문제의 상황 을 경험했을 때, 융통성을 발휘하여 <u>스스로 문제를 해결해 나갔음이 확인되</u>

었다. 다음은 문제해결능력 요소에 대한 효과를 재확인하기위해, 면담 내용, 관찰일지 중 해당부분을 일부 정리하여 발췌하였다.

만들고 발표하는 것 모두 재미있었어요. 만들다가 생각한데로 잘 안될 때에는 종이도 구겨보고 돌려봤더니 잘 되었어요. 이런저런 시도를 하다 보니 되더라고요. (학생A, 면담)

저는 칼로 박스종이 자르는 걸 주로 했고요, 제 짝꿍은 색종이를 오려서 붙이는 작업을 했어요. 왜냐하면 이게 종이가 두꺼운데 제가 남자라서 제가 더 잘할 수 있을 것 같았어요. (학생C, 면담)

학습자들이 하다가 뭐가 잘 안되면 다시 스케치했던 종이를 들고 재료 있는 책상으로 가서 의논을 하더라고요. 그리고 다른 조가 어떻게 하는지 살펴보기도 하고요. 거기서 새롭게 아이디어를 얻는 모습이었어요. 어떤 팀은 결국 디자인을 바꾸기도 했지만 생각보다 팀원끼리 대화를 통해서 잘 해결해나가는 모습이 보였어요. (보조강사3, 관찰일지)

학습자 대부분은 메이커 교육에 대한 경험이 없었기 때문에, 스케치한대로 아이디어를 구체화하는 과정에서 재료를 활용하거나 응용하는데 어려움을 드러냈다. 하지만 같은 재료를 여러 각도로 시도하는 등 최선의 방법을 찾기 위해 노력하는 모습을 보였으며 재료활용의 문제뿐만 아니라 팀원 간의 문제가 발생했을 때에도 대화를 통해 해결하려고 노력하면서 스스로 학습을 컨트롤하는 모습을 확인할 수 있었다.

●도구 활용 능력

'새로운 도구 및 재료를 사용하는데 큰 어려움은 없었어요.'라는 자기 평가지 항목에 매우 그렇다가 6명(50%), 그렇다가 4명(30%), 보통이다가 2

명(17%)으로 나타났다. 메이커 활동에서는 재료와 도구에 대한 선택의 폭이 크기 때문에 메이커로서 도구와 재료의 특징을 잘 파악하고 활용할 줄 아는 능력 또한 매우 중요한 요소이다. 본 수업은 종이나라박물관의 주요 전시물인 '종이'라는 일상의 매체를 활용하여 종이의 특성과 변화 가능성에 대해 탐구하고 전시물관 연계하여 창작활동을 하는 활동으로 종이라고 하는 한정된 재료와 도구를 적절히 활용하였는지 알아보고자 하였다. 다음은 도구 활용 능력 요소에 대한 효과를 재확인하기위해, 면담 내용, 관찰일지 중 해당부분을 일부 정리하여 발췌하였다.

> 글루건 사용 때 모양이 안 예쁘게 나와서 어려웠어요. 평소에 보지 못했던 종이를 사용 해봤는데 크게 어렵지 않았어요. 처음 보는 거라 신기하고 재미있었어요. (학생B, 면담)

> 조명을 어떻게 안에 고정시켜야하지 고민하고 있어서 같이 고민해보다가 자석을 권했는데 학생이 흔쾌히 좋다며 자석으로 고정을 시켰다. 처음 해보는 메이커 활동이라 재료를 활용하는 것이 다소 어려울 수 있겠다는 생각은 들었지만 학생들이 의견을 흔쾌히 수용하는 모습이었다. (보조강사3, 관찰일지)

보조강사들의 우려와는 달리, 학습자들에게 새롭고 낯선 재료나 도구들은 호기심의 대상이 되기도 하고 그것을 새로운 도전으로 인식하였고 그 과정 속에서 즐거움과 재미를 경험할 수 있음을 알 수 있었다.

●자신감

'만드는 과정 속에서 못할 것이라는 부정적인 생각보다 할 수 있겠다는 자신감, 확신 같은 긍정적인 생각이 들었어요.'라는 자기 평가지 항목에 매우 그렇다가 3명(25%), 그렇다가 5명(42%), 보통이다가 4명(33%)으로 나타

났다. 메이커 활동을 통해 학습자가 심리적으로 어떤 경험을 하였는지 확인
하고자 한 것으로, 도전이나 실패를 경험하면서 느끼게 되는 좌절감이나 무
력한 감정을 극복하고 '나도 할 수 있다.'는 자신감이나 긍정적인 마음의 변
화를 겪었는지 알아보고자 하였다. 다음은 자신감 요소에 대한 효과를 재확
인하기위해, 관찰일지와 면담 내용 그리고 성찰일지 중 해당부분을 일부 정
리하여 발췌하였다.

　　처음에는 쭈뼛쭈뼛하더니 점차 수업분위기에 적응하기 시작하면서 학생들이
　　의외로 만드는데 자신감이 넘쳤다. "내가 그건 자를게! 너는 종이를 잘라서 붙여
　　봐"라면서 박스종이를 칼로 자르는 것이 쉽지 않은 작업이었음에도 열심히 했다.
　　　　　　　　　　　　　　　　　　　　　　　　　　　　(보조강사 B, 관찰일지)

　　처음에 거울종이를 구겨서 조명을 만들었는데 불이 반사가 되니까 선생님이랑
　　다른 조 애들이 보면서 멋진 것 같다고 해줬거든요. 그래서 자신감도 좀 생겼었
　　고.....(중략).. 기분이 좋기는 했었어요. (학생C. 면담)

　　완성해놓고 나니 뿌듯했고, 동생하고 같이 오고 싶어졌다. 힘들긴 했지만 다음
　　에 또 참여하게 된다면 더 멋진 걸 만들어 볼 수 있겠다는 생각이 들었다.
　　　　　　　　　　　　　　　　　　　　　　　　　　　　　(학생3. 성찰일지)

　학습자들은 메이커 교육에 대한 선경험이 없었기 때문에 이러한 수업방식
이나 과정이 익숙하지 않아 수업 초반에는 소극적인 모습을 보이기도 했다.
하지만 시간이 지날수록 스스로 만들어 놓은 주제나 목표에 맞도록 결과물
을 만드는 과정을 겪으면서 적극적인 참여와 주인의식이 학습자들로 하여금
심리적으로 긍정적인 변화를 가져오도록 했고, 만들기 과정 중에 겪었던 실
패와 어려움도 스스로 잘 극복해 나가는 모습을 확인할 수 있었다.

2) 사회적 측면

자기 평가지의 내용을 바탕으로 사회적 측면(기여와 책임, 관계와 협력, 관대함, 공유)의 4가지 요소를 분석, 확인했다. 그 결과, 기여와 책임이 3.9점, 공유가 3.8점으로 다소 낮았지만 나머지 항목들은 모두 4점대의 높은 점수가 나왔다(〈표 6〉참조). 이는 결과물에 대한 공유과정이 교실 내에서만 이루어지고 온라인에서는 수업이 종료된 후에 진행되었기 때문에 교실 수업 종료 직후 작성된 자기 평가지에서는 낮은 점수가 나왔던 것으로 판단되며, 나머지 요소들을 통해서는 다양한 상황과 문제들을 함께 해결해가면서 협력적 관계가 형성되고 다양한 의견을 수용, 공감하였으며 서로 도움을 공유하면서 사회적 참여자로서 학습자의 모습을 확인할 수 있었다. 다음 아래에서는 각각의 요소를 면담 내용과 성찰일지, 그리고 보조강사의 관찰일지의 내용을 통해 좀 더 상세히 제시하겠다.

〈표 6〉 자기 평가지의 사회적 측면의 평가 결과

	평가요소	매우 그렇다	그렇다	보통이다	아니다	매우 아니다	평균
사회적 측면	기여와 책임	5명 (42%)	2명 (17%)	4명 (33%)	1명 (8%)	–	3.9점
	관계와 협력	7명 (58%)	3명 (25%)	2명 (17%)	–	–	4.4점
		5명 (42%)	6명 (50%)	1명 (8%)	–	–	4.3점
	관대함	5명 (42%)	5명 (42%)	2명 (16%)	–	–	4.3점
		5명 (42%)	5명 (42%)	2명 (16%)	–	–	4.3점
	공유	6점 (50%)	2명 (17%)	2명 (17%)	–	2명 (16%)	3.8점
사회적 측면의 전체 평균값							4.2점

주. N=12. 총 5점 만점

●기여와 책임

'내가 만든 것이 사람들의 생활을 더 좋게 만들 수 있겠다는 긍정적인 생각이 들었어요.'라는 자기 평가지 항목에 매우 그렇다가 5명(42%), 그렇다가 2명(17%), 보통이다가 4명(33%), 아니다가 1명(8%)으로 나타났다. 메이커 교육은 학습자의 의도에 따라 필요한 것들을 위해 다양한 도구와 재료를 활용하여 결과물(Product)을 만들고, 그것을 다른 사람들과 공유·개방하는 것이 강조되는 교육으로 메이커 활동을 통해 만들어진 결과물은 개인의 필요를 넘어, 사회적 참여를 이끌어낼 수 있는 통로가 된다. 따라서 메이커로서 정보를 공유하고 소통하는 것, 그리고 만든 것을 우리의 삶에 어떻게 연결시킬 수 있는가는 중요한 부분이다. 실제로 학습자의 만들기 활동은 수업으로 끝나는 것이 아니라 결과물(Product)을 발전시켜 우리의 실제 삶과 연결 지어 생각하는 모습을 볼 수 있었다. 다음은 기여와 책임 요소에 대한 효과를 재확인하기 위해, 면담 내용, 성찰일지 중 해당부분을 일부 정리하여 발췌하였다.

오늘 우리가 만든 조명등을 응용해서 밤에 잘 때 켜둘 수 있는 수면등으로 만들면 좋겠다는 생각을 했어요. (학생 A, 면담)

종이로 미술 작품만이 아니라, 실생활에 필요한 핸드폰 케이스라던가, 3D 프린터를 활용해서 무엇이든 만들 수 있을 것 같았어요. (학생 C, 면담)

오늘 종이를 가지고 만들기를 해보니, 앞으로도 기회가 된다면 종이를 가지고 많은걸 만들 수 있겠다는 생각이 들었다. (학생4, 성찰일지)

학습에 대한 주인의식은 결과물에 대한 애정으로 이어졌고, 나아가 개인의 만족을 넘어 주변과 사회를 긍정적으로 변화시킬 수 있다는 사회적 참여로 확대되었다. 실제로 수업이 종료된 후에도 결과물에 대한 개선 의지를 보여줬고, '수면등'이나 '핸드폰케이스' 등으로 발전시켜 나갈 수 있는 가능성과 학습의 지속성을 강하게 드러냈다.

● 관계와 협력

'주어진 역할에 최선을 다해 팀원들에게 도움을 주었어요.'라는 자기 평가지 항목에 매우 그렇다가 7명(58%), 그렇다가 3명(25%), 보통이다가 2명(17%)으로 나타났다. 또 두 번째 질문인, '어려운 부분을 해결하기 위해서 혼자 고민하지 않고 친구들이나 선생님과 많은 이야기를 하면서 답을 찾으려 했어요.'에서는 매우 그렇다가 5명(42%), 그렇다가 6명(50%), 보통이다가 1명(8%)으로 나타났다. 메이커 교육에서의 만들기는 개방과 공유의 정신이 강조되기 때문에 관계를 기반으로 구축된 강력한 사회적 경험이 가능하다. 또한 만드는 과정에서 서로 다른 의견들을 조율하고 완성에 도달하기 위해 공동의 이해와 생각을 상황에 맞게 맞추어가면서 협력적 관계가 형성된다. 다음은 관계와 협력 요소에 대한 효과를 재확인하기위해, 면담 내용, 성찰일지 중 해당부분을 일부 정리하여 발췌하였다.

혼자 하는 것 보다 같이하니까 확실히 완성하기가 쉬웠어요. 혼자 했으면 잘 못했을 것 같아요....(중략).... 저는 원래 종이접기를 좋아해서 그걸 제가 많이 알려줬고요. 대신 어떤 재료를 가지고 해야 되는지 고민하고 있을 때 친구가 많이 도와줬어요. (학생A, 면담)

천사모양 접는 것이 어려웠고 시간도 부족할 것 같아서 처음에는 불안했었어요. 그러다가 잘 안되고 어려울 때에는 선생님께 물어봤어요. 그랬는데 친절하게

잘 알려주셔서 끝까지 잘 할 수 있었어요. (학생B, 면담)

친구와 협동하여 만든 것이 앞으로 나에게 도움이 될 것 같다. (학생5, 성찰일지)

도구를 선택하고 재료나 아이디어를 공유하는 과정에서 자연스럽게 동료 학습자와 대화하고 토론 및 상호작용을 하는 과정에서 협력적 관계가 이루 어졌음을 알 수 있었다. 실제로 학습자들이 만드는 과정 중 발생하는 문제 들을 팀원과 함께 고민하거나 보조강사에게 적극적으로 도움을 요청하여 빠 르고 명료하게 문제를 해결하는 모습을 볼 수 있었다.

●관대함

'나의 생각만 고집하지 않고 친구들의 의견을 잘 받아들였어요.'라는 자기 평가지 항목에 매우 그렇다가 5명(42%), 그렇다가 5명(42%), 보통이다가 2명(16%)으로 나타났다. 또 두 번째 질문인, '친구들에게 나의 생각이나 도 움을 기꺼이 줄 수 있었어요.'에서도 매우 그렇다가 5명(42%), 그렇다가 5 명(42%), 보통이다가 2명(16%)으로 나타났다. 메이커 활동에서 나타나는 협력적 관계에서는 공동의 의견에 도달하기 위해 학습자는 자신의 의견만 내세우는 것이 아니라 동료학습자와의 대화와 소통을 통해 받아들임을 경험 하고 또 도움이 필요할 때는 기꺼이 도움을 줄 수 있는 관대함을 경험하게 된다. 다음은 관대함 요소에 대한 효과를 재확인하기위해, 면담 내용, 성찰 일지 중 해당부분을 일부 정리하여 발췌하였다.

반딧불 조명을 만들고 싶다는 생각은 제가 했었어요. ○○한테 반딧불 아이디 어 얘기를 꺼냈는데, 선뜻 그렇게 하겠다고 했어요. 불을 켜면 그곳으로 불빛이 나오게 하려고 구멍이 뚫린 종이로 하자고 했는데 의견이 잘 맞았고 잘 받아줬어

요, 고마웠어요. (학생A, 면담)

친구들과 함께 하는 게 때로는 힘든 점도 있지만 <u>오늘은 같이 했던 친구와 호흡</u>
<u>이 잘 맞아서 어렵지 않게 만들 수 있었다.</u> (학생6, 성찰일지)

<u>다른 친구들이 완성한 작품을 보고 아이디어를 얻어 새롭게 개선할 점을 찾았</u>
<u>다.</u> (학생7, 성찰일지)

학습자들은 자신의 의견을 잘 전달했고 적절히 조율해가면서 의사소통하
는 모습을 보였다. 또 Sharing 과정에서 다른 팀이 발표하는 내용을 듣고
몰랐던 것을 새롭게 알게 되거나 새로운 재료나 아이디어를 차용해 개선할
점을 찾았고 서로 부족한 부분이나 잘된 부분에 대해 분석, 경청하고 받아
들이는 모습을 보여주었다.

●공유

'만들었던 과정이나 알게 된 것들을 다른 친구들과 함께 나누고 싶다는 생
각을 했어요.'라는 자기 평가지 항목에 매우 그렇다가 6명(50%), 그렇다가
2명(17%), 보통이다가 2명(17%), 매우 아니다가 2명(16%)으로 나타났다.
자기 평가지 작성 당시 온라인에서의 공유과정이 생략되었기 때문에 3.8점
이라는 다소 낮은 점수를 받았다. 이는 개인적 측면과 사회적 측면을 모두
포함한 10개 요소의 12개의 질문항목에서도 가장 낮은 점수이다. 다소 아
쉬운 점수이긴하나 학습자들이 자신들이 만든 결과물이나 전시물에 대한 정
보를 공유하고 싶어 한다는 것을 확인할 수 있었다. 다음은 공유 요소에 대
한 효과를 재확인하기 위해, 면담 내용, 성찰일지 중 해당부분을 일부 정리
하여 발췌하였다.

　　오늘 만든 것을 보여주고 싶다는 것 보다는 오늘 종이로 뭔가 만들어보고, 또
다양한 종이를 경험해보면서 혹시 나중에 미술시간에 이런 수업을 응용했을 때
친구들한테 오늘 알게 된 것들에 대해서 조금은 알려줄 수 있을 것 같아요.

(학생A. 면담)

　　완성할 수 있을 거라고 생각하지 못했는데 완성해서 너무 기뻐요. 빨리 인터넷
에 올려서 친구들한테 보여주고 싶어요. (학생B. 면담)

　　메이커 교육은 처음이었는데 학교에 가서 친구들에게 소개해주고 싶고 오늘 내
가 만든 것을 보여주고 싶은 생각이 들었다. 종이로 만들 수 있는 게 무궁무진하
다는 걸 알려주고 싶고 박물관에서 본 전시물들도 함께 친구들에게 알려주고 싶
은 생각이 들었다. (학생8. 성찰일지)

　발췌된 내용을 보면, 자신들이 만든 결과물에 대한 애정과 주인의식이 강
하게 드러난다. 이를 통해 공유와 나눔을 실천하려는 의지를 확인할 수 있
으며, 이것은 다음 메이커 활동에 대한 동기부여로 작용될 수 있으리라 판
단된다. 본 연구자는 며칠 후, '영메이커' 웹사이트에 학습자들의 발표과정
과 결과물에 대한 정보를 승인받아 업데이트 하였고, 실제로 참여했던 학생
들의 '즐거웠다'는 댓글도 확인할 수 있었다. 이는 학습자들이 집으로 돌아
가서도 자신들이 만든 결과물에 대한 관심이 남아있고 자발적 학습이 계속
유지되고 있음을 알 수 있었다.

V. 결론

　오늘날 지식을 전달받는 기존의 수동적인 교육방식의 한계점이 명확해짐
에 따라 학습자의 자율성과 주인의식을 갖춘 학습 환경과 교육에 대한 욕구

가 증대되고 있고, 이것은 메이커 교육의 필요성으로 이어졌다. 메이커 교육은 현실 문제를 기반으로 의미 있는 지식구성이 가능하고 경험을 통해 교육의 질적 향상을 가져올 수 있으며, 메이커스페이스(Makerspcae)를 기반으로 만들기에 몰입하는 과정에서 탐구적이고 인지적인 학습이 가능하다. 이러한 메이커 교육의 모습은 학습자들의 자율적인 참여를 허용하고, 전시물을 기반으로 실제적이고 의미 있는 만들기 활동이 가능한 박물관을 학습공간으로서 메이커스페이스로 활용하였을 때 그 의미와 목적이 잘 발현될 수 있으리라 판단되었다.

이에 본 연구에서는 메이커 뮤지엄 교육의 새로운 모습을 제시하고, 메이커 교육을 통해 학습자들이 개인적 · 사회적 측면으로 어떠한 유의미한 경험을 하였는지 알아보고자 하였다.

일단 프로그램 종료 후 실시한 자기 평가지에서 대부분 매우 높은 만족도와 개인적 · 사회적 측면으로 긍정적 변화를 경험하였음이 나타났다. 개인적 측면에서는 메이커 교육에서 강조되는 hands-on 활동을 통해 아이디어를 실제 결과물(Product)로 완성해 가는 과정에서 스스로 학습을 주도했고, 이를 통해 즐거움과 재미를 경험한 것으로 나타났다. 또한 만들어 가는 과정 중에 발생하는 다양한 문제들을 융통성 있게 잘 해결하였으며, 좌절이나 실패의 경험을 겪더라도 다시 시도할 수 있는 끈기와 인내를 경험했다는 사실도 확인할 수 있었다. 그리고 메이커 교육을 통해 완성된 자신의 결과물(Product)의 존재는 학습의 만족도나 성취감, 자신감 형성에도 크게 도움이 된 것으로 확인되었다.

사회적 측면에서는 만드는 과정에서 다양하게 발생하는 문제적 상황들을 동료 학습자 혹은 선생님과의 적극적인 의사소통으로 함께 고민하고 해결방법을 찾아가려는 협력적인 모습과 배려, 존중하는 모습을 확인할 수 있었다. 그리고 모든 과정을 공유하면서 피드백을 주고받는 것에 매우 적극적이었다.

이에 박물관을 활용한 메이커 뮤지엄 교육이 학습자에게 유의미한 경험으로 작용하며 학습에 대한 주인의식을 바탕으로 창의적인 사고를 위한 학습 환경으로서 가능성을 확인할 수 있는 의미 있는 연구 결과였다고 판단된다.

이상으로 프로그램의 개발 및 연구자로서 수업과정을 관찰한 결과, 기존의 박물관 교육과 구분 되는 다음과 같은 메이커 교육의 특징을 발견할 수 있었다. 첫째, 메이커 교육은 학습자의 선택과 권한이 더욱 강조되는 교육이다. 박물관 교육은 완성된 구성주의 학습 환경은 아니더라도 이미 학교교육이나 기존의 제도적 교육보다 학습의 자율성이 보장되어 왔다. 메이커 교육은 그보다 더 많은 권한을 학습자에게 부여하는데 학습자가 학습 시나리오 안에서 활동하는 것이 아닌 스스로 무엇을 만들지 목표와 주제를 설정하고 주어진 범위 안에서 학습에 대한 권한을 갖게 된다.

둘째, 교수자의 입장에서 학습자와 학습에 대한 태도의 변화이다. 일반적으로 박물관 교육 또는 구성주의 학습 환경에서 교수자는 학습 촉진자, 조력자 또는 동료학습자로서 역할을 한다. 하지만 그럼에도 수업 시나리오가 존재하고 수업 전반에 관여하게 된다. 그런데 메이커 교육에서는 학습자가 수업의 모든 과정을 이끌어나가기 때문에 교수자가 한발 더 물러나 있게 되고, 그로 인해 교수자는 학습자들의 학습과정과 태도에 더욱 집중할 수 있게 되며 객관적으로 살펴보는 것이 가능해지는 것을 확인할 수 있었다.

본 연구를 통해 도출된 결과를 기반으로 몇 가지 제안을 하면 다음과 같다. 첫째, 상시적 메이커스페이스 공간의 필요성이다. 중요한 것은 프로세스이며, 학습자가 지속적으로 성장해 나갈 수 있도록 여건을 만들어 나가는 것이다. 메이커스페이스가 존재함으로써 학습자는 언제든 원하는 시간에 방문하여 자신의 아이디어를 구체화하고 발전시킬 수 있는 기회를 제공받을 수 있어야 한다.

둘째, 온라인 커뮤니티 활용의 필요성이다. 본 프로그램은 1회성 프로그램이었지만 온라인 커뮤니티를 활용함으로써 상시적 접근이 용이하고 게시물에 대한 즉각적인 피드백과 반응이 가능하였기 때문에 수업에 참여했던 학습자뿐만 아니라 외부학습자와의 소통이 가능했다. 그러나 메이커 교육에서 강조하는 도전, 끈기, 인내, 지속성이라는 활동을 더욱 분명하게 경험하도록 하기 위해서는 단지 3시간 정도의 내용으로 그치는 것이 아니라, 좀 더 여러 차례 운영될 수 있는 프로그램으로서 메이커 교육을 만들어서 운영하는 것이 필요하다.

셋째, 주변 학교나 지역사회와의 연계의 필요성이다. 교과분석을 통해 학교와 연계된 프로그램을 개발하고, 교실이나 도서실, 과학실 등을 메이커스페이스로 활용하여 학생들이 언제든 자유롭게 자신의 만들기 또는 프로젝트를 할 수 있도록 개방할 수 있어야 한다.

넷째, 교사연수의 필요성이다. 메이커 교육이 기존의 만들기 수업이나 공예수업과 차별성을 두기 위해서는 먼저 교사가 메이커 교육에 대해 이해해야 하고, 전문성을 개발할 수 있도록 기회를 제공하여 자신이 속해있는 기관에서 적절하게 활용할 수 있도록 교육할 필요가 있다.

메이커 교육의 진정한 의미는 교육을 통해 학습자들이 자신들의 생각을 명확하게 표현하고 공유할 수 있도록 돕는 것이다. 나아가 자신의 생각을 구체적인 유형의 결과물로 만들어내는 과정에서 겪게 되는 실패나 좌절의 경험을 극복하고 다시 도전하고 시도해보고자 하는 끈기, 인내, 지속성이라는 활동일 것이다. 이러한 활동은 정해진 교과과정에 따르는 학교에서보다는 비형식교육기관으로서 교과과정에서 비교적 자유로운 박물관 환경을 통해 이루어질 때, 메이커 활동이 지닌 자유로움, 허용적 환경, 풍부한 재료와 도구가 자유롭게 지원되고 좀 더 활발하게 펼쳐질 수 있는 환경이자 공간이 될 수 있다고 본다. 나아가 앞으로 박물관에서의 메이커 교육이 좀 더 활성화되어 다가올 4차 산업혁명시대에서 추구하는 새로운 교육패러다임으로서의 메이커 교육을 펼쳐 가는데 앞장설 수 있어야 할 것이다.

참고문헌

◆강은성. (2017). **메이커 교육 아웃리치(outreach) 프로그램을 통한 교육적 효과: 자유학기 활동 사례를 중심으로.** 박사학위논문. 경희대학교.

◆강인애. (1997). **왜 구성주의인가?.** 서울: 문음사.

◆강인애. (2010). **박물관(미술관)교육의 이론과 학습환경.** 최종호 외(공저), 한국박물관교육학 (pp.117-157). 서울: 문음사.

◆강인애, 김명기. (2017). 메이커 활동(Maker Activity)의 초등학교 수업적용 가능성 및 교육적 가치 탐색. **학습자중심교과교육연구, 17**(14). 487-515.

◆강인애, 김양수, 윤혜진. (2017). 메이커 교육을 통한 기업가정신 함양: 대학교 사례연구, **한국융합학회논문지. 8**(7), 253-264.

◆강인애, 민진아. (2009). PBL 기반 어린이 박물관 교육 프로그램의 학습효과에 대한 비교연구: 한방박물관 교육프로그램 사례를 중심으로. **조형교육, 35**, 1-31.

◆강인애, 박정영. (2014). 구성주의 박물관 교육프로그램 개발 및 운영을 위한 평가지표 개발연구. **열린교육연구, 22**(1), 65-88.

◆강인애, 변종필. (2013). 박물관·미술관 창의적 체험활동의 현황과 활성화방안: 박물관·미술관 창의적체험활동사업단 운영사업을 중심으로. **조형교육, 48**, 221-255.

◆강인애, 설연경. (2009). 전시연계 교육프로그램의 개발을 위한 학습 이론으로서 '전시물 기반학습(Object-based learning)'에 대한 사례연구. **조형교육, 33**, 1-38.

◆강인애, 정준환, 정득년. (2007). **PBL의 실천적 이해.** 서울: 문음사.

◆강인애, 홍혜주. (2009). PBL에 의한 박물관 교육프로그램 개발 및 적용: 경희대학교 자연사박물관의 사례연구. **조형교육, 34**, 1-38.

◆국성하. (2010). **존 듀이(John Dewey)와 박물관 교육.** 강인애 외 (공저), 박물관 교육의 다양성 (pp.277-310). 서울: 문음사.

◆김동현. (2013). 개방형 혁신을 위한 공공 디지털 제작소 '팹랩(FAB LAB)'. **건축, 57**(11), 37-41.

◆김은형 (2014). 박물관 연계STEAM 교육 프로그램 개발 및 적용: 서울대공원 동물원을 중심으로. 석사학위논문. 경희대학교 교육대학원.

◆박정영 (2013). 구성주의에 기반한 박물관 교육프로그램 평가 지표 개발. 석사학위논문. 경희대학교 교육대학원.

◆박주용 (2016). 창의적 사고 중심의 ICT · 디자인융합 개방형 제작공간 프레임 워크 연구. 디자인학박사 학위논문. 서울과학기술대학교 나노 IT 디자인융합대학원.

◆변문경 (2015). 무한상상실의 효율적인 활용 및 교수학습 지원 방안 연구. **한국교육공학회**, **2015**(20), 219–230.

◆변문경, 조문흠 (2016). 무한상상실 이용자의 경험분석과 과학교육을 위한 제언. **한국과학교육학회지**, **36**(2), 337–346.

◆이상호 (2013). 메이커스(1인 창조기업)의 창의성과 심리적 특성이 기술사업화에 미치는 영향에 관한 연구: 정부의 지원정책 중심으로. 컨설팅학박사학위논문. 금오공과대학교.

◆이원태, 김희연, 유승호, 류한석 (2015). **디지털 기술 · 매체환경에서 창작의 변화**. 정책연구, 미래창조과학부.

◆이현민 (2016). 대학 교양미술 수업을 위한 융복합수업 설계 모형 개발: 4 ONs를 중심으로. 박사학위논문. 경희대학교.

◆이현민 (2017). 4차 산업혁명 시대의 박물관에서의 메이커 교육. **문화예술교육연구**, 12(2), 83–100.

◆최재규 (2014). 국내외 ICT DIY 현황 및 의미. **한국통신학회지**, **31**(7), 52–58.

◆함아영. (2017). **메이커 뮤지엄(Maker museum) 교육프로그램 개발 및 적용: 종이나라박물관 사례를 중심으로**. 석사학위논문, 경희대학교 교육대학원.

◆함진호, 이승윤, 김형준 (2015). ICT DIY 정책과 메이커생태계 구축을 위한 표준화. **한국통신학회지**, **33**(1), 5–10.

◆황중원, 강인애, 김홍순 (2016). 메이커 페다고지(Maker Pedagogy)로서 TMSI 모형의 가능성 탐색: 고등학교 사례를 중심으로. **한국교육공학회 추계학술대회**, 1, 1–10

◆Alvarado, A. E., & Herr, P. R. (2003). *Inquiry-based learning using everyday objects: Hands-on instructional strategies that promote active learning in grades 3-8*. Thousand Oaks, CA: Corwin Press.

◆Anderson, C. (2012). *Makers: The new industrial revolution*. New York, NY: Crown Business.

◆Blikstein, P. (2013). Digital fabrication and "making" in education: The democratization of invention. In J. W. Herrmann, & C. Buching (Eds.), *FabLabs: Of machines, makers, and inventors* (pp. 203−223). Bielefeld, Germany: Transcript.

◆Blikstein, P., Martinez, S. L. & Pang, H. A. (2016). *Meaningful making: Projects and inspirations for fab labs and makerspaces.* Torrence, CA: Constructing Modern Knowledge Press.

◆Bowler, L. (2014). Creativity through "Maker" experiences and design thinking in the education of librarians. *Journal of the American Association of School Librarians. 42*(5), 59−61.

◆Brahms, J. (2014). *Making as a learning process: Identifying and supporting family learning in informal settings.* Doctoral dissertation, University of Pittsburgh.

◆Brahms, L. & Crowley, K. (2016a). Learning to make in the museum: The role of maker educators. In K. Pepler, E. Halverson, & Y. B. Kafai (Eds.), *Makeology: Makerspaces as learning environments (Vol. 1)* (pp. 15−29). New York, NY: Routledge.

◆Charitos, D., Lepouras, G., Vassilakis, C., Katifori, C., Charissi, A., & Halatsi, D. (2001). Designing a virtual museum within a museum, *Proceedings of the 2001 conference on virtual reality, archeology, and cultural heritage.* 7−56.

◆Cohen, J., Jones, M. & Calandra, B. (2016). Makification: Towards a framework for leveraging the maker movement in formal education, *Association for the advancement of computing in education, 1,* 129−135.

◆Dougherty, D. (2013). The Maker Mindset. In M. Honey & D. E. Kanter (Eds.), *Design, make, play: Growing the next generation of STEM innovators* (pp.7−11). New York, NY: Routledge.

◆Evans, E. M., Mul, M. S., & Poling, D. A. (2002). The authentic object?: A child's-eye view. In S. G. Paris(Eds.), *Perspectives on object-centered learning in museum* (pp.55−57). London: Lawrence Erlbaum Associates, Publishers.

◆Falk, J. H. & Dierking, L. D. (2000). Learning from museums: *Visitor experiences and the making of meaning.* Walnut Creek, CA: AltaMira Press.

◆Falk, J. H., Dierking, L. D., & Adams, M. (2006). Living in a learning society: Museums and free-choice learning. In S. Macdonald(Eds.), *Companion to museum studies* (pp.323-339). Oxford, UK: Wiley-Blackwell.

◆Gershenfeld, N. (2012). How to make almost anything: The digital fabrication revolution. *Foreign Affairs, 91*(6), 43-57.

◆Hagel III, J., Seely Brown, J., & Kulasooriya, D. (2014). *Impact of the maker movement.* Sebastapol, CA: Maker Media.

◆Halverson, E. R., & Sheridan, K. (2014). The maker movement in education. *Harvard educational review, 84*(4), 495-505.

◆Hatch, M. (2014). *The maker movement manifesto.* New York: McGraw- Hill.

◆Hein, G. E. (1998). *Learning in the musuem.* New York, NY: Routledge.

◆Jonnassen, D. H. (1991). Objectivism versus constructivism: Do we need a new philosophical paradigm?. *Educational technology research & development, 30*(3), 5-14.

◆Kalil, T. (2013). Have fun-learn something, do something, make something. In M. Honey, & D. E. Kanter (Eds.), *Design, make, play: Growing the next generation of STEM innovators* (pp. 12-16). New York, NY: Routledge.

◆Loertscher, D. V., Leslie, P. & Bill, D. (2013). Makerspaces in the school library learning commons and the uTEC maker model. *Teacher Librarian, 41*(2), 48-51.

◆Maker Education Initiative (2013). *Maker playbook school edition.* Retrieved July, 14, 2017, from http://makered.org/wp-content/uploads/2014/09/Makerspace-Playbook-Feb-2013.pdf.

◆Maker Education Initiative (2015). *Youth makerspace playbook.* Retrieved June, 21, 2017, from http://makered.org/makerspaces/.

◆Martinez, S. L. & Stager, G. S. (2013). *Invent to learn: Making, tinkering, and engineering in the classroom.* Torrence, CA: Constructing Modern Knowledge Press.

◆Martin, L. (2015). The promise of the maker movement for education. *Journal of Pre-College Engineering Education Research (J-PEER), 5*(1), 4.

◆Papert, S., & Harel, I. (1991). Situating constructionism. *Constructionism, 36*(2), 1-11.

◆Parker, J., Becker, M., Blake, D., Lince, S., Porter, M., Sears, C., Shea, C., Silveira, G., Snyder, G., and Van Halsema, P. (2015). *The development and growth of the maker movement in sonoma county schools: Cultivating a maker educator network across K-12.* Rohnert Park, CA: Sonoma County Maker Educator Network..

◆Thomas, A. (2014). *Making makers: Kids, tools, and the future of innovation.* Sebastopol, CA: Maker Media.

◆Vossoughi, S., & Bevan, B. (2014). Making and tinkering: A review of the literature. *National Research Council Committee on Out of School Time STEM,* 1-55.

도서관 메이커 활동(Maker Activity)을 통한 메이커 정신: 사회관계성을 중심으로*

강인애, 최성경

Ⅰ. 서론

기술의 발전과 디지털 환경의 급격한 변화는 제 4차 산업혁명으로 이끌게 되었다. 이러한 급격한 디지털제조기술의 혁신을 통해 개인이 제작수단을 통해 사물을 직접 제작할 수 있게 되었다. 또한 이러한 4차 산업혁명의 핵심수단이자 미래동력으로써 현재 메이커들이 담론화 되고 있다(미래창조과학부, 2016; 박현우, 2014; Dougherty, 2012).

메이커란 상상력과 창의적인 아이디어로 기존의 없던 것을 창조하거나 혁신하는 사람을 말한다(Dougherty, 2012; Peter, Oliver, 2013). 메이커들은 처음엔 개인적인 호기심과 흥미위주의 동기로서 만들기 활동을 시작하

---

*2017년 학습자중심교과교육연구(17권 19호)에 게재된 논문의 내용을 수정, 보완하였다.

지만 이내 성공을 경험하고 자신감을 얻으면 다른 사람에게 자랑하거나 공유하는 모습을 보인다.

이들은 메이커스페이스에서 메이커 활동을 해나가고 있으며 지역 도서관, 지역 문화 공간 등 한 지역 안에 국가, 연령, 성별 등과 관계없이 다양한 관심사를 가진 사람들이 함께 모인다(Balas, 2012; Michele, 2014). 특별히 지역 커뮤니티 공간을 메이커스페이스로서 활용할 경우, 다양한 배경의 사람들이 자발적으로 모여드는 곳이기 때문에, 개별적인 메이킹 활동에 자율성이 더욱 극대화되며, 지역 공동체 사람들이 함께 참여하면서, 각자의 메이킹 활동을 나누고 공유하는 활동, 나아가 지역의 필요한 부분들을 함께 채워갈 수 있는 기회의 공간이 될 수 있다(Smay & Walker, 2015).

이에 본 연구에서는 지역커뮤니티인 도서관에서 메이커 활동을 실시하고, 그 결과로서 메이커 정신, 곧, 메이커 간의 협력, 공유와 나눔, 사회 참여라는 사회적 관계성을 경험할 수 있는지를 확인해보고자 하였다. 연구방법으로는 관찰일지, 성찰저널, 면담을 통한 질적 분석을 활용하였다.

II. 메이커 활동과 메이커 정신

이전에도 메이커(maker) 혹은 메이킹(만들기) 활동은 'DIY(Do It Yourself)'의 형태로 존재했었다. 그러나 메이커 운동은 이내 혼자 만들기를 넘어 함께 만들기인 'DIT(Do it-Together)'로 확장되고 있다(Hatch, 2013). 이러한 문화적 현상은 예전에는 자신이 만든 것을 정리하여 공유할 만한 방법과 공간이 없었지만 지금은 메이커간에 연결해주고 필요한 공간과 도구와 재료를 제공하는 메이커스페이스와 커뮤니티들이 활성화가 되어 있기 때문이다. 이처럼 이전의 메이커 활동에서 단순한 만들기에 초점을 두는 것을 넘어서, 메이커스페이스에서 메이커들간 활동하며 경험하는 메이커 정신(Maker mindsets)에 둘 때, 그것이 지닌 교육적 가치와 의미는 두드러지며, 이것은 메이커 교육(Maker Education)이라는 새로운 교육환경으로까지 발전할 수 있다. 다음에서는 이에 대한 내용을 좀 더 살펴보고자 한다.

1. 메이커 운동(Maker Movement)과 메이커스페이스(Makerspace)

필요한 물건을 자신의 취향에 맞게 스스로 물건을 만들고 제조하는 행위에 적극적으로 참여하는 사람들을 메이커(maker)라 부른다(Gary, 2014; Peter & Oliver, 2013).

메이커 활동이 메이커 운동으로 확장될 수 있는 토대는 인터넷에 공개되어 있는 다양한 오픈소스 자원들의 존재로부터 시작된다. 예를 들어, 오픈소스 HW인 아두이노(Arduino), 라즈베리파이, 메이키메이키(Makey Makey)와 비교적 저렴한 가격으로 구입이 가능한 소형 3D 프린터의 등장은 개개인 메이커들이 자신들이 만든 것을 전 세계의 다양한 메이커들과 기꺼이 공유하고 나눔에 참여하는데 기폭제가 되었다(Peter & Oliver, 2013). 이런 공유와 나눔, 개방 활동에 의해, 자신들이 만든 제품은 점차적으로 개선되고, 그렇게 개선된 버전은 지속적으로 인터넷에 공개되는 선순환이 이루어지는 과정으로 전개되고 있다. 이로 인해 이전에는 개인이 도저히 만들 수 있을 것이라고 생각하지 못했던 제품인 인공위성, 전기 자동차까지도 한 사람의 메이커가 만들어내는 시대가 열리게 되었다(김정민, 2016, Kylie & Bender, 2013). 이로 인해 메이커 활동은 기술적 민주화, 민주적 정신의 함양이라는 의미가 두드러지게 되었다(Britton, 2014).

더불어 메이커 활동은 관심사가 비슷한 이들이 여러 도구와 재료들이 있는 공간으로서 '메이커스페이스(Makerspace)'를 만들면서 그 안에서 자연스럽게 함께 모이기 시작하였다(Smay & Walker, 2015). 메이커들이 모여서 메이커 활동을 하는 공간으로서 메이커스페이스는 Tech Shop, Hacker Space, FAP Lab 등 다양한 이름으로도 불리는데, 이곳에는 레이저 절단기, CNC 밀링 기계, 산업용 3D 프린터, 용접기 등의 다양한 제조 기구를 갖추고 있다(강인애, 김명기, 2017; 변문경, 2015; 이현민, 2017; Dougherty, 2012; Fouie & Mayer, 2015; Litts, 2015; Seymour, 2016). 이러한 메이커스페이스는 메이커스페이스로서 특화된 장소뿐만 아니라[1] 도서관, 미술관[2], 그리고 학교[3]에서도 그 필요성을 느끼고 각각의 장소에서 메이커스페이스를 만들어가고 있다(강인애, 김명기, 2017; 이현민, 2017; Balas, 2012; Michele, 2014; Smay & Walker, 2015).

2. 메이커 정신(Maker Mindsets)

흔히 메이커 활동은 다양한 IT와 도구(예를 들어, 3D 프린터, Makey-Makey, Arduino, 스트래치, 엔트리 등)를 활용한 활동으로 접근하기도 한다(Hage, Brown, Kulasooriya, 2014; Halverson, Sheridan, 2014). 분명 이것도 메이커활동을 이해하는 한 시각이기도 하지만, 이와 다른 시각에서는 메이커 활동을 통해 메이커들이 경험하게 되는 '메이커 정신(Maker

---

1) 2011년 1월 기준 국내 메이커스페이스는 177개가 운영되고 있다.
2) 국립현대미술관 아트팹랩은 예술과 기술이 만나 창의성과 상상력이 실제가 되는 창의공방으로 2015년 시작되었다. 다양한 3D 스캐너, 레이저 커터, 밀링머신 등 디지털 공작기기가 갖춰졌다. https://www.mmca.go.kr/learn/learnList.do?menuId=4080000000& emBigCd=07&emSmlCd=01
3) 국외 대학교의 메이커스페이스는 아리조나 대학교(Arizona state University), 보스턴 대학교(Boston University), 샌디에고 대학교(University of California, San Diego) 등 40개이며, 이과 문과 구분은 물론 전공조차 없이, 어떤 분야라도 배우고 싶은 대로 배우고, 프로젝트를 진행하여 진로를 찾아가도록 하는 대학교도 생겨나고 있다(Barrett, Pizzico, Levy, Nagel, Linsey, Talley & Newstetter (2015).

Mindsets)'이라는 부분에 초점을 두기도 한다(Martin, 2015; Peppler, Bender, 2013).

메이커 정신은 메이커 활동을 하는 과정과 그 결과로서 얻게 되는 결과를 의미한다. 보통 메이커 정신은 메이커 활동의 효과라고도 할 수 있는데, 우선적으로 개개인의 관심으로부터 출발하여 전적으로 자기주도적으로 이루어지는 과정이기 때문에, 자기주도적 활동이라는 특징이 가장 두드러진다(Maslyk, 2016). 그러나 메이커 운동을 민주적 정신의 함양이라고 하는 이유는 메이커 활동이 자기주도적 활동을 넘어서, 메이커 활동에 참여하는 메이커들간에 이루어지는 협력, 나눔, 공유와 같은 사회적 관계성 활동으로 인함이다(Britton, 2014). 특히 메이커 활동을 하는 과정 중에 자신이 좀더 알고 있는 부분에 대한 것은 기꺼이 남들과 공유하거나 도움을 주려는 모습이 두드러진다고 하는데 이를 '학습리소스로서의 활동(resourcefulness)'으로 명명하면서, 메이커 활동의 특징의 하나로 언급하고 있다(Sheridan & Konopasky, 2016).

이처럼 메이커 활동에서 나타나는 사회적 관계성의 중요한 이유는 이것이 궁극적으로 사회적 참여 정신으로도 이어지기 때문이다(Halverson & Sheridan, 2014). 다음에서는 이렇듯 메이커 정신이 강조하는 사회적 관계성에 대하여 좀더 상세히 살펴보겠다.

1) 협력

메이커는 원하는 결과물을 얻기 위해 나 혼자만 고민하는 것이 아니라 또 다른 동료 메이커, 혹은 메이커의 활동을 도와주는 전문가[4]들과 상호작용을 하면서 메이커 활동을 진행하게 된다(Kayler, Owens, & Meadows,

---

4) 보통은 기술적 전문가를 의미하는데, 메이커 활동을 학교나 도서관, 박물관 등의 기관에서 할 때는 교수자가 그 역할을 하기도 한다(이현민, 2017).

2013). 단순한 결과물을 개인적으로 얻기 위해 노력하는 것이 아니라 각자가 가지고 있는 기술과 경험들을 협력하며 도전적인 과제들을 해결해나가는 것이다. 이처럼 메이커들은 만들기를 하다가 도움이 필요한 동료를 발견하면 문제해결을 위해 설명을 해주거나, 적절한 도구를 선택하도록 도움을 주는 등 자신이 가지고 있는 재능을 다른 사람에게 베풀고 나눠준다.

이와 같은 메이커 활동을 통해 나타나는 협력적 활동에서 메이커들은 동료에게 자신이 아는 지식과 기술을 가르쳐주거나, 가지고 있는 재료 및 도구들을 공유하고 제공하며 서로 간에 '학습활동의 리소스(resourcefulness)'로서의 역할을 매우 자발적으로, 적극적으로 해나간다. 이는 메이커스페이스라는 한 장소에 다양한 배경을 가진 사람들이 같이 모여 공동의 작업을 펼쳐가는 과정 중에 나타나는 자연스러운 모습이며 창의적이고 다양한 접근방법으로 결과물의 질을 높일 수 있게 된다(Sheridan & Konopasky, 2016; Wenger, 1998).

이렇듯 메이커들은 협력하는 과정 속에서 서로 간에 신뢰하고 자신이 맡은 부분에 대해서 책임감을 갖는다. 이후 만들었던 결과물이 성공적이었을 때엔 자신감을 얻어 이후 메이커들이 사회에 의미 있는 것들을 만들고 나누게 되는 근간이 된다(Blikestein, Martinesz, & Pang, 2016).

2) 공유와 나눔

메이커스페이스를 중심으로 공통의 관심사로 모인 메이커들은 자신이 만드는 과정, 완성된 결과물, 실패한 이유, 자신만의 창의적인 아이디어들을 기록하여 다른 사람과 공유하는 문화가 자연스럽게 형성되어 있다(Howard et al, 2014). 이처럼 다른 사람들이 공유한 상세한 제작과정, 코딩과 설계 도면들을 활용하여 기존에 있던 것에 변화를 주거나 새롭게 재탄생시키고 있다. 이것을 메이커 활동에서는 '도큐멘테이션(documentation)' 혹은 '기록하기'라고 말하는데, 메이커 활동의 전 과정 및 결과에 대한 상세한 기록을 남기는 활동으로서, 보통 동영상이나 사진을 활용하고 그것을 메이커 활동을 공유하는 온라인 사이트5) 등에 올려서 공유한다(Chorianopoulos, Jaccheri, & Nossum, 2012).

메이커들은 도큐멘테이션, 곧, 모든 메이커 활동의 전 과정을 기록으로 남기는 활동은 자신이 만드는 과정과 인터넷을 통해 찾은 정보, 실패의 경험을 문서화함으로써 자신이 메이커 활동 가운데 무엇을 배우고, 어떤 해결책을 찾으려고 했는지를 알 수 있다(Dougherty, 2012; Graves, 2014). 이와 같은 도큐멘테이션을 통해서 메이커들은 동료에게 호의적인 태도를 가지고 개방적으로 아이디어를 교환하는 분위기는 원활한 정보 공유와 협업을 이끌어 낸다. 또한 메이커들은 동료들에게 유의미한 문서를 기록하고 스스로 표현하는 것을 격려하며 함께 소통하는 가치를 깨닫게 된다.

이처럼 자신의 제작 권리를 지키면서 설계도나 소스코드를 누구나 자유롭게 이용하고 복제, 배포하는 공유의 활동은 메이커 운동 확산에 큰 밑거름이 되고 있다(Graves, 2014). 이처럼 메이커들은 스스로 해결할 수 없는 복잡한 문제를 웹상에 여러 사람들의 실패과정이 담긴 글이나 영상을 찾아 학습하며 뿐만 아니라 자신이 만드는 과정에서 일어난 창의적인 생각, 실패와 성공의 경험들을 다른 사람과 유기적으로 소통해나간다(Halverson & Sheridan, 2014).

3) 사회적 참여

1980년대 후반 이후 교육의 관점이 지식의 습득에서 참여로 변하면서 교

---

5) 메이커들이 만든 재미있고 특이한 결과물들을 온라인상에 공유하고 나누는 대표적인 외국 사이트로는 instructables.com가 있으며, 국내 사이트로는 영메이커, 메이커위드 등이 있다. 영메이커(http://www.youngmaker.or.kr/), 메이크위드(http://makewith.co/)

육을 사회적 실천의 입문으로 제공해야 된다고 하였다(이기범, 2005; 유혜영, 2014). 이렇듯 교육을 통한 사회적 실천의 사례로서 메이커 활동을 생각할 수 있다(Halverson, & Sheridan, 2014). 메이커 활동은 기본적으로 공공의 성격이 강하며, 메이커들의 사회적 참여가 없다면 메이커 활동을 통한 민주적 정신의 경험은 기대할 수 없었을 것이다(Blikstein & Worsley, 2016). 메이커들은 자신들이 만드는 생산물이 일차적으로는 자신의 요구에 기반하여 자신이 사회에서 인정받고 공감을 받고 싶은 욕구도 있지만, 나아가 그걸 통해 사회적으로 유의미한 활동이 되기를 추구하기도 한다(강인애, 김명기, 2017). 메이커들이 만든 생산물은 분명 개인 삶에서의 내적 가치를 위해서기도 하지만, 나아가 그것을 통해 사회의 문제나 이슈를 해결하는데 도움이 되고자 하는 사회적 참여와 기여로도 이어지고 있다(강인애, 윤혜진, 2017; 김영순, 박미숙, 2016).

이러한 사회 참여를 위한 메이커 활동은 능동적인 사고와 윤리적인 책임의식을 가르치게 된다(유혜영, 2014; Britton, 2014). 이렇게 양성된 메이커들은 사회의 여러 문제나 이슈에 관심을 갖게 되고, 나아가 지역과 전체 사회 구성원들의 삶의 행복과 가치를 위해서 자신의 재능을 발휘하며, 사회의 구성원으로서 적극적이고 열린 관점으로 보다 더 나은 사회를 만들기 위해 노력하는 역량을 지니게 될 것이다(김영순, 박미숙, 2016; Britton, 2014). 바로 이런 특성으로 인해 메이커 활동은 '민주적 정신'을 함양하는 활동이며, '사회적 참여를 통한 더 나은 사회발전을 꾀하게 하는 원동력'이 될 수 있다(강인애, 윤혜진 2017; Blikstein & Worsley, 2016).

3. 메이커스페이스(Makerspace)로서 도서관

도서관은 메이커 활동에 핵심적인 요소인 메이커스페이스(Makerspace)

로서 활용하기에 적합한 환경을 지니고 있다. 비형식 교육의 대표적인 교육으로서 도서관은 학교교육처럼 정해져 있는 커리큘럼에 맞추어져 있는 전형적인 교수학습 환경에서 벗어나 학습자들이 자유롭고 창의적으로 사고를 가능하게 하는 환경을 제공하기 때문이다(Breitkopf, 2011; Scott, 2012). 이에 도서관에서 이루어지는 메이커 활동은 교육과정의 틀을 깨고 학생뿐만 아니라 지역주민이라면 누구나 쉽게 참여할 수 있는 교육의 기회를 제공한다(Colegrove, 2013). 특히 도서관에서의 메이커 활동은 많은 책과 다양한 문화와 정보를 활용할 수 있는 인터넷 인프라를 갖추고 있으면서, 탐구적 활동을 하기에 매우 적합한 곳이다(Michele, 2014). 따라서 도서관 메이커 스페이스는 지역 주민들이 함께 모여 네트워크를 형성하고 구하기 어려운 디지털 기기 및 공구를 공유하고 창작하는 협업 공간이 된다. 자율적인 분위기 가운데 놀면서 탐구하고, 상호간에 서로 가르치고 협업하며 새로운 창작물을 만들어 내거나(Bagley, 2012; Britton 2014), 혼자서 하기 어려운 지역 사회의 어려움과 문제들을 해결하는 활동도 가능한 공간이다(Scott, 2012).

도서관을 메이커스페이스로서 활용되는 사례는 이미 국내외적으로 많이 이루어지고 있다. 우선 미국의 경우, 뉴욕 파예트빌 프리 공공도서관(Fayetteville Free Public Library)이 있다. 이곳은 처음으로 3D 프린터가 설치되어 Fab Lab이 만들어졌으며 지역 주민들에게 집에서 구하기 어려운 디지털 기기 혹은 공구를 사용할 수 있게 해주며 혼자서는 작업하기 어려운 창작작업을 공동의 관심을 가진 지역주민들이 소통하고 협업을 하며 만드는 (making) 기회를 제공해주었다. 2011년 파예트빌 메이커스페이스를 시작으로 이후 코넷티컷주 'Westport Library'(2012), 미시간주 'Detroit Public Library'(2012), 뉴저지주 'Piscataway Public Library'(2012), 일리노이주 'Chicago Public Library'(2013), 오하이오주 'Cleveland Public

Library'(2014) 등 미국 전역의 공공도서관으로 확산되고 있다(Colegrove, 2013; Michele, 2014; Scott, 2012).

현재 우리나라에서 이루어지고 있는 도서관 메이커스페이스는 2013년 미래창조과학부와 한국과학창의재단은 '무한상상실'이란 명칭으로 메이커스페이스 공모사업을 진행하면서 많이 설립되었다. 먼저 시범적으로 광진정보도서관(서울)과 목포공공도서관(목포) 2개관이 운영되었으며, 이후 당진도서관(충남), 부산광역시립시민도서관(부산), 율목도서관(인천), 제천기적의도서관(충북), 청주기적의도서관(충북)의 5개관을 오픈하였다. 2015년에는 광양시문예도서관사업소(전남), 달서어린이 도서관(대구), 수성구립범어도서관(대구), 부산광역시립중앙도서관(부산), 서대문구립이진아도서관(서울), 의정부과학도서관(경기), 천안시쌍용도서관(충남) 등 7개 도서관에 무한상상실이 오픈되어 2016년 12월 기준 총 14개의 무한상상실을 운영되었다(장윤금, 2017).

그러나 이러한 인프라 구축과 달리 실지로 도서관에서 이루어진 메이커활동과 관련된 연구들은 메이커스페이스를 중심으로 이루어지는 제작활동에 주로 초점을 두고 있다(노영희, 2014; 홍소람, 박성우, 2015). 이는 분명 단순한 제작활동을 넘어 나누고 공유하는 메이커 정신을 경험하도록 하는 시각과는 다소 차이가 난다. 메이커 활동을 통한 메이커 정신에 초점을 둘 때, 도서관이라는 메이커스페이스 안에서 일어나는 메이커 활동은 제작자, 발명가로서 개인의 능력이 발현할 수 있는 기회로서만이 아니라, 다른 동료 메이커들과 적극적이고 자발적인 공유, 나눔, 개방의 활동, 학습활동의 리소스로서 역할을 하면서 펼쳐가는 협력적 활동, 나아가 주변 지역공동체의 이슈나 문제에도 관심을 갖고 사회적 참여와 실천을 꾀하는 메이커로서의 경험을 제공하는 활동 공간으로 변신하게 된다.

III. 연구 방법

1. 연구대상 및 기간

본 연구는 도서관이 메이커 교육을 통해 참여한 학생들이 그 결과로서 협력, 나눔, 공유, 사회적 참여 등의 메이커 정신을 경험할 수 있는지 알아보고자 하였다. 이를 위해 다양한 문화적 배경의 사람들이 모이는 '모두'[6] 도서관을 선택하여, 그 안에서 메이커 활동을 실시하였으며, 메이커 활동 장소로서는 그곳에서 창고로 쓰고 있는 곳을 활용하였다. 이곳에 있던 장난감들과 기타 안 쓰는 실생활용품, 재활용품, 여러 교구를 모아두고 학생들도 만들기에 필요한 재료와 도구들을 마음껏 가져와 활용할 수 있도록 하였다. 또한 도서관의 여러 책들을 이용해 메이커 활동을 하는데 필요한 정보를 찾을 수 있는 환경을 제공하였는데, 이 점은 다른 메이커스페이스와의 구분되는 도서관만의 특성이라 할 수 있었다.

본 메이커 활동에 참여한 학생들은 도서관에서 책을 읽거나 친구들과 만나기 위해서 도서관을 방문했다가, 메이커 프로그램 홍보, 곧, 크리스마스 이브에 도서관에서 이루어질 파티를 기획하고, 그와 더불어 지역 주민들 또는 지역 사회에 필요한 것들을 만드는 활동이었다. 참여한 학생은 초등학생 3학년 이상부터 고등학생 2학년까지 총 19명의 다양한 배경과 나이의 학생들이었으며 프로그램은 2016년 11월 19일부터 12월 24일까지 5주에 걸쳐 매주 3차시 3시간 수업으로 진행되었다(〈표 1〉 참조).

---

6) 도서관 '모두'는 다문화 도서관인 '모두'로서 2008년부터 운영하고 있으며 한국도서 1만 2천 권을 포함하여 12개 국어로 이루어진 도서 8천권까지 총 2만정의 도서를 소장하고 있다. 어린이 도서관을 표방하고는 있지만 이름대로 '모두'에게 열려 있으며, 우리나라를 포함한 다양한 국적의 아이들과 부모님들이 모여 다양한 문화가 어울리는 곳이다(조용완, 이수상, 2011). (http://www.modoobook.org/xe/ 참조)

〈표 1〉 연구대상

학년	인원 수
초등학교 3학년	5명 (남자2, 여자3)
초등학교 6학년	8명 (남자6, 여자2)
중학교 1학년	2명 (여자2)
중학교 2학년	2명 (남자2)
고등학교 2학년	2명 (남자2)
총 19명	

본 메이커 활동은 도서관 측의 지원으로 학생들은 무료로 진행되었으며, 도서관에서 사용한 비용도 재활용품이나 도서관의 기존 교구재들을 활용하여 일인당 총 1만 원 이하의 비용이 들었다. 형식에 얽매이지 않고 더욱 자발적이고 능동적인 참여를 위해서 도서관에 출입하며 메이킹 활동에 관심 있는 학생들은 누구나 참여할 수 있었다. 회수가 지날 때마다 도서관을 출입하는 많은 학부모 및 관계자가 관심을 보여 부분적으로 참석한 인원은 실제로 더 많았다. 고등학교 2학년 학생 2명의 경우 도서관 자원봉사자였으나 메이커 활동에 큰 관심과 참가 의향을 밝혀 본 프로그램에 참석하였으며, 상대적으로 어린 친구들을 도와주는 멘토 역할을 하였고, 만드는 일에 주도적인 역할을 하였다.

2. 자료수집 및 분석

본 연구는 지역 도서관에서의 메이커 활동을 통해 학생들이 협력, 나눔, 공유, 사회적 참여 등의 사회적 관계 부분에서의 메이커 정신을 경험할 수 있었는지를 확인해 보고자 하였다. 이를 위해 먼저 메이커 프로그램의 내용 타당성 검증을 위해 교육학 전문가 4인(교수 1인, 박사과정 3인)의 자문을 받았다. 이후 프로그램에 참여한 학생들의 성찰저널과 면담내용, 주 강사

(본 연구의 교신 저자)외 보조 강사(교육학 전공 석사과정 학생) 2명의 관찰
일지를 통해 자료를 수집하였다. 교사들은 학생들과 동료학습자로서 함께
메이커활동을 하며, 끊임없이 학습자들에게 피드백을 주고 관찰하였다. 관
찰일지는 3명의 강사가 매 차시가 끝난 이후 작성하도록 하였고, 면담은 강
사 3명이 매 차시 프로그램 도중이나 끝난 후 2명의 학생을 면담하도록 하
였다. 학습자 성찰일지는 각 차시 수업 종료 전 마지막 5분간 프로그램에
참여했던 모든 학생을 대상으로 메이커 활동을 하면서 느끼거나 알게 된 점
등을 중심으로 작성하게 하였다.

이러한 질적 자료에 대한 분석을 위해 본 연구자 2인외에 보조강사 2인이
참여하여 '협력', '공유', '나눔', 그리고 '사회적 참여'의 4 요소를 중심으로 코
딩분석을 실시하였다. 이후 연구자간 코딩항목에 대하여 토론하며 불일치가
있을 경우, 최종 합의에 이르도록 하여 자료 분석의 신뢰도를 높여나갔다. 그
결과 연구자간 신뢰도는 93.25%로 높게 나타났다. 또한 타당도를 확보하기
위해 삼각측정법(Triangulation) 중 구성원 검토(member checks)를 사용하
여 연구자들이 해석한 내용을 해당 학생에게 보여주도록 하였다(〈표 2〉 참조).

〈표 2〉 자료 수집 및 분석

자료	수집시기(횟수)	목적	분석방법
관찰일지	매 차시 수업 중 메모, 수업 후 일지 작성	사회적 관계성을 중심으로 수업시간 학생들에게서 관찰된 내용	'협력', '공유와 나눔' 그리고 '사회적 참여'의 4영역에 대한 코딩 분석
성찰일지	매 차시 수업 종료 후 5분간 실시	수업에서 느낀 점이나 태도 변화 등 기록	
면담	매 차시 수업중이나 종료 후 개인면담 10분 실시	성찰일지를 바탕으로 작성한 내용 상세 확인	

Ⅳ. 도서관 메이커 활동 프로그램 개발과 적용

1. 메이커 활동 프로그램 개발

본 메이커 활동 프로그램에서 활용한 메이커 활동의 모형은 TMSI (Tinkering, Making, Sharing, Improvement) 모형(강인애, 김명기, 2017; 황중원, 강인애, 김홍순, 2016)이다. 이것은 TMI(Thiking, Making, Improvement) 모형(Martinez & Hogan, 2013)을 기본으로 하지만, 첫째, 메이커 활동에서 강조하는 '팅커링(tinkering)' 활동, 곧, 본격적인 메이커 활동으로 들어가기 전에 여러 도구, 재료와 친숙해지는 활동을 TMI 모형의 'Thinking' 대신 대체하였으며, 둘째, 메이커 활동에서 중요하게 강조하는 공유와 나눔을 뜻하는 Sharing의 활동 단계를 추가한 모형이다.

우선 TMSI 모형의 첫 단계인 T, 곧, 팅커링(Tinkering) 활동은 메이커 활동 환경에 대한 전반적인 이해를 비롯하여 다양한 자료와 도구에 익숙해지는 활동을 하는 단계에 해당한다. 이어서 본격적인 M(Making), 곧, 메이킹(Making) 활동이 학생 중심으로 진행되며 창의력과 문제해결력, 도구사용능력 등이 함양되도록 한다. 이후 세 번째 단계는 S(Sharing), 곧, '공유와 나눔'의 단계인데, 이 단계에서는 메이커들이 만든 결과물을 메이커 간에 혹은 지역 커뮤니티에 공유하면서 피드백을 주고받는 활동이 이루어진다. 마지막으로 I(Improvement), 곧, 개선의 단계인데, 이 단계에서는 3단계에서 이루어진 피드백을 통해, 자신의 결과물을 좀 더 다듬어보면서 개선하는 활동을 의미한다. 원칙적으로 TMSI 모형에 따른 각 단계들은 한 차례만 진행되는 것이 아니라, 반복적이면서 순환적으로 나타날 수 있으며, 앞의 단계와 뒤에 단계가 바뀌어 진행될 수 있는 매우 유동적이고 순환적인 모형이다. 그러나 프로그램의 상황에 따라 한 단계로 그칠 수도 있고, 아니면 몇 차례 반복적으로 진행될 수도 있다.

본 연구에서 진행한 도서관에서의 메이커 활동 프로그램은 15차시(5주)라는 제한적 기간 동안 이루어졌기 때문에, TMSI 단계를 한 차례밖에 진행할 수 없었다. 따라서 상대적으로 I(Improvement, 개선활동)가 미약하다는 제한점을 지니고 있다. 다음의 〈표 3〉은 본 메이커 활동 프로그램의 전체안을 보여준다.

〈표 3〉 도서관 메이커활동 프로그램 전체안

프로그램명	우리 '모두'의 크리스마스 파티를 만들자		차시	15차시
단계	차시별 교수 · 학습내용			
	차시	**학생 활동**	**교수자 활동**	
Tinkering (팅커링)	1차시	• 크리스마스 이브파티 프로젝트 제시	• 실제 삶과 연관된 프로젝트를 통해 자기주도적으로 문제 해결해나가도록 함	
	2차시	• 도미노 활동 • 도서관 내에 창고에 있는 도구, 재료 분해 및 조립	• 분해 및 조립을 통해 도구와 재료에 친숙해지도록 함	
	3차시	• 태양광 자동차, 풍선 헬리콥터, 비누 등 과학키트 및 교구를 활용한 만들기	• '마치 놀이를 하듯' 자유롭게 창의적 활동을 하도록 지도함 • 설계도대로 만들지 않아도 되며 원하는 모양으로 바꾸거나 새로운 결과물을 창의적으로 만들 수 있도록 권장함	
Making (만들기)	4차시	• 골드버그 장치7) 설계하기	• 설계도를 바탕으로 서로 협력하며 본격적으로 만드는 활동이 되도록 함	
	5-6 차시	• 골드버그 장치 만들기	• 실제 만들기 활동을 통해 학생들의 창의력이 구체적인 결과물로 나올 수 있도록 함	

	7-8 차시	• 크리스마스트리 만들기 • 크리스마스 선물 만들기	• 디지털테크놀로지를 통해 다양한 도구 및 재료를 활용하는 능력을 함양하도록 함 • 만드는 과정 속에 실패를 하더라도 인내를 함양할 수 있도록 함
Sharing (공유와 나눔)	9차시	• SNS 및 인터넷 커뮤니티 활용하여 메이커 활동 공유하기 • 유치원에 프로그램 활동 영상 공유하고 피드백받기	• 학습자와 지역 커뮤니티와의 긴밀한 소통가운데 상호작용할 수 있도록 함 • 나눔과 공유의 이타주의정신이 함양될 수 있도록 함
Making (만들기)	10차시	• 도서관 크리스마스 이브 파티 전시장으로 꾸미기	• 끊임없는 호기심을 바탕으로 자기주도적으로 문제를 해결해나갈 수 있도록 함
	11-13차시	• 지역주민들에게 필요한 것 만들기 (예를 들어, 문해교육을 받는 어르신, 다문화 가정 어린이에게 필요한 것)	• 지역 사회의 여러 문제를 해결하기 위한 만들기를 통해 사회적 참여를 할 수 있도록 함
Improving (개선하기)	14차시	• 반복하기 • 재설계하기 • 다시 만들기 • 문제점 찾기 및 해결하기	• 개선 방향을 도출하여 아이디어를 정리하도록 함 • 해결되지 않는 문제 속에 다양한 대안과 최선의 방법을 사용하는 기업가 정신을 함양될 수 있도록 함
Sharing (공유와 나눔)	15차시	• 크리스마스 트리 도서관 내 전시하기 • 촬영 내용 공개하기 (Youtube, 인터넷 커뮤니티 등) • 크리스마스 이브 때 문해교육 받는 할머니, 할아버지를 위한 신년카드 쓰기	• 지역 사회의 문제를 공감하고, 자신이 만든 것을 나누고 배포하는 사회 실천력을 향상시킬 수 있도록 함

본 프로그램은 '우리 모두의 크리스마스 파티를 만들자'라는 큰 프로젝트 주제하에, 12월 24일 크리스마스 이브 파티를 기획 하면서 지역 주민들 또는 지역 사회에 필요하고 의미 있는 것들을 만들어보기 위한 활동으로, 지역 사회 누구나 와서 참여할 수 있다. 그리하여 본 프로그램에 참여하는 학생들은 초등학교 3학년부터 고등학교 2학년까지 다양했으며, 메이킹 활동 전 과정에서 개별적, 자기주도적 활동을 할 뿐만 아니라 사회적 상호관계성 가운데 서로 협력하고 공유하며 사회적 참여가 일어날 수 있도록 메이커 활동을 구성하는 것이 중요하다.

구체적인 활동으로 골드버그 장치 만들기, 크리스마스 이브파티 기획 및 지역주민에게 나누어줄 선물 만들기가 있다. 골드버그 장치는 쉽고 단순한 작업을 다양하고 복잡하게 만들어 놓은 것으로, 창의적으로 설계하여 끊어짐 없이 연속된 동작을 만들어내는 장치이다. 학생들은 도미노를 기본으로 하지만 거기에 덧붙여 자신의 상상력으로 다양한 장치를 연결하여 만들어가도록 한다.

우선 TMSI 단계의 첫 단계인 Tinkering 과정에서는 활동에 대한 전반적인 이해를 위해 도구와 재료에 친숙해지도록 하는 활동이 이루어진다. 골드버그장치 만들기 전의 간단한 도미노 활동, 재료를 분해·조립해보는 활동, 간단한 과학키트 만들기 활동 등 직접 손으로 만지며 익숙해지도록 하는 것이 포함된다. 특히 이때 과학 상자나 키트처럼 완성품으로 주어 학생들이 조

---

7) 골드버그 장치는 매우 복잡한 기기들을 얽히고설키게 조합하여 단순한 일을 처리하는 기계 장치를 말한다. 루브 골드버그라는 미국의 풍자만화가 처음으로 이와 같은 장치를 스케치하여 그의 이름을 명명한 것이다. 미국에서는 해마다 골드버그 기계 콘테스트를 열고 있으며 상상한 장치를 직접 만들어 내도록 하고 있다. 이 장치는 일상용품들 잡동사니들 기계 부품들을 역학적으로 잘 연결하거나 조립해야 한다. 최종 수행결과가 같은 골드버그 장치라도 중간 단계의 과정은 만드는 사람들에 따라, 매번 할 때마다 다양하게 만들 수 있기 때문에 고정관념에서 벗어나 창의성을 기를 수 있는 교육을 할 때 많이 활용되고 있다(김정훈, 김효남, 2016).

립해보도록 하는 단순히 따라서 하는 활동이 되지 않도록 주의하여야 한다.

이후 Making 단계는 본격적으로 메이커 활동이 진행되는 단계이다. 메이커 활동은 사회적 관계성과 참여를 목적으로 하는 만큼, 2~3명이 팀을 이루어 협력하여 메이커 활동을 진행한다. 학생들은 본격적인 만들기 전에 작성한 설계도를 중심으로 구체적인 결과물로 나올 수 있도록 한다. 단순히 따라 만들기로서가 아니라 다양한 도구와 재료, 디지털 테크놀로지를 제공하고, 그것을 마음대로 선택하면서, 마치 놀이를 하듯이 자신이 만들고 싶은 것들을 마음껏 만들 수 있는 자유롭고 자율적인 환경을 만들어준다. 이 Making과정에서 교수자들은 학생들이 힘들고 반복적인 작업을 하며 조금 느린 속도로 진행된다고 하더라도 여유를 가지고 기다려주며 격려해주는 것이 필요하다.

세 번째 단계인 Sharing 과정에서는 프로젝트의 결과물 또는 과정을 공유하는 과정이다. 선생님과 동료들에게 자신들의 메이킹 활동에서 실패의 과정까지 포함한 전 과정을 기록(동영상, 사진, 글로 적기 등)(documentation)으로 남기고 작품을 전시할 수 있도록 한다. 온라인 SNS을 활용하여 만드는 과정과 결과를 공유하여 스스로 자신의 활동에 대한 성찰은 물론, 외부의 다른 사람들에게도 자신들의 작품이 공개, 개방된다는 생각을 갖고, 나눔과 공유의 활동을 전개할 수 있도록 하였다. 이를 통해 학생들이 메이커 활동은 비단 자신을 위해서만이 아니라, 자기 주변 지역 사회의 문제에도 관심을 갖게 되는 기회가 될 것이다.

마지막으로 Improving 단계에서는 학생들의 결과물이 실패하거나 문제 상황에 봉착했을 때에 개선을 위한 여지를 줄 수 있는 상황을 만들어주도록 한다. 흔히 대부분의 프로젝트는 '개선(Improvement)'의 단계가 없으며 결과물을 제시하면 간단한 피드백과 더불어 끝나는 게 된다. 그러나 메이커 활동에서는 이 부분이 하나의 독립된 단계로 존재하면서 실패했을 때 다시 개선할 수 있는 기회를 제공하며, 나아가 그를 통해 학생들이 도전의식, 실패를 두려워하지 않고 지속적으로 문제를 해결해보고자 하는 태도를 배우게 하고자 한다.

2. 메이커 활동 프로그램 적용

이상으로 〈표 3〉에서 제시한 프로그램안에 따라 메이커 활동 프로그램이 5주 동안 매주 3시간씩 총 15차시로 진행되었다. 다음에서는 각 단계별 적용에 대한 내용을 제시하였다.

1) Tinkering 단계: 가지고 놀기

메이커들은 골드버그 장치 만들기를 하기 전에 도미노와 쇠구들, 도서관 내의 여러 재료와 도구들을 활용하여 Tinkering 활동을 하였다. 메이커들은 창의적인 상상력을 발휘하여 골드버그장치의 중간 중간을 단순한 도미노 블록만 놓는 것이 아니라 장난감, 플라스틱, 안 쓰는 재활용품이나 생활용품 등을 이용하여 만들어나갔다. 이 과정에서 메이커들은 직접 여러 재료와 도구들을 만지고 친숙해지며, 골드버그장치 중 어떻게 사용할지를 계획하고 실행하였다.

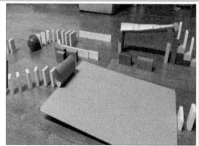

골드버그장치 Tinkering 모습　　골드버그장치 Tinkering 모습

[그림 1] 골드버그장치 Tinkering 과정

2) Making 단계: 만들기

Making은 본격적으로 메이커 활동이 시작되는 활동으로서, 자신이 설계하고, 기록한 것을 바탕으로, 만들기를 하였는데 본 프로그램에서는 화이트보드판과 스마트폰을 활용하여 사진으로 기록을 남겼다. 메이커들은 골드버그장치에 대한 설계도를 그리거나, 도서관 내에 이브파티를 꾸밀 전시물들에 대한 배치도 같은 것을 그렸다. 이를 통해 자신의 아이디어를 구체화시키고, 그것을 다른 사람과 공유할 수 있도록 하였다. 메이커들은 스스로 주체가 되어 도서관에서 이루어질 크리스마스 파티의 기획자라는 역할에 몰입하여 도서관의 팻말도 만들고, 도서관의 여러 공간과 크리스마스 트리를 자신들이 만든 결과물들로 장식하는 활동을 하였다.

| 도서관 팻말 Making 결과물 | 크리스마스 이브 전시물 모습 |

[그림 2] Making 결과물

3) Sharing 단계: 공유와 나눔

Sharing 과정에서는 학생들은 SNS인 Facebook과 네이버 밴드에 자신들의 만드는 과정과 결과를 공유하였다. 온라인 커뮤니티에는 학부모님과 지역주민들, 도서관 관계자 모두가 들어와서 현재 진행되는 메이커 활동을 보며 피드백을 언제든지 주고 질문을 할 수 있도록 개방하였다. 프로그램을 참여한 메이커들에게는 메이커 활동에서 모든 활동의 과정을 기록을 남기는 도큐멘테이션의 과정이기도 했는데, 학생들은 온라인상에서는 스마트폰을 활용하여 그들의 활동과정과 결과에 대한 사진과 글을 기록(documentation)으로 남겼다([그림 3] 참조). 또한 크리스마스 이브 파티에는 자신이 만든 결과물을 도서관 사람들이 와서 볼 수 있도록 전시하였고, 다문화 어린이에게 만든 작품을 선물하는 나눔의 시간을 가졌다. 또한 문해교육을 받으시는 할머니, 할아버지를 위해서 신년 카드와 만들었던 선물을 함께 전달하는 의미 있는 시간을 가졌다.

| Facebook 사이트 모습 | 네이버 밴드 사이트 모습 |

[그림 3] 온라인 커뮤니티 공유하는 과정

또한 골드버그장치 만들기 활동에 대한 동영상은 페이브북을 통해, 경기도에 위치한 유치원과 공유하면서, 서로 피드백을 주도록 하였다. 7살의 유치원 아이들은 도서관 메이커들의 활동을 보고 재미있고 자신들도 해보고 싶은 반응을 보였으며, 유치원에서도 직접 메이커 수업으로 활용하였다. 이렇게 유치원에서 했던 메이커 수업은 다시 도서관에서의 메이커들이 볼 수 있도록 하여 이 과정에서 학생들은 자신이 만든 작품을 누군가가 보고 배운다는 사실을 알며 흥미를 느끼도록 하였다.

4) Improving 단계: 개선하기

메이커들은 자신들이 만든 결과물에 문제가 생기거나 또는 더욱 창의적인 아이디어로 재료를 더하여 새로운 작품으로써 개선해나갔다. 또한 동료의 조언이나 도서관 내의 책, 인터넷을 통한 자료조사를 통해서 좀 더 새롭게 창의성을 발휘한 작품으로 발전시키기도 하였다. 예를 들어, 어떤 학생은 크리스마스 선물로 플라스틱을 이어 붙여서, 그 안에 장식품을 넣었던 것을 다른 동료학생들의 조언을 들은 후, 그 안에 물을 채워 넣고, 광섬유 키트도 이용해 불빛이 나도록 하면서 지속적인 변화, 개선의 노력을 기울이는 것을 볼 수 있었다([그림 4] 참조).

| 크리스마스 선물: 개선 전 모습 | 크리스마스 선물: 개선 후 모습 |

[그림 4] 개선 전. 후 결과물의 예

Ⅴ. 연구결과

　본 프로그램은 도서관 메이커스페이스에서 이루어진 메이커 활동 프로그램으로서, 이 프로그램에 참여한 결과로서 학생들이 메이커 정신 중 사회적 관계성의 측면에서 실지로 어떤 경험을 했는지를 알아보고자 하였다. 이를 위해, 강사들의 관찰일지, 학생들의 성찰일지와 면담 내용들의 질적 자료들을 수집, 분석하였으며, 분석결과로서 학생들은 메이커 활동의 결과로서 협력, 공유와 나눔, 사회적 참여 등과 같은 사회적 관계성의 모습을[8] 보여주었다. 다음에서는 이에 대한 내용을 각 요소 별로 나누어 설명하겠다.

1. 협력의 경험

　메이커들은 메이커 활동 중 원하는 대로 잘 되지 않거나 실패를 했을 때에 "친구가 도와주지 않았다면 골드버그장치를 시작도 못했을 것이다"라고 하면서 '리소스'로서의 동료 메이커의 도움을 받으면서 협력적 활동을 진행했음을 언급하였다. 또한 혼자서 활동하는 것을 좋아하는 메이커도 주변 친구들과 함께 크리스마스 선물 만들기를 하니 더 재밌다며, 환하게 웃고 있는 모습을 변화된 태도를 확인할 수 있었다. 다음은 이에 대한 구체적인 내용을 면담과 관찰일지에서 일부 발췌한 내용이다.

　　장난감 포클레인을 실에 걸어서 밑으로 내려가게 한 뒤에 도미노를 쓰러뜨리려고 했을 때, 중간에 포클레인이 자꾸 떨어져서 잘 되지 않았다. 그 때 친구가 포클레인을 실에 단단히 걸어주도록 새로운 연결부위를 만들어주었고, 원하던 대

---

8) 자료 분석 결과, 학생들은 메이커 활동을 통해 실패를 두려워하지 않고 지속적으로 도전하고자 하는 태도, 자신감 등의 개별적 차원에서의 메이커 정신을 보여주고 있었다. 그러나 본 연구의 초점은 사회적 관계성에 있기 때문에, 그 부분에 집중하여 제시하였다.

로 골드버그 장치의 첫 부분을 완성할 수 있었다. 친구가 도와주지 않았다면 골
드버그장치를 시작도 못했을 것이다. (학생 A, 면담)

6학년인 S군은 혼자서 활동하는 것을 좋아하는 것처럼 보였다. 그러나 프로그
램이 진행되면서 혼자하기 어려운 일들이 생길 때마다 주변 친구들과 함께 크리
스마스 선물 만들기를 하니 더 재밌다며, 환하게 웃고 있는 모습을 발견할 수 있
었다. (강사 A, 관찰일지)

이처럼 메이커 활동 중에 실패를 할 때도 많지만 서로에게 학습자원의 리
소스 역할로서 문제를 극복하며, 함께 만들기를 해나가며 재미와 즐거움을
누리는 것을 확인할 수 있었다.

또한, 초등학생에서부터 시작하여 고등학생에 이르기까지 다양한 나이와
배경의 학생들이 함께 메이커 활동에 참여했던 이 환경에서, '학습자원의 리
소스(Resourcefulness)'로서의 역할을 발견할 수 있었다. 예를 들어, 고등
학생들의 경우에는 초등학생들에게 힘이나 좋은 아이디어를 제공하는 것을
관찰일지를 통해서 확인할 수 있었다. 그리고 반대로 한 초등학생의 성찰일
지의 "집에서 모아두고 있던 왕 쇠구슬을 함께 만들던 형에게 주어 넘어뜨
리기 힘들었던 도미노블록을 쓰러뜨릴 수 있었다"라고 하였다. 이에 대한
내용을 강사의 관찰일지와 성찰저널의 일부에서 제시하면 다음과 같다.

고등학생들은 자신들의 만들기 활동만 하는 것이 아니라 함께하는 초등학생들
을 도와주었다. 골드버그장치를 만들 때 고등학생은 초등학생들을 위해 기다란
망가진 커튼 철을 높이 올려주며 힘이 필요한 일에도 적극적으로 도와주었고, 더
좋은 아이디어들을 초등학생들에게 알려주는 모습을 확인할 수 있었다.

(강사 B, 관찰일지)

고등학생 형이 무게가 나가는 구슬이 있으면 좋겠다는 얘기에 나는 집에서 취미로 모아두고 있었던 쇠구슬이 생각나서 바로 가져다 주었다. 집에서 모아만 두고 쓸데가 없었는데 왕 쇠구슬을 J형에게 주어 넘어뜨리기 힘들었던 도미노블록을 쓰러뜨릴 수 있었다. (학습자 B, 성찰일지)

이처럼 메이커 활동에서 이루어지는 협력적 활동은 함께 서로에게 필요한 지식과 기술, 도구와 재료를 나누고 공유하는 학습 자원의 리소스(Resourcefulness)의 역할을 하는 것을 확인할 수 있었다.

2. 공유와 나눔의 경험

메이커의 활동은 결과물을 온·오프 커뮤니티에 올려서 공유하는 활동을 넘어서, 이미 올라와 있는 다른 메이커들의 활동을 참조하면서 '공유'와 '나눔'이라는 활동을 좀더 폭넓게 경험하게 되었다. 예를 들어, "유튜브에 있는 영상을 검색해서 어떻게 해야 될지 알게 되었어요", "인터넷에 검색해보니 나무 깃털이 끝에 달려있는 것을 보았는데 실제로 깃털을 달아보니 정말 더 잘 날아가고 멋있어진 것 같아요"와 같은 내용에서도 알 수 있었듯이, 본 프로그램의 메이커들은 메이커 활동을 하는 동안 인터넷 상에 올라와있는 수많은 유튜브 영상과 자료들을 활용하여 자신의 작품을 더욱 완성도 있게 만들어가는 모습을 볼 수 있었다. 다음은 이에 대한 구체적인 내용을 성찰 저널과 면담에서 일부 발췌한 내용이다.

액체괴물을 만들려고 하는데 점토 같은 것이 잘 안 흘러서 물을 더 섞어주려고 하는데 비율이 잘 맞지 않는 것 같았어요. 반복해서 해보았는데도 잘 안 되서 그냥 유튜브에 있는 영상을 검색해서 어떻게 해야 될지 알게 되었어요.

(학습자 C, 성찰저널)

나무젓가락을 이용해서 총을 만들려고 하는데 커터 칼로 깎는 과정이 반복되서 지루하긴 했지만 친구가 만든 총 보다 더 잘 맞추기 위해서는 이 정도 노가다는 아무것도 아니라고 생각해요. 그리고 인터넷에 검색해보니 누군가 나무총 끝에 나무 깃털을 매달았는데 저도 따라서 깃털을 달아보니 정말 더 잘 날아가고 멋있어진 것 같아요. (학습자 D, 면담)

이처럼 학생들은 자신들이 만드는 과정에서 모르는 부분들이 생기거나 더 좋은 아이디어를 검색하며 다른 사람들의 아이디어나 해결방법을 적극적으로 찾는 모습을 보였다.

또한 '공유'의 활동은 비단 참여한 학생들 간의 공유를 넘어서 다른 커뮤니티까지로 확대되었다. 곧, 메이커 활동으로 했던 골드버그 만들기와 나무총을 만들어 풍선을 맞추는 학생의 영상을 경기도에 있는 유치원에 Facebook을 통해서 공유를 해주었다. 이렇게 다른 지역 커뮤니티와 메이커 활동을 공유하였을 때에, 학생 D는 자신의 영상을 유치원에서 보며 "함께 아쉬워하고 풍선을 힘겹게 터트렸을 때 함께 즐거워하는 모습을 보니 굉장히 뿌듯했다"라고 하였고, 강사 B는 "이렇게 활동을 다른 지역 커뮤니티에 공유했을 때 더욱 메이커 활동이 퍼지고 함께 즐거워할 수 있다는 것을 새삼 깨닫게 되었다"라고 하였다. 다음은 이에 대한 구체적인 내용을 성찰일지와 관찰일지에서 일부 발췌한 내용이다.

내가 만든 나무총으로 풍선을 맞춰 터트리는 걸 4번 정도 실패하는 영상을 보고 유치원 아이들이 함께 아쉬워하고 풍선을 힘겹게 터트렸을 때 함께 즐거워하는 모습을 보니 굉장히 뿌듯했다. 다음엔 더 멋진 작품과 영상을 보여줘야겠다고 생각했다. (학생 E, 성찰일지)

모두 도서관에서 메이커들이 골드버그 장치 만들기 활동에 대한 동영상을 찍어 경기도에 있는 유치원에 공유해주었다. 유치원에서 아이들은 집중해서 보며 골드버그장치 활동을 신나고 재미있게 따라하는 모습을 보였고, 이렇게 메이커 활동을 다른 지역 커뮤니티에 공유했을 때 더욱 메이커 활동이 퍼지고 함께 즐거워할 수 있다는 것을 새삼 깨닫게 되었다. (강사 B, 관찰일지)

이처럼 나누고 공유하는 활동 속에서 공감하며 즐거움을 누리는 모습을 확인하였으며, 나아가 메이커들은 더욱 자발적으로 참여하고자 하는 동기를 가진다는 것을 확인하였다.

4. 사회적 참여

본 프로그램을 진행한 곳은 다문화 도서관이라 다문화 가정의 어린아이들이 자주 와서 책을 읽는 곳이다. 본 프로그램에 참여했던 메이커들은 이러한 다문화 가정의 아이들에게 자신이 만든 것들을 선물해주고자 하였다. 이처럼 메이커들은 지역 커뮤니티 공동체의 여러 다양한 필요들을 관찰하여 나눠주기를 아끼지 않는 것을 볼 수 있었다.

도서관에 오는 방글라데시 꼬마아이가 가끔씩 손가락을 빠는 걸 봤어요. 그래서 손을 깨끗이 씻으라고 산타할아버지 비누를 만드는 거예요. (학생 G, 면담)

도서관에서 할머니, 할아버지가 한글을 공부하고 있어서 이 분들에게 이쁘게 꾸민 새해 편지를 선물해주고 싶었다. 저번에 여기서 글을 배우시는 동네 할머니가 나에게 재미있는 이야기를 들려주어서 시간가는 줄 모르고 들었는데, 할머니가 빨리 글을 배워서 나에게 더 많이 재미있는 책과 이야기를 들려주었으면 좋겠다. (학생 H, 성찰일지)

이처럼 메이커 중에는 도서관에 오는 다문화 가정 어린이에게 관심을 가지고 비누와 같이 아이에게 필요하다고 생각된 것을 만들어 선물하고자 하였으며, 문해교육을 받으시는 할머니, 할아버지에게 마음을 담은 신년 편지를 만들어주었다. 선물을 준 메이커들은 어리지만 나름대로 도서관에 오가는 다양하고 많은 사람들 가운데 도움을 주고 싶다고 느낀 지역의 사람들을 위해서 자발적으로 만들며 나누어 주는 것을 확인할 수 있었다.

물론 본 프로그램은 제한적 시간 내에 이루어진 연구였기 때문에, 이 메이커 활동의 결과로서 만들어진 작품이나 결과물을 통해 이후 실질적으로 지역 사회의 문제나 이슈에 영향을 주는 사회적 참여까지 이어지는 모습을 관찰할 수 없었다. 그러나 본 활동에 참여했던 학생들은 지역 주민들의 문제를 인식하고 공감하며, 그 결과로서 학생들은 지역사회 공동체의 일원으로서의 자신들의 소속감, 그리고 지역공동체들에 대한 관심을 표명함으로서, 이들의 사회적 참여와 실천에 대한 가능성을 기대해보게 하였다.

VI. 결론

메이커 운동은 만들기를 좋아하는 사람들이 개개인의 창의성과 상상력으로 물건을 만들고, 만드는 과정과 결과에서 얻은 지식과 경험을 나누고 공유하자는 운동을 말한다. 과거에 대량으로 생산되던 제품을 소비만 하던 것에서 벗어나 기존의 제품을 새롭게 재구성하고 만들어 낼 수 있게 되었다. 이는 최근 아두이노와 3D 프린터와 같이 저렴하고 사용하기 쉬운 도구들이 나오면서 이를 활용하여 다양한 방식으로 자신의 아이디어를 디자인하고 제품화할 수 있는 여건이 마련되었기 때문이다.

메이커 교육은 이러한 메이커 운동을 바탕으로 시작이 되었다. 메이커 교육을 통해 학생들은 창의력, 문제해결능력, 도구활용 능력, 인내심, 발명가로서의 학습자, 자발적 참여 등과 같은 개인적인 영역에서 의미 있는 경험을 하게 된다. 그러나 거기서 나아가 메이커 활동은 메이커스페이스라는 활동공간에서 다양한 사람들 간의 활동이 이루어지는 것인 만큼, 그 결과로서, 사회적 관계성이라 할 수 있는 협력, 공유와 나눔, 나아가 사회적 참여도 기대하게 한다. 이렇듯 개인적 영역과 사회적 영역에 걸쳐 언급되는 메이커 활동의 결과는 분명 메이커 활동을 메이커 교육으로 확장할 수 있는 여지를 보여준다.

그러나 우리나라에서의 현재 메이커 교육은 만들기라는 활동을 넘어서, 메이커 활동이 강조하는 메이커 정신으로까지 확장되기에 다소 미흡한 단계에 있다. 이에 본 연구에서는 메이커스페이스로서의 도서관에 주목하여, 도서관에서 이루어지는 메이커 활동을 개발, 적용하여, 메이커 활동에서 강조하는 사회적 관계성에서 본 메이커 정신을 확인해보고자 하였다. 도서관은 다양한 문화와 배경의 사람들이 자발적으로 모이는 곳인 만큼, 메이커스페이스로서의 환경에 매우 적합한 곳이라고 생각했기 때문이다. 그리고 그 결과로서 도서관 메이커 교육 프로그램을 통해서 학생들은 협력, 공유와 나눔, 사회적 참여와 같은 사회적인 관계성 부분에서 기대되는 긍정적 의미와 경험을 확인해보고자 하였다.

본 프로그램을 진행하는 과정 중에 주목할 수 있었던 점은 프로그램이 진행될수록 학생들은 개별 메이커 활동에 집중하던 태도에서 벗어나 동료와 적극적으로 피드백을 주며 공유하는 협력적 메이커들로서의 변화를 보여주었다는 점이다. 서로간의 경쟁심 대신에 공동의 목표를 위해서 서로 도와주고자 하는 모습, 예를 들어, 초등학생에서부터 시작하여 고등학생까지 참여한 본 프로그램에서 메이커들은 나이와 성별에 상관없이 함께 만들며 자신이 가지고 있는 지식이나 기술, 도구나 재료들을 공유하며 학습자원의 리소스(Resourcefulness)로서의 역할을 기꺼이 자발적으로 보여주고 있었던 것이다.

물론 본 연구는 5주간 주 1회 3시간이라는 단기간 메이커활동 프로그램이 었기에, 이후 학생들이 본 메이커 활동을 통해 보여준 긍정적 사회성이 실제 삶속에서 어떻게 실천되고 지속되고 있는지를 확인할 수 없었다는 한계를 지니고 있다. 그러나 본 연구를 통해 알 수 있었던 점은 짧은 시간임에도 불구하고 메이커로서의 태도를 보여준 학생들의 모습을 통해 메이커활동의 교육적 가치를 확인할 수 있었다는 점이다. 또한 학교라는 공교육에서는 메이커스페이스를 마련하고, 메이커 교육을 실시하기까지 여러 가지 과정적 어려움이 있으나, 반면에 도서관이라는 지역 커뮤니티 기반의 비형식교육의 장에서는 이보다는 쉽게 메이커스페이스를 마련하고 메이커 활동을 지원할 수 있는 환경을 갖추고 있음도 아울러 확인할 수 있었다.

비록 본 연구는 5주간 주 1회 3시간이라는 단기간 메이커활동 프로그램이 었으며, 이후 학생들이 본 메이커 활동을 통해 보여준 긍정적 사회성이 실제 삶속에서 어떻게 실천되고 지속되고 있는지를 확인할 수 없었다는 한계를 지니고 있다. 그럼에도 불구하고 본 연구를 통해 두 가지를 제언하고자 한다. 첫째는 지역공동체 참여교육이 강조되고 있는 이때에, 도서관을 활용한 메이커 교육은 자기주도적 활동을 토대로 자발적인 협력, 공유와 나눔, 나아가 사회적 참여로까지 이어지는 메이커 정신을 함양하기에 적절한 교육 환경으로서의 가능성을 분명 지니고 있다는 점이다. 현재 우리나라에 많은 지역 도서관이 존재하고 있는데, 학교와 달리 더 자율적으로 모든 활동이 이루어질 수 있으며, 더불어 참여자들 역시 자율적인 참여가 가능하다는 비형식교육기관으로서의 장점을 지니고 있다는 점을 고려할 때, 많은 메이커 교육프로그램이 도서관에서 이루어질 수 있도록 관계자들의 관심이 필요할 것이다.

둘째, 메이커 활동은 단순히 일회성 만들기 활동을 넘어서, 참여한 사람들 간의 사회적 관계성 함양에 긍정적 효과가 있다는 것, 다시 말해 메이커 정신을 함양할 수 있는 기회를 마련해줄 수 있다고 할, 장기적인 프로그램으로 메이커 활동이 지속될 수 있는 환경이 마련되어야할 것이다. 그렇게 하기 위해서라도 '메이커 스페이스'라는 공간적 마련은 반드시 전제되어야한다. 결론적으로 메이커 활동은 4차 산업혁명시대에 요구되는 도서관의 새로운 역할에 대한 구체적 방안의 하나가 될 수 있음이 분명하다.

참고문헌

◆강인애, 김명기. (2017). 메이커 활동(Maker Activity)의 초등학교 수업적용 가능성 및 교육적 가치 탐색. **학습자중심교과교육연구**, 17(14). 489-515.

◆강인애, 윤혜진. (2017). 메이커 교육의 평가를 위한 평가틀 및 요소 탐색. **한국교육공학회 춘계학술대회**. 1, 21.

◆김정민. (2016). 디지털 제조 시대의 산업디자인 교육 방향. **디지털디자인학연구**, 16(1), 21-34.

◆김정훈, 김효남. (2016). 골드버그 장치를 활용한 STEAM수업이 초등학생들의 과학적 탐구능력과 과학관련 정의적 특성에 미치는 영향. **초등교과교육연구**, 25, 43-57.

◆김진수. (2015). 기술 교육에서 아두이노를 활용한 SW 교육 및 STEAM 교육 방안. **한국기술교육학회지**, 15(1), 22-48.

◆박현우(2014). 개인제조의 확산과 메이커문화의 부상. **건축**, 58(2), 30-34.

◆박현우. (2014). 개인제조의 확산과 메이커문화의 부상. **건축**, 58(2), 30-34.

◆변문경. (2015). 무한상상실의 효율적인 활용 및 교수학습 지원 방안 연구. **한국교육공학회**, 15(2), 219-230.

◆손향숙. (2014). 사회적 실천으로서의 리터러시 교육. **영미문학교육**, 18(1), 167-190.

◆유혜영. (2014). 청소년의 사회참여 활동이 정치참여 의사에 미치는 경로. **시민교육연구, 46**(3), 141-166.

◆이현민. (2017). 4차 산업혁명 시대의 박물관에서의 메이커교육. **문화예술교육연구, 12**(2), 83-100.

◆조용완, 이수상. (2011). 국내 다국어/다문화 도서관 서비스에 관한 연구. **한국도서관정보학회지, 42**(1), 269-297

◆황중원, 강인애, 김홍순. (2016). 메이커 페다고지(Maker Pedagogy)로서 TMSI모형의 가능성 탐색: 고등학교 사례를 중심으로. **한국교육공학회 추계학술대회, 1**, 1-10.

◆Barrett, T., Pizzico, M., Levy, B. D., Nagel, R. L., Linsey, J. S., Talley, K. G., & Newstetter, W. C. (2015). A review of university maker spaces. *Proceedings of the 122n ASEE Annual Conference & Exposition*, June, 14-17, Seattle, Washington.

◆Blikestein, P., Martinesz, S., & Pang, H. (2016). *Meaningful making: Projects and inspiration for fablabs and makerspaces.* Torrence, CA: Constructing modern knowledge press.

◆Breitkopf, M. A. (2011). *Makerspace takes over a local library.* Retrieved August, 25, 2017, from http://infospace. ischool. syr. edu/2011/12/01/a-makerspace-takes-over-a-local library.

◆Britton, L. (2014). *Democratized tools of production: New technologies spurring the makermovement.* Retrieved August, 10, 2017, from http://tascha.uw.edu/2014/08/democratized-tools-of-production-new-technologies-spurring-the-maker-movement/.

◆Colegrove, T. (2013). Editorial board thoughts: Libraries as makerspace?. *Information Technology and Libraries, 32*(1), 2.

◆Dougherty, D. (2012). The maker movement. *Innovations, 7*(3), 11-14.

◆Gary, S. (2014). The Maker Movement. *Learning & Leading with Technology, 41*(7), 12-17.

◆Graves, C. (2014). Teen experts guide makerspace makeover. *Knowledge Quest, 42*(4), 8.

◆Litts, B. (2015). *Making learning: Makerspaces as learning environments.* Doctoral dissertation, University of Wisconsin-Madison.

◆Hage, J. Brown, J. & Kulasooriya, D. (2014). *Impact of the maker movement*. Sebastapool, CA: Maker Media.

◆Halverson, E. R., & Sheridan, K. (2014). The maker movement in education. *Harvard Educational Review, 84*(4), 495–504.

◆Hatch, M. (2013). *The maker movement manifesto: Rules for innovation in the new world of crafters, hackers, and tinkerers.* McGraw Hill Professional.

◆Howard, C., Gerosa, A., Mejuto, M. C., & Giannella, G.(2014). The maker movement: A new avenue for competition in the EU. *European View, 13*(2), 333–340.

◆Kayler, M., Owens, T. & Meadows, G. (2013). Inspiring maker culture through collaboration, persistence, and failure. In R. McBride & M. Searson (Eds.), *Proceedings of SITE 2013–Society for Information Technology & Teacher Education International Conference* (pp. 1179–1184). New Orleans, Louisiana, United States: Association for the Advancement of Computing in Education (AACE).

◆Kylie. P., & Bender, S. (2013). Maker movement spreads innovation one project at a time. *Phi Delta Kappan, 95*(3), 22–27.

◆Martin, L. (2015). The promise of the Maker Movement for education. *Journal of Pre–College Engineering Education Research, 5*(1), 4.

◆Maslyk, J. (2016). *STEAM maker: Fostering creativity and innovation in the elementary classroom.* Thousand Oaks, CA: Corwin.

◆Martinez, S. L., & Hogan, K. A. (2015). *Invent to learn: Making, tinkering, and engineering in the classroom.* Torrence, CA: Constructing modern knowledge press.

◆Michele, H. (2014). Makers in the library: Case studies of 3D printers and maker spaces in library settings. *Library Hi Tech, 32*(4), 583–593.

◆Peter, B., & Oliver, H. (2013). Makers. *Business & Information Systems Engineering, 5*(5), 357–360.

◆Peppler, K., & Bender, S. (2013). Maker movement spreads innovation one project at a time. *Phi Delta Kappan, 95*(3), 22–27.

◆Wenger, E. (1998). *Communities of practice : Learning, meaning, and identity*. Cambridge: Cambridge University Press.

◆Scott, S. H. (2012). Making the case for a public library makerspace. *Public Libraries Online*. Retrieved August, 25, 2017, from http://publiclibrarie sonline.org.

◆Seymour, G. (2016). The compassionate makerspace. *Teacher Librarian*, *43*(5), 28.

◆Sheridan, M., & Konopasky, A. (2016). Designing for resourcefulness in a community-based makerspace . In K. Peppler, E. Halverson, & Y. Kafai (Eds..), *Makeology: Makers as learners (Vol.2)* (pp. 30-46). New York, NY: Routledge.

◆Smay, D., & Walker, C. (2015). Makerspaces: A creative approach to education. *Teacher Librarian, 42*(4), 39.

◆ 저자소개

강인애　　경희대학교 교육대학원 교육공학전공 교수
　　　　　　iakang@khu.ac.kr

강은성　　아이빛연구소 이사 / 경희대학교 교육학 박사
　　　　　　star@ivitt.com

김명기　　부천남초등학교 교사 / 경희대학교 교육공학전공 박사수료
　　　　　　00victory@naver.com

김양수　　TTS 커리어그룹 대표 / 경희대학교 교육학 박사
　　　　　　hero-plus@hanmail.net

김홍순　　재현고등학교 기술과 교사 / 경희대학교 교육공학전공 석사과정
　　　　　　superioraj@naver.com

윤혜진　　경희대학교 교육공학전공 박사수료
　　　　　　hischildr3n@gmail.com

이지은　　서울효제초등학교 교사 / 경희대학교 교육공학전공 석사과정
　　　　　　torso0070@naver.com

이현민　　경희대학교 후마니타스칼리지 객원교수
　　　　　　2hyunminlee@hanmail.net

최성경　　삼육대학교 교육혁신단 연구원 / 경희대학교 교육공학전공 박사수료
　　　　　　paeten@naver.com

최정아　　㈜이나우스아카데미 / 경희대학교 교육공학전공 석사
　　　　　　jenna_1212@naver.com

함아영　　박물관교육강사 / 경희대학교 박물관·미술관교육 석사
　　　　　　awesomemay@naver.com

황중원　　경복초등학교 교사 / 경희대학교 교육공학전공 박사수료
　　　　　　hwang867@gmail.com

메이커 교육(Maker Education)
-4차 산업혁명 시대에 다시 만난 구성주의

1판 1쇄 인쇄 2017년 10월 20일
1판 1쇄 발행 2017년 10월 25일

지은이 | 강인애, 윤혜진, 황중원
펴낸이 | 모흥숙
펴낸곳 | 내하출판사
출판등록 | 1999년 5월 21일 제6-330호

주소 | 서울시 용산구 한강대로 104 라길 3
전화 | 02-775-3241~4
팩스 | 02-775-3246
이메일 | naeha@naeha.co.kr
홈페이지 | http://www.naeha.co.kr

값 20,000원
ⓒ 강인애, 윤혜진, 황중원, 2017
ISBN 978-89-5717-470-8

이 도서의 국립중앙도서관 출판예정도서목록(CIP)은 서지정보유통지원시스템 홈페이지(http://seoji.nl.go.kr)와
국가자료공동목록시스템(http://www.nl.go.kr/kolisnet)에서 이용하실 수 있습니다.(CIP제어번호 : CIP2017026455)